Unsicherheit

불확실성의
심리학

불확실성의 심리학
스트레스와 불안감을 어떻게 떨칠 수 있을까

초판 1쇄 인쇄일 2022년 7월 1일 **초판 1쇄 발행일** 2021년 7월 8일

지은이 아힘 페터스 | **옮긴이** 이미옥
펴낸이 박재환 | **편집** 유은재 | **관리** 조영란
펴낸곳 에코리브르 | **주소** 서울시 마포구 동교로15길 34 3층(04003) | **전화** 702-2530 | **팩스** 702-2532
이메일 ecolivres@hanmail.net | **블로그** http://blog.naver.com/ecolivres
출판등록 2001년 5월 7일 제201-10-2147호
종이 세종페이퍼 | **인쇄·제본** 상지사 P&B

ISBN 978-89-6263-238-5 03180

책값은 뒤표지에 있습니다. **잘못된 책은 구입한 곳에서 바꿔드립니다.**

불확실성의 심리학

스트레스와 불안감을
어떻게 떨칠 수 있을까

아힘 페터스 지음 | 이미옥 옮김

에코리브르

부모님께 바칩니다.

1부 뇌

2부 인간

차례

3부 사회

1부

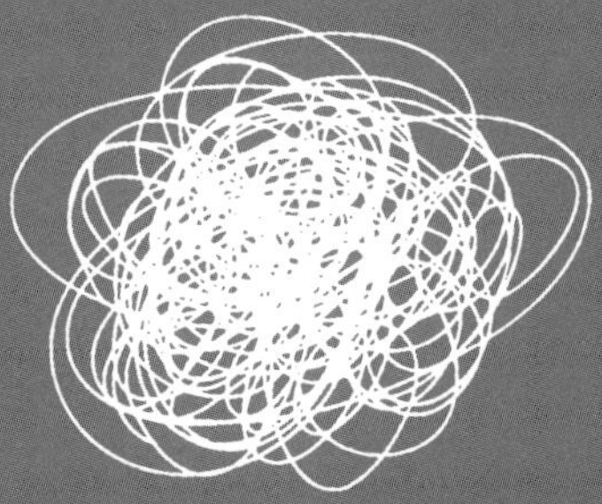

뇌

01

스트레스란 무엇인가

세상에서 가장 오래된 감정 상태 • 스트레스라는 개념의 발견 • 스트레스는 언제 좋고, 언제 참을 수 있으며, 언제 유독할까? • 불확실성을 계산할 수 있을까? • 클로드 섀넌과 스트레스를 줄일 수 있는 삶의 공식을 찾아서

우리가 감정에 대해서 말할 때 도대체 무엇을 두고 그렇게 말하는 것일까? 사랑, 공포, 질투심, 혐오감, 두려움, 보호받는 느낌, 증오심, 희망, 시기심, 후회, 수치심, 비애, 분노 또는 호의를 말하는 것일까? 이런 감정들을 우리는 이미 경험했다. 시대와 문화를 불문하고 체험했을 감정들이라는 말이다. 이런 감정들은 인류만큼이나 역사가 오래되었을 것이다. 이런 감정들과 관련해서 알바니아어는 물론이거니와 웨일스어(영국 웨일스에서 사용하는 토착 언어—옮긴이)에 이르기까지 거의 모든 언어에는 해당 이름이 붙어 있다. 또한 각각의 언어로 된 사랑, 희망 혹은 증오심과 같은 개념은 사용한 지 너무나 오래되어 기원을 알 수 없을 정도이다.

우리의 감정이 그토록 다양하며 이미 오래전부터 모든 문화와 언어에서 사용하고 있었다면, 어떻게 특정 감정이 현대에 이르러서야 비로소

"발견되었다"고 할 수 있을까? 여기서 말하고자 하는 주제는 유별나거나 드물게 나타나는 현상이 결코 아니라 우리 모두가 알고 있는 현상이다. 바로 스트레스이다. 이 개념은 1936년에야 도입되었으며(눈에 띄게 되었다고 할까), 의사이자 화학자인 한스 셀리에[1](1901~1982, 오스트리아 출신의 캐나다 의학자·생화학자·내분비학자. '스트레스 연구의 아버지'라고 불린다—옮긴이)에 의해 발견되었다. 그는 스트레스라는 개념의 생물학적·의학적 기초를 세웠다. 그는 이런 의문을 품었다. 만일 인간이 부정적 자극, 예를 들어 더위, 굶주림이나 갈증에 강하게 노출되면 신체에는 어떤 일이 일어날까? 셀리에는 실험동물들을 매우 다양한 부담을 느끼는 상황에 노출시켰고 이로부터 항상 동일한 패턴의 증상이 나타난다는 사실을 발견했다. 즉 부신(副腎: 좌우 신장 위에 있는 내분비기관—옮긴이)이 커지고, 흉선(胸線: 흉골의 후방, 심막 및 심장의 대혈관의 앞쪽에 위치한 림프기관—옮긴이)이 축소하며, 위와 장에 궤양이 나타났다. 셀리에는 이와 같은 현상을 스트레스라고 명명했다. 오늘날 우리는 코르티솔(스트레스 호르몬)의 분비가 증가함으로써 부신이 커지고 흉선이 축소되는 것은 바로 면역계가 약해졌다는 사실임을 알고 있다. 하지만 대략 100년 전 당시만 해도 이 영역은 학문적으로 신세계였다. 또한 그사이 우리는 더위, 굶주림, 갈증 외에도 스트레스 유발 인자가 존재한다는 사실도 알게 되었다.

스트레스라는 개념은 대략 80년 전에 최초로 등장했고, 이로써 스트레스 연구가 시작되었다. 이때부터 다양한 일이 일어났으며, 새로운 통찰력도 많이 얻게 되었다. 하지만 스트레스라는 단어는 과학의 영역 밖에서 독자적인 경력을 쌓기 시작했다. 이로써 우리는 다시금 감정이라는 주제로 돌아왔다. 물론 스트레스가 감정에 속하는 것인지 따지는 사람도 있을 수 있다. 이들의 비판을 틀렸다고 할 수는 없다. 스트레스를 감정으로만 다룬다는 것은 스트레스가 지니고 있는 복잡성을 고려해볼 때 적합하지 않다. 스트레스 상태에 있는 주관적인 감정 상태는 스트레스를 받고 있는 신체의 수많은 변화를 지각하는 것과 매우 밀접하게 연관되어 있다. 가령 스트레스로 가슴이 두근두근하는 상황을 "심장 뛰는 소리가 목구멍까지 올라온다"고 표현하는 데서 볼 수 있듯이 말이다. 조금 더 구체적으로 말해서, 우리가 일상생활에서 이해하는 스트레스라는 개념은 지극히 감정적인 상황이다. 우리가 스트레스를 받았다고 말하면, 이는 보편적으로 우리가 긴장되어 있고, 피곤해서 지쳐 있으며, 불안하거나 신경이 곤두서 있다는 의미이다. 만일 스트레스가 정확하게 무엇인지 설명해야 한다면, 쉽게 대답할 수가 없다. 기본적으로 우리는 스트레스가 무엇이며, 무엇이 스트레스를 유발하고, 어떻게 하면 스트레스를 받지 않을 수 있는지, 스트레스를 받고 있을 때 우리의 태도는 어떤 역할을 하며, 스트레스는 우리 신체에 어떤 작용을 하는지에 대해서 혼란스러운 상상을 하고는 한다.

흥미롭게도 이런 점은 비전문가들에게만 해당되지 않는다. 과학자들 역시 연구하면서 스트레스라는 개념을 정의할 때 어려움을 느낀다. 분명한 점은 스트레스 연구는 아직 비교적 전통이 짧은 새로운 과학에 속하며 초기 단계에 있다는 사실이다. 스트레스라는 개념은 1936년에 세간에 알려졌지만 스트레스라는 현상은 적어도 사랑, 증오심 혹은 희망과 같은 감정이 불러일으키는 심오한 상태만큼 오래되었다. 심지어 스트레스는 그런 감정보다 더 오래된 것일 수 있다. 어쩌면 스트레스란 세상에서 가장 오래된 감정 상태일 것이다. 달리 표현하자면, 스트레스는 모든 생명체가 알고 있는 상태이다. 심지어 의식적으로 체험하지 못하며 따라서 위대한 사랑 따위가 무엇인지 모르는 가장 원시적인 단세포생물도 매우 불리한 상황에서 스트레스를 받을 경우 다른 생명체에서 전형적으로 나타나는 불안한 태도를 보여준다. 왜냐하면 스트레스는 생명과 관련해서 중요한 것이 부족하거나 생존이 위험할 때는 항상 나타나기 때문이다. 때문에 이렇게 주장해도 된다. 즉, 스트레스는 생명체의 역사만큼 오래되었다고. 그리고 스트레스는 오늘날까지 우리의 일상에 영향을 미치는 가장 막강하고도 어마어마한 힘들 가운데 하나이다. 따라서 스트레스를 보다 깊이 연구하고 이해하는 일은 매우 중요하다.

스트레스를 이해하려면 간단하고도 기본적인 질문으로 시작해야 한다. 즉, 스트레스란 무엇인가? 이 질문에 대하여 사람들은 그때그때 상황에 따라서 매우 다르게 답할 수 있다. 예를 들면, 정시에 회사에 출근하는 것을 방해하는 교통체증이라고 답할 수 있다. 그런가 하면 밤에 자지 않고 울어대는 갓난아이라고 답할 수도 있다. 또는 직장을 잃을지도 모른다는 두려움이라고 대답할 수도 있다. 하지만 이 모든 대답은 과학적인 무게가 실린 정의가 아니라, 기껏해야 우리의 스트레스 시스템을 작동시키는 요소, 다시 말해 이른바 스트레스 유발 인자일 뿐이다. 그렇다면 과학적으로 봤을 때 스트레스란 무엇인가?

스트레스에 대해서 얘기하자면, 먼저 스트레스 수준이 어느 정도인지를 명확히 하는 것이 필요하다. 왜냐하면 스트레스라고 해서 모두 같은 스트레스가 아니기 때문이다. 기본적으로 스트레스 의학은 스트레스를 세 가지 차원으로 구분하고 있다.

1. **좋은 스트레스:** 이 스트레스는 대체로 짧으며, 스트레스 연구가들은 이와 관련해서 한 가지 에피소드를 얘기해준다. 예를 들어, 우리는 신속하고도 신중하게 행동해야 할 상황에 처할 때가 있다. 이 경우에 우리는 필요한 정보를 획득하고, 결정을 내리고 문제를 해결한다. 문제를 해결한 이후에도 압박감이고 긴장감이 남아 있지만, 단기간 활성화되었던 스트

레스 시스템은 다시금 안정을 찾게 된다. 그런 뒤에 우리의 자존감은 상승하며 문제를 해결했다는 느낌도 강해진다. 우리는 이런 종류의 스트레스를 지극히 힘들다고 받아들이기는 하지만, 성공을 안겨주고 우리 삶을 풍요롭게 해주는 것으로도 체험한다.

2. **견딜 만한 스트레스:** 이제 압박감은 더 강해지고, 행동할 수 있는 가능성은 제한되어 있다. 문제와 위협적인 상황을 해결할 수 없다. 하지만 스스로가 바뀔 수는 있다. 예를 들어, 52세의 남자는 8년 전부터 실직 상태에 있다. 실직 초기 단계에 그는 상당히 불안해했고, 긴장 상태에서 흥분해 있었고, 피곤해했고, 밤이면 이런저런 고민으로 잠을 이루지 못할 때가 많았다. 하지만 세월이 흐르면서 새로운 상황에 익숙해졌다. 그러다가 그는 검소한 생활을 하고 심리적 안정을 찾았다. 저축액과 가족의 지원을 받아서 자신의 상태에 적응한 그는 힘든 상황을 그래도 견딜 만한 것으로 체험한다. 만일 그럴 수 없다면, 그는 중기적으로 유독한 스트레스에 빠질 위험이 있다.

3. **유독한 스트레스:** 우리는 늘 반복되거나 혹은 지속적으로 스트레스 시스템이 자극을 받는 상황에 처하게 된다. 우리는 늘 깜짝 놀라게 된다. 이런 상황을 바꿀 가능성을 보지도 발견하지도 못한다. 하지만 해결책과 올바른 전략을 지속적으로 찾게 된다. 뭔가 구체적인 것을 시도하지 못한 채 불확실한 상황에서 옴짝달싹도 못 하고 있을 경우도 많다. 예를 들어, 동료들로부터 따돌림을 당한다고 느끼지만, 사표를 내야 할지 어떻게 해야 할지 모르는 경우이다. 또는 알코올 문제를 안고 있어서 미래를 예측할 수 없는 파트너와 함께 사는 경우이다. 이미 말했듯이, 이런 경우는 유독한 스트레스와 관련 있는 상황에 빠질 수 있는 많은 가능성 가운데 하나이다. 이 책에서는 특히 유독한 스트레스를 다루게 될 것이다. 왜냐

하면 이 스트레스야말로 매우 심각한 영향을 주기 때문이다. 우리의 삶뿐 아니라 우리의 건강에 말이다.

하지만 이 모든 것도 스트레스가 정확하게 무엇이냐는 질문에 대하여 정답을 제공하지 못한다. 스트레스 연구에서 개척자라 할 수 있는 미국의 신경심리학자 브루스 맥쿠엔과 영국의 정신병 학자 칼 프리스턴과 함께 나는 모든 형태의 스트레스에 적용할 수 있는 질문을 작성했다.[2, 3]

- 미래에 자신의 신체적·정신적·사회적 건재함을 보장하기 위해 가능한 전략 가운데 무엇을 선택해야 하는가?

만일 여기에서 매번 정확한 답을 하는 데 성공한다면, 끔찍하게 놀라는 경우는 모두 제거될 수 있다. 즉, 우리는 충분히 먹고, 안정된 수입을 얻고, 그 어떤 것도, 그 누구도 우리를 위협하지 않는다. 우리는 건강하며, 온전한 인간관계를 맺고 살며, 우리가 이해하는 친구들과 동료들이 있으며, 편한 일을 한다. 또한 그 어떤 위험도 인지하지 못하는데, 예를 들어 자식들이 학교 문제로 속을 썩이지도 않고, 고용주가 경제적 위기를 맞아서 직원들을 해고하는 상황도 벌어지지 않는 것이다. 이것은 물론 예일 뿐이지만, 이로써 말하고자 하는 바는 이러하다. 즉, 우리는 뜻밖에 경악하게 되는 사건이나 일을 막을 수 있을 정도로 계획적으로 살 수 있다는 의미이다.

이제 우리는 페터스, 맥쿠엔과 프리스턴이 정의 내린 스트레스 가운데 두 번째 정의이자 본질적인 부분에 이르렀다.

- 만일 사람들이 위험한 상황에서 미래의 건재함을 보장하기 위해 가능한 전

략 가운데 어떤 것을 선택해야 하는가? 하는 질문에 확실한 답을 할 수 없을 때 스트레스는 항상 등장한다.

이로써 우리 대부분이 답을 알지 못하는 질문에 답을 할 수 있다. 즉, 도대체 무엇이 개인에게 스트레스를 스트레스로 받아들이도록 만드는 것일까? 달리 표현해보자. 개인들은 왜 잠재적 스트레스 유발 인자에 대해서 동일하게 반응하지 않을까? 왜 어떤 사람은 육아로 인해 스트레스를 받고 또 어떤 사람은 받지 않을까? 왜 많은 사람들이 교통체증에 짜증을 내는데 그렇지 않은 사람도 있는가? 동일한 일이 왜 어떤 사람에게는 두려움을 주고 어떤 사람에게는 즐거움을 주는가? 이와 같은 질문을 해결할 수 있는 열쇠는 바로 개인마다 정해지지 않은, 이른바 개인적 **불확실성**에 있다. 다음에 무엇을 해야 할지 알 수 없으면 불확실한 상황이 만들어진다(그림 1). 따라서 스트레스는 주관적 차원이 있는 것이다! 모든 스트레스 유발 인자의 배후에는 이미 오래전부터 불확실성이 도사리고 있다. 스트레스를 일으키는 상황과 스트레스 유발 인자들은 인류의 역사가 진행됨에 따라서 바뀌었으나, 신체가 스트레스에 반응하는 답은 동일하게 남아 있다. 우리 조상들은 맹수를 만났을 때, 위험에서 벗어나려면 두 가지 가능성밖에 없었을 것이다. 싸우거나 도망치기. 하지만 어떤 전략이 옳을까? 그것을 알 수 없으므로 우리는 불확실해진다. 혹은 일하기 힘든 직장에 계속 다녀야 할지 그렇지 않으면 다른 직장을 알아봐야 할지 모르는 직원도 마찬가지이다. 두 가지 가능성 가운데 어떤 것이 자신에게 성공을 안겨줄까? 이를 알지 못하면 불확실한 상황에 빠지게 된다. 이런 불확실성은 중요한 정보가 부족한 만큼 증가하게 된다. 평생 처음으로 야생동물을 만난 젊은이는 이제 어떻게 대처해야 할까? 싸워야 할까 아니면 도망을 쳐야 할까? 그가 느끼는 불확실성이 커짐에 따라 스트레스 수치도 점점 더 올라갈 것이다. 어쩌면 그는 이런저런 전략을 선택할 수도 있고, 마비가 되어서 아무 행동도 못 할 수도 있다. 경험이 풍부한 사냥꾼도 야생동물과 마주치면 스트레스를 받는다. 하지만 사냥꾼은 곰을 마주쳤을 때 도망치는 것은 아무런 소용이 없다는 것을 잘 알고 있다. 왜냐하면 곰이 더 빠르니까 말이다. 그는 조용하게 있다가 천천히 뒷걸음질 치지만 속으로는 끔찍한 상황이 되지 않기를 희망하면서 전투 상황에 들어간다. 과거에 여러 번 경험했던 그대로 말이다. 그가 느끼는 불확실성은 어느 정도 확실성으로 옮겨가는데, 왜냐하면 이와 관련된 경험을 가지고 있는 까닭이다(그림 1 참조).

스트레스를 해결해주는 중요한 정보가 어디에 있는지는 대체로 처한 상황에 달려 있다. 곰을 만나는 상황은 오늘날 매우 드문 일이며 그러므로 오래전부터 내려오는 사냥꾼의 지식은 현대 사회의 스트레스를 극복하는 데 큰 도움이 될 수 없다. 하지만 그 원칙은 적용해볼 수 있다. 예를 들어 노동계에서이다. 한 직원이 회사에서 일하고 있다고 가정해보자. 이 회사는 몇 세대에 걸친 탄탄한 회사이며 충성심 있는 직원들에게 어느 정도 안정된 평생직장을 보장하는 회사이기도 하다. 하지만 세계화가 진행되면서 시장이 변해버렸다. 바다 건너 국가들과 새로이 경쟁을 하는 시대가 되었던 것이다. 주문 장부가 빼곡하던 시절은 이미 지나갔다. 생산 공장들은 문을 닫았다. 일련의 긴축 조치가 간부들에게 하달되었다. 그러자 임금 지불이 지체되었다. 회사를 다른 누군가가 인수할 것이라는 소문과 파산을 앞두고 있다는 소문도 나돌았다. 하지만 구체적인 일이 처음에는 일어나지 않는다. 직원들은 자신들의 일자리가 더 이상 안전하다고 느끼지 않게 될 것이다. 이들은 자신들의 미래를 생각하고, 주택을 담보로 받은 대출을 생각하고, 지금 사표를 내면 이와 비슷한 수준의 일자리를 찾을 수 있을지도 생각한다. 지금 다니는 회사가 앞으로 어떻게 될지 전혀 알 수 없다. 이 사람은 자신이 만족할 수 있는 새로운 일자리를 구할 수 있을지 알 수 없다. 그러다가 강력한 스트레스를 지속적으로 받게 되는데, 일자리가 불확실하기 때문이다. 이 남자는 결정적으로 중요한 정보가 없는 까닭에, 현재의 직장을 떠나야 할지 계속 머물러야 할지 알 수 없다.

이런 시나리오는 많은 사람들에게 낯설지 않을 것인데, 뉴스에서도 접할 수 있고 또한 자신이 직접 겪은 일일 수도 있다. 이런 일을 당해본 사람이라면, 그런 상황이 사람을 얼마나 지치게 하는지 경험했을 것이다. 특히 회사의 위기가 몇 달 혹은 몇 년에 걸쳐서 서서히 진행된다면 말이다. 대기업이 청산될 때 바로 그런 양상을 띠게 된다. 이러한 상황에서 과연 어떤 정보가 직원들의 스트레스를 날려줄 수 있을까? 예를 들어 고용주가 직원들에게 특정 기간 동안 확실하게 일자리를 보장해주는 것처럼 말이다. 하지만 이런 보장은 한시적으로 스트레스를 누그러뜨릴 뿐이다. 우리는 정말 중요한 정보를 획득하는 것이 얼마나 어렵고 복잡한지 알고 있다. 그런데 이런 정보를 어떻게 파악 혹은 측정해야 한다는 말인가? 실제로 스트레스 연구에서 그와 같은 종류의 측정 과정은 지금껏 연구된 적이 없다. 그런 과정을 알면 참으로 도움이 될 것이다. 그런 과정은 최초로 스트레스를 파악하고 평가하는 것일 테니까. 그러면 스트레스라고 하는 애매한 개념은 우리가 인식할 수 있는 차원으로 들어올 수 있다. 그러니까 스트레스 상황에 적절하면서도 의미심장하게 개입할 수 있도록, 최초로 개인의 심리사회적 부담을 구체적으로 예측할 수 있게 되는 차원 말이다. 우리는 이와 같은 생각을 다음에 이어질 장에서 계속 추

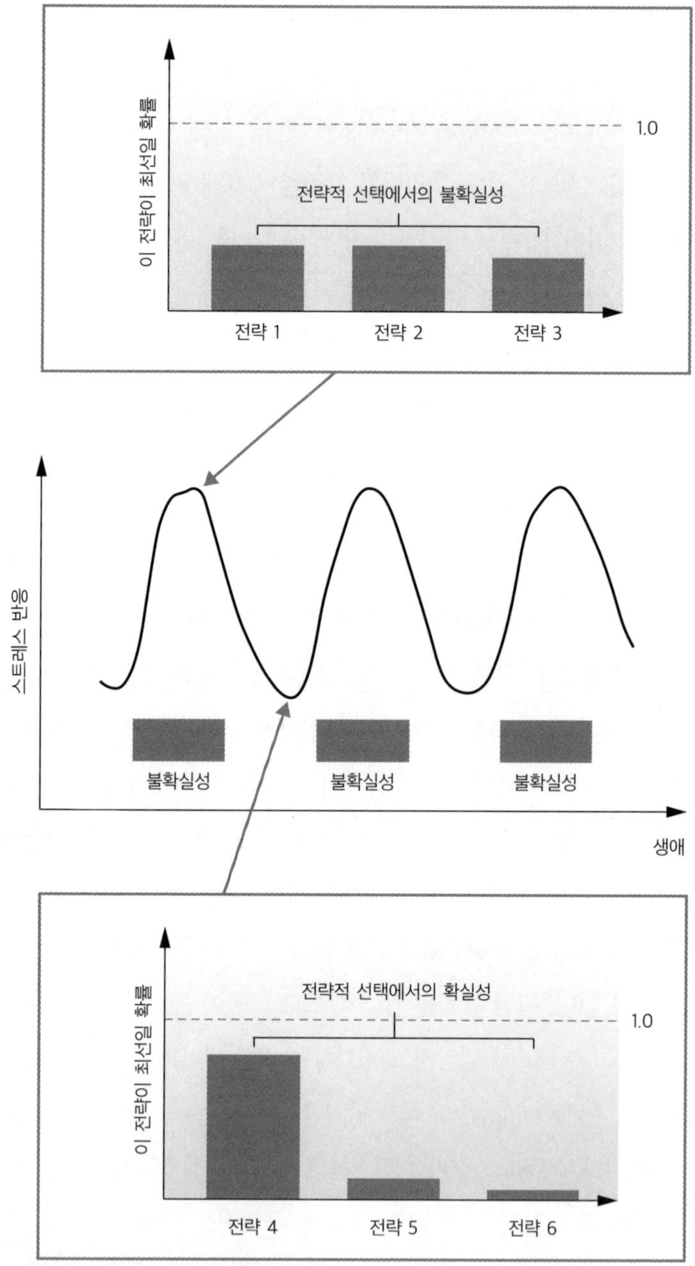
이 전략이 최선일 확률
1.0
전략적 선택에서의 불확실성
전략 1
전략 2
전략 3
스트레스 반응
불확실성
불확실성
불확실성
생애
이 전략이 최선일 확률
전략적 선택에서의 확실성
1.0
전략 4
전략 5
전략 6

그림 1: 불확실성의 시기에 반복적으로 나타나는 스트레스 반응. 주변 환경이 변하고 위험한 상황에서 불안정해지면, 사람은 스트레스 반응을 보인다. 위험한 상황이란 미래에 자신의 신체적·정신적·사회적 건재함을 보장하기 위해 가능한 전략 가운데 어떤 전략을 선택해야 하는 상태이다. 이런 사람은 자신에게 묻는다. 즉, 무엇이 가장 좋은 전략일까? 이런 상황에서 뇌는 가능한 대답들의 확률을 분류한다. 어떤 대답에 대한 확률을 분류하는데 만일 0이라는 숫자가 나오면, 이것은 대답이 불가능하다는 의미와 동일하다. 대답의 확률이 1이면, 이 대답은 확실하다는 의미이다. 대답에 대한 확률은 대부분 0과 1 사이에 놓여 있다. 정보이론의 창시자인 클로드 섀넌은 70년 전 불확실성을 수학적으로 정확하게 정의하기 위해서 가능한 대답들에 대한 확률값을 사용했다. 불확실성에 대하여 그가 내린 정의는 매우 흥미롭다. 즉, 한 가지 대답에 대하여 확률을 1로 주면—그러면 다른 모든 대답에 대한 확률은 0이 되는데—불확실성은 0이 된다는 것이다(이미 올바른 대답을 아는 사람에게 불확실성이란 있을 수 없다). 이와 반대로 가능한 모든 대답에 동일한 확률 점수를 부여하면, 이때의 불확실성은 최대치가 된다(동일한 확률 점수를 줄 만큼 드문드문 정보를 획득한 사람은, 대답들이 너무나도 불확실하다는 뜻이다). 섀넌은 불확실성을 누군가 분명한 질문에 답할 때 얼마나 불확실한지를 보여주는 수치라고 정의했다. 위에 제시했듯이 최상의 전략에 대한 질문과 관련해서 불확실성이 최대치이면(위에 있는 도식), 대답한 사람의 뇌 역시 최대치의 스트레스 반응을 보인다. 즉, 이 사람은 잠을 이루지 못하고, 심장은 더 빠르게 뛰는데, 스트레스 호르몬이 장기 전체에 방출되기 때문이다. 이와 같은 반응은 불확실성을 다시금 해결하기 위한 정보를 뇌가 획득할 수 있도록 하는 역할을 한다. 더 나아가 섀넌은 어떤 소식에 들어 있는 정보를 두 가지 불확실성으로 구분했다. 즉, 그 소식 **이전에** 지식과 관련된 불확실성이 하나요, 소식을 듣고 난 **이후에** 지식과 연관된 불확실성이 다른 하나이다. 우리는 불확실성을 줄이기 위해 정보가 필요하다는 그의 말이 무슨 뜻인지 이해한다. 다음으로 여기에서 중요한 물리학적 기본 원칙을 고려해야 한다. 즉, 정보를 획득하기 위해서 에너지가 필요하다는 원칙이다. 이와 같은 기본 원칙에서 출발하면, 스트레스에 반응하려면 뇌에 에너지를 공급해줘야 하는 이유를 분명하게 알 수 있다. 이처럼 뇌에 별도로 에너지를 공급함으로써 정보를 처리하는 능력이 올라갈 수 있는 것이다. 마침내 불확실성이 해결되면, 사람들은 다시금 **안전하게** 여러 가지 전략 가운데 한 가지(밑에 있는 도식)를 선택할 수 있다. 왜냐하면 이 경우에는 최상의 전략이 무엇이냐는 질문에 대한 답이 상당히 확실하게 존재하기 때문이다. 이런 식으로 확실성을 얻게 되면 스트레스 반응은 사라진다.

적할 것이며, 그런 공식을 계산해내는 방법을 확립하고자 한다. 이러한 작업의 출발점은, 미국의 수학자 클로드 엘우드 섀넌이 이미 1948년 자신의 획기적인 작업에서 공개했던 정의가 되겠다. 즉, 불확실성을 줄이기 위해서는 정보가 필요하다.[4] 만일 이와 같은 이론적 개념을 이용한다면, 스트레스와 관련된 정보를 측정하거나 수량화하는 절차가 필수적이다. 왜냐하면 그런 공식을 이용하면 역사상 최초로 정보, 불확실성과 스트레스의 상관관계를 수학적으로 자세하게 서술할 수 있기 때문이다. 이런 말은 지금은 뭔가 복잡하게 들릴 수도 있지만, 이해하기가 그렇게 어렵지는 않다. 그리고 조금 더 깊이 파고들 만한 가치가 있다.

02

불확실성, 정보와 에너지

영국 도서관 방문 • 불확실성을 줄이려면 에너지가 얼마나 들까? • 정보와 무질서 • 비트란 무엇인가? • 도박판의 확률 계산하기 • 토마스 베이즈의 등장 • 응급실 의사는 확률을 어떻게 다루는가 • 과학에서 독단은 금물 • 들뢰즈: 왜 절대적 진리는 있을 수 없는가

세계에서 규모가 가장 큰 런던의 영국 국립도서관(British Library)에 있다고 상상해보자. 이곳에는 1억 7000만 권의 책과 또 다른 대중매체가 보관되어 있다. 우리는 이곳에서 특정 책을 찾고 있다. 복합적인 배열 시스템의 도움으로 이 책이 도서관에 있는지, 있다면 어디에 있는지를 알 수 있다. 하지만 만일 누군가 밤사이 모든 책을 완전히 뒤죽박죽으로 만들어놓았다고 상상해보자. 그 어떤 책도 배열 시스템에 따른 위치에서 발견할 수 없다. 이렇듯 무질서한 상황에서 1억 7000만 권의 책 가운데 특정 책 한 권을 찾아내기란 거의 불가능하고, 적어도 엄청난 시간과 에너지가 들어갈 것이다. 이처럼 그야말로 무질서한 상태는 도서관에서는 거의 발생하지 않지만, 물리학에서는 자주 일어난다.

이것을 조금 더 쉽게 설명하기 위해 미국의 물리학자이자 1965년

노벨상 수상자였던 리처드 파인먼은 유명한 강연회에서 정보를 선별해낼 수 있는 하나의 시스템을 예로 들었다.[5] 바로 공기가 통하지 않고, 가스를 채워서 똑바로 세워둔 실린더였다. 가스 입자들 가운데 딱 하나만 빨갛게 표시해두었다. 주어진 과제는 바로 이 빨간 입자를 발견하는 일이었다. 물론 모든 입자는 실린더 안에 무질서하게 분포되어 있었다. 이처럼 점점 더 무질서해지려는 경향을 물리학에서는 엔트로피라고 부른다. 조직과 구조에는 질서가 있는데, 이것의 반대가 우연이나 무질서이다. 모든 가스 입자가 실린더 안에서 가능한 뒤죽박죽으로 또는 무질서하게 분포되어 있으면, 가스는 최대한 엔트로피 상태에 있다고 볼 수 있다. 빨간 입자는 이제 텅 빈 공간 어디에나 존재할 수 있다. 그 누구도 이 빨간 입자가 어디에 있는지 예측할 수 없다. 하지만 실린더에는 특수한 피스톤 장치가 있다. 따라서 그 빈 공간을 움직이는 얇은 칸막이 판을 이용해 밀 수 있다. 실린더 아랫부분에는 가스 입자가 있고, 피스톤 윗부분에는 공기가 들어 있는데, 조금씩 실린더 안의 공간을 위에서 아래로 밀어서 좁게 만들 수 있다. 가스가 압축되면 뜨거워지는데, 잠시 후면 따뜻해진 온기가 다시 장치로부터 빠져나가서 가스의 온도는 다시금 원래 온도로 돌아온다. 피스톤을 아래로 멀리 밀어내면 낼수록, 빨간 가스 입자가 머물 수 있는 장소도 좁아지고, 빨간 가스 입자의 위치가 어디인지 몰라서 생겨나는 **불확실성도 줄어든다.**

가스 입자들을 배열하기 위해서는 사용할 에너지를 측정해야 한다. 그러니까 에너지 단위인 줄〔joule(또는 칼로리)〕을 사용한다. 하지만 엔트로피—무질서 혹은 불확실성의 정도—역시 측정 기술로 파악이 가능하다. 이것은 단위 비트〔bit(binary digit, 이진수)〕를 사용한다. 클로드 섀넌이 알아낸 불확실성을 감소시키려면 정보가 필요하다는 사실을 우리가 정보를 얻어낸 압축된 가스에도 적용할 수 있다. 우리는 찾고 있는 입자를 발견하지는 못했으나, 적어도 이 입자가 공기로 차 있는 실린더의 윗부분에는 더 이상 없을 것이라는 점을 알고 있다. 그러니 탐색해야 할 범위가 줄어들게 된 것이다.

하지만 입자가 머무르는 범위가 축소된 것은 아무런 까닭 없이 얻은 결과가 아니다. 여기에서 다음과 같은 질문을 던져야 한다. 나는 특정 정보(비트)를 얻어내기 위해 어느 정도의 에너지(줄)를 사용해야 하는가? 구체적인 경우에 어떠한 수치가 나올 텐데, 그 결과는 어쨌거나 "0"은 아닐 것이다. 이는 바로 에너지와 정보 사이의 관계가 얼마나 중요한지를 분명하게 보여준다. 왜냐하면 물리학과 정보이론 사이의 관계로부터 이처럼 보편적인 법칙을 끌어낼 수 있기 때문이다. 즉, 에너지가 없으면 정보도 없다.

이미 과거 세대의 물리학자들도 정보와 에너지가 서로 얼마나 밀접하게 얽혀 있는지를 수학적으로 보여주었다.[6-8] 하지만 최근에 이르러 보다 젊은 세대들이 결정적인 돌파구를 발견하였다. 주도면밀한 실험을 통해 정보를 얻고자 하는 사람은 에너지를 투입해야 한다는 사실이 밝혀진 것이다. 나아가 정보를 삭제한 사람은 심지어 에너지를 되돌려받는다.[9, 10] 이 모든 것이 실제로는 매우 다르게 보일 수 있다. 실린더 실험의 경우, 정보를 얻기 위해 피스톤을 위에서 아래로 밀어야 했기에 근육을 사용했다.

영국 국립도서관에서 책을 찾는 경우에도 에너지가 없으면 원하는 정보는 얻을 수 없다. 그러니까 우리는 컴퓨터가 있는 장소로 가서 검색창에 책 제목을 입력한 뒤, 화면에 뜨는 제목들이 우리가 찾고자 하는 책인지 살펴야 하고, 어떤 칸에 꽂혀 있는지 확인한 다음 그곳으로 가야 한다. 하지만 이와 같은 경우에 엔트로피 요소는 작기 때문에—도서관은 워낙 정리정돈이 잘된 곳으로 유명하므로—정보를 수집하기 위해 투입하는 에너지는 매우 적다. 다시 말해, 원하는 책을 발견하기 위해 많은 공을 들일 필요가 없는 것이다. 무엇보다 1억 7000만 권에 달하는 모든 책을 끔찍할 정도로 뒤죽박죽 섞어둔 경우와 비교한다면 말이다. 이처럼 무질서한 상황에서 원하는 책을 찾으려면 어쩌면 수년 또는 수십 년이 걸릴지 모르며, 이로써 소비하는 에너지도 엄청날 것이다.

정보와 스트레스가 그처럼 밀접하게 연관되어 있다고 하면, 내가 실제로 얼마만큼 많은 정보를 가지고 있는지 또는 정보가 얼마만큼 부족하고 그리하여 얼마나 불확실한지 어떻게 확정 지을 수 있을까? 이는 실제로 그때그때의 상황에 따라서 정확하게 서술하고 계산해낼 수 있다. 우선 우리 모두가 알고 있을 법한 예를 들어보자. 동전을 던졌을 때 사람의 얼굴이 새겨져 있는 앞면이 나올까 아니면 숫자가 새겨진 뒷면이 나올까? 다들 잘 알고 있듯이, 맞거나 틀릴 확률은 50퍼센트이다. 이 말은 "어떤 면이 나올지"에 대한 불확실성이 매우 크다는 의미이다. 조금 더 자세히 말해 두 가지 가능성에서 불확실성이 더 커질 수는 없다(이 경우 그럴 리는 없지만, 만일 이길 기회가 50퍼센트 이상이라면, 우리는 더 확실하게 이길 가능성이 있을 것이다. 그리고 50퍼센트보다 더 작아진다면, 우리가 지게 될 가능성이 더 늘어나게 될 것이다). 확실하게 이길 수 있다거나 혹은 이길 확률이 높아진다면, 마음을 놓을 수 있겠지만 그럴 수 없다. 왜냐하면 우리는 동전 던지기에 영향을 줄 수 없기 때문이다(그 밖에 동전은 아연으로 도금되어 있다). 정보를 얻고 확신을 가지려면, 오로지 한 가지 가능성밖에 없다. 바로 동전 던지기의 결과를 기다리는 일뿐이다. 이와 같은 상황도 수학적으로 간단하고 이해하기 쉽게 서술할 수 있다.

- 동전을 던지기 전의 불확실성(앞면과 뒷면)은 1비트이다.
- 동전을 던지고 난 뒤의 불확실성은 0비트이다(우리는 결과를 안다).
- 따라서 동전 던지기가 제공하는(다시 말해, 불확실성의 감소) 정보는 정확하게 1비트가 된다. 즉, 1비트－0비트＝1비트.

이제 조금 더 복잡한 것을 해보기로 하자. 4장의 카드에서 예측할 수 있는 불확실성은 2비트이다. 8장의 카드에서 예상할 수 있는 불확실성은 3비트이다 등등(그림 2 참조). 단순한 경우에 불확실성의 감소를 어떻게 계산해낼 수 있는지 이해하고 싶은 사람은, 부록의 상자 1을 참조하라.

동전 던지기, 카드와 주사위에서 불확실한 요소를 계산하기란 비교적 간단한데, 이런 것들은 뚜렷한 기수법(記數法)을 기본으로 작동하기 때문이다. 하지만 만일 인간적인 요소가 첨가되면, 어떤 일이 일어날까? 일상에서는 불확실성과 스트레스라고 하는 이른바 "지옥 같은 2중주"가 늘 등장할 수 있다. 수학 공식을 거의 이용할 수 없거나 제한적으로 이용할 수 있는 경우를 말하는데, 중요한 정보를 사용할 수 없기 때문이다. 심지어 계산을 할 때 출발점으로 삼을 구체적인 기준점이 없을 때도 많다. 이런 문제를 최초로 생각했던 사람 가운데 한 명은 토머스 베이즈로, 그는 장로교 소속의 목사이자 열정적인 수학자였으며, 18세기에 영국에서 다음과 같은 생각을 하게 되었다. 만일 뭔가 정확하게 계산할 수 없다면(우리를 진리로 안내해줄 직접적인 출구가 없는 까닭에), 최소한 제한적으로나마 결과를 알 수 있게 해주는 수학적 방식은 없을까? 이처럼 혁명적인 아이디어 덕분에 베이즈는 오늘날 확률 계산 분야에서 가장 중요한 선구자들 가운

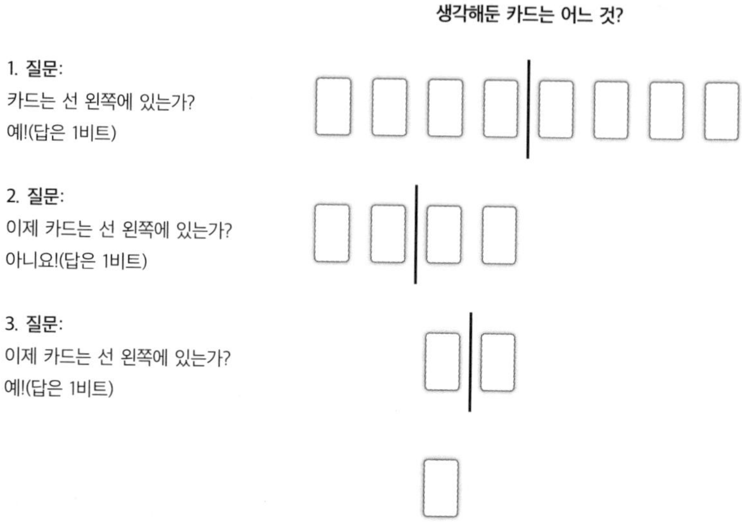

그림 2: 카드 맞히기를 할 때 불확실성 줄이기. 8장의 카드에서 예견할 수 있는 불확실성은 3비트이다. 3가지 중 각각의 정보(질문에 대한 답을 통해서 사람들이 얻게 되는)는 그때마다 1비트씩 불확실성을 감소시킨다.

데 한 사람으로 간주되고 있다. 혁명적이라고 할 수 있는 것은, 그가 진리로 안내해줄 출발점이 빠져 있는 문제를 이른바 사전확률을 정함으로써 매우 실용적으로 해결했다는 것이다. 사전확률이란 초기의 확률 분포를 의미한다. 앞에서 언급했던 동전 던지기에서 우리는, 앞면이 나올 사전확률을 50퍼센트로, 뒷면이 나올 사전확률을 50퍼센트로 정하고 출발했다. 달리 표현하면 각각 0.5로 출발했다. 그렇듯 베이즈는 시작하기 전의 출발점을 정의 내리고는, 거기에서부터 조금씩 정보를 모으고 판단을 내리고자 시도했다. 결과에 한 발씩 다가가기 위해서 말이다. 하지만 베이즈 정리(Bayes-theorem)가 특별히 흥미로운 점은 두 번째 측면에서 찾아볼 수 있다. 베이즈 정리는 관찰된 **효과**로부터 우리에게 알려지지 않았던 **원인**을 해명할 수 있도록 해준다.[11]

그런 말을 들으면 처음에는 이론적으로만 아름다고 훌륭하게 들린다. 그러나 이른바 베이즈 정리는 이론에 그치지 않고 그야말로 일상에서 자주 마주치는 상황에 응용할 수 있다. 또 다른 예를 들어보겠다. 응급실에 근무하던 당직 의사를 부른 사람은 길 가던 행인이었다. 그는 밤에 의식을 잃은 사람을 길가에서 발견했던 것이다. 의사는 17세 여자가 바닥에 쓰러져 있는 모습을 봤고, 그녀가 혼수상태를 일컫는 이른바 코마 상태임을 알 수 있었다. 따라서 의사는 이른바 **효과**(증상)를 인지했으나, 이렇게 된 **원인**(진단)을 알지는 못했다. 의사는 이제 원인을 추측하기 시작했지만, 확신을 가질 수 없었다. 의사는 어떻게 해야 할까? 코마를 일으킬 만한 원인들 가운데 가장 확률이 높은 원인을 찾기 위해 정보를 수집해야 한다. 의사는 코마에 빠진 청소년 환자들을 머릿속으로 떠올리며 다음과 같은 결론에 이르렀다. 이런 경우 코마를 일으킬 수 있는 원인은 세 가지이다.

1. 중독—알코올이나 마약에 의한 중독
2. 신경저혈당성(neuroglycopenic) 코마—1형 당뇨에서 저혈당으로 인한 코마(과도한 인슐린)
3. 뇌출혈—머리에서 파열된 혈관확장증(확장된 동맥이 파열)으로 인해 발생

이 세 가지 가능성이 어느 정도의 확률을 가지고 있느냐를 바로 베이즈의 사전확률 분포라고 부른다. 당직 의사의 경험을 바탕으로 하면 원인 1이 가장 가능성이 높고(50퍼센트 확률), 그다음으로 원인 2(40퍼센트 확률)이고 마지막으로 원인 3(10퍼센트의 확률)이다. 이처럼 사전확률 분포는 의사가 원인을 제한할 수 있게 해주는 출발점이 된다. 결과를 계속 도출해내

기 위해 의사는 우선 혈당을 검사한다. 혈당 검사 결과는 앓고 있는 질병이 초래하는 두 번째 **효과**가 된다. 측정해보니 혈당은 25mg/dl로 정상치 70~100mg/dl에 한참 미치지 못하는 수치이다. 이는 코마의 원인 2, 즉 신경저혈당성 코마가 맞을 수 있다는 증거가 된다. 의사는 혈당 검사를 함으로써 코마의 원인을 모르고 있는 불확실성을 줄일 수 있었다. 하지만 100퍼센트 확신을 갖지는 못한다. 가능성은 낮으나 그처럼 낮은 저혈당은 알코올 중독이나 동맥이 파열됨으로써 발생할 수 있는데, 이런 일이 불가능한 건 아니기 때문이다. 이제 이 상황을 수학적으로 관찰하면, 불확실성이 얼마나 감소했는지 분명해진다(수학적 세부 사항에 관심이 없는 사람은 표 1을 읽지 말고 지나가도 된다).

코마에 빠진 17세 환자

원인	효과	사전확률	가능성	사후확률
X	Y	P(X)	P(Y|X)	P(X|Y)
중독	혈당 측정 25mg/dl	0.5	0.1	0.12
신경저혈당성 코마		0.4	0.9	0.86
뇌출혈		0.1	0.1	0.02

표 1: 베이즈 정리에 따른 의학적 진단. 사전확률—즉 피검사를 하기 **전** 알 수 없는 원인의 확률 P(X)—은 중독의 경우 50퍼센트(0.5)이고, 신경저혈당성 코마 상태 40퍼센트(0.4)이며 뇌출혈은 10퍼센트(0.1)이다. 이 세 가지 사전확률을 모두 합해서 사전확률 분포라고 부른다. 의식불명에 빠진 환자의 혈당이 25mg/dl로 매우 낮다는 사실을 확인한 의사의 추측은 분명하게 바뀌게 된다. 그러니까 의사는 자신의 경험에 의해서, 각각의 원인(X)이 새롭게 관찰한 효과(Y)와 얼마나 잘 맞아떨어지는지를 안다. 그것이 바로 가능성이며, 보다 정확하게 표현하자면, 가능성 P(Y|X)는 X가 이미 나타났을 때, Y가 나타날 수 있는 (조건이 갖춰진) 확률을 말한다. 혈당이 25mg/dl이고 실제로 신경저혈당성 코마가 생길 수 있는 확률이 90퍼센트라는 것이다. 다른 두 가지 진단과 비교할 때, 신경저혈당성 코마와 잘 들어맞는다. 가능성이 가장 높은 90퍼센트(0.9)이기 때문이다. 중독과 뇌출

혈은 그렇지 않은데, 가능성이 각각 10퍼센트(0.1)밖에 되지 않기 때문이다. 이제 의사는 가장 가능성이 높은 진단을 선택할 수 있다. 하지만 이런 방식은 한 가지 단점이 있다. 가장 적절해 보이는 진단이 매우 드물게 발생한다면, 어떻게 하나? 이 진단은 여전히—너무나 적절해 보임에도—가장 선호하는 진단이 되어야 할까? 어떤 진단을 자주 내리게 되는 경우를 고려하면, 다시 말해서 특정 진단을 내리는 횟수를 고려한다면 가장 적절하다고 볼 수 있다. 이것이 바로 베이즈의 결론이 보여주는 재담 또는 위트이기도 한데, 그러니까 사전확률뿐 아니라 가능성도 고려하는 것 말이다. 사전확률을 가능성과 함께 곱하는 것이다. 이 결과를 이제 표준인수 P(Y)(이 예에서는 0.42)로 나누어서 이른바 사후확률(주어진 특정 사건이 일어났다는 가정하에 또 다른 사건이 일어날 확률이라는 의미에서 '조건부확률'이라고도 한다—옮긴이)을 얻으면 된다. 사후확률 P(X|Y)는 측정을 하고 난 **후** 알 수 없는 원인이 정확한 원인일 수 있는 확률이다. 표준인수는 세 가지 사후확률을 합해서 총 100퍼센트(1.0)가 될 수 있도록 확정해야 한다. 따라서 사후확률은 채택하기에 가장 좋은 수치들이다. 신경저혈당성 코마는 86퍼센트(0.86)라는 사후확률을 나타냄으로써, 12퍼센트(0.12)를 기록한 중독보다 앞서 있고, 2퍼센트(0.02)를 기록한 뇌출혈보다는 훨씬 앞서 있다. 완벽함을 위해 여기에 베이즈 공식을 소개하겠다.

$$P(X|Y) = \frac{P(Y|X)P(X)}{P(Y)}$$

베이즈 과정을 통해서 의사는 이제 새롭게 선호하는 진단을 내리게 되었는데, 원인 2(86퍼센트라는 확률로 업데이트됨으로써)가 바로 그것이다. 원인 1과 원인 3은 12퍼센트와 2퍼센트라는 확률로 확실하게 뒤처지고 있다. 의사는 이와 같은 진단에 근거해서 포도당 주사를 놓게 될 것이고, 진단이 정확하다면 환자는 잠시 후에 의식불명 상태에서 깨어날 것이다. 그럼에도 불구하고—이것이 결정적인데—의사는 자신의 진단이 정확하다는 점을 100퍼센트 확신하지 못한다. 비록 확률이 상당히 높은 상태(86퍼센트)이지만 말이다.

과학계 사람들은 이와 같은 견해를 두고 수백 년 동안 논쟁을 벌였다.

베이즈 정리는 많은 수학자들(그리고 전공이 다른 과학자들)에게 오랫동안 의심스러운 것으로 간주되었다. 이런 정리를 통해서 대부분의 문제가 딱 떨어지게 해결된다기보다 대략적으로 해결될 수 있다는 사실에 대해 베이즈가 주의를 환기시켰기 때문이다. 이를테면 토머스 베이즈는 확률을 이성적으로 기대하는 정도로 정의했는데, 그러니까 어떤 진술의 신뢰성을 0(신뢰할 수 없는)에서 1(신뢰할 수 있는)까지의 수치로 정의 내렸던 것이다. 사전확률이라고 할 때 이것은 주관적인 신뢰도를 말하며, 과거에 많은 과학자들은 이것을 완전히 거부했다. 주관적인 신뢰도라는 것은 오랫동안 과학이 스스로에게 부여한, 즉 항상 객관성을 추구하던 이미지와는 상반되었다. 그런데 오늘날에는 베이즈의 정리가 지닌 약점이 오히려 강점으로 간주되고 있다. 모든 문제에 대한 예상과 이 문제에 대한 새로운 관찰이 상호작용을 함으로써 문제를 해결하는 경우가 많아졌기 때문이다. 이와 같은 인식으로 말미암아 과학은, 절대적 지식이란 있을 수 없다는 사실을 인정하도록 만들었다. 모든 인식은 과학자들이 문제를 해결할 수 있는 부근으로 데려가지만, 중요한 사실이 또다시 업데이트될 때까지만 유효할 뿐이다.

이런 생각은 논리적이고 당연한 것 같지만, 문화사 및 과학사의 관점에서 봤을 때는 결코 그렇지 않다. 예를 들어 의학에서는 아주 오랫동안 독선적인 생각이 지배적이었다. 한번 확실한 인식으로 간주되면, 새로운 사실이 나오더라도 흔들리지 않았던 것이다. 오늘날에는 이와 같은 생각은 이른바 증거를 바탕으로 하는 의학으로 인해 와해되었다. 증거를 중시하는 의학에서는 학계 대가들의 생각보다는 신뢰 가는 데이터(더 자세한 내용은 23장 참조)가 더 중요하게 여겨진다. 독선은 새로운 인식을 얻는 것을 힘들게 하거나 심지어 방해하는 특징이 있다. 단적으로 말하면, 독선적인 생각은 어떤 사실을 절대적인 진리라고 설명하고 나서 새로운 인식을 더 이상 허용하지 않는다. 신뢰도 1(100퍼센트)을 가진 진술은 그 어떤 경험이나 관찰을 통해서도 흔들릴 수 없는 것이다. 즉, 신뢰도 1인 진술은 그야말로 수정할 수 없다는 말이다. 이렇게 볼 때 독선적인 생각은 과학적 연구와 조화를 이루지 못한다는 점은 명백해진다. 이와 같은 덫에서 빠져나오려면, 과학자들은 베이즈의 의미에서 자체적으로 독선을 금지해야 한다.[12] 프랑스의 철학자 질 들뢰즈는 이와 관련해서 적절한 말을 했다. "만일 우리가 사실을 믿는다면, 우리는 옳지 않다. 오로지 기호들만이 있을 뿐이다. 만일 우리가 진리를 믿는다면, 우리는 옳지 않다. 진리에 대한 해석만이 있을 뿐이므로."[13] 그러므로 과학은 결코 100퍼센트 확실할 수 없으며, 늘 잘 알려진 지식조차도 그 배경을 캐묻고 경우에 따라 비판도 해야만 한다.

베이즈 방식의 뇌

03

칼 프리스턴 그리고 베이즈 방식의 뇌 • 스파게티가 지각적 추론이나 능동적 추론과 무슨 상관이 있는가 • 우리가 인지하는 것은 현실인가 실재에 대한 우리의 상상인가 • 우리의 뇌는 왜 두 가지 다른 사물을 동시에 볼 수 있는가 • 상상의 힘과 사랑하는 것의 업데이트 • 보수적 생각 & 진보적 생각

하지만 이 모든 것이 오늘날의 스트레스와 불확실성과는 도대체 무슨 관련이 있다는 말일까? 매우 관련이 많다. 2017년 노벨상 후보에 오른 영국의 신경과학자이자 물리학자인 칼 프리스턴은, 토머스 베이즈가 대략 250년 전에 오로지 확률을 계산하기 위한 목적으로 수학적 해결책을 발견했던 것일까, 라는 질문을 제기했다.[14] 오히려 인간의 뇌가 더 안전할 뿐더러 정보도 더 많이 얻기 위해서 기본으로 삼는 원칙이 아닐까 하는 의문이었다. 우선 베이즈 방식으로 작동되는 뇌라는 관념—프리스턴이 설명의 모델로 지칭하듯—을 어떻게 설명할 수 있는지 일상의 예를 통해서 살펴보기로 하자.

원시(遠視)가 있는 남자가 스파게티를 요리하고자 한다. 그는 냄비에 물을 받아 소금을 약간 넣은 다음 전기 레인지 위에 올려놓는다. 물이

끓는 동안, 남자는 스파게티 면을 얼마 동안 끓여야 했는지를 기억해내고자 한다. 6분이었던가 아니면 8분, 그것도 아니면 5분? 그는 확신이 들지 않았지만, 5분이 맞았던 걸로 추측한다. 사전확률에 따르면, 그렇듯 5분이 가장 확률이 높은 선택이라고 말해준다. 보다 확실하게 하려면 더 많은 정보가 필요하다. 남자는 직감적으로 스파게티 봉지를 움켜잡는다. 하지만 글자가 너무 작고, 전등도 그다지 도움이 되지 않으며, 돋보기안경도 찾을 수 없다. 봉지에는 3분이라고 씌어 있는 것처럼 보인다. 이게 맞나? 3분이라는 시간은 너무 짧은 것 같고, 이런 정보는 업데이트되기는 했으나 그다지 유용하지 않다. 남자는 스파게티 봉지에 있는 글자를 정확하게 읽을 수가 없다. 남자가 취해야 할 다음 행동은, 예를 들어 안경을 가져오고 더 밝은 전등을 켜는 일일지도 모른다. 그러면 물을 끓이는 정확한 시간은 8분이라는 사실을 읽을 수 있을 것이다. 그의 사후확률은, 이제 그것이야말로 가장 확률이 높은 선택이라고 말해준다. 남자는 주변이 너무 어두워서 8분을 3분으로 읽었다.

이러한 예는 프리스턴이 베이즈 방식에 의한 뇌라고 말했을 때, 그가 무엇을 염두에 두고 있었는지를 잘 보여준다. 우리는 이렇듯 베이즈 방식에 의한 뇌를 매일 여러 차례 사용하는데, 특히 선택을 해야 할 때는 반드시 그렇다. 우리는 하나의 가정을 하지만, 이때 100퍼센트 확신을 갖지는 못한다. 위험을 무릅쓰고 우리의 기대가 옳다고 신뢰한다(우리가 착각할 때마다 물론 화가 난다). 또는 업데이트를 하고 새로운 정보가 흘러들어오게 한다. 정확한 해결책에 최고로 가깝게 접근했다는 확신이 들 때까지 말이다. 이런 방법이 성공할 확률이 더 높다는 것은 의문의 여지가 없다. 여기에서 흥미로운 점은, 성공할 확률이 더 높은 방법이 어느 정도까지 우리의 뇌에 설계되어 있는가 하는 문제이다. 베이즈 방식의 절차가 우리의 뇌 깊숙이 살아 있고, 자주 사용하고 있으며 대부분의 경우에 그런 절차가 잘 유지되는 것처럼 보일지라도, 우리는 이런 방식을 제한적으로만 인정한다. 왜 그럴까?

바로 전 장(章)의 마지막에 인용했던, 진리에 관한 들뢰즈의 진술로 돌아가보자. 그러니까 진리는 없으며, 해석만이 있을 뿐이고, 사실도 없으며, 오로지 기호만 있을 뿐이라는 진술 말이다. 어쩌면 이 글을 읽고 있는 독자들 가운데 몇몇은 즉석에서 반론을 제기할지도 모른다. 진리와 사실이 존재하지 않는다고? 이런 말을 처음 듣는 순간에는 논쟁이 필요하다는 점을 나도 인정한다. 이런 논쟁은 정치적 대중 영합주의자들이 흔히 사용하는 논쟁으로, 사실을 인정하지 않고 진실을 의도적으로 곡해하는 방식이기는 하다. 하지만 여기에서는 전혀 그런 뜻이 아니다. 오히려 정반대인데, 들뢰즈는 어떤 것을 절대적 진리라고 표기해서는 안 된다고 경고할 따름이다. 조금 더 자세히 관찰하면 보이는 것과는 다르게 증명될 수 있다는 말이다. 들뢰즈는 여기에서 그치지 않고 더 나아간다. "의식은 효과를 잘 기록하지만, 원인에 관해서는 아무것도 모르는 본성이 있다."[15] 이처럼 잘 모르는 원인을 조금 더 자세하게 접근하기 위해, 우리의 뇌는 잘 다듬어진 통계 방식을 이용한다. 이때 베이즈 사고방식과 밀접하게 연관되어 있는 두 가지 개념이 중요하다.

- 지각(知覺)적 추론
- 능동적 추론[16]

이것은 기본적으로 당직 의사와 코마에 빠진 젊은 환자의 경우와 같다. 다시 말해, 우리는 어떤 상황에 처하고, 그러면 우선 이런 상황을 우리의 예상을 바탕으로 파악하려고 시도한다. 진단을 잘 내리는 의사란 무엇보다 관찰을 잘하는 사람이다. 의사는 정확한 진단을 위해 자신의 모든 감각을 동원하는데, 이것이 바로 지각적 추론이다. 하지만 의사는 실용주의자이기도 하다. 즉, 환자가 포도당 주사를 주고 즉각 깨어난다면, 의사는 자신이 정확하게 진단했다는 사실에 확신을 가지게 될 것이다. 이것이 능동적 추론이다. 즉, 우리는 행동을 하고, 이를 통해 어떤 환경에 있는 우리의 위치를 바꾸거나 심지어 환경 자체를 바꾸게 된다. 적극적으로 바뀐 시각을 통해서 우리는 새로운 추론을 내리는데, 이것이 능동적 추론이다. 지각적 추론과 능동적 추론은 일상에서는 서로 분리되지 않을 정도로 밀접하게 연결되어 있다. 자연과학자들은 어떨까? 그들 역시 똑같다. 다만 다른 점이 있다면, 그들은 능동적 추론을 특별히 비용을 많이 들이고 체계적으로 계획한다는 것뿐이다. 이를 두고 우리는 실험이라고 부른다.

이제 일상적으로 볼 수 있는 베이즈식 행동으로 돌아가보자. 능동적 추론을 하게 되는 또 다른 예를 들어보겠다. 우리가 다소 고풍스러운 응접실에 들어간다고 치자. 어두컴컴한 이곳에서 우리는 한 벽면을 가득 메우고 있는 책장, 무거워 보이는 가죽 안락의자, 탁자 하나, 커다란 골동품 지구의를 알아본다. 지각적 추론을 사용해서 말이다. 그런데 만일 우리가 조금 더 검사해보면, 예를 들어 벽 한 쪽이나 문을 두들겨보면, 책장이 있던 벽은 꾸며낸 모조품으로, 벽 뒤에 비밀스러운 문을 숨겨놓기 위한 것임을 알아낼 수도 있다(능동적 추론). 지구의도 열어보면 그 안에 당혹스럽게 하는 연애편지 묶음이 숨겨져 있다. 에드거 앨런 포가 소설에서 사용했을 법한 이런 장면은, 지극히 일상적인 물건들조차 우리의 지각적 추론을 바탕으로 추측하는 물건이 아닐 수도 있다는 사실을 분명하게 보여준다. 일상적인 물건을 일상적으로 추측하는 것은 우리에게(우리의 뇌에)는 가장 손쉬운 해결책일 게 확실함에도 불구하고 말이다. 그렇게 하는 원인들 가운데 하나는, 우리가 지각적 추론을 흔히 검사하지도 않고 예측이나 결정의 기초로 삼기 때문인데, 언뜻 보면 시간을 절약하는 것처럼 보인다. 이런 식의 관찰은 비밀의 문이나 숨겨둔 편지보다 훨씬 일반적이기는 하다.

여기에서 중요한 의문은, 세상에 대해 가지고 있는 우리의 그림〔상(像)〕이 얼마나 실재와 근접하느냐는 것이다. 이와 관련해서 실시한 환상적인 실험이 있는데, 시각을 이용한 실험이다. 피험자들은 가상현실을 볼 수 있는 VR-안경을 쓴다(이 안경은 안경알이 아니라 작은 모니터가 달려 있다. 그리고 VR이란 가상현실의 줄임말이다). 눈 하나에는 집 한 채를 보여주고, 이와 동시에 다른 눈에는 한 명의 여자를 보여준다. 그러면 피험자는 무엇을 보게 될까? 집과 여자가 중첩되리라고 예측한 사람은 스스로 안경을 써보면 분명 당황할 것이다. 실제로 피험자들은 우선 집을 지각하는데, 대략 8초 동안이다. 그런 뒤에 다른 상(여자)을 8초 동안 보게 된다. 그런 뒤에 또다시 집을 본다.[17] 이처럼 황당한 효과를 심리학자들은 두 눈으로 경쟁적으로 보는 현실이라는 의미로 양안(兩眼) 경쟁이라고 부른다. 두 눈으로 동시에 그때그때 완전히 다른 그림을 본다는 것이 뇌가 상상하는 세계에서는 있을 수 없는 까닭에 그런 효과가 생긴다. 이런 효과는 두 개의 대상물이 동시에 동일한 장소에 있을 수 없다는 예상으로부터 생겨난다. 때문에 뇌는 두 가지 가능성 가운데 하나를 선택해야 한다. 따라서 처음에는 한 가지 선택(집)을 하고, 이 대상은 적어도 감각적인 인상의 일부로 적합해서 이것을 지각한 것으로 정한다. 반면에 다른 선택(여자)은 눈앞에서 서서히 사라진다. 하지만 다른 눈이 감각적으로 받아들이는 인상은 다른 그림(여자)을 지속적으로 받아들이기 때문에, 뇌는 선택을 바꾼다. 즉, 뇌는 첫 번째 선택(집)을 던져버리고 두 번째 선택을 받아들이는 것이다. 이렇듯 단순한 테스트는 우리가 지각하는 것은 우선 현실에 대하여 뇌가 예상하는 바이지—이른바 가상현실 모델—현실 그 자체가 아니라는 사실을 뒷받침해준다. 이와 같은 예상은 지속적으로 새로운 정보와 업데이트를 통해서 수정된다. 우리 머릿속에서 예상하는 바가 가능하면 (세상의 사물에 의해서 만들어지는) 감각적인 인상과 일치할 때까지 말이다. 따라서 우리가 의식적으로 체험하는 것은 연극과 비슷한데, 연극에서는 허구적인 이야기와 환상이 연습되며 감각적인 증거와 반대되는 것이 실험된다. 대체로 무의식적으로 일어나며 따라서 대단히 방해가 되지도 않고 또 큰 실수가 생기지도 않는다. 때문에 우리는 간편하다는 이유로, 우리의 지각이 현실에 대한 우리의 예상이 아니라 현실 그 자체라고 받아들인다.[18]

지각적 추론은 그렇듯 대부분의 사람들이 지각 과정이라고 상상하는 것과는 정반대이다. 통용되는 시각은, 감각적인 인상이 받아들여졌고 뇌의 높은 차원(bottom-up, 상향식)에 도달했다고 말한다. 이곳에 하나의 상(像)이 발생하는데 이른바 의식이 보는 그림이다. 유명한 생리학자이자 물리학자 헤르만 폰 헬름홀츠가 창안한 지각적 추론 이념에서 새로운 점은 지각 과정은 완전히 반대 방향으로(top-down, 하향식) 움직인다는 것이다. 즉, 세상의 사물에 대한 기대는 가장 높은 차원의 지각 단계에서 기호화되고 이 단계에서 의식적으로 체험된다. 그리고 기대로부터 예측이 나오는데, 이 예측은 심오한 차원으로 보내지고 이곳에서 이 예측에 해당하는 감각적 인상과 비교된다. 그런데 만일 예측과 감각적 인상 사이에 편차가 생기면 이와 같은 편차가 상부에 보고되고, 그러면 예측은 수정되는 것이다. 우리의 의식은 이렇게 하여 수정된 예측을 체험하게 된다. 우리는 여기서 의식이라는 것을 공식적으로 지각적 추론이라고 관찰한다.[19] 다른 말로 하면, 우리는 의식을 우리의 감각적 인상에 대하여 가장 개연성이 높은(베이즈식으로 적절하다는 의미에서) 설명이라고 보는 것이다. 이로써 뇌 연구는 지난 수십 년간 이루어놓은 결과를 완전히 뒤집었다. 즉, 상향식이 아니라 하향식이라는 것이다. 우리는 현실을 끊임없이 우리의 기대 또는 예측이라는 안경으로 체험한다고 말해도 된다. 이와 같은 예측은 또한 감각적 인상을 통해서 교정된다. 따라서 우리가 의식적으로 체험하는 것은, 철학자들이 퀄리아(Qualia, 우리의 정신적인 상태가 주관적으로 체험하는 것)라고 명명하는 바의 현실 그 자체를 반영하는 게 아니며, 현실에 대한 멋진 복사본일 따름이다.

솔직히 우리는 우리의 예측이 현실로 인해 생겨난 감각적 인상과 동떨어질 때가 있음을 자주 체험하고는 한다. 예를 들어, 가구점에서 구입한 소파가 놀랍게도 거실에 맞지 않을 경우이다. 소파가 분명 그렇게 크지 않다고 확신했음에도 불구하고 말이다. 예측과 새로운 감각적 인상이 서로 어느 정도로 차이가 나는지는, 또 다른 예에서 더 분명하게 볼 수 있다.

어떤 여자를 만나서 사랑에 빠지게 되었다고 가정해보자. 우리는 이 여자와 지금 함께 있지 않지만, 모든 생각과 감정이 이 여자 주위를 맴돌고 있다. 우리의 뇌는 이 여자에 대한 어떤 상상으로 발전한다. 그런데 놀랍게도 다음번 데이트를 하게 되었을 때, 여자의 얼굴은 우리가 처음 만났을 때 기억하는 그 얼굴과는 어쩐지 달라 보인다는 것을 알게 된다. 바로 이런 장면을 소설가 마르셀 프루스트는 자신의 소설 《잃어버린 시간을 찾아서》에서 두 사람의 만남에서 묘사하고 있다. "조금 늦게 도착했을 때, 나는 처음에 그녀가 아직 아틀리에에 도착하지 않았다고 믿었다. 나는 비단 옷을 입은 소녀가, 모자도 쓰지 않고 앉아 있는 모습을 봤지만, 그녀의 풍성한 머리카락도, 코도, 얼굴 피부도 알아보지 못했고, 소녀에게서 그녀의 존재를 다시 알아보지 못했다. 머리에 딱 붙는 모자를 쓰고 자전거를 탄 채 해변을 달려가던 젊은 여자의 모습을 발견하지 못했다. 하지만 젊은 여자는 바로 알베르틴이었다."[20] 이 소설의 줄거리가 어떻게 흘러가는가와 무관하게, 처음 느꼈던 불확실성은 반복적인 비교를 통해서 확신에 근접할 수 있다. 이 여자와 연애를 시작할지 아닐지에 대한 확신으로 말이다.

여기에서 끝이 아니다. 베이즈식 뇌는 베이즈 규칙을 F라는 도식에 따라 간단하게 사용하지 않고, 실제로 출발점이 되는 상태와 자신의 경험에 적합하게 사용한다. 베이즈 규칙은 어떤 때는 보수적인 사고에 상응하고, 또 어떤 때는 오히려 진보적인 사고에 상응한다. 원칙적으로 베이즈식 뇌에서는, 두 가지 사고방식 가운데 그때그때 가장 적합한 사고방식이 무엇인지 알아내는 수단이 사용되는 것이다.

그러니 문제는 보다 흥미진진하고 논란의 소지를 더 많이 갖게 된다. 실제로 보수적인 사고는 강력하게 확신하는 기대를 강조하는 한편 새로운 아이디어와 어울리기 힘들어한다는 사실은 이론의 여지가 없다. 따라서 보수적 사고를 바탕으로 하는 결정은 새로운 인식을 주저하면서 고려한다고 말할 수 있다. 이와 반대로 진보적인 사고는 새로운 정보와 현장의 생생한 기대를 매우 강하게 주장하고, 오래된 예측을 적게 고려하는 경향이 있다. 여기서 매혹적인 점은, 베이즈식 뇌는 두 가지 요소를 모두 사용한다는 것이다. 한 번은 보수적인 기대를 바탕으로 결정하고, 다음 번에는 또 진보적인 업데이트를 이용해서 새롭고 향상된 인식을 얻게 된다. 만일 이렇게 하지 않고 한 가지 방향을 완전히 거부하는 사람은 아주 빨리 독선적인 사고를 갖게 될 위험에 빠진다. 나아가 다른 방향을 거부하는 사람은 자신의 생각을 아주 빠른 속도로 바꿔야 할 위험에 처하게 된다.

04 숨겨진 상태 다루기

현실과 현실에 관한 모델 • MP3—예측 오차를 통해 남은 저장 공간 • 사전확률과 세상에 관해 가장 잘 알려진 그림 • 시각적 기만? 두 가지 사전확률의 시합 • 우리의 뇌는 왜 위계 구조로 되어 있는가 • 히든 스테이트: 중력과 어둠 속에서 더듬기 • 경악, 불확실성, 자유 에너지 • 어떻게 불확실성과 스트레스를 줄일 수 있을까 • 막을 수 있거나 막을 수 없는 경악

만일 모든 사람이 현실에 대하여 자신만의 기대를 하고 있다고 본다면, 각자는 당연히 감각적 지각을 업데이트하고 있다는 의미이다. 이렇듯 눈, 귀, 코와 피부를 통해 뇌에 도달하는 지각은 어마어마한 양의 데이터를 보낼 것이고, 따라서 이런 데이터는 지속적으로 분류되고, 평가되고 그리고 가공되어야 한다. 개별 정보를 바탕으로 결정을 내리기 전에 말이다. 이런 것이 작동되기 위해 지각은 뇌에서 위계적으로 대략 5~8단계로 조직되어 있으며, 개별적인 경우에는 8단계 이상이 될 수도 있다.

지각 위계 구조에서 가장 낮은 단계에서는 세부 사항들이 파악되고 수집된다. 예를 들어 시각의 경우에 색채, 패턴, 구조, 윤곽, 짜임새 등등이다. 이 단계는 망막에 위치하고 있으며—말하자면 바깥으로 드러난 뇌의 일부분이라고 보면 된다—지속적으로 새로운 인상을 받아들인다. 또한

이곳에서도 이미 사전확률, 다시 말해 기대가 활발하게 작용한다. 이 사전확률들은 데이터와 인상들이 홍수처럼 몰려와도 가능하면 신속하게 의미심장한 그림이라든지 혹은 인식 패턴이 생성될 수 있도록 도와줘야 한다. 이때 뇌는 이처럼 가장 하부에 위치한 지각 단계에서 일종의 오류 수정(손실 압축)이라는 수단으로 작업을 하게 된다. MP3-음악 데이터에서 잘 알려진 바의 오류 수정 말이다. 즉, 스테레오 녹음의 경우 왼쪽 채널과 오른쪽 채널은 매우 비슷하기 때문에, MP3-코드화를 할 때 우선 왼쪽 채널에만 저장하고 부차적으로 왼쪽과 오른쪽 채널의 편차를 저장한다. 이 같은 편차는 또한 오류라고도 불린다. 편차는 온전한 오른쪽 채널에 비해 훨씬 적은 저장 공간을 차지한다. 그리하여 사람들은 정보의 손실 없이 저장 공간을 절약할 수 있다. 그럼에도 음악을 재생하면 오리지널 소리를 듣는 게 가능하다. 시각의 경우에 우리의 뇌에서는 사전확률과 편차 사이의 상호작용이 일어난 뒤에 그림이 등장한다. 여기서 편차란 예상한 감각적 인상과 실제로 지각한 감각적 인상 사이의 편차이다. 이런 편차를 뇌 연구에서는 예측 오류라고도 부른다. 예측 오류를 이용해서 획득하는 지각은 상당히 효율적으로 에너지를 소비하는데, 압축된 정보가 전달되기 때문이다. 예측 오류에 대해서는 앞으로도 자주 언급하게 될 것이다(그림 3 참조).

다음 예는, 불완전한 정보가 들어 있는 그림을 보더라도 우리의 지각 사전확률이 어떻게 잘 해결하는지를 분명하게 보여준다. 물론 우리의 뇌에 분명히 예상하는 기대가 이미 존재한다고 가정했을 때 말이다. 비록 초상화의 얼굴이 픽셀 형태로 인해 알아볼 수 없을 정도이지만, 우리는 어렵지 않게 초상화의 주인공이 모나리자라는 것을 알 수 있다(그림 3). 이런 것이 작동하는 이유는 레오나르도의 이 그림이 세계적으로 유명하기

그림 3: 이 그림에서 무엇을 볼 수 있나요?

때문이다. 하지만 이 그림을 모르는 사람일지라도 이처럼 기초적인 데이터만 가지고서도 여성의 얼굴을 그려놓은 그림일 확률이 높다고 결론지을 수 있을 것이고, 이런 결론은 물론 정확하다. 이 예는, 사전확률이라는 시스템은 제한된 정보를 가지고서도 얼마나 작동이 잘될 수 있는지를 뚜렷이 보여준다(그림 4 참조).

물론 이 시스템이 항상 분명하게 작업하는 것은 아니다. 그림을 파악할 때 해석의 여지도 있고 그릇된 해석을 할 수도 있는데, 이는 이른바 가역 도형(reversible figure)이라는 착시 현상에 잘 나타난다(그림 4). 여기에서는 해석을 할 때 다양한 시각이 경쟁할 수 있다. 그러니까 긴 다리가 달린 잔의 윤곽뿐 아니라 두 개의 얼굴이 서로를 향해 쳐다보는 측면도 도 알아볼 수 있다. 이런 경우 "정확한" 또는 "틀린" 판단이란 없다. 그림은 보는 사람에 따라 뜻이 달라질 수 있도록 의도적으로 그렇게 설계되었다.

하지만 결정적으로 중요한 것은 낮은 단계에 속하는 지각 단계에서 우

그림 4: 이 그림에서 무엇을 볼 수 있나요?

리는 해석의 가능성을 열어두고 있다는 점이다. 낮은 지각 단계에서 우리의 기대는 특별히 고정되어 있지 않고, 바뀔 수 있으며 언제라도 업데이트를 받아들일 준비가 되어 있다는 말이다. 지각 위계 구조의 낮은 단계에서 이처럼 업데이트를 받아들일 준비가 되어 있는 개방성은 매우 중요한데, 이곳에서는 지속적으로 새로운 상황으로 변할 때마다 적응해야 하는 능력이 반드시 필요하기 때문이다. 예를 들어, 길거리에 나가 교통상황에 따라 움직여야 할 때이다.

이렇듯 변하기 쉬운 특징인 가변성은 지각 피라미드의 가장 높은 단계에서 보면 전혀 다르다. 단계가 높아질수록 새로운 정보를 통해서 업데이트를 할 준비가 줄어든다고 말할 수 있다. 피라미드의 가장 위에 있는 단계는 우리의 뇌에서 가장 막강한 사전확률을 관장하고 있다. 즉, 세계상이나 신의 존재에 대한 생각, 자유의지나 영혼의 불멸과 같은 생각 말이다. 또한 정치적 확신, 문화적이거나 인종적인 선호도나 반감도 이 단계에서 관할한다. 하지만 이 단계에서는 우리가 예상하는 사회적·윤리적 목표를 위한 기대도 힘을 행사한다. 즉, 우리가 정직한 삶을 살고자 노력하는지, 공평함과 정의는 어떤 역할을 하는지, 우리는 사회로부터 어떤 인정을 받고자 하는지, 사회에서는 어떤 위치에 있고자 하며, 배우자와 가정을 꾸리는 일에 대한 기대는 어떠하고, 직업과 관련해서는 어떤 인정을 받고자 하는지 등등. 이 단계에서는 업데이트를 하려는 준비가 제일 낮기 때문에, 가령 상대가 아무리 훌륭한 논쟁을 펼쳐도 거의 바뀌지 않거나 전혀 바뀌지 않는다. 이처럼 지각 위계 구조에서 가장 상위 단계에 대해서는 나중에 더욱 심층적으로 다룰 것이다.

우리를 둘러싼 현실은 도대체 어떤 것일까? 우리는 우리의 기대가 감각적 인상을 통해서 끊임없이 수정되는 것을 봤다. 그러니까 세상에 있는 사물들로 인해 생겨나는 인상들을 통해서 말이다. 따라서 우리가 세상의 사물에 직접적으로 들어갈 수 있는 입구는 없다. 과학에서는 이를 두고 히든 스테이트(Hidden States, 숨겨진 상태)라고 말하는데, 숨겨진 혹은 도달할 수 없는 상태를 일컫는다. 어쨌든 베이즈식 뇌는, 자신의 외부에서 일어나는 것에 대해서 역추리(결과로 원인을 추리)할 수 있다. 베이즈식 뇌가 어둠 속에서 더듬거리는 것처럼 보일지라도, 시간이 흐르면서 끊임없이 업데이트를 함으로써 점점 더 히든 스테이트를 파악하게 된다. 마치 기적처럼 말이다. 뇌 연구는 이렇듯 근접할 수 없는 상태에 대하여 점점 아는 것이 늘어나는 과정을 두고 자기조직화(Self-organization)라고 부른다.

우리 모두는 히든 스테이트 가운데 가장 유명한 경우를 알고 있다. 가장 매혹적인 점은, 우리 모두에게 해당되며 동시에 과학에서 가장 위대한 불가사의 중 하나라는 것이다. 물리학자 아이작 뉴턴이 1666년 가을 케임브리지 **트리니티 칼리지**의 작업실 창문을 통해 사과가 땅에 떨어지는 모습을 관찰했을 때, 이 장면은 중력을 연구하게끔 영감을 주었다. 적어도 전설은 그렇게 말하고 있다. 실제로 뉴턴은 중력이라는 현상과 법칙을 파악하고 수학적으로 서술하는 데 성공했다. 즉 물체는 질량에 따라서 물질을 끌어당기는 특성이 있다는 것이다. 아인슈타인 이후 우리는 중력이 심지어 시간과 공간에 영향을 미칠 수 있다는 사실도 알게 되었다. 하지만 오늘날까지 알려지지 않은 것은 중력의 원인이 무엇이냐는 것이다. 중력은 어디에서 나오는 걸까? 중력은 도대체 어떻게 만들어질까? 이런 힘은 우주의 내부에서 혹은 외부에서 발생하는 것일까 같은 의문도 분명하게 설명할 수 없다. 중력은 어쩌면 우리와 연관 있는, 가장 위대한 히든 스테이트일 수 있다. 우리는 중력의 효과에 대해서는 알지만 원인이 무엇인지는 희미하게만 감을 잡고 있을 따름이다.

이와 같은 맥락에서 다시 한번 들뢰즈의 통찰을 보기로 하자. 사실은 없고 기호만 있으며, 진리는 없고 해석만 있다는 통찰 말이다. 뇌 연구를 하고 있는 현대적 시각도 이와 비슷한 입장을 펼치고 있다. 즉, 우리는 일상생활에서든 과학에서든 평가와 결정을 흔히 효과(결과)를 바탕으로 내리는 경우가 많고, 원인을 바탕으로 내리지 않는다고 한다. 왜냐하면 우리는 원인을 알지 못하기에 말이다. 코마에 빠진 젊은 환자를 보고 처음에는 결과만 볼 수 있고(의식불명) 원인을 몰랐던 당직 의사의 경우처럼 말이다. 코마의 원인이 중독인지, 뇌에 포도당이 공급되지 않아서인지, 혹은 뇌출혈 때문인지 궁극적으로 감춰져 있었기 때문이다. 당직 의사에게 코마의 원인은 히든 스테이트인 것이다. 의사는 추측을 하고, 확률을 고려하고, 업데이트를 실행하고(혈당치를 확인함으로써), 이렇게 함으로써 점점 개연성이 가장 높은 원인에 접근한다. 하지만 보다 정확하게 들여다보면, 의사는 원인을 모른 채 환자를 다루고 있다. 그는 가장 개연성이 높은 원칙에 따라서 환자를 다루고 치료하는 것이다. 이른바 히든 스테이트로 작업을 한다. 그것도 매우 잘하고 있다. 왜냐하면 만일 그가 원인에 대하여 절대적으로 확실한 지식을 바탕으로 결론을 내렸다면, 소중한 시간을 많이 허비했을 것이기 때문이다. 이보다 더 끔찍한 경우는 원인을 당연히 찾아낼 수 없기에, 결코 개입하지 않는 것이다.

히든 스테이트는 물리학 중에서 가장 중요한 의문에서 만날 수 있는데, "중력은 무엇인가?"이다. 또한 의사가 환자의 히든 스테이트(질병)를 추적하기 위해 진단을 내릴 때도 만날 수 있다. 일상생활에서도 히든 스테이트를 만난다. 어떤 생각이 마음에 들거나 들지 않거나, 매일 그리고 매분 우리는 히든 스테이트를 추적하려고 시도한다. 분명하게 하자면, 우리의 뇌는 오로지 히든 스테이트에 관계하며, 이러한 히든 스테이트라는 존재가 있다는 사실을 역추리할 가능성만 있다. 우리는 작용과 확률이라는 것을 가지고 곡예를 펼친다. 비록 뒤집을 수 없는 사실을 바탕으로 진리를 알아낼 수 있다는 것을 확신하고 있음에도 불구하고 말이다.

히든 스테이트에 관한 간단한 가정을 해보기로 하자. 당신이 창문도, 문도, 책도, 인터넷도 없는 집에 있다고 치자. 당신은 두드리는 소리를 듣게 되고, 이 소리가 어디에서 나는지를 찾아내야 한다. 이와 같은 상황에 처한 당신은 뇌와 완전히 똑같이 움직인다. 두개골은 집에 해당한다. 두드리는 소리는 외부에서 들어오는 청각적 자극이라 할 수 있다.

당신은 이런 청각적 자극의 원인에 대해서 생각하는 동안, 이미 이런 자극이 일어날 수 있는 원인들에 대해서 추적한다. 딱따구리가 두드리는 소리일 수도 있고, 바람이 불어 나뭇가지가 벽을 때리는 소리일 수도 있고, 도둑이 대문을 열고자 하는 소리일 수도 있고, 저 멀리 떨어진 도로에서 작업하는 소리일 수도 있고, 아이들이 돌을 던졌을 수도 있고 혹은 집 안에서 나는 소리일 수도 있는 것이다. 예를 들어 연결되어 있는 수도관이 느슨해져서 서로 부딪히며 나는 소리일 수도 있다. 당신이 상상할 수 있는 모든 것을 해보면, 그야말로 셀 수 없이 많은 원인들이 있을 수 있다. 이런 가능성들 각각을 가설이라고 불러보자. 지각의 문제는 바로, 히든 스테이트에 대하여 정확한 가설을 설정하고 선별하는 데 있다.

크고 작은 히든 스테이트를 추적하기 위해 지속적인 업데이트들이 얼마나 중요한지는 다음의 예에서 분명하게 나타난다. 자, 우리는 자신의 침대에 누워 있는데, 이는 아주 익숙한 환경에 있다는 말이다. 가능하면 방해받지 않고 잠을 자기 위해 우리는 빛을 차단하는 블라인드를 내린다. 그런데 갑자기 한밤중에 잠에서 깨어난다. 어쩌면 무슨 소리가 우리를 깨웠을 수도 있다. 우리는 이제 잠에 취해서, 세상에 대해서 우리가 기대하는 바가 감각적 인상과 일치하는지를 확인하고자 시도한다. 손으로 스위치를 더듬는다. 하지만 스위치는 예측했던 곳에 있지 않고, 사방은 칠흑같이 어두운 상태이다. 한참 뒤에 스위치를 발견한다. 오, 그런데 불이 들어오지 않는다. 전기가 나갔나? 우리는 이제 우리가 예상하고 있던 것과 촉각에 모든 것을 맡겨야 한다. 안경은 어디 있지? 문까지는 얼마나 떨어져 있지? 아야, 침대는 생각했던 것보다 길었던 것 같다. 너무 일찍 방향을 꺾는 바람에 침대 모서리에 정강이뼈가 부딪혀서 끔찍하게 아프다. 마침내 방문을 찾았으나, 손잡이는 원래 있어야 할 자리에 없다. 이런 상황을 계속 그려볼 수 있을 것이다. 우리가 아주 익숙한 환경에서조차 목표를 향해 확실하게 움직이려면, 이미 예상하고 기대했던 바가 실제와 잘 맞아떨어지는 것이 얼마나 중요한지 분명해진다.

칼 프리스턴은 예측이 맞아떨어지지 않는 상황을 경악(surprisal)이라고 부른다. 우리를 깜짝 놀라게 하는 이 상황은 다양할 수 있고 우리의 내적 환경(에너지 부족, 산소 부족, 혈액 부족, 감염, 중독, 트라우마, 심근경색 등등)이나 또는 외적 환경(사회적 갈등, 과도한 부담 혹은 지나치게 쉬운 과제 부과, 왕따, 차별, 사회적 패배 등등)에 닥칠 수 있다. 이때 수학적 시각에서는 경악이 좋은 것인지 나쁜 것인지는 전혀 중요하지 않다. 예를 들어 예기치 않던 칭찬을 듣는 경우인지 아니면 지갑을 분실한 경우인지는 상관이 없다. 경악에 있어서 중요한 것은 우리가 다른 것을 기대하고 있었다는 사실이다. 불확실성은 수학적으로 봤을 때 기대했던 바의 경악이다. 이제 천재적인 속임수가 등장하는데, 이것은 물리학자 리처드 파인먼으로부터 나왔다. 즉, 뇌는 미래에 놀라게 될 경악의 정도는 기본적으로 계산할 수 없지만, 다른 크기는 간단하고도 훌륭하게 계산할 수 있다. 다른 크기란 바로 자유 에너지(free energy)이다. 이것은 정보이론적 크기이며 헤르만 폰 헬름홀츠의 열역학에서의 자유 에너지와 수학적으로 비슷하지만 동일하지는 않다. 이와 같은 정보이론적 크기—이것은 칼 프리스턴이 파인먼의 속임수를 이용해서 보여줄 수 있었다—는 항상 경악의 정도(현실에 대한 모델에서. 그림 5 위 그래프 참조)보다 조금 더 크다. 속임수는 간단하게 들리지만, 그 뒤에 있는 수학은 결코 진부하지 않다. 정보이론적 자유 에너지는 상한선인데, 다시 말해 이 한계보다 더 많이 놀랄 수는 없다는 말이다. 신경세포를 가지고 있는 뇌는 정보이론적 자유 에너지를 매우 간단하게 계산해낼 수 있다. 인간의 지각의 경우 자유 에너지는 예측 오류에 상응하기 때문이다. 따라서 뇌는 항상, 경악이 자유 에너지보다 결코 더 클 수 없다는 것을 알고 있다. 이런 사실은 우리의 마음을 진정시켜준다. 하지만 여기서 끝이 아니다. 뇌는 지각적 추론이나 능동적 추론을 할 때 항상 자유 에너지를 최소화한다. 이처럼 에너지를 최대로 사용할 수 있는 상한선을 체계적으로 낮춤으로써 놀라는 정도는 점점 더 작아지는 것이다. 그러므로 정보이론적 자유 에너지를 적게 가지고 있는 사람은 끔찍하게 놀라는 경우를 잘 만나지 않게 된다!

그런데 정보이론적 자유 에너지와 헬름홀츠의 열역학적 자유 에너지는 어떻게 연관될까? 이를 알기 위해 우선 두 개념의 차이부터 자세히 살펴보기로 하자. 즉, 열역학적 자유 에너지란, 열역학 시스템이 실행될 때의 작업량이다. 높은 압력을 받고 있는 가스는 작업량이 매우 많고, 그리하여 이 가스는 즉각 폭발을 하거나 압축공기 엔진 안에 넣을 수 있다. 인간의 뇌 역시 열역학적 시스템으로, 이 시스템은 신진대사(또한 화학적이고 전기와 관련된) 작업을 수행할 수 있다. 이와 같은 에너지는 줄(joule)이라는 단위로 측정된다. 이와 반대로 정보이론에서 등장하는 자유 에너지란, 한 사람에게 부족한 정보의 양이며 가능하면 내면에 있는 모델로 현실을 모사하는 정보들을 말한다. 어떤 사람이 가지고 있는 자유 에너지가 많으면 많을수록, 그만큼 현실에 대해서 더 많이 알 수 있고, 이후에 보다 더 정확한 예측을 할 수 있다. 이와 같은 자유 에너지는 비트로 측정된다. 이것이 두 에너지의 차이라고 할 수 있다. 하지만 이 두 자유 에너지는 다음과 같은 공통점도 가지고 있다.

- 학습 과정에서 정보이론적 자유 에너지는 점점 줄어들어 최저에 이른다(그림 5 아래).
- 같은 시간대에 뇌의 열역학적 자유 에너지—신진대사에 들어가는 에너지 비용—도 점점 줄어들어 최저에 이른다(그림 5 아래).

뇌가 신진대사에 소모하는 에너지 비용을 신경과학에서는 '복잡성 비용(complexity cost)'이라고도 부른다. 우리는 앞으로 이 비용에 대해서 몇 가지 더 얘기할 것이다. 다른 말로 하면 뇌가 예측에 사용하는 세계의 가상현실 모델이 훌륭하면 훌륭할수록(가능하면 정확하고 복잡하지 않은) 뇌가 소비하는 칼로리는 그만큼 더 줄어든다[21](그림 5 참조).

누군가 정보이론적 자유 에너지를 많이 가지고 있으면 있을수록, 이 사람이 느끼는 불확실성(기대했던 바의 경악)과 스트레스는 더 커진다. 그리고 그의 뇌가 신진대사에 소모하는 에너지 비용〔특히 포도당과 케톤(ketone)〕이 더 늘어난다. 만일 프리스턴에게 삶의 의미가 무엇이냐고 묻는다면 그는 주저 없이 답할 것이다. 자신의 견해에 따르면, 모든 것은 최소화라는 게임을 목표로 달려가는 것처럼 보인다고 말이다. 다시 말해, 정보이론적 자유 에너지, 경악, 불확실성 또는 스트레스를 장기적으로 최소화하려는 게임 말이다. 그러니까 가능하면 불확실성과 스트레스의 영향을 적게 받는 삶을 영위하는 것이다. 이와 관련해서 좋은 소식과 그다지 좋지 않은 소식이 있다. 좋은 소식이란, 지속적으로 기대와 업데이트의 유연한 상호작용을 통해서 자유 에너지의 양 또는 반갑지 않게 경악하게 되는 경우를 줄일 수 있게 되었다는 것이다(그림 5). 그리 좋지 않은 소식은, 불확실성과 스트레스를 방지하기 위해 효율적으로 상호작용하는 곡선 아랫부분에는, 우리가 영향을 미칠 수도 없고 방지할 수도 없는 영역이 존재한다

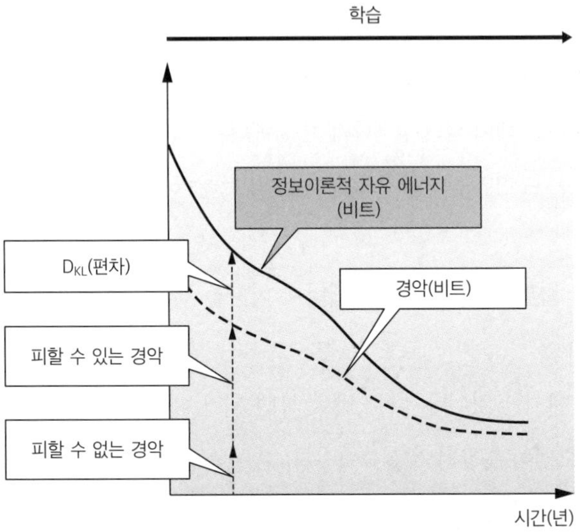

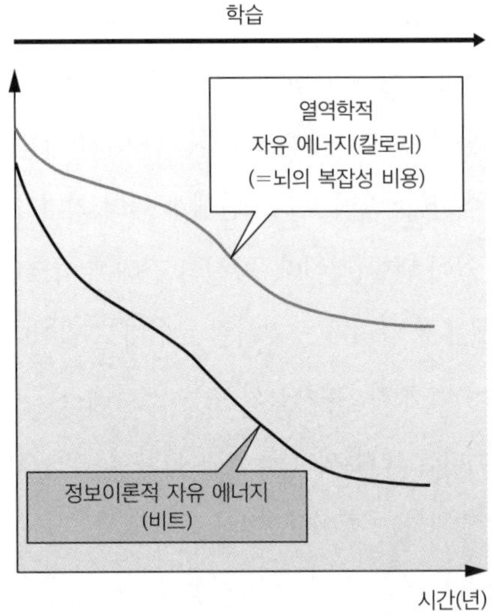

그림 5: 정보이론적 자유 에너지와 열역학적 자유 에너지는 학습하는 과정에서 점점 더 작아진다. 위: 정보이론적 자유 에너지(FE_{info})가 가진 결정적 장점은 뇌가 이 에너지를 계산할 수 있다는 것이다. 다시 말해 뇌에게 이 에너지는 잘 알려져 있다. 왜냐하면 이 에너지는 예측 오류로부터 직접 계산해낼 수 있기 때문이다. 반대로 뇌는 경악을 수학적으로 직접 계산해낼 수 없는데, 경악은 뇌에게 익숙하지 않은 까닭이다. 그림에서 잘 알려지지 않

고 뇌가 계산할 수 없는 크기는 선으로 표시하였다. 그림은 자유 에너지는 항상 경악할 수 있는 경우보다 수학적으로 약간 더 큰 특징이 있음을 보여준다. 경악은 파악할 수 없기 때문에, 당연히 정보이론적 자유 에너지와 경악 사이의 편차(D_{KL}: 점선으로 표시한 화살표)는 뇌에게 알려지지 않았고 그리하여 계산해낼 수도 없다. 일반적으로 그와 같은 편차(두 개의 통계상의 분포가 만들어내는 간격)는 쿨백-라이블러 발산(D_{KL})이라고 표기한다. 이와 같이 파악할 수 없는 편차(D_{KL} 점선으로 표시한 화살표)는 (파악할 수 없는) 현실과 현실에 대한 기대 사이의 오차와 완전히 동일하다. 시간이 지나면서 세계에 대해 더 많이 배우면 배울수록, (파악할 수 없는) 현실과 현실에 대한 우리의 기대 사이의 오차는 그만큼 더 줄어든다. 이미 언급했듯이 경악은 뇌에게는 근본적으로 알려지지 않은 일이다. 살아가면서 경악의 그야말로 일부만이 학습과 경험을 통해서 예방할 수 있고 이로써 피할 수 있는 경악의 경우에 속하게 된다(점선으로 표시한 화살표. 사건 사고들은 주의를 기울여서 피할 수 있음). 나머지 부분은 피할 수 없는 경악에 속한다(점선으로 표시한 화살표: 주사위를 던졌을 때 특정 숫자가 나오는). 피할 수 있는 경악은 (파악할 수 없는) 현실이 우리에게 준비되어 있다는 것이며, 다른 말로 표현하자면 우리의 뇌가 배워야 할 정도를 말한다. 뇌는 계산할 수 있는 자유 에너지를 최소화함으로써 자동적으로 새롭게 놀라게 되는 상황을 최소화하고 이로써 장기적으로 불확실성을 줄인다. <u>아래</u>: 정보이론적 자유 에너지가 학습 과정에서 최소한에 도달하면 뇌의 헬름홀츠 열역학적 자유 에너지(FE_{thermo}) 역시 최소한이 된다. 열역학적 자유 에너지는 뇌가 신진대사를 하는 과정에서 소모하는 '복잡성 비용'이라는 에너지와 동일해지는 것이다. 다시 말해, 뇌가 장기적으로 불확실성을 최소화하자면 뇌는 앞으로 최소 에너지 소모 모드로 작업하게 된다.

는 사실이다. 이른바 우리가 살아 있는 한 항상 동반하게 될 일종의 잉여 불확실성 같은 영역이 있다는 말이다.

클로드 섀넌: "도대체 정보란 무엇일까"

05

클로드 섀넌이 정보이론을 정립하다 • 암호에 관한 짤막한 역사 • 전쟁 중의 불확실성 • 암호는 어떻게 풀까? • 불확실성에 대한 공자의 말씀 • 〈누가 백만장자가 될 것인가?〉 또는 방청객 찬스의 설득력 • 마젤란, 확실성을 얻기 위해서 불확실성으로 나아간 사람

우리는 개인 식별기호, 패스워드, 온라인 뱅킹 비밀번호와 생체 확인에 의해 보호되는 정보의 시대를 살고 있다. 정보가 오용되지 않도록 보호하는 일은 귀찮을 때도 많지만 당연한 것으로 여겨진다. 정보 보호를 위한 방법은 너무 복잡해서, 우리가 매일 이용하기는 하지만 이해하거나 설명하기는 어렵다. 그 이유는, 이처럼 일상에서 사용하는 암호 해독은 수학적 지식을 아주 많이 요구하는 과학을 바탕으로 하기 때문이다. 암호학은 제2차 세계대전 동안에 독자적인 학문으로 자리를 잡았다. 지극히 단순하게 말하면, 암호(cryptography, 글자 그대로 해석하면, 비밀스러운 문자)는 소식을 해독하기 위해 수학적 수단을 사용한다. 비밀 언어와 단순한 해독 시스템은 물론 오래전부터 있어왔다. 레오나르도 다빈치는 권한이 없는 자가 자신의 기록을 읽는 것을 어렵게 하기 위해 거울에 비추면 읽

을 수 있는 윈 글자를 사용했다. 문자 교환 알고리즘은 이미 중세 시대에도 사용했다. 사람들은 오로지 송신자와 수신자만이 알 수 있는 암호를 사용했는데, 예를 들어 모든 알파벳을 다른 알파벳이나 숫자로 대체하는 식이었다.

그와 같은 비밀 언어는 비교적 쉽게 해독할 수 있다. "해독할 수 없는" 암호를 개발할 필요성은 특히 제2차 세계대전 중 시급한 전략적 목표로 부상했다. 적군이 무엇을 계획하고 있는지 아는 것은 어마어마한 전략적 장점을 가져다줄 수 있었고, 심지어 전쟁의 승패를 결정할 정도로 중요한 일이었다. 반대로 자신들의 정보는 어떠한 경우에도 적군에게 알려져서는 안 되었다. 암호는 전쟁 동안에 양 방향으로, 그러니까 암호화하고 그 암호를 해독하는 두 가지 방향으로 열광적으로 연구하는 학문이 되었다. 특히 연합군은 암호와 암호 해석이라는 주제를 매우 진지하게 받아들였다. 영국 북쪽에 있는 블레츨리 파크에서 수학자 앨런 튜링은 다른 암호학자들과 함께, 독일 잠수함의 암호인 이른바 에니그마를 해독하는 일을 했다. 에니그마(그리스어로 수수께끼라는 의미)는 회전체가 달린 타자기처럼 생긴 기계에서 만들어졌다. 이 기계는 매일 암호를 바꾸어 소식을 기계적으로 암호화하고 암호를 해독했다. 튜링은 자신의 팀과 함께 개발한 컴퓨터 과정들을 이용해서 에니그마를 해독하는 데 성공했다. 이는 무엇보다 바다에서 전쟁을 수행하는 데 결정적 기여를 했다. 튜링은 정보기술이 군사적으로 상당히 중요할 수 있으며 미래에 더욱 많이 투입해야 할 것이라는 증거를 보여준 셈이었다.

그사이 뉴저지에 있는 머리 힐에서는 25세 청년이 바퀴가 하나 달린 자전거를 타고, 볼링으로 곡예를 부리며, 뭔가 새로운 일이 없나 살피면서 **벨 전화 연구소**가 있는 골목길을 지나가고 있었다. 기술자이자 꼼꼼한 성격의 수학자였던 클로드 섀넌은 거대 전화회사인 벨을 위해 로켓 추진기가 달려 있는 프리스비(원반)를 발명했다. 이것은 게임용 컴퓨터의 초기 버전이자 "생각을 읽어내는 장치"였다. 그가 이뤄낸 대단한 업적과 비교하자면 물론 이 물건은 창의력을 연습한 결과물에 불과했다. 섀넌은 저서를 한 권 출간함으로써 세간의 이목을 집중시켰는데, 이 저서는 회로(回路)를 수학적으로 계산하는 내용에 관한 것이었다. 이것은 전자계전기(電子繼電器)가 발전하기 위한 길을 닦았으며 그가 벨사(社)에서 일할 기회를 가져다주었다. 그리하여 자유롭고 천재적인 섀넌은 비범한 능력을 썩히지 않고 겉으로 보면 쓸모없어 보이는 그의 작업들을 벨에서 계속할 수 있게 되었다. 하지만 섀넌의 진정한 대작은 아직 세상에 등장하지 않았다. 미국이 1942년 1월 1일 영국과 소련을 지지함으로써 반(反)히틀러 연대에 합류했을 때, 미국의 프랭클린 루스벨트 대통령과 영국의 윈스턴 처칠 수상 사이의 대화를 암호화하는 방법을 신속하게 찾아내야만 했다. 두 명의 수학자가 섀넌의 천재적인 암호 작업을 기반으로 하는 과정을 이용해서 해결책을 발견하는 데 성공했다. 클로드 섀넌은 1948/1949년 이와 같은 인식을 수학적 이론으로 정립했고, 이것은 현대 정보이론의 발상이 되었다.

대전이라는 상황을 클로드 섀넌과 같은 정보이론가의 눈으로 관찰하면, 군사적 대립은 근본적으로 다량의 예측할 수 없는 사건 또는 깜짝 놀랄 일로 이루어져 있다. 이렇듯 예측할 수 없는 일들이 일어났을 때 잘못된 결정을 내리면 아군에게 끔찍한 결과가 발생할 수 있다. 왜냐하면 전략적 고민이란 대체로 예측에 바탕을 두기 때문이다. 즉, 적군은 공격을 받으면 어떻게 반응할까, 적군은 어디에 있을까, 적의 병력은 어느 정도로 막강할까, 보급품은 있을까? 스파이나 국경 넘어 보내는 정찰비행처럼 전통적으로 정보를 수집하는 방식은 대부분 매우 충분하지 않은 정보만 알려줄 뿐이다. 따라서 견딜 수 없을 정도로 놀랄 사건들이 다발하게 된다. 섀넌(그리고 다른 정보이론가들)은 제2차 세계대전 때 이와 같은 문제를 해결할 수 있는 새로운 차원을 열어주었다. 그러니까 적군과 대치한 상황에서 아군의 경악 정도를 수학적 수단을 통해 제한하려고 한 것이다. 이때 암호는 결정적으로 중요한 역할을 하게 된다. 수학이 없는 암호학은 상상할 수조차 없다. 섀넌, 튜링과 그 밖의 다른 과학자들이 전쟁 동안 이 문제에 어떻게 접근했는지는 사소한 실험을 통해서 설명할 수 있다. 사고(思考)를 통한 실험으로 물론 수학이 등장할 수밖에 없다. 하지만 걱정할 필요가 없는 것이, 수학적 기초 지식만 있으면 충분하다. 방정식과 계산을 이해하기에도 전혀 어려운 수준이 아니다. 여기에서는 수학에 관심이 있는 독자들이 섀넌의 생각을 깊이 있게 이해할 수 있도록 도와주는 게 중요하다. 자, 우선 간단한 연습부터 해보자.

원래 특정 언어로 되어 있는(예를 들어 독일어) 소식의 암호를 해독할 때, 우선 독일어에서 사용하는 27개의 알파벳을 기반으로 암호화한다. 이때 26개의 독일 알파벳과 부차적으로 ß를 독립된 문자로 계산한다. 이제 내가 2부로 구성한 실험을 통해서 소규모 암호 작업을 시작해보도록 하자.

첫 번째 장면—알파벳을 카드 위에: 각각의 카드에 알파벳을 기록해둔 카드 27장이 있다고 상상해보자. 카드는 모두 식탁 밑에 숨겨두었다. 게임을 진행하는 사람이 이제 카드 1장을 뽑아서 사람들에게 보여준다. 27개의 알파벳은 동일한 확률로 나올 수 있다. 실험에 참가한 당신은 선택한 알파벳을 볼 수 없다. 당신은 꺼낸 카드에 무슨 알파벳이 있는지를 맞히는 것이다. 이를 정확하게 계산하고자 하는 사람은, 방정식 I(부록의 상자 1 참조)을 이용할 수 있다. 27장의 카드 가운데 1장에 대한 불확실성(정확한 알파벳을 맞힐 수 있는 확률)은 4.75비트이다.

그러나 사용하는 언어에 있어서 어떤 알파벳이 얼마나 자주 등장하게 될지의 확률은, 결코 동일하지 않고 오히려 상이하다. 왜냐하면 개별 언어에 따라서 자주 등장하는 알파벳이 다르기 때문이다. 암호 해독가에게 어떤 특정한 알파벳이 얼마나 반복해서 등장하는지의 여부는 매우 중요한 증거가 된다. 독일어로 쓴 텍스트는 27개로 이루어진 암호이고, 여기에서 12라는 숫자가 특히 자주 등장한다고 가정해보자. 이것은 이 숫자가 알파벳 e 대신에 투입되었다는 증거일 수 있다. 왜냐하면 독일어에서 e는 17.4퍼센트라는 확률로 가장 빈번하게 등장하기 때문이다. 반대로 우리의 숫자 암호에서 4는 등장하는 경우가 지극히 드물다. 이는 q에 해당할 수 있는데, 이 알파벳은 독일어에서 0.02퍼센트라는 확률로 가장 드물게 등장한다. 표 2는 독일어의 경우 상이한 빈도로 사용되는 알파벳을 바탕으로 하는 암호들을 보여주고 있다.

두 번째 장면—텍스트에서의 알파벳: 당신은 10개의 숫자(예를 들어 15-3-9-13-4-2-12-10-22-13)로 이루어진 소식을 받는다. 27개 숫자 가운데 각각의 숫자는 27개의 알파벳 가운데 하나를 대신한다. 당신은 소식이 독일어를 암호로 만든 것이라는 사실을 알게 된다. 그러면 이제 당신은, 3이라는 숫자 배후에 어떤 알파벳이 숨어 있는지를 알아내야만 할 것이다. 이때 당신의 불확실성은 어느 정도일까? 이에 대한 답을 섀넌의 그 유명한 불확실성 공식을 이용해서 얻을 수 있다. 이 현상을 수학적으로 이해하고자 하는 사람은, 이 불확실성 공식을 투입함으로써(부록의 상자 2에 나오는 방정식 참조) 그렇게 할 수 있다. 어

알파벳	순위	상대적 빈도
e	1	0.1740
…	…	
r	5	0.0700
…	…	
m	14	0.0250
…	…	
q	27	0.0002

표 2: 독일어 텍스트에서 사용되는 알파벳의 빈도. e는 독일어로 된 텍스트에서 가장 빈번하게 등장하며(17.4퍼센트), 이로써 1위의 자리에 올라 있다. r은 5위(7퍼센트)를 차지하고 있다. q는 27위에 있으며 가장 드물게(0.02퍼센트) 사용되는 알파벳이다.

짰거나 답은, 4.06비트이다.

여기에서 알파벳이 공평하게 분포되어 있을 경우에 개별 알파벳이 우리의 예측과 달라서 경악하게 될 확률은 4.75비트(첫 번째 장면)인 데 반해, 독일어 알파벳처럼 상이하게 분포되어 있을 경우에 놀라게 될 확률은 4.06비트로 확실히 낮다(두 번째 장면). 만일 당신이 알파벳 맞히기 내기를 해야만 한다면, 어떤 장면을 더 선호하겠는가? 즉, 카드에 알파벳을 쓴 경우인가 아니면 텍스트에 있는 알파벳? 나라면 어떤 경우에도 텍스트로 되어 있는 내기를 선택할 텐데, 독일 알파벳 가운데 자주 사용되는 빈도가 이미 나와 있기 때문이다. 다시 말해 불확실성을 4.75비트에서 4.06비트로 줄일 수 있다. 텍스트에 나와 있는 알파벳을 맞힐 때 우리의 불확실성은 줄어든다.

이와 같은 수학적 수단을 가지고 언어로 된 암호를 단계적으로 해독할 수 있다. 게다가 새로운 정보를 이용해서 불확실성을 점점 더 낮출 수 있다. 바로 암호를 해독할 때 그런 일이 일어난다. 암호를 한번 완벽하게 해독하면, 암호화된 텍스트는 아주 간단하게 읽을 수 있다(적이 암호가 해독되었다는 사실을 알고 새로운 과정을 고민할 때까지는).

> 목표를 아는 사람은 결정을 내릴 수 있다. 결정하는 사람은 휴식을 얻는다. 휴식을 얻은 사람은 확실하다. 확실한 사람은 깊이 고민할 수 있다. 깊이 고민할 수 있는 사람은 향상될 수 있다.

결정을 내릴 때 참고할 수 있는 이런 지침은 중국의 철학자 공자가 대략 2500여 년 전에 내놓은 것이다. 공자는 이미 그 당시에도 불확실이라는, 이른바 우리를 불안하게 만드는 존재를 알고 있었던 것 같고 그리하여 이것을 주제로 다뤘다. 왜냐하면 그의 지침을 뒤집어보면, 다음과 같아지기 때문이다.

> 자신의 목표를 모르면 좋은 결정을 내리기란 거의 불가능하다. 결정을 내릴 수 없는 상태는 우리를 불안하게 하거나 심지어 두렵게 한다. 불안하거나 두려움을 가진 자는 불확실해진다. 불확실한 자는 깊이 고민하는 것이 어렵다. 깊이 고민할 수 없는 사람은 아무것도 향상시킬 수 없다.

하지만 이런 내용이 우리에게 무슨 의미가 있단 말인가? 불확실성이 현저히 줄어들어서 결정력이 눈에 띄게 향상되려면 무슨 일을 할 수 있을까? 통계적으로 결정을 잘했다고 했을 때 어떤 모습을 띠게 될까? 예를 들어 통계상으로는 어떤 형태일까? 이런 질문에 대하여 해줄 수 있는

답은 이러하다. "방청객 찬스를 써먹어라." 어쨌거나 만일 당신이 텔레비전 퀴즈쇼인 〈누가 백만장자가 될 것인가?〉에서 답을 모를 경우에 말이다. 다음에 나오는 네 명의 할리우드 배우 가운데 누가 캐나다 출신이 아닐까, 같은 질문이 나왔다고 치자.

a) 마이클 J. 폭스, b) 톰 행크스, c) 도널드 서덜랜드, d) 제이슨 프리스틀리?

만일 당신이 지금 '이들 가운데 아무도 모르겠어'라고 생각한다면, 상금을 타기 위해 퀴즈쇼에 출연한 지원자들과 대략 같은 상황에 처해 있다. 지원자는 관객들에게 질문하겠다는 결정을 내린다. 스튜디오에 앉아 있는 관객들 모두는 단추를 눌러 대답을 해줄 수 있다. 즉, a, b, c, d 가운데 누가 자신들이 생각하는 정답인지 말이다.

물론 100명의 관객들 모두가 정답을 알고 있다고 가정할 수는 없다. 지원자가 결정을 할 때 더욱 확신을 가질 수 있으려면, 정확한(정확하다고 추측하는) 답이 어느 정도로 나와야 할까?

자, 우리는 최악의 시나리오부터 시작해보자. 이런 경우에 관객들의 답이 25-25-25-25퍼센트가 나온 것이다. 관객의 4분의 1이 첫 번째 이름을 결정했고, 또 4분의 1이 두 번째 이름을 결정했고 등등. 방송에서 내보내는 그래픽을 보니, 모든 막대가 동일한 높이이다(막대들은 각각의 대답이 상대적으로 얼마나 자주 나오는지의 정도를 보여준다). 쇼에 출연한 지원자들에게 이 그래픽은, 불확실성이 최대한이라는 의미이다. 실제로 이런 상황은 〈누가 백만장자가 될 것인가?〉라는 프로그램에서 결코 발생하지 않았다. 그리고 우리의 지원자는 관객들을 믿고 정답을 기대할 수 있었다. 대답은, 6-86-4-4퍼센트. 86퍼센트라는 대다수가 b) 톰 행크스(완벽한 정답을 위해 말하자면, 행크스는 1956년 캘리포니아주 콩코드에서 태어났다)를 찍었다.

86퍼센트란 매우 높은 수치이다. 그러나 관객의 60퍼센트가 톰 행크스라고 답했더라도 확실성을 부여할 수 있을 정도이기는 하다. 어쨌든 가장 많은 관객들이 선택한 제안이 나머지 제안과 차이가 적게 나면 날수록 불확실성은 더 커진다.

정상적인 삶에서 우리는 부족한 정보를 채워주는 조커를 만나기가 매우 힘들다. 현실에서 우리는 그렇게 될 수 있도록 적극적이어야 한다. 그런데 이때 모순이 등장하고는 한다. 즉, 확실성을 얻기 위해, 우리는 맨 먼저 상당히 불확실한 것을 받아들이는 길을 가야 한다는 모순 말이다. 전설적인 항해자 마젤란은 이렇게 말했다. "해변에 머물고자 하는 사람은 새로운 대양을 결코 발견할 수 없다." 잘 모르거나 불확실한 것을 잘 알거나 확실한 것으로 바꾸려고 뭔가를 감행하는 것을, 생물학에서는 탐험적인 행동이라고 부른다.

따라서 불확실성을 극복하기 위해 우리는 발견하고자 하는 탐험가가 되어야 한다. 이것은 충분히 가능한 전략이자, 불확실성이 지배하는 상황에서 적극적으로 대처하는 성공적인 전략이기도 하다. 이와는 다른 대안은, 새로운 것이라면 그 어떤 것도 알고자 하지 않는 전략이다. 간략하게 말해서, 미봉책(쫓기는 타조가 머리만 모래에 처박는다는 의미에서)이다. 하지만 탐색하고 발견하고자 하는 방법은 불확실성을 적극적으로 극복하려는 시도이다. 이를 위해 많은 대가를 치러야 한다손 치더라도 말이다.

마젤란 시대의 오래된 해양 지도를 본 적이 있는 사람이라면 오로지 몇몇 연구된 지역만 지도에 표기되어 있다는 사실을 알 것이다. 그러니 모르는 지역이 더 많았다. 지도 제작자들은 그렇듯 알려지지 않은 곳에는 바다뱀과 거대한 괴물을 그려놓고는 했다. 그런 곳에 숨어 있을 수도 있는 위험을 상징적으로 표시한 것이다. 당시 영국 해양 지도에는 "이 지점을 넘어가면 괴물이 있다(Beyond this point are monsters)"고 나와 있다. 즉, 이곳에서부터 괴물이 나올지도 모른다고 예상해야 한다는 말이다. 하지만 실제로는 이 지역을 성공적으로 항해할 때마다 새로운 지식을 들고 왔다. 새롭고, 연구되지 않거나 잘 알려지지 않았던 섬, 심연, 암초나 심지어 대륙 전체를 표기할 수 있었다. 괴물이 있을 것이라 예상했던 곳들이었는데 말이다. 옛날 항해 지도에 표기되었던 불확실성은 믿을 만한 정보를 통해서 매번 그런 곳으로 항해를 함으로써 점점 줄어들었다.

06 예측-예측 오류 업데이트

에스컬레이터 실험 • 예측 오류에 대한 변호 • 두 번째 당직 의사의 등장 • 베이즈식 혹은 베이즈식이 아닌—이것이 여기에서는 문제로고

블랙홀이 작동하는 방식이라든가 이론상으로 존재하지만 실재하지 않는 반(反)물질과 같은 과학 이론이 있다. 이런 이론들은 상당히 난해하고 연구하려면 시간과 비용이 많이 든다. 이와 반대로 우리의 뇌는 모든 감각을 동원해서 세상을 하나씩 파악하면서 현실을 모사하고, 현실을 감각적 인상과 일치시키기 위해 예측을 한다는 주장은 비교적 간단하게 시험해 볼 수 있다. 이를 검사하기 위해 입자 가속기나 실험실도 필요하지 않다. 검사를 하려면 우리 자신과 에스컬레이터만 있으면 된다. 여기에서 반드시 언급해야 할 것은 실험에 참가하는 사람은 움직이는 에스컬레이터에 올라타기 위해서 이미 에스컬레이터를 타본 경험이 있어야만 한다는 점이다. 왜냐하면 에스컬레이터가 움직이는 과정은 우리가 배워서 내면화시켜놓았기 때문이다. 우리가 에스컬레이터로 다가가서 올라타게 되면

우리의 뇌는 특정 속도로 위쪽 계단으로 올라갈 것이라고 예측한다. 다음번 단계에서 자동적으로 이처럼 새롭게 움직이는 바닥에 온몸을 적응시켜 한 단계 올라가는 것도 역시 예측에 속한다.

하지만 에스컬레이터가 전혀 움직이지 않고 멈추어 있다면? 우리의 뇌는 에스컬레이터와 관련된 경험을 바탕으로 함에도 다리근육한테 에스컬레이터의 움직임에 대비하라고 지시한다. 그 결과 뭔가 기묘하다고 느끼면서도 평상시 에스컬레이터를 타고 올라갈 때처럼 위로 올라가려고 다리를 모으는데 헛수고다. 에스컬레이터가 멈추어 있는 까닭이다. 다음번이나 다다음번에 가서야 비로소 뇌는 오류를 범한 예측임을 알아차리고 이것을 수정한다. 우리는 이제 에스컬레이터를 마치 움직이지 않는 보통의 계단처럼 이용하게 된다. 이로써 우리는 현실을 모사하기 위해 뇌가 사용하는 가장 중요한 도구이면서 이와 연관된 결정에 도달하게 되는데, 바로 예측 오류이다.

예측 오류는 국제적 뇌 연구에서는 Prediction Error라고 부르는데, 그다지 적절한 표현은 아니다. 우리는 오류라는 단어를 보통 고장, 오판, 형편없는 판단력, 무지나 무능이라는 개념들과 연관시킨다. 사회문화적으로 우리는 정확한 결과는 성공으로 축하받지만 오류는 실패로 경멸당한다고 예측한다.

> 일을 많이 하는 사람은 실수도 많이 한다. 일을 적게 하는 사람은 실수도 적게 한다. 일을 하지 않는 사람은 오류를 범하지 않는다. 오류를 범하지 않는 사람은 승진한다.

이처럼 냉소적으로 들리는 격언은 딜레마를 분명하게 표현해주고 있다. 즉, 오류를 범하는 것은 직장 생활에서 용인되는 경우가 드물다. 뭔가를 개발하는 과정에서 범하는 오류라면 더욱 그러하다. 이와 같은 평가는 뇌의 인지적 전략이 예측하고 시도하고 오류를 범하는 원칙을 바탕으로 하고 있다는 사실과 관련짓기 힘들게 한다. 예측 오류는 결코 뇌가 가진 약점이 아니라 오히려 보다 똑똑하게 행동하는 방식으로 봐야 한다. 그러니까 가능하면 잘못된 길을 가지 않고, 컴퓨터의 강점으로 알려진 바의 거대한 계산 과정을 거치지 않기 위해서이다.

이것을 보다 분명하게 알기 위해, 다시 한번 당직 의사와 길에서 발견된 젊은 코마 환자의 이야기(2장)로 돌아가보자. 이 사례는 사람들이 의학적으로 불분명한 진단과 같은 숨겨진 상태를 토머스 베이즈가 개발한 정리(定理)에 의해 보다 근접하게 한정할 수 있음을 보여주었다. 베이즈는 18세기에 원인을 직접적으로 알 수 없을 때 수학적으로 접근할 수 있다는 공식을 정립했다. 즉, 사전확률을 정하고—임의의 출발점—그리고 이와 같은 지점에서 계산을 해서 해답에 다가가는 것이다. 이미 언급했듯이 베이즈는 자신의 정리를 통해서 오늘날까지 확률 계산의 초기 개척자로 간주되고 있다. 이러한 사고실험에서 한 가지 분명히 해야 할 것이 있다. 어떤 당직 의사도 사건이 일어난 곳에서 종이로 혹은 머릿속으로 베이즈의 공식을 계산해서(2장 표 1의 공식) 진단을 내릴 가능성은 없다. 의사이자 수학자인 사람이라면 그렇게 할지도 모른다. 이 예는 오로지 베이즈 정리가 어떻게 작동하는지를 보여주기 위한 설명일 뿐이다. 하지만 다음의 내용도 언급했다. 오늘날의 뇌 연구는 우리의 뇌 구조가 어떻게 구성되어 있고 기본적으로 세상을 어떻게 지각하며 세상에 대해서 어떻게 반응하는지에 대해서 베이즈 정리를 기초로 하고 있다는 사실 말이다. 세상에 대해 반응할 때 우리의 뇌는 정확한 해결책에 단계적으로 접근하기 위해 하나의 가정(사전확률)을 세운다. 여기에서 어느 정도 권한을 가지고 이런 질문을 할 수도 있다. 그렇다면 우리의 뇌는 베이즈 방식인가 베이즈 방식이 아닌가? 투박하게 답을 해본다면, 우리의 뇌는 다만 토머스 베이즈의 전통적인 공식이 없기는 하더라도 이미 베이즈 방식으로 작업을 한다. 공식이 없는 대신에 뇌는 베이즈 공식의 변형, 그러니까 공식이 거꾸로 된 형태를 사용하는데, 작동 방식은 전통적인 베이즈 공식과는 세 가지 점에서 차이가 난다.

이 두 가지 방식의 차이를 분명하게 보기 위해서, 다시 한번 당직 의사와 길가에 의식을 잃고 쓰러져 있는 젊은 환자의 경우를 떠올려보자. 나아가 두 번째 의사가 기절해 있는 젊은 남자 환자를 진단하고 있다고 가정해보자. 두 번째 당직 의사의 경우는 모든 사람이 가지고 있는 베이즈식 뇌가 정상적으로 작동하는 모습을 잘 보여준다.

첫 번째 의사와는 반대로 이번 의사는 정확하게 베이즈식으로 처치하지 않고(즉, 그는 공식을 포기한다), 근사치에 따라 처리한다(즉, 그는 수학적 접근 방식을 이용한다). 따라서 결과는 베이즈 공식처럼 정확한 확률이 아니라 정확한 결과에 근접한 수치가 나온다. 실용성에 있어서 이것은 그야말로 완벽하다. 이것이 첫 번째 차이점이며, 결과의 정확성에 관한 것이다. 두 번째 당직 의사는, 베이즈 공식에 따라 정확하게 "종이와 연필"을 가지고 답을 찾으려고 시도하지 않고—원칙상으로는 첫 번째 의사도 그러했다는 뜻이다—직감적인데, 그럼에도 불구하고 대등한 결과를 얻어낸다. 그가 이처럼 근사치 방식을 이용하는 더 근본적인 원인은 그의 뇌가 베이즈 방식의 설계도에 따라서 작동하기 때문이다.

이렇듯 정확한 방식과 근사치를 얻는 방식이 분명하게 차이가 남에도 불구하고, 두 번째 의사는 베이즈 방식으로 생각하고 행동하는 것이며, 다만 전통적인 베이즈 공리 없이 이용할 따름이다.

다시 상황으로 돌아가보자. 환자는 여전히 바닥에 누워 있고, 보아하니 무의식 상태에 빠져 있는 것 같다. 두 번째 의사는 환자가 젊고 통계상의 확률에 따라서 중독이 가장 흔한 원인일 것이라고 진단을 내린다. 그러니까 코마가 술이나 마약을 오용하여 생겼다고 말이다. 하지만 의사는 이와 같은 진단이 100퍼센트 맞을 것이라는 확신은 없다. 여기까지는 두 의사의 차이가 확연하게 드러나지 않는다. 그러나 매우 심각한 두 번째 차이가 있다. 첫 번째 의사와는 반대로 두 번째 의사는 근사치 방법을 사용한다. 이것은 대등한 결과를 가져올 뿐 아니라 뇌에서 보다 뛰어나고 신속하게 시행될 수 있다.

마지막으로, 두 의사 사이에 시간적 차이가 있다. 첫 번째 의사가 혈당을 측정한 다음에야 비로소 새로운 확률을 계산하기 시작한 반면, 두 번째 의사는 혈당을 측정하기 전에 이미 확률을 계산하기 시작한다. 두 번째 의사는 정확하게 무엇을 시도하는가? 측정하기 전—증거가 나타나기 전—그는, 자신이 가장 선호하는 진단인 중독이 맞을 경우에 환자의 혈당이 어떠할지 예측한다. 그러기 위해 그는 중독과 관련된 사전확률과 두 번째 확률을 이용한다. 그러니까 두 번째 확률, 즉 중독일 경우에 가장 적합한 혈당치를 이용하는 것이다. 두 번째 확률을 가능성이라고 하는데, 이미 설명한 적이 있다(2장). 이 두 가지 확률값은 다년간 당직 의사를 하면서 얻은 경험으로부터 나온 것이라 믿을 만하다. 의사는 두 가지 수치를 통해 중독된 환자에게서 가늠할 수 있는 바의 혈당치를 예측할 수 있다. 이 경우에 90mg/dl이다.

새로운 증거가 나타나기 전에 사전확률과 가능성을 조합하는 것을 생성 모델이라 부른다. 새로운 증거가 이미 나타난 후에, 사전확률과 가능성을 조합하는 것은 바로 전통적인 베이즈 공식에 해당한다. 생성 모델을 가지고 우리는 매우 실용적인 예측을 할 수 있다. 예를 들어, 당직 의사 예에서, 특정 원인(중독)을 가정하면 생리학적 효과(혈당)를 예측할 수 있는 것이다. 또는—보다 일반적인데—우리의 지각의 경우에, 만일 우리가 어떤 원인을 가정하면(어떤 사람이 우리에게 친절하다고), 우리는 특정한 감각적 인상을 예측할 수 있다(상대가 우리를 향해 미소 짓는 것을 본다). 우리 인간은 모두 일상에서 생성 모델로 작업한다. 생성 모델이 작동하는 방식은 직감적인데, 다시 말해 경험을 통해 얻게 된 무의식적 추측에 근거를 두고 있다. 이때 전통적인 베이즈 공식이 사용되지 않았음에도 불구하고, 베이즈 원칙은 유지된다. 왜냐하면 사전확률과 가능성의 협력이 일어나기 때문이다. 두 번째 의사는 자신이 선호하는 바의 진단(중독)을 내리고, 두 번째 단계에서 피를 뽑고 예측했던 바의 혈당을 검사한다. 만일 우리가 지금 그의 생각을 엿들을 수 있다면, 우리는 아마도 그의 내면에서 일어나는 독백을 귀로 듣는 목격자가 될 것이다. **"어쩌면 술로 인한 중독일 수 있어. 신경저혈당성 코마일 가능성을 배제하려면, 이제 혈당을 확인해 봐야 해. 술이나 마약 때문이라면, 환자의 혈당은 90mg/dl일 가능성이 가장 많아. 피를 뽑을 수 있는 적당한 곳을 찾아야 해…… 오, 환자의 혈당 수치가 겨우 25mg/dl밖에 안 되는군…… 이런 빌어먹을. 그사이 알코올 수치가 내려갔을 수도 있지만, 그래도 25라고? 아냐, 이렇게 낮을 리는 없어! 완전히 잘못 짚었어. 저혈당 코마야. 그렇다면 포도당 주사를 빨리 준비해야겠어……."**

다른 시각에서 관찰하고 말한다면, 의사의 뇌는 당 수치를 확인한 뒤에 예측과 새로운 증거 사이의 차이를 보게 된다. 90−25mg/dl=65mg/dl이다. 따라서 65mg/dl는 예측 오류인 것이다. 이렇듯 정확하고 구체적인 숫자로 확인이 가능하다. 그러면 의사의 뇌는 이 예측 오류를 이용해 새로운 사후확률 분포를 추정한다. 기술적 문제는 이처럼 거꾸로 계산하는 과정에서 새로운 사후확률을 정확하게 계산할 때 더 이상 단순한 공식(베이즈 공식)으로 진행할 수 없다는 데 있다. 우리는 수학에서 왼쪽에는 잘 모르는 바의 X를 두고, 오른쪽에는 잘 알고 있는 숫자나 수치를 두는 방정식을 알고 있다. 그러면 모든 것이 간단하다. 하지만 지금 이 경우는 그렇지 않다. 잘 모르는 사후확률을 왼쪽에 둔 방정식은 아무런 문제 없이 계산해낼 수 있는 게 아니다. 대신에 사람들은 그처럼 어려운 수학 문제에 봉착하면 사후확률을 적어도 대략적으로나마 얻어내기 위해 근사치 방식의 도움을 받는다. 때문에 사람들은 이와 같은 방식을 근사치 혹은 근접하는 베이즈 과정이라고 부른다. 보다 간단하게 표현하면, 두 번째 의사의 뇌는 점진적으로 사후확률에 순응하는데, 그의 예측 오류가 가능하면 작아질 때까지 말이다.

예측 오류는 정보이론적 자유 에너지(4장)와 동일하기 때문에, 두 번째 의사의 뇌는 그의 자유 에너지가 최소한이 될 때 사후확률을 발견한다고 말할 수 있다. 이와 같은 과정은 이른바 칼 프리스턴의 자유 에너지 원칙으로, 인간의 뇌가 작동하는 방식에 대한 통일된 이론인데 현대 신경과학이 얻어낸 가장 큰 성과에 속한다.[16, 22] 2005년부터 프리스턴은 이 주제와 관련해서 광범위한 시리즈로 저작물을 출간했으며, 이 가운데 핵심적인 내용은 서식스 대학의 아닐 세스의 손을 거쳐 나오게 되었다.[23] 자유 에너지 원칙은 기본적으로 수학을 사용하여 최적의 과제를 푸는 것이다. 우리는 그와 같은 최적의 과제를 다양한 삶의 영역에서 알고 있다.

즉, 자동차 산업에 종사하는 엔지니어들은 연료를 적게 사용하면서도 성능이 좋은 자동차를 만들기 위해 노력한다. 자동차를 구매하는 고객인 우리들은 최소의 가격-성능의 관계를 염두에 두고 제품을 찾는다. 많은 학생들은 학교에서 비용-효용성 관계를 최소화하고자 한다. 그리고 뇌는 자신의 정보이론적 자유 에너지를 최소화한다. 다르게 표현하면, 뇌는 예측 오류가 최소한이 될 수 있는 예측을 하고자 시도한다는 말이다.

두 번째 의사의 지각적 추론을 보면, 신경저혈당성 코마라는 진단에 대한 대략적인 사후확률은 0.857(대략 86퍼센트)로서, 이는 가장 선택을 잘한 진단이라는 사실을 의미한다. 하지만 이는 하나의 과정에 대하여 보고서를 쓰는 방식으로 묘사했을 뿐이다. 의사의 의식에서는 묘사 같은 것도, 이 과정에 대해서 방금 서술했던 개별 과정들도 중요하지 않다. 의사는 직감적으로 행동하며 나중에 자신의 사전확률을 수정하기 위해서, 혈당치와 자신의 예측을 맞춰보는 것이다. 다른 말로 하면, 예측력이 있는 생성 모델+예측 오류는 두 단계를 거쳐 문제를 해결했다.

여기에서 서술한 베이즈 변형은 원래 통계 물리학에서 나왔고 이른바 기계적 학습을 할 때 다음과 같은 용도로 자주 이용된다. 즉, 상당한 수고를 들여서 계산을 해야 하는 수학적 통합 문제를 약간만 수고해서 계산하는 보다 단순한 최적화 과제로 바꾸는 데 사용될 때가 많다.[24] 오늘날 기계적 학습을 하는 엔지니어는 자율 주행 자동차를 제작할 때 바로 그처럼 계산을 덜 해도 되는 경제적 알고리즘을 이용한다. 따라서 뇌는 베이즈 변형을 사용하면 많은 노고를 들여야 하는 계산을 실행할 필요가 없어진다.

하지만 우리는 이 과정에서 두 가지 단계 가운데 그 어느 것도 포기할 수 없으리라는 점을 포착할 수 있다. 생성 모델과 예측 오류의 협업을 통해서만이 가능하다면 빨리 해결책에 근접할 수 있었으니까 말이다. 어쩌면 이와 같은 관찰은 오류나 실수를 보다 더 존중하게끔 하는 데 도움이 된다. 왜냐하면 우리의 뇌는 근본적으로, 예측-예측 오류 업데이트로 작업하기 때문이다. 실제로 우리의 뇌는 구조상 근접한 미래 또는 바로 앞의 미래를 예측하기 위해 만들어졌다. 한 번은 올바르게 예측하고 또 한 번은 틀리면서 말이다. 본질적으로 중요한 것은 뇌는 언제라도 오류가 포함된 예측을 수정할 준비를 한다는 것이다. 이에 관해서는 앞으로 계속해서 언급하게 될 것이다.

당직 의사의 예는 뭔가 단순화시켜서 묘사한 점이 분명 있다. 다만 이 예를 통해서 사전확률-예측-업데이트라는 원칙을 가능하면 쉽게 설명하고자 했을 뿐이다. 뇌에서 일어나는 과정은 실제로 그것보다 훨씬 복잡하지만, 우리는 세부적인 내용까지 들여다보고 싶지는 않다. 물론 중요한 점은 다음과 같은 차이이다. 즉, 의사가 코마의 원인을 세 가지 가능성으로 내다보았고, 따라서 세 가지 사전확률(50퍼센트-40퍼센트-10퍼센트)이 존재했다. 이와 같은 원인(세 가지 진단)은 그래픽에서 막대 그래프로 표시할 수도 있으며, 베이즈-변형에 따라 단순한 과정만 거치면 업데이트가 된다. 하지만 뇌는 다양한 가능성이 연루되어 있는 원인을 밝혀내야 할 과제를 안게 될 경우도 많다. 예를 들어, 온도와 같이 지속적인 수치를 추리해야 하는 경우 말이다. 다양한 온도가 존재하는 온도 스펙트럼에는 어마어마한 가능성들이 있다. 그와 같은 경우에 뇌는 베이즈 변형의 확장 버전을 사용하는데, 이때의 사전확률은 종 모양의 곡선 형태를 띠게 된다. 종 모양의 곡선에 대해서는 다음 장에서 다룰 것이다.

이제 우리에게 흔히 쓸모 있는 것으로 보일 때가 많은 베이즈식 뇌와 위계질서를 갖춘 사전확률과 예측 오류로 돌아가자. 물론 예측 오류는,

우리가 예측 오류를 막는 데 성공하면 효율적이고 도움이 된다. 왜냐하면 예측 오류는 한편으로 적절하게 현실을 모사하고 배우는 데 반드시 필요하기 때문이다. 다른 한편으로 예측 오류가 지나치게 많아지면 불확실성을 줄이지 못하고 오히려 늘어나게 한다. 따라서 예측 오류(또는 자유 에너지)를 장기적으로 최소화하는 것이 중요하다. 당직 의사의 경우에 우리는 예측 오류가 그 자체로 다음번 예측 오류를 막아주는 기회를 제공한다는 것을 경험했다. 코마에 빠진 환자의 경우에 예측 오류는, 의사의 가정(사전확률)이 과대평가되었다는 점을 보여주었다. 이로써 우리는 결정적 지점에 도달했다. 즉, 사전확률과 예측 오류 사이에 목표 지향적 협업이 일어나면, 이는 항상 사전확률을 수정할 수 있는 가능성(그리고 준비)을 내포하게 된다. 이러한 맥락에서 위계질서로 이루어진 사전확률의 특징을 자세히 파악하는 게 중요하다. 에스컬레이터 실험 때 우리는 사전확률을 바꾸는 것이 그리 단순하지 않다는 사실을 확인했다.

행동의 원동력

07

예측하는 뇌 • 수수께끼 같은 환자: 이언 워터먼의 경우 • 너무 춥다는 것을 우리는 어떻게 아는가? • 벌목꾼—캐나다에 설치한 겨울 야영지 • 지각과 행동의 밀접한 협력

당직 의사의 본보기는 사전확률에 따라 베이즈 원칙을 이해할 수 있도록 도와주었다. 여기서 사전확률은 뇌에 있는 여러 차원들 가운데 단 하나의 차원에 국한된 사전확률이다. 하지만 우리의 뇌는 위계를 갖춘 구조로 되어 있으므로, 사전확률로 다양한 차원을 동시에 다룰 수 있어야 한다. 그렇듯 구조적인 뇌는 우리가 상상할 수 있는 것보다 훨씬 더 자주 광범위하고 집중적으로 예측 수정이라는 원칙을 사용한다.

더 구체적으로 말해서, 우리가 전혀 인지하지 못하지만 뇌는 지속적으로 예측과 예측 오류를 이용한다. 철학자 제이컵 호위(Jakob Hohwy: 오스트레일리아 모내시 대학 철학과—옮긴이)는 여기서 예측하는 정신인 예측력(predict mind)에 대해서 언급한다. 우리의 모든 움직임은 이와 같은 원칙을 바탕으로 하고 있는데, 우리에게 움직이는 능력이 없다 하더라도 그

러하다. 어쩌면 우리도 이미 한번쯤은 이렇게 자문한 적이 있을 것이다. 발에 특별히 신경을 쓰지 않고도 어떻게 한 걸음씩 나아갈 수 있는지 말이다. 또는 눈을 감고도 손을 들어 집게손가락으로 코끝을 가리킬 수 있는지(이런 테스트는 술을 마셨는지를 알아보는 용도로 자주 사용됐다). 이렇듯 신체가 보여주는 묘기가 전혀 어렵지 않게 행해지는 것은 우리가 잘 알려지지 않은 감각을 사용하고 있다는 사실과 연관되어 있는데, 바로 자기 수용 감각(proprioception, 그림 6 참조)이다. 라틴어에서 온 이 개념을 자유롭게 번역해보면, 자체 지각이라는 뜻이다. 공간에서 몸의 위치가 어디에 있는지 알고 또 통제하는 뇌의 능력을 말한다. 예를 들어 우리는 어둠 속에서 서 있는지 아니면 누워 있는지 어떻게 아는 것일까? 우리는 신체의 위치를 눈으로 통제할 수 없다. 답은 바로 자기 수용 감각에 있다. 이런 감각은 근육, 힘줄과 관절을 통해서 정보를 얻는다. 이것들이 다양한 신체 부위의 위치와 움직이는 방향을 뇌에 전달하는 것이다. 무게를 감지하게 해주고, 공간에 있는 우리 자신의 체중도 감지하게 해준다. 이와 같은 감각적 지각의 작업 방식은 기본적으로 예측-예측 오류 업데이트라는 원칙을 바탕으로 한다. 따라서 자기 수용 감각은 신체와 사지가 지금 어디에 있으며, 원하는 동작을 실행하기 위해 주변에 맞게 그리고 신체와 사지가 서로 잘 맞는지를 끊임없이 예측한다. 그리하여 사람들은 똑바로 걷는 신체가 균형을 잡고, 또한 속도를 높여서 울퉁불퉁한 길을 걸어 특정한 방향으로 움직이는 데 필요한 사전확률이 얼마나 필요한지 쉽게 상상할 수 있다(그림 6 참조).

이미 언급했듯이 이 모든 것은 자기 수용 감각의 도움으로 일어난다. 우리가 실제로 무엇을 하는지 의식하지 않은 채 말이다. 신체가 어느 정도 자동으로 움직이는 동안에 우리는 다른 것에 신경을 쓸 수 있기에

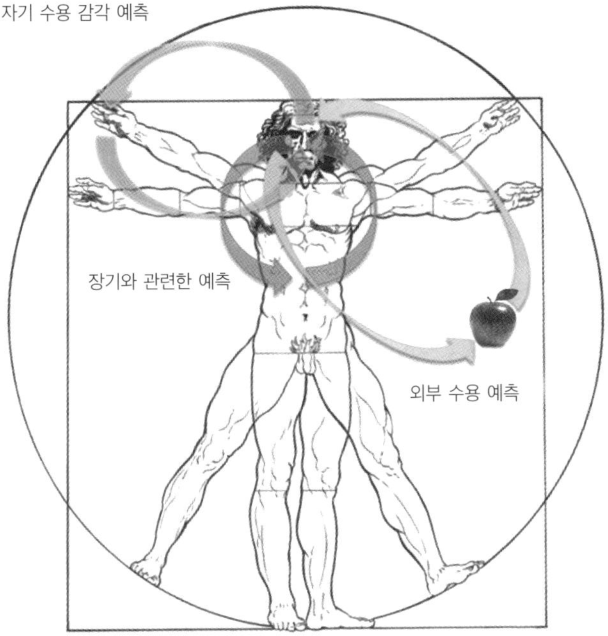

그림 6: 뇌는 외부 수용, 자기 수용 감각, 장기와 관련한 수용 등을 예측한다. 외부 수용은 시각, 청각, 후각, 미각과 더불어 통각과 온도 지각을 근거로 한 외부 지각을 담당한다. **자기 수용 감각**은 움직임, 힘과 상태를 감지하는 감각을 담당하며 관절, 근육, 힘줄로 작업한다. **장기와 관련한 수용**은 신체 내부의 상태를 지각하게 된다. 심장박동이 빠르다거나 위 속이 매슥거리는 느낌처럼 신체 내부의 기관으로부터 신호를 받는다. 이처럼 뇌가 하고 있는 이 모든 하향식 예측은 실재에서 얻는 감각적 인상과 비교를 하게 된다. 편차로부터 예측 오류는 계산된다. 지각적 추론에서는 예측 오류는 상향식 신호로 표현된다. 이런 신호들은 뇌의 예측을 활성화하는 데 이용된다. 능동적 추론에서는 예측 오류는 행동의 신호로 표현되고, 이런 행동의 신호를 통해서 세계 또는 신체의 상태가 바뀔 수 있다. 신체의 외부 수용 예측 오류와 자기 수용 감각 예측 오류는 신호를 만들어내며, 이 신호들은 말초신경계를 거쳐 골격근에 도달하고 이곳에서 움직임으로 바뀌게 된다. 장기와 관련한 예측 오류는 신호를 만들어내며, 이 신호들은 자율내분비계(즉 스트레스 시스템)을 거쳐서 모든 내장 기관(심장, 혈관 벽, 장, 요도와 생식기)에 도달하고 이곳에서 기관의 기능을 조절한다. 이와 같은 방식으로 세계와 신체의 상태는 외부 수용적, 자기 수용 감각적 그리고 장기와 관련한 뇌의 예측이 충족될 때까지 바뀐다. 이와 같은 맥락에서 흥미로운 점은 베이즈식 뇌의 입장에서 어떻게 감정들이 생겨날까 하는 것이다. 주관적 감정 상태(감정)는

끊임없이 활성화된 장기 관련 예측이다. 감정이란 과정의 결과물이다. 다시 말해, 인간이 내적 지각과 내적 활동(자율내분비계의 활동)을 이용해서 자기 신체의 숨겨진 상태에 관해 추론하게 되는 과정을 말한다.[25-27]

그처럼 자기 수용 감각은 매우 실용적이라 할 수 있다. 이 모든 것은 시스템이 작동되는 동안에는 당연하게 일어난다. 우리 신체가 얼마나 복잡하고 수준 높게 일을 시작하고 통제하는지, 그리고 간단한 움직임을 실행하기 위해 얼마나 많은 사전확률 또는 예측 오류가 필요한지는, 이 시스템이 고장이 나야 비로소 알 수 있다. 이언 워터먼의 경우처럼 말이다.

1971년 이언 워터먼은 19세였다. 그는 영국의 채널 제도에 있는 저지섬에서 살았다. 그곳에서 그는 정육업자 교육을 마쳤다. 어느 날 아침 그는 일하러 가는 게 불가능했다. 그는 병에 걸렸고, 격렬한 위장염을 느꼈다. 이언은 병을 고치려고 침대에 머물렀다. 하지만 회복되지 않았다. 그는 몸이 점점 더 쇠약해지는 것 같았다. 며칠 후 졸도해서 병원에 실려가야 했다. 의사들에게 이 젊은 환자는 수수께끼처럼 보였다. 환자는 움직이거나 자신의 신체를 감지하는 능력을 완전히 잃어버린 것 같았다. 그가 당시 할 수 있었던 것은 침대에 누워 있는 일밖에 없었다.

몇 주가 지났지만 증세가 호전되는 기미는 전혀 보이지 않았다. 나중에서야 비로소 이언이 독감과 비슷한 증상을 보이는 바이러스에 감염되어 드문 경우이지만 신경질환을 앓았다는 사실이 드러났다. 바로 자기 수용 감각계에 문제가 생겼던 것이다. 이언은 자기 수용 감각계의 신경섬유들이 손상을 입는, 이른바 감각적 신경질환에 걸려 고생을 해야 했다. 신체와 사지의 위치에 대한 감각적 인상과 정보를 뇌에 전달하는 신경로가 전부 막대한 손상을 입었던 것이다. 이로 인해 근육과 움직임을 통제하는 데 반드시 필요한 감각 정보들이 뇌로 전달되지 못하게 된 것이다. 이언은 마비되지 않았으나 실제로 마비 상태였다. 뇌에서 근육으로 연결된 신경들이 온전했음에도 불구하고 이언은 움직일 수 없었는데, 신체가 뇌에 보고하는 소식들이 중단되었기 때문이다. 지각과 행동은 다른 하나가 없으면 작동되지 않을 만큼 서로 밀접하게 연계되어 있기에, 환자의 움직이는 능력은 거의 없어졌다. 뇌는 자신이 원하고 의도하는 신체 위치를 내림신경로를 거쳐 척수에 있는 신경세포에게 전할 수 있었다. 하지만 피드백이 없으므로, 척수에서 근육을 작동시키는 명령을 내리는 것이 불가능해졌다. 이런 종류의 질병, 즉 망가진 신경섬유를 재생시킬 수 있는 치료 방법은 당시는 물론 오늘날에도 없다. 이언은 그사이 65세가 되었고 신체는 결코 감각을 회복하지 못했다. 그럼에도 그는 다시 움직이고 정상적인 삶을 살 수 있게 되었다. 당시 의사들이 그가 여생을 휠체어에서 보내게 될 것이라 예언했음에도 말이다.

이언이 물리치료를 받기 시작한 뒤부터 기적 같은 회복이 가능했다. 이언이 알게 된 사실이 있는데, 눈으로 원하는 운동에 집중하면 그의 사지가 이에 반응한다는 것이었다. 예를 들어, 손을 입으로 가져가는 전반적인 행동 과정을 이언이 눈으로 따라가면, 정말 손을 입으로 가져갈 수 있었다. 그의 뇌는 점차 자기 수용 감각에 의한 피드백 대신 시각적 통제를 수용하는 방법을 배웠던 것이다. 이와 같은 방식으로 이언은 몸을 꼿꼿하게 세우고, 일어서고, 걷고, 앉고, 물건을 잡고, 손으로 글씨를 쓰는 데 성공했다. 그는 여전히 이와 같은 모든 행동 과정을 눈으로 조종하고 통제해야만 한다. 이렇게 움직이는 것은 특이한 패턴이기는 하다. 이언의 움직임은 물이 흐르듯 유동적이지 않고, 뭔가 각이 지고 경직된 것처럼 보인다. 마치 BBC 방송의 의미심장한 다큐멘터리처럼 작동한다.[28] 심지어 이언은 이처럼 완전히 새로운 행동 트레이닝으로 또 다른 경력을 쌓았다. 신경학자 조너선 콜과 함께 이언은 비슷한 질병을 앓고 있는 다른 환자들을 도울 수 있는 운동 트레이닝을 개발했다.

이언 워터먼의 경우는 뇌와 신체가 주변으로부터 지속적으로 업데이트를 받고 작업하기 위해, 사전확률과 예측 오류로 이루어진 베이즈 시스템을 통해 얼마나 광범위하고도 일상적으로 상호 소통을 하고 있는지 분명하게 보여준다. 자기 수용 감각계는 시각, 후각 그리고 청각 외에 우리의 신체와 세계 사이에 맺어진 가장 중요한 연결이라고 말할 수 있다. 비록 우리가 이런 과정을 의식적으로 기록하지 않을지라도 말이다.

우리가 의식하지 못한 채, 어떻게 여러 차원에서 이런 사전확률을 다루고 있는지 나는 하나의 시나리오를 통해 보여주고 싶다. 물론 우리의 뇌가 위계질서에 따라 다양한 사전확률을 잘 다루지 못한다면, 우리의 뇌가 아닐 것이다. 저글링을 배우는 사람처럼 우리는 이제 두 번째 공을 더하고자 한다. 이제 두 가지 사전확률이 있게 된다.

- 우리의 목표를 위한 기대를 정의해주는 상위(최종적인) 목표를 위한 사전확률
- 최신의 세계 상태에 대한 우리의 상상을 재현하는 하위(현재 상태에 따른) 사전확률

이와 같은 사고실험은 우리의 신체가 어떻게 다양한 온도 자극에 반응하는지, 그리고 우리가 춥다고 느낄 때의 온도 적응 시스템이 얼마나 복잡한지에 관한 것이다. 따뜻하고 추운 경험을 바탕으로 우리는 신체가 일종의 객관적인 "체온계 기관"을 가지고 있다고 믿는다. 그러니까 외부 기

온을 측정해 "너무 추운" 또는 "너무 따뜻한"이라는 느낌의 결과를 전달할 수 있는 그런 기관 말이다. 하지만 실제로 신체가 외부 기온을 지각하는 시스템은 우리가 추측하는 것 이상으로 복잡하면서 여러 층으로 이루어져 있다. 유감스럽지만 신체는 신속하고 정확하게 결과를 제공하는 객관적인 체온계 기능을 결코 보유하고 있지 않다. 기온이 우리에게 숨겨진 상태이기 때문만이 아니라, 우리가 가능한 숨겨진 상태에서 편안하게 느끼는 상태를 정확하게 발견하기를 원하기 때문이다. 과제가 어려움에도 우리는 기온의 차이를 지각하고 무탈하게 건재할 수 있다. 이는 다른 모든 감각(시각, 청각, 후각 등등)의 경우처럼 일어나며, 사전확률·예측 오류·업데이트 사이의 상호작용을 통해 발생한다.

겨울에 캐나다의 숲 깊숙이에 야영지를 설치한 상황을 한번 상상해보자. 벌목꾼들은 하루 종일 영하 30도에서 일한다. 저녁이 되면 꽁꽁 언 몸을 이끌고 가운데에 모닥불을 피워둔 공동 막사로 모여든다. 숲에서 일하는 대부분의 벌목꾼은 실내 기온이 24도(이런 기대를 의식하고 있지는 않더라도)가 되기를 바란다. 그렇게 불을 피워놓은 막사 안은 곧 따뜻해질 것이라 추정하기에, 벌목꾼들은 이제 두꺼운 겨울 외투를 입구에 벗어두고 셔츠의 소매도 걷어 올린 채 앉아 있을 수 있기를 기대한다. 따뜻한 막사에 대한 희미한 상상을 의식하는 동안, 벌목꾼들의 뇌는 이와 같은 상황을 더욱 정확하게 한정 짓고 편안하게 느낄 수 있는 온도를 정의한다. 이렇듯 편안하게 느끼는 온도 24도는 상위 목표를 위한 사전확률이 된다. 또한 우리는 이처럼 목표를 위한 기대를 마땅히 이러한 수준이 되어야 한다고 생각하는 "당위 상태"로 이해하는데, 우리가 쾌적하다고 느낄 수 있는 상태다. 그런 다음에 하위 사전확률이 있다. 이것은 벌목꾼이 몇 도에서 시작하는지를 보여준다.

목표는 하위 사전확률을 목표를 위한 사전확률과 일치시키는 데 있다. 모닥불과 막사 벽 사이 중간 지점이 특히 쾌적한 것으로 보인다. 그래서 그런지 이곳에 대부분 긴 의자와 식탁이 놓여 있다. 따라서 상위 목표를 위한 사전확률(당위 상태)은 이 시점에서 하위 사전확률(현재 수치)인 24도와 일치한다. 따라서 대부분의 벌목꾼이 모닥불과 막사 벽 사이에 옹기종기 자리를 잡고 있는 것은 놀랄 일이 아니다. 그들은 먹고 마시고 큰 소리로 떠든다. 외투나 스웨터는 필요하지 않은데, 기분 좋게 따뜻하기 때문이다.

하지만 기대와 달리 막사 안의 온도가 내려간다. 처음에는 거의 감지할 수 없는 수준이지만, 벌목꾼들은 점점 더 온도가 내려가는 것을 느낀다. 마침내 걸려 있는 온도계를 보니 14도를 가리킨다. 이 시점에서 실제 온도가 우리에게 숨겨진 상태, 즉 히든 스테이트라는 사실을 깨달으면 도움이 된다. 이미 언급했듯이, 우리의 신체는 결코 객관적인 온도계를 가지고 있지 않다. 단지 온도를 수용하는 피부를 통해 온기와 한기를 뇌에 전달할 따름이다. 그러니 감각의 도움으로 외부의 온도가 얼마인지를 추정할 수 있을 뿐이다. 따라서 진짜 온도는 기본적으로 숨겨진 상태다.

이제 벌목꾼들의 뇌에서는 그들이 거의 알아차리지 못하는 과정이 일어난다. 우리도 비슷한 상황에 처하게 되면 당연히 그런 과정을 겪는다. 이 과정을 설명한 내용을 글로 읽으면 아마도 과정 그 자체보다 더 길어질 수 있다. 하지만 위계가 있는 두 가지 사전확률이 뇌에서 서로 소통하고 최적의 행동 전략을 어떻게 발견하는지를 이해하는 것은 도움이 된다. 삶에서 우리의 행동을 주도하는 것이 무엇인지 분명해지기 때문이다.

막사 안의 온도가 떨어진 뒤 하위 사전확률(여전히 24도)을 통한 벌목꾼들의 예측은 더 이상 온도와 관련한 감각적 증거가 뇌에 보내는 신호와 일치할 수 없다. 따라서 업데이트가 필요하다. 이제 벌목꾼들의 지각에는 어떤 일이 일어나며, 새로운 상황에서 어떻게 행동하게 될까? 이와 관련해서 벌목꾼들은 이른바 지각-행동 사이클(그림 7)을 경험하게 된다. 이후에 이와 같은 사이클은 벌목꾼들이 다시금 쾌적하게 느끼는 영역에 도달할 때까지 반복된다.

첫 번째 순환: 우리가 벌목꾼의 상황에 처해 있다고 상상해보자. 다음에 서술하는 그들의 상상과 기대에 대한 수정 내용은 모두 무의식적으로 일어난다. 벌목꾼은 최초의 지각-행동 사이클에 들어간다. 이때 무엇보다 실제 온도에 대해 새로운 상상을 하는 게 중요하다. 따라서 뇌는 하위 사전확률이라 할 수 있는 24도를 대체할 새로운 사후확률을 찾아 나서게 된다. 예측 오류들로 두 가지 차원에서 작업하는 것 외에, 뇌는 이제 우리가 두 번째 당직 의사의 경우에서 봤던 것처럼 작동한다. 목표 예측 오류는, 벌목꾼이 가정한 실제 온도가 쾌적한 온도가 아니라고 말해준다. 그러니까 감각 예측 오류는 벌목꾼이 특정 온도를 현장의 온도로 가정하고 이와 같은 가정을 바탕으로 체감하는 온도를 예측하지만, 이 체감 온도가 실제 현장에서의 감각적 인상과 일치하지 않는다고 말한다. 따라서 새로운 사후확률 온도를 찾게 되는데, 두 가지 예측 오류를 동시에 관찰해 예측 오류의 수치 전체가 가능하면 작게 나올 수 있는 온도다. 이와 같은 첫 번째 과정에서 나온 사후확률 온도가 19도다. 이 과정을 더 심도 있게 공부하고자 하는 독자들은 그림 7의 위 그래프에서 상세한 내용을 볼 수 있다. 벌목꾼은 이제 업데이트한 기대 온도 19도를 현재의 온도로 의식한다(그림 7 참조).

하지만 벌목꾼들에게 19도라는 온도는 퇴근해서 쾌적하게 있기에는 너무 춥다. 지각 업데이트는 우선 두 개의 예측 오류를 고려해 도출한 하나의 타협이다. 이제 벌목꾼의 뇌는 특별히 감각 예측 오류에 신경을 쓴다. 어떻게 하면 이 오류를 좀더 작게 만들 수 있을까? 행동을 통해서! 모닥불 곁으로 다가감으로써, 실제로 감지하는 온도는 19도일 때 기대한 온도와 점점 일치하게 된다. 불이 있는 가운데로 움직임으로써 벌목꾼들은 두 번째 예측 오류를 0으로까지 줄일 수 있다. 이와 같은 과정이 능동적 추론이다(세부적인 것은 그림 7의 아래 그래프 참조). 지각-행동 사이클에서 사람들은 두 가지 예측 오류를 줄인다. 그 밖에 전체 예측 오류는 정보이론적 자유 에너지와 정확하게 일치한다. 우리의 뇌는 바로 이와 같은 기본 원칙에 따라 작업한다. 즉, 모든 위계적 수준에서 예측 오류들(자유 에너지)을 최소화하고자 하는 기본 원칙 말이다.

두 번째 순환: 이제 지각-행동 사이클이 반복된다. 벌목꾼은 첫 번째 순환에서와 마찬가지로 온도를 체감하고 모닥불 곁으로 이동한다. 아직 쾌적하게 느낄 수 있는 영역에 도달하지 않았기 때문이다. 19도는 편안하고 따뜻한 상태는 아니다. 따라서 지각적 추론과 능동적 추론 사이의 동일한 협업이 다시 한번 일어나고, 그리하여 벌목꾼은 모닥불 곁으로 조금 더 다가간다. 그런 뒤 21도처럼 느낀다.

세 번째 순환: 전체 과정이 23도에서 다시 한번 일어난다.

마지막 순환: 반복 과정이 다시 일어난다. "그래, 이제야 막사 안이 쾌적하군. 24도가 되니까." 벌목꾼들은 지각-행동 사이클을 여러 차례 거친 후 모닥불 근처에 자리를 잡는다. 이와 같은 방식으로 예측 오류를 최소화함으로써 지각과 행동을 연계한다.

벌목꾼들은 이처럼 복잡하고, 무의식적이지만 여러 단계를 거치는 뇌

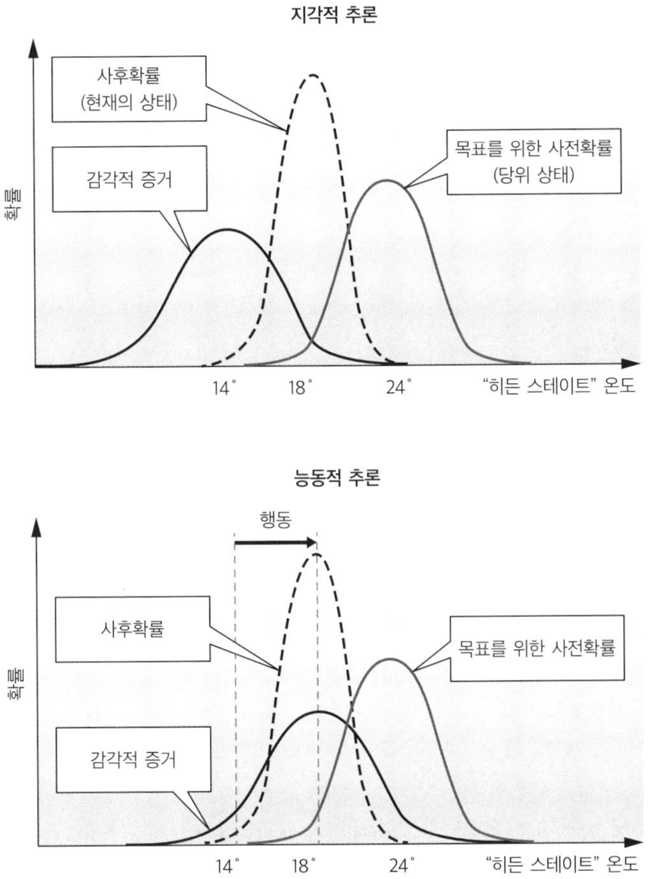

그림 7: 벌목꾼의 지각-행동 사이클이 작동하는 과정: 지각: 상위 목표를 위한 사전확률(당위 상태, 오른쪽 종 모양 곡선)은 시종일관 안정적이다. 마침내 사람들은 이 온도가 더 따뜻해지기를 원한다. 흔히 실제 온도라고 간주하는 하위 사전확률이 업데이트되어야 한다. 이제 베이즈 방식의 업데이트 과정에서 하위 사전확률은 새로운 하위 사후확률을 통해 대체된다(현재의 수치, 점선으로 된 곡선). 따라서 최적의 사후확률을 찾게 된다. 업데이트는 생성 모델을 이용해 이루어지는데, 생성 모델은 특정 온도에서 특정 감각적 증거가 어떠한지를 말해준다(왼쪽 종 모양 곡선). 사후확률을 발견하기 위해, 뇌는 검색 작업에 들어간다. 장기를 두는 컴퓨터처럼 수천 번 말의 움직임을 시험해, 어떤 말을 움직일 때 결과가 가장 좋을지를 검사한다(상대에 비해 말을 더 많이 갖거나 더 좋은 위치). 벌목꾼의 뇌는 그렇게 일련의 가능한 온도들을 시험해본다. 찾고 있는 사후확률은, 목표를 위한

사전확률 24도와 감각적 증거 14도 사이의 어떤 숫자가 될 것이다. 그러면 뇌는 전체 예측 오류가 가장 최소화하는 온도를 찾게 된다. 우리는 두 가지 차원을 가진 위계적 모델을 관찰하는데, 여기에는 두 가지 예측 오류가 있고, 그래서 전체 예측 오류라는 말을 사용한다. 장기를 두는 컴퓨터처럼 우리의 뇌는 이제 다음번 장기를 두기 전, 점점 가능한 온도를 시험해본다. 뇌는 맨 먼저 시험 삼아 18도를 채택하고 이때 다음과 같은 예측 오류를 수집한다.

- 목표 예측 오류 발생, 기대하는 목표 온도인 24도는 가정한 실제 온도 18도와 일치하지 않음.
- 감각 예측 오류 발생, 가정한 18도에서 예측할 수 있는 바의 감각적 인상은 업데이트된 감각적 인상과 일치하지 않음. 상당히 춥고 온도계는 현재 14도를 가리킴.

벌목꾼의 뇌는 이처럼 두 가지 예측 오류가 있다고 평가한다. 자신의 감각적 인상을 더 신뢰하는지 아니면 기대를 더 신뢰하는지에 따라서, 이와 같은 분석에서 감각 예측 오류 또는 목표 예측 오류에 가중치를 주게 된다. 그렇게 전체 예측 오류가 나오고(기술적으로 표현하자면 가중치를 주어 계산한 예측 오류의 총량), 이 수치는 가능하면 작아야 한다. 뇌가 장기를 두는 컴퓨터처럼 14도와 24도 사이에 또 다른 온도를 채택해 검사한 뒤, 채택한 실제 온도 19도는 전체 예측 오류가 가장 작다는 결과가 나온다. 장기를 두는 컴퓨터가 가장 훌륭한 수를 두듯이, 뇌는 가장 적합하다고 기대하는 바의 온도를 선택하고, 우리는 이 온도를 현재의 온도라고 체험한다. 이와 같은 검색 과정의 결과는 벌목꾼의 경우에, 막사 안은 원하는 바의 쾌적한 온도가 아니라 19도라는 상상이 나온다. 바로 찾고 있던 사후확률이다. 이와 같은 과정은 지각적 추론이다. **행동:** 이제 우리는 지각적 추론이 왜 핵심을 찌르지 못하는지 궁금하다. 막사 안의 온도계는 겨우 14도를 가리키고 있는데, 벌목꾼은 실제 19도라고 가정하기 때문이다. 하지만 그의 뇌는 이와 같은 편차(19도−14도, 즉 감각 예측 오류)를 천재적인 속임수에 사용한다. 즉, 뇌는 감각 예측 오류를 행동으로 최소화하려 시도한다. 뇌는 공간(막사)에서 위치를 바꾸라는 지시를 내림으로써, 감각 예측 오류를 심지어 0으로까지 줄일 수 있다. 벌목꾼이 모닥불 가까이 다가가면, 더 따뜻하다고 느낄 수 있기 때문이다. 공간의 온도가 19도라고 감각이 보고할 때까지 벌목꾼은 움직인다. 이것이 능동적 추론이다.

의 탐색 과정을 통해 변하는 주변 온도를 훨씬 더 편하게 경험한다. 즉, 그들은 그사이 알 수 없는 이유로 막사 안이 매우 춥고 불편하다는 사실을 알아차린다. 점점 불안해진다. 대부분의 벌목꾼은 모닥불에 더 가까이 다가가고, 외투를 입기도 한다.

그런데 그중 한 사람이 대놓고 불평을 터뜨린다. "나는 얼어 죽으려고 여기 온 게 아니라고. 하루 종일 일하면서 입던 두꺼운 외투를 여기서도 입고 있기는 싫단 말이야. 아니, 도대체 여기는 왜 이렇게 미친 듯이 추운 거야?" 그는 온도가 떨어진 이유를 찾는다. 이렇게 그는 뇌에서 더 상위에 속하는 차원에서 문제를 만나고 기본적으로 다른 전략으로 문제를 해결한다. 즉, 그는 탐험가처럼 살피더니 막사에 난 구멍을 발견하고는 이것을 막으려고 노력한다.

또 어쩌면 이런 사람도 있을지 모른다. 오래전부터 신경 손상을 입어 온도를 지각하는 능력이 망가진 사람이 막사 안에서 셔츠의 소매를 걷고도 추위에 떨지 않는 것을 아무도 알아차리지 못할 수도 있다. 이언 워터먼이 앓은 신경질환과 비슷한 질환을 앓는지도 모른다. 이 사람은 알아차리지 못하는 사이 얼어 죽을 수도 있다. 이런 사람은 온도에 대한 정보를 다른 방식으로 얻어야 한다. 가령 온도계를 보고서 옷을 어떻게 입어야 할지 결정할 수 있다. 혹은 간단하게 동료들이 온도에 따라 어떻게 행동하는지를 기준으로 삼으면 될 것이다. 우리의 벌목꾼은 온도를 감지하는 감각이 고장 나는 바람에, 온도 예측 오류를 확정 지을 능력을 상실했을 수 있다. 워터먼처럼 신체에서 지각하는 자기 수용 감각을 상실했고, 따라서 쓸모 있는 자기 수용 감각 예측 오류가 존재할 수 없었다. 뇌에서 잠재적 운동 신호를 신체에 보낼 수 있었음에도 이언 워터먼은 질병을 앓던 초기에는 전혀 움직일 수 없었다. 시각 예측 오류를 대체할 수 있다는 사실을 발견하고서야 비로소 걷기를 다시 배울 수 있었다. 이언 워터먼이나 캐나다 벌목꾼의 경우에서처럼, 우리 모두는 예측 오류로부터 환경에 대한 추론을 할 수 있는 능력을 부여받았기에 능동적으로 살 수 있다. 따라서 예측 오류야말로 우리 행동의 원동력이다.[29] 예측 오류를 할 수 없으면 인간은 그냥 수동성 그 자체로 전락하고 만다.

2부

인간

불확실한 가운데 내리는 결정

스트레스 없는 삶이야말로 진정으로 바라는 바일까? • 다크 룸 문제 • 실제 상황—도달할 수 있는 상황 • 어떻게 스트레스는 긴급 상황의 프로그램으로서 작동하나 • 어떤 직원의 불확실성, 또는 유독한 스트레스는 어떻게 발생하는가

스트레스 없이 잘 살아갈 수도 있다고 한번 상상해보자. 시험을 앞두고도 결코 긴장하지 않고, 난처한 상황에 처해도 두려워하지 않고, 당황해서 땀을 뻘뻘 흘리지도 않고, 눈앞이 깜깜해지는 경우도 없고, 중요한 약속에 지각해도 쩔쩔매지 않는 것. 자제력을 잃지 않고, 심리적으로 완전히 소진한 상태처럼 스트레스로 인한 질환도 없다. 그 대신에 초연하고 여유 있는 삶. 이런 삶이야말로 멋지지 않은가? 마음의 여유를 찾을 수 있는 방법에 대해서 충고해주는 수많은 책을 보면, 그러니까 마음 챙김을 바탕으로 하는 의학, 명상, 자기 암시 훈련 등등을 보면, 인간은 바로 그와 같은 이상적인 상태에 도달하기 위해서 노력한다는 인상을 받을 수 있다. 다시 말해, 더 이상 스트레스를 견딜 필요가 없는 이상적인 상태 말이다. 하지만 그런 이상적인 상태가 정말 스트레스 없이 사는 것일

까? 이런 상태에 도달하려면 적어도 이론적으로 두 가지 가능성이 있을 수 있다.

첫 번째 시나리오: 우리는 업데이트가 아무런 의미가 없는 세상에 살면 된다. 비유적으로 말해 우리는 물거품, 혹은 함축적으로 표현하자면 "다크 룸(어두운 방)" 안에 살고 있는 것이다. 이 어두운 방에서는 어떤 자극도 없고 바깥 세상에 대한 근거도 제공되지 않아서, 그에 따라 예측을 한다거나 기대에 부응할 필요도 없고 또한 그런 것이 가능하지도 않다. 여기에서 어두운 방이란 업데이트 없이 시종일관 살 수 있는 환경을 하나 만들기 위한, 철학적-이론적인 구조일 따름이다. 베이즈 방식으로 작동하는 뇌라는 구상을 통해 생명체는 기본적으로 경악과 불확실성, 그러니까 스트레스를 방지하고자 노력한다는 사실을 알아냈다. 이처럼 신경과학적 모델을 비판하는 사람들이 되풀이해서 제시하는 수수께끼는, 생물학적 시스템들은 그렇듯 깜짝 놀라는 상황을 방지하려는 것처럼 보이지 않는다는 점이다. 다시 말해 "우리는 단순하게 어둡고, 변하지 않는 방을 찾아서 거기에 머물고자 하지 않는다".[30] 나는 이 문제를 나중으로 미루고자 한다. 그 전에 이런 문제를 풀기 위해 필요한 몇 가지 전제 조건을 다음 장들에서 다루고 나서, 21장에서 어두운 방 문제를 다룰 것이다.

두 번째 시나리오: 스트레스가 없는 삶은, 우리의 베이즈식 뇌가 절대적으로 마찰 없이 작동하는 경우에, 역시 생각해볼 수 있다. 뇌는 예측을 하고 새로운 감각적 인상들을 수집하고 항상 기대한 바를 정확하게 수정한다. 이것은 이미 언급했듯이 이론상으로는 그럴 수 있다. 하지만 딱 한 가지 함정이 있다. 즉, 이렇게 되려면 뇌는 항상 그리고 어떤 경우에도 업데이트를 통해 늘 옳은 결정을 내릴 수 있게 해주는 모든 정보를 얻을 수 있어야 한다. 달리 표현하자면, 이러한 삶은 우리가 까다로운 문제나

상황에 처했을 때 믿을 수 있는 방청객들로부터 답을 물어볼 수 있는 방청객 찬스를 활용할 수 있는 삶이라 할 수 있다. 우리는 경험상 이런 삶이 얼마나 비현실적인지 알고 있다.

스트레스가 없는 삶을 영위하기 위해서 사람들은 어두운 방에 앉아 있거나 그렇지 않으면 지속적으로 방청객들로부터 정답을 얻을 수 있는 퀴즈쇼 지원자로 살아야만 한다. 이것은 물론 과장한 면도 없지 않다. 하지만 탄탄한 진실의 핵심을 담고는 있다.

불확실성-스트레스 관계에는 돌고 도는 일종의 순환성이 숨어 있다. 다시 말해, 한편으로 불확실성은 스트레스를 만들어내지만, 다른 한편으로 스트레스 반응은 그와 같은 불확실성을 줄일 수 있는 기회를 제공한다. 스트레스를 받는 상태가 정상적인 상태에 있을 때보다 우리를 더 많이 변하게 하고 더 많이 행동하게 만들어줌으로써 말이다. 따라서 만일 우리가 스트레스가 없는 상태를 지속적으로 추구한다면, 엄청난 결과가 나타날 수도 있다. 스트레스가 없는 삶은 변화가 없다는 의미이다. 우리는 스트레스가 없는 삶을 살게 되면 결정적으로 중요한 삶의 자극을 잃어버릴 수도 있으며, 모든 것을 받아들이고, 그 어떤 것에 대해서도 의문을 갖지 않고, 그 어떤 것도 바꾸려 하지 않거나 달성하려 하지 않게 될 수 있다는 말이다. 왜 그런가? 왜냐하면 스트레스 시스템은 훌륭한 결정을 내리기 위해 중요한 정보들이 부족한 상황에서 정보를 획득하고 이런 상황을 바꿀 수 있는 효과적인 가능성으로 작동하기 때문이다. 이때 스트레스 시스템은 뇌에 필요한 에너지를 신체로부터 비축해놓을 뿐만 아니라, 뇌를 평상시보다 깨어 있게 하고, 신속하게 해결책을 발견할 수 있도록 이른바 최고로 활성화한 상태로 만들어준다. 그러니 스트레스 상태에 있으면 쾌적하게 느낄 수만은 없는 것이다. 우리 모두는 스트레스를 받을 때 위가 불편한 느낌을 잘 알고 있으며, 생각이 한쪽으로만 기우는 것도 잘 안다. 바로 이와 같은 감정 상태와 결과들(우리의 건강에 장기적으로 미치는 영향)로 말미암아 우리는 스트레스를 명상을 통해 가능하면 극복하고자 한다. 불확실성이 스트레스를 유발한다는 것은 맞는 말이다.

하지만 어려운 상황에서 스트레스는 우리가 불안을 극복할 수 있는 유일한 선택이라는 말도 사실이다.

따라서 질문은 이러하다. 계속해서 스트레스를 체험만 할 것인가 아니면 스트레스를 이해하고자 할 것인가? 왜냐하면 스트레스 시스템을 이해해야만 스트레스의 강점은 무엇이고, 어떻게 보다 나은 방법으로 스트레스를 투입할 수 있으며, 언제 스트레스가 우리와 우리의 건강을 해치는지를 알 수 있기 때문이다. 스트레스를 경험하는 데 그치지 않고 이해하고자 하는 사람은 이 책의 2부에서 답을 발견할 수 있다.

"우리는 사물을 마치 진짜인 것처럼 눈으로 받아들인다. 왜냐하면 무의식적 추론의 결과가 바로 우리의 의식으로 밀려들어오는 해석이기 때문이다. 마치 우리의 의지가 힘을 쓸 수 없는 외부의 힘처럼 말이다." 이것은 물리학자이자 생리학자이며 철학자였던 헤르만 폰 헬름홀츠가 1867년 획기적인 그의 저서 《생리 광학 개론》의 마지막 권에서 시각적 지각의 심리적 현상에 대해 얘기하면서 서술한 문장이다. 의학이 신경과학이라는 것을 알게 된 시기보다 100년 전에, 헬름홀츠는 이미 우리가 체험하는 모든 것은 현실일 수 없고, 다만 현실에 대한 우리의 모델임을 확정 지었다. 우리 자신의 버전으로 보는 실재라고 말이다. 이것은 헬름홀츠에게는 다만 하나의 사고(思考) 모델일 뿐이었다. 헬름홀츠는 시각적 자극의 작동 메커니즘에 대한 자신의 인식을 가지고 과학보다 100년 이상 앞서 나갔다. 우리는 오늘날, 우리의 뇌가 현실에 대해서 하나의 모사품이나 모델을 구축할 따름이라는 그의 생각이 얼마나 딱 들어맞는지 알고 있다. 여기에서 우리 신체의 외부에 존재하는 세상만이 우리에게 숨겨진 상태는 아니다. 그러니까 이런 숨겨진 상황에 대해서 우리는 우리의 감각을 넘어서 늘 새롭게 평가하게 되는, 이른바 특정 이념을 가지고 있다. 우리 자신의 신체도 뇌에게(또한 우리 의식에게)는 숨겨진 상황인 것이다. 왜냐하면 외부와 관련된 감각을 수용하는 감각기관, 즉 시각, 청각, 후각, 촉각만이 지속적으로 뇌에 신호를 전달하는 게 아니기 때문이다. 신체 역시 그러한데 우리의 자기 수용 감각과 장기 관련 수용 감각도 자신들의 소식을 뇌에 보내면, 뇌에 의해서 신체의 상태가 파악될 수 있다. 이때 우리 내장 기관들의 상태를 전달하는 소식꾼들은 예를 들어 복부에 불편한 느낌이라든가 우리의 주관적 감정 상태들(감정. 그림 6 참조)을 결정한다.[31]

이 정도에 이르면 왜 자기 수용 감각에 대해서 아는 게 없는지 궁금할 것이다. 시각, 청각, 후각 또는 촉각은 우리가 적어도 부분적으로 의식하면서 지각하고 체험하는 감각이다. 그런데 자기 수용 감각이라는 것을 처음 들어봤다는 사람도 많을 것이다. 이는 모든 감각들이 의식적 지각이 일어나는—뇌 측면 전두엽 피질, **측면 전전두엽 피질**(lateral prefrontal cortex, 측면 PFC)—뇌의 영역으로만 보내지지는 않는다는 사실과 연관되어 있다(측면 PFC, 그림 8). 만일 우리가 이마를 만지면, 측면 전두엽 피질은 대략 우리 손 밑에 있다. 이미 언급했듯이 감각적 인상을 처리하는 일은 뇌의 다양한 차원에서 진행된다. 이런 위계질서에서 측면 전두엽 피질은 최상위의 지각 차원에 속한다. 우리가 체험한 지각은 바로 이곳에서 의식적으로 재생되는 것이다.[32] 하지만 세계에 대한 우리의 최신의 기대가 측면 전두엽 피질에서 뇌의 다른 부분으로 보내지기도 한다. 이처럼 최신의 기대를 바탕으로 해서 측면 전두엽 피질은 예측을 한다. 예를 들어 시각 피질에 전달하는 예측이 있다. 그리고 측면 전두엽 피질에서, 측면 전두엽 피질의 기대가 외부 세계로부터 얻은 시각 정보와 일치하는지를 검사한다. 어떤 자동차 운전자가 직선으로 뻗은 긴 국도를 달리고 있다면, 측면 전두엽 피질은 직선으로 뻗은 긴 국도에 대한 기대를 시각 피질에 보내고, 시각 피질은 눈이 제공하는 정보와 측면 전두엽 피질이 보낸 기대 사이에 균형을 맞춘다. 기대와 외부의 데이터가 일치하는 동안에는, 시각 피질은 개입하지 않게 된다. 물론 교통 흐름이 바뀌면, 시각 피질은 측면 전두엽 피질에게 다음과 같은 사항을 주의하라고 알린다. 가정들이 더 이상 맞지 않으며 이곳에서는 예측 오류가 일어나고 있다고 말이다. 바로 이와 같은 지각 차원—측면 전두엽 피질과 시각 피질 사이에 데이터가 교환되고 있는 영역—에서 최신의 상태들을 재료로 가공한다. 그러니까 지금 이 순간 외부 세계로부터 들어오는 정보들 말이다. 이렇게 함으로써 측면 PFC는 가장 최신의 정보를 가지고 있는 상태가 될 수도 있는 것이다. 하지만 이것만으로 충분하지 않은 경우도 많다. 예를 들어, 지루한 직선 도로를 따라 장시간 운전을 하던 자동차 운전자가 갑자기 각도가 심하게 꺾여 있는 커브 길을 돌아야 할 경우가 있다. 운전자가 그에 따라 반응하려면, 측면 PFC는 새로운 정보들을 여러 개의 중간 단계를 거쳐서 운동 피질에 보내야 한다. 이 피질은 운동 과정을 담당하고 통제한다. 이 경우에, 속력을 줄이기 위해 가속 페달에서 발을 떼고 그에 상응해서 방향을 돌리는 운동을 실행할 것이다(그림 8 참조).

위계상 최고위층에 속하는 행동 단계에서는 달성 가능 상태를 작업한

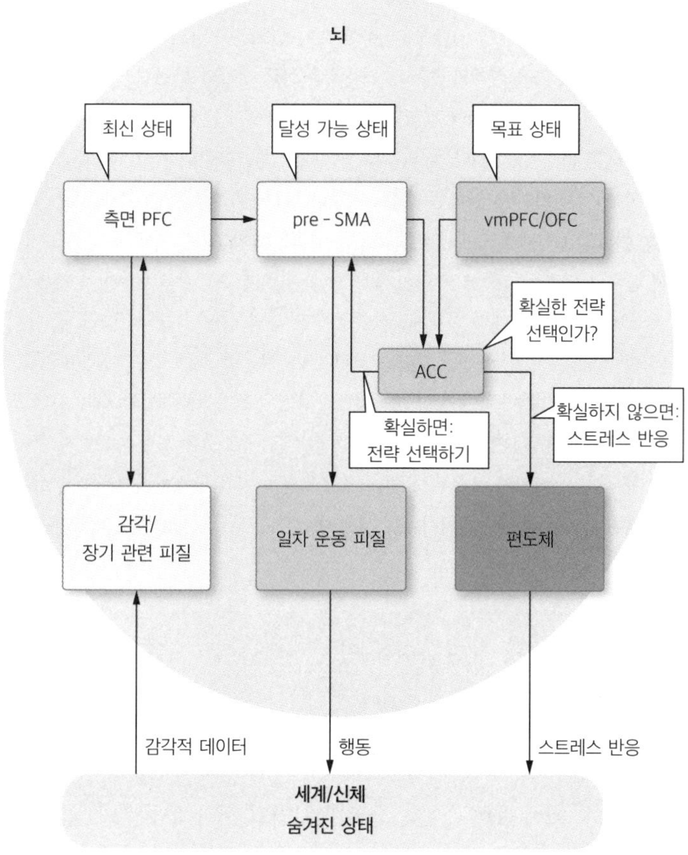

그림 8: 베이즈식 뇌의 의사 결정 과정. 베이즈 방식으로 작동하는 뇌에서 우리의 기대(사전확률 분포)는 세계와 신체의 최신 상태와 연관해서 부호화된다. 달성 가능 상태(주어진 행동 목록에서)와 목표 상태에 대한 기대와 마찬가지로 말이다. 세상과 신체에서의 **최신 상태**에 대한 기대는 지각적 추론을 통해서 끊임없이 현실적으로 업데이트된다. 세상과 신체의 최신 상태들은 베이즈 방식의 뇌에서는 히든 스테이트로 남아 있다. 측면 PFC에 부호화된 세상의 최신 상태에 대한 기대를 바탕으로 하여, 예측은 하향식으로 생성 모델을 이용해서 감각/장기 관련 피질에 전달된다. 이곳에서 그와 같은 예측은 실제의 감각적 데이터와 비교된다. 여기에서 편차(예측 오류)가 발생하면, 예측 오류는 상향식으로 측면 전두엽 피질로 환송되며, 이곳에서 세계와 신체의 최신 상태에 대한 기대가 업데이트된다. 행동의 목록이 있는 이른바 **달성 가능 상태**는 전(前)보조운동 피질(pre

supplemental motor cortex, pre-SMA)에서 부호화된다. 이 전보조운동 피질에는 다양한 전략으로 세계와 신체에서 달성 가능 상태를 예측할 수 있는 바의 생성 모델들이 구축되어 있다. 달성 가능 상태와 연관된 기대들은 목표 상태와 관련된 기대와 비교되는데, 목표 상태들은 복내측시상하핵 전전두엽 피질(vmPFC)과 안와 전두 피질(orbitofrontal cortex, OFC)에서 부호화된다. 이와 같은 비교는 전측 대상회 피질(anterior cingulale cortex, ACC)에서 일어난다. 만일 결정—최상의 전략—이 확실하면, 이와 같은 최상의 전략을 선택하고 이 선택의 결과는 전보조운동 피질(pre-SMA)로 다시 보내진다. 여기에서 선별된 전략과 연관된 신호는 이어서 일차 운동 피질에 전달되고 상응하는 행동을 진행한다. 이로써 세계나 신체가 바뀌게 되는 것이다. 전략 선택이 불확실하면, 즉 분명하게 최상의 전략이 없으면 긴급 프로그램을 실행하게 된다. 이 긴급 프로그램은 베이즈식 뇌에서 전략 선별과 연관하여 불확실성을 감소하려는 목표가 있다. 이와 같은 긴급 프로그램에서 편도체는 핵심 역할을 한다. 편도체는 유기체 내에 있는 모든 스트레스 반응을 조직하고 통제한다. 이처럼 불확실성 제거 프로그램은 인간의 전반적인 조직에서 다양한 조치를 내린다. 뇌에서는 물론이거니와 신체 내에서도.

다. 다시 말해, 어느 정도 근접해 있는 상황들이다. 측면 PFC와 운동 피질은 직접적으로 연결되어 있지는 않다. 그 중간에 무엇보다 전보조운동 피질이 있다. 달성 가능 상태에 대한 기대는 대부분 전보조운동 피질에서 나타난다. 베이즈 방식으로 작동되는 뇌의 시각에서 보면 보조운동 피질은 세상에 대하여 예측 가능한 생성 모델을 포함하고 있다. 여기서 생성 모델이란 대안적인 전략(주어진 행동 목록)으로 달성 가능 상태에 대하여 예측할 수 있는 모델이다. 힘들었던 어린 시절, 배우자와의 이별, 사회적 지위의 박탈과 같이 과거에 일어난 모든 삶의 경험은 심사숙고한 태도 전략에서 미래를 어떤 상태로 예측하는 데 막강한 영향력을 행사한다. 여기에 자동차 운전학원에서나 운전을 실제로 하면서 얻은 지식들도 있는데, 바로 이 같은 지식을 운전자들은 호출해서 사용할 수 있는 것이다. 달성 가능 상태라는 것은 가까운 미래와 그보다는 먼 미래에 우리가 계획하고 있는 프로젝트라고 할 수 있다(우리의 경험과 지식들을 고려하여). 실제로 다음번에 달성할 상태에 도달하기 위해, 근육의 운동이 그것을 가능하게 한다.[33] 즉, 운전을 하다 길에 차를 확실하게 세우려면 그에 적합하게 차를 조종해야 한다. 또한 보다 복잡한 과제—예를 들어서 소규모의 건축 프로젝트나 조립 프로젝트—를 어떤 단계를 밟아서 가능하면 의미심장하게 실행할 수 있는지에 관한 고민도 달성 가능 상태에 속한다.

최고 단계에는 목표를 위한 기대가 있다. 이 기대 역시 이미 언급한 바 있다(4장). 직업과 관련해 원하는 바람이나 결혼해서 가정을 꾸리고 싶거나 혹은 또 다른 생물학적 목표들(예를 들어 온도, 포만감 등)이 이러한 기대에 해당한다. 이와 같은 목표를 위한 기대는 뇌에 자체적인 본부를 소유하고 있다. 즉, 복내측시상하핵 전전두엽 피질(vmPFC)과 안와 전두 피질(OFC) 안에 있다. 삶의 특징을 부여하는 목표를 위한 기대가 관여하는 영역은 최신 상태나 달성 가능 상태처럼 빠른 속도로 업데이트를 할 수 없는 것은 분명하다. 우리의 본질적 목표를 위한 기대는 그렇게 간단하게 변하지 않는다.

자동차를 운전하여 커브 길을 돌아가거나 정원을 만드는 일보다 더 어렵고, 더 복잡하고 더 광범위한 결정을 내려야 한다면 어떨까? 목표를 위한 기대의 핵심을 건드리는 결정을 해야 할 때면?

많은 회사원이 처해 있는 상황을 가정해보자. 어떤 회사원이 일하는 회사는 지금까지 미래가 보장되어 있었다. 많은 동료처럼 이 회사원은 자신의 직장에서의 목표뿐 아니라, 가족의 기대도 이 직장을 바탕으로 하고 있다. 왜냐하면 회사가 다분히 시골에 있고 주변에는 이 회사와 비교할 만한 일자리가 없음에도 불구하고, 이 노동자는 주택을 구입하기 위해 담보를 잡았기 때문이다. 만일 직장을 잃게 되거나 회사가 파산해버린다면 집을 팔기가 너무 어렵다는 사실을 알고 있음에도 말이다. 하지만 이 회사원은 자신의 아버지도 40년 동안 일했던 전통적인 이 회사의 경영을 신뢰했다. 글로벌 시대가 되자 물론 전통적인 회사들은 신속하게 경제 위기에 빠졌다. 그가 일하던 바로 그 회사에도 똑같은 일이 발생한다. 우선 투자자들에게 이익이 감소한다고 경고를 하게 된다. 그런 뒤에 절감 조치, 인원 감축이 따르고, 비교적 젊은 동료들이 직장을 잃는다. 그는 아직 그 정도의 신세는 아니다. 하지만 그는 지극히 동요하고 있다. 회사 경영에 대한 신뢰가 사라졌고, 이제 자신의 목표를 위한 기대가 위협을 받는 상황이 된 것이다.

그의 뇌는 이와 같은 시나리오를 이례적인 도전으로 받아들인다. 전 종업원이 경영진으로부터 받은 나쁜 소식으로 인해 우리의 회사원도, 자신이 이제 결정을 내려야 한다는 것을 더욱 분명하게 알게 된다. 하지만 어떤 결정이 옳을까? 오랫동안 숙고한 끝에 세 가지 옵션이 있다는 사실을 깨달았다.

1. 지금 즉시 사표를 낸다. 물론 근방에 적합한 일자리가 없기는 하다. 가족 전체가 이사를 가야만 할 수도 있다. 집을 팔아야 할 것이고, 아마도 손실을 입을 게 분명하다. 그는 5년 후 자신이 어떤 상황일지를 스스로에게 물어보고, 이렇게 상상한다. 즉, 지금보다 더 큰 도시로 가서 살고, 월급도 적게 받는 일자리, 지금보다 좁은 집…….
2. 두 번째 옵션은 이러하다. "나는 회사에 머물 것이고, 적응을 잘하고, 회사가 위기를 극복하기를 바라고, 내가 직장을 잃은 사람들 속에 속하지 않기를 바란다." 하지만 회사가 망할 때까지 기다리면 그는 자신의 일자리만 잃는 게 아니다. 집의 가치도 더 떨어질 텐데, 지금도 모든 동료가 자신들의

집을 팔아야 하기 때문이다. 이 옵션의 경우 5년 후의 질문은 비참하기 짝이 없다. 즉, 주택 단지에 살지도 못하고, 창고 관리인으로 전락하기…….

3. 회사원은 투쟁하기로 결정한다. 그는 노동조합에 가입하고, 일자리를 지키기 위해 적극적으로 파업이나 그와 비슷한 투쟁에 동참한다. 5년 후는 어떻게 될 것이냐고? 대량 해고를 막을 수 없기 때문에, 좌절할 것이다.

그의 뇌에서는 이제 전보조운동 피질(달성 가능 상태의 본부)뿐 아니라 vmPFC(목표를 위한 기대의 본부)가 가능한 최고의 결정을 찾기 위해서 의견을 교환한다. 교환은 직접적으로 이루어지지 않고 또 다른 뇌의 영역을 거치게 되는데, 전측 대상회 피질(ACC)이 바로 그곳이다. ACC의 과제는 옵션들을 서로 비교해서 위험을 계산해내는 일이다.[34-38] 다른 말로 하면 "해야 하는 일의 불확실성"을 확정하는 것이다. 회사원이 선택할 수 있는 세 가지 옵션을 곡선 모양의 표로 묘사한다면 다음과 같이 보일 것이다(그림 9 참조).

목표를 위한 기대는 종 모양의 검은색 곡선으로 표시되어 있다(그림 9). 세 가지 전략으로 달성 가능한 회사원의 상태는 세 가지 회색 곡선으로 나와 있다. 여기서 분명한 것은 검은색 곡선의 진행 과정과 각각의 회색 곡선의 움직임은 서로 오차가 심하다는 점이다. 통계학자들은 두 개의 종 모양 곡선 사이의 간격을 이른바 쿨백-라이블러 발산(D_{KL})이라는 것으로 측정할 수 있다.[39] 종 모양의 목표 곡선(검은색)과 전략 곡선(회색) 사이의 편차도 마찬가지이다. 쿨백-라이블러 발산은 다음과 같은 사실을 말해준다. 즉, 이 두 곡선(검은색과 회색) 사이의 간격이 크면 클수록 그에 상응하는 전략의 위험도 더 크다. 세 가지 회색 곡선들이 검은색 곡선에 대하여 유사하게 편차가 크기 때문에, 회사원이 선택할 수 있는 세 가지 전략 가

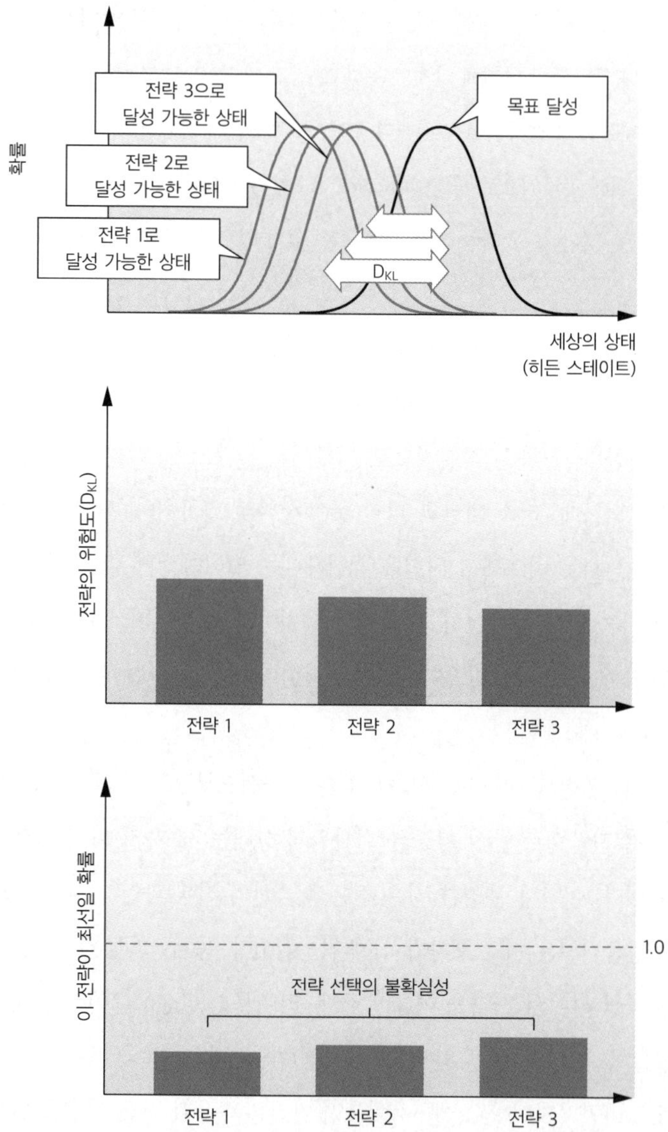

그림 9: 전측 대상회 피질(ACC)에서 세 가지 행동 전략의 위험 평가. <u>위</u>: ACC에서 달성 가능 상태(회색)와 목표 상태(검은색)의 확률이 암호화된다. 이들은 각각 종 모양의 곡선 형태로 세상의 상태에 대해서 서술한다(히든 스테이트). 보기: 어떤 직원이 경제 위기에 빠진 회사에서 일한다. 직원에게 가족의 재정적 안정이 문제로 등장한다. 그가 기대하는 바의

목표 상태는 충분한 소득(x축에서 검은색 곡선의 정점 바로 아랫부분)이다. 그의 세 가지 행동 전략은 1. 사표, 2. 사표를 내지 않음, 3. 노동 투쟁이다. 그림에서 볼 수 있듯이, 직원이 기대하는 달성 가능 상태들(회색 곡선)은 제각각의 목표 상태(검은색 종 모양)와 멀리 떨어져져 있다. 이제 세 가지 행동 전략이 목표와 떨어져 있는 간격을 계산해낸다. 이 간격은 수학에서 쿨백-라이블러 발산이라는 수단으로 계산해낼 수 있다. 모든 전략의 D_{KL}은 그야말로 크다. 가운데: 여기에서는 세 가지 행동 전략의 위험이 표시된다(소득이 충분하지 않을 위험성). 전략의 위험은 위에 있는 그림에서의 D_{KL}에 상응한다. 세 가지 전략의 위험성은 서로 특별히 차이가 나지는 않는다. 아래: 여기에서는 각각의 전략이 최고의 전략이 될 수 있는 확률을 표기하고 있다. 이와 같은 확률은 각각 가운데 그림의 전략 위험성으로부터 계산해낸다. 최고의 전략일 수 있는 세 가지 확률은 차이가 거의 나지 않아서, 보다 확실한 전략적 선택을 할 수 없다. 전략적 선택이 불확실할수록 그만큼 스트레스도 커진다.

운데 그 어떤 것도 최상의 전략으로 볼 수 없다. 따라서 그는 분명한 결정을 내릴 수 없는 것이다. 다시 말해, 세 전략이 성공할 확률은 너무 적고, 그 어떤 것도 최고의 전략이 될 수 없다.

그와 같이 불확실한 결정을 내릴 수 있는 초기에 뇌는 일종의 긴급 프로그램을 작동한다. 그러기 위해 ACC는 이른바 편도체를 작동하는 것이다. 뇌의 이 영역에서 스트레스 시스템이 활성화된다. 활성화된 편도체는 인체의 조직에서 수많은 변화가 일어나게끔 작용하는데, 뚜렷하게 부정적인 감정을 품은 상태로 이끄는 변화들이다. 회사원이 그런 상태에서 스트레스를 받는다는 것은 누구나 이해할 수 있다. 그런데 스트레스를 받으면 이 문제를 더욱 악화시킬 가능성도 생각해볼 수 있다. 회사원이 평정심을 찾는지 여부와 관련시켜보면, 이런 추측은 상당히 들어맞을 것이다. 회사원은 숱한 밤을 잠 못 이루면서 보낼 것이고 문제를 고민하느라 몸을 뒤척일 것이다. 하지만 스트레스가 발생하는 나름대로의 정당성도 있는데, 왜냐하면 스트레스는 자율신경계와 신경내분비계로 문제를 해결하는 데 도움을 주기 때문이다(그림 10).[40] 스트레스 반응을 통해서 잠들지 못하고 깨어 있는, 이른바 밤이고 낮이고 각성 상태가 생겨난다. 이제 뇌는 정상적인 상태에서보다 더 많은 정보를 처리할 수 있다(그림 10, 밝은 회색). 교감신경계는 많아진 정보를 작업할 수 있도록 뇌에 더 많은 포도당이 공급될 수 있도록 조치한다(그림 10, 중간 회색). 마침내 부신이 자극을 받는다. 여기에서 호르몬 코르티솔이 나오고, 이 호르몬은 스트레스 시스템에서 가장 효능이 강한 선수로 활약할 것이다(그림 10, 진한 회색). 코르티솔의 영향하에 있으면 우리는 특별히 재교육에 마음을 연다. 스트레스 상황에서 처음에 입증되었던 새로운 전략들은 코르티솔 수치가 내려가야만 비로소 저장된다. 코르티솔은 이와 같은 방식으로 뇌의 일부를 새롭게 연결하고 조직화하는 것 이상을 하지는 않는다. 만일 이런 과정이 긍정적인 결과로 이어지면, 스트레스 시스템은 다시 긴장을 풀고 정상적인 상태로 돌아간다(그림 10 참조).

긴급 프로그램은 회사원을 문제 해결 모드로 전환시킨다. 회사원은 생각을 총동원하여 필요한 정보를 찾는다. 그런 노력의 일환으로 감각을 예리하게 다듬는다. 예를 들어, 스트레스 상태에서는 동공이 확장되는데, 망막에 더 많은 빛을 들어오게 하고 이로써 시각 정보 데이터의 양을 늘리기 위해서이다. 그런가 하면 스트레스 상태에서는 이례적인 정보원도 탐색한다. 우연히 우리 회사원의 처남이 우수한 경제 전문가를 한 사람 알고 있다. 그리하여 회사원은 처남에게 그 전문가와 만날 수 있게 도와달라고 부탁한다. 그리고 실제로 이 만남은 성사된다. "경제 문제에 관련한 현자"는 상황을 즉각 내다보고 회사원에게 개인적 충고를 해준다. 사표를 내고 자영업자가 되라고 말이다. 회사원의 능력은 혼자서도 일할 수 있는 수준이므로, 그 지역에서 자립하여 성공할 전망이 있다고 얘기해준

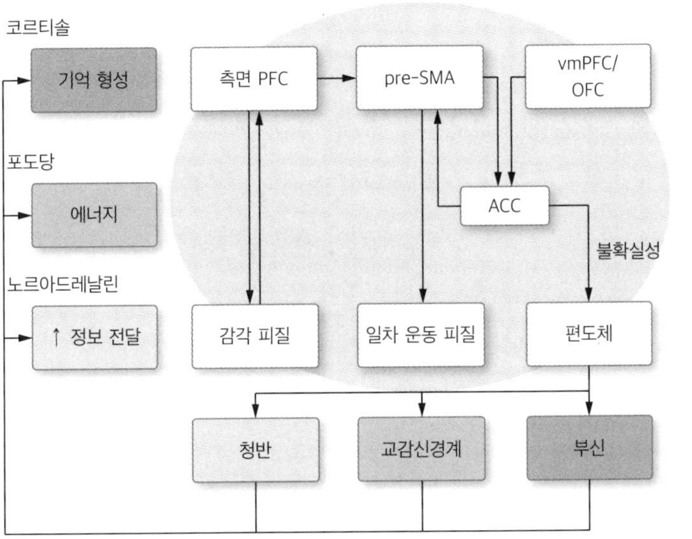

그림 10: 베이즈식 뇌의 불확실성 제거 프로그램. 어떤 것이 최고의 행동 전략인지 확실히 알지 못할 경우, 편도체는 세 개의 하부 프로그램을 활성화한다. 뇌간에 있는 청반(Locus coeruleus)은 뇌의 모든 영역에 닿는 오름신경로를 통해 피질에서 정보 전달이 증가하도록 영향을 미친다. 노르아드레날린은 이처럼 정보 전달이 늘어나는 것을 전달하는 물질이다(초당 비트). 교감신경계는 뇌가 신체로부터 부차적으로 에너지(포도당)를 더 많이 받을 수 있게 한다. 늘어난 정보의 양으로 인해 뇌는 에너지가 더 필요하기 때문이다. 부신은 혈액 순환에 코르티솔을 방출한다. 이 스트레스 호르몬은 혈뇌 장벽을 넘어서 뇌의 모든 영역에 도달한다. 그것은 뇌에서 기억이 형성되는 것을 통제한다. 뇌에서 코르티솔 수치가 높으면 재교육과 변화를 할 준비가 더 잘된다. 이와 반대로 코르티솔 수치가 낮을 경우에는 기억이 형성되고 고정되는 전략이 강화되고, 이로써 태도 전략이 공고해진다.

다. 우리는 이 시점에서 클로드 섀넌의 말을 상기해보자. "불확실성을 줄이기 위해 정보가 필요하다." 회사원은 경제 전문가의 정보를 이용하는 것이다. 이 새로운 정보는 회사원이 가지고 있던 세 가지 전략의 위험도를 바꾸게 해준다. 정보가 업데이트된 후에 이제 최고의 전략이 나오게 된 것이다. 바로 사표를 내는 전략. 이어서 경제적 생존 기반을 구축한다. 여기에서 특히 한 가지 사실을 강조해야 한다. 즉, 종속되어 있던 회사에서 나와 독립하려는 회사원의 결정은 맨 먼저 매우 크고도 새로운 불확실성과 마주치게 된다. 하지만 만일 생계의 기초를 구축하는 데 성공하면, 회사원은 5년 뒤에 삶에서 주인이 되고 전반적으로 예전보다 더 안전하다고 느낄 수 있는 좋은 기회를 갖게 된다.

이 이야기는 대단한 성공 스토리처럼 들린다. 만일 막강한 장애물이 없다면 말이다. 스트레스 상황에서 긴급 프로그램은, 목표를 위한 기대에 상응하는 결정을 내리고자 할 때 부족한 정보를 얻을 가능성이 있는 영역에서만 작동된다. 하지만 만일 이와 같은 정보가 우리가 닿을 수 없는 곳에 있다면 어떨까? 회사원에게 경제 전문가를 알고 있는 처남이 없다면 말이다. 회사원을 둘러싸고 있는 불확실성은 회사 정책, 세계시장의 상태, 직원들에게 투명하게 진행되지 않는 경영진의 결정에 원인이 있다. 믿을 만한 정보를 얻는 일은 흔히 그렇지만 매우 어렵다. 다른 말로 하면, 스트레스 시스템에 의해서 튜닝된 회사원의 뇌는 최고로 활성화할 수 있으나, 그럼에도 불구하고 직장과 관련된 불확실성을 감소시켜줄 수 있는 상태에 이르지 못한다.

우리의 회사원은 믿을 만한 정보가 없는 상태에서 도대체 무엇을 할 수 있을까? 주사위 던지기? 하지만 삶의 위기에서 주사위를 던지는 사람은 없다. 실제로 네 번째이자 마지막 옵션이 있다. 바로 회사원의 목표를 위한 기대 수준을 바꿀 가능성이다. 그는 어떤 희생을 치르더라도 1년에 연봉 8만 유로를 벌어야 하는 것은 아니다. 더 적은 보수를 받는 다른 일을 찾아서 대도시로 이사를 하는 것도 좋은 방법일 수 있다. 비록 그로 인해 생활수준은 낮아지겠지만 말이다. 새로운 기회와 가능성을 엿보는 것은 새로운 시작일 수 있다. 만일 회사원이 이런 결정을 내린다고 가정하면, 그의 스트레스 시스템은 다시 속도를 줄인다. 불확실성도 사라진다. 왜냐하면 이제 목표를 새롭게 설정한 까닭에 달성할 수 있는 것으로 보이기 때문이다. 결정은 다시금 내리기 쉬워진다. 회사원은 이제 느긋하게 직업소개소와 부동산을 찾아갈 수도 있다. 얼마 후 기회는 더 좋아지고, 회사원은 더 이상 회사에 다니지 않지만, 새로운 목표를 위한 기대로 다른 상황에 처해 있고 이로써 과거보다 훨씬 더 편안하게 느낄 수 있다.

대안은 무엇일까? 만일 회사원이 자신의 불확실한 상황을 고수하고 있다면 어떻게 될까? 물론 그는 적응을 하고 최고로 좋은 결과가 나오기를 희망하며 살 수도 있다. 하지만 그는 다가오는 위기감, 그러니까 생계를 위협하는 불안한 느낌을 떨쳐버릴 수 없다. 불확실성은 일단 활성화되면 자신만의 추진력으로 발전하는 특징이 있다. 지속적으로 위협당하는 느낌에 건강상의 위험이 살금살금 합류한다. 즉, 차단할 수 없는 불확실성이 난무하는 예상할 수 없는 위기 상황에 살고 있는 사람의 스트레스 시스템은 다시금 안정을 찾기가 어렵다. 지속적으로 고속 회전을 하는 스트레스 시스템은 장기적으로 우리를 유독한 스트레스로 인도하고, 이는 삶의 질에 상당한 해를 입힐 뿐 아니라 치명적인 질병을 유발할 위험도 높인다.

09

과도한 각성 상태
—가장 상위층 뇌로 가는 데이터 고속도로

연극 무대로서의 뇌 • 편도체의 핵심 과제 • 파란 하늘처럼 파란 핵이 연출자가 되고 뇌를 자극한다면 • 줄당 비트 대신에 초당 비트: 더 많은 정보를 위해 높아진 에너지 소비 • 감각기관으로부터 더 상위의 뇌 영역으로 늘어난 데이터 물결들 • 동굴 속에 살던 인간들이 무기를 갖추었을 때

극장 안은 앞이 보이지 않을 정도로 깜깜하다. 도스토옙스키의 작품이 상연되고 있다. 무대의 한 부분만 단 하나의 전등 빛을 받아서 밝다. 막 독백을 시작한 배우가 조명을 받고 있다. 관객들은 배우의 말과 몸짓에 사로잡혀 있다. 그러다가 사건이 연이어 일어난다. 갑자기 모든 것이 밝아졌고, 극단 전체가 무대로 올라간다. 모두가 얘기를 하느라 온통 난리법석이고, 각자는 다른 행동을 한다. 방금 많은 일이 일어난 것은 사실이지만, 관객들에게는 개별 행동이나 말을 따라가는 것이 어렵다. 그들은 전체를 조망할 수 있는 힘을 잃어버린 것이다.

이런 연극 무대가 우리의 뇌라고 상상해보자. 여기에서 공연은 우리가 연극 무대의 1부에서 뇌의 정상적인 작업 상태를 체험한다는 것을 의미한다. 즉, 특정 문제에 집중하고, 나머지는 어둠 속에 있다는 것(어느 정

도 비활성화)이다. 그러다가 뜻밖의 변동, 즉 많은 조명, 배우들끼리 두서없이 행동하는 일 등이 발생하면 우리의 뇌는 스트레스 상황에 빠질 것이다. 이제 뇌는 훨씬 각성 상태이며, 훨씬 활성화되고 여러 차원에서 동시에 작업을 진행시킨다. 따라서 무대와 배우들이 뇌의 아랫부분에서 활성화되는 차원으로 가정한다면, 뇌의 위계질서에서 가장 상부에 있는 관객은 의식을 대변한다고 보면 된다. 하지만 모두가 서로 자신의 말만 하고 다양한 행동을 동시에 하고 있는 스트레스 상황에서는, 관객(의식)은 과도한 부담을 받게 된다. 개별 배우들이 무대에서 자신이 무엇을 하는지 아는 반면에, 관객(의식)은 벌어지는 일들 가운데 일부만 알게 된다.

심한 스트레스를 받고 나중에 세세한 것을 기억하려는 사람이라면 누구나 이와 같은 현상에 익숙할 것이다. 여기에서 스트레스란 무엇보다 우리를 혼란스럽게 만든다는 인상을 받을 수도 있겠지만, 이는 사실이 아니다. 아무런 문제가 없는 고요한 상태에 있는 뇌는 가능한 최대한의 자료를 처리할 수 있을 때의 뇌와 비교하면 작업을 적게 하는 건 맞다. 뇌가 스트레스 상태에서 최고의 능률로 작업하고 있을 때, 의식이 뇌를 따라잡을 수 없는 현상이 쉽게 발생한다. 따라서 뒤죽박죽 혼란하다는 인상을 받을 수 있다. 그러나 실제로 스트레스 상태의 뇌는 본질적으로 정상 상태보다 훨씬 빠르고 효율적으로 작업한다.

신체 가운데 어느 부분에 스트레스가 자리 잡고 있느냐는 질문에는 대답하기가 쉽지 않다. 스트레스가 발생하는 중심이 위장 안의 어디일지도 모른다고 추측하는데, 왜냐하면 스트레스를 받으면 특히 위에서 문제가 잘 발생하기 때문이다. 실제로 스트레스 시스템을 관리하고, 통제도 하는 일종의 중앙 센터가 있기는 하다. 이 스트레스 중앙 본부는 뇌 안에 있으며, 구체적으로 말하면 편도체 안에 있다. 편도체에 일종의 구인 프로필이 있다면, 대략 다음과 같을 것이다.

> 우리는 가능하면 빠른 시일 내에 뉴런과 관련한 정보를 처리할 매우 능력 있는 팀장을 구합니다. 팀장의 핵심 업무는 다음과 같습니다.
>
> • 신속하게 각성 상태를 만들어내기
>
> • 사고방식을 재빨리 바꿀 수 있는 상태를 만들어내기

이와 같은 과제를 달성하기 위해 편도체는 물론 매우 특별한 능력이 필요하다. 따라서 뇌가 불확실성을 띠고 있는 문제를 해결해야 할 상황에 처하게 되었다고 가정해보자. 뇌가 정상적으로 작동하는 상태에서(에너지 절약 모드)는 불확실성을 줄이고 이로써 문제를 해결할 수 있도록 짧은 시간 안에 새롭고 많은 정보를 처리한다는 것은 불가능하다.

그리하여 편도체는 이제 뇌간에 있는 핵심을 작동시킨다. 즉, 뇌의 청반(locus coeruleus)이다. 이것은 "하늘색 핵"이라는 뜻으로, 앞으로는 간단하게 LC라고 줄여서 부르겠다. 모노드라마에 동참하는 대신에, 갑자기 단원 전체가 무대 위에 올라온다(그림 11). 그러기 위해 뇌간에 있는 LC는 뇌의 모든 영역에 신호를 보낸다. LC가 이용하는 전달 물질은 노르아드레날린이다. 각성 상태를 만들어내는 스트레스 전달 물질이 LC로부터 출발하는 신경로를 쭉 따라가서 뇌의 다른 모든 영역에 방출되는 것이다.[41, 42] 주민들이 잠을 자기 때문에 딱 한 개의 창문에만 불이 켜져 있고 다른 모든 창문은 어두운 고층 건물과 비슷하다고 할 수 있다. 그런데 갑자기 모두가 깨어나고, 건물은 환해지며 엄청나게 분주한 활동이 일어난다. 하지만 이것은 단순히 어떤 활동이 아니다. 가능하면 신속하게 일종의 뉴런의 행동을 유발하는 활동이다. 실제로 노르아드레날린이라는 전달 물질을

가지고 LC는 뇌에서 스트레스에 관여하는 모든 뉴런의 계산 능력을 극적으로 올리는 데 성공한다(그림 11 참조).

보다 자세하게 설명하기 위해, 뇌의 활성 신경세포들의 외부와 내부를 잠시 들여다보자. 하나의 뉴런이 실행할 수 있는 계산 능력이 얼마나 큰지는 신경 전달 물질인 글루타민산염에 달려 있다. 각각의 뉴런은 이와 같은 전달 물질을 만들어 뉴런에게 제공하는 공급 세포를 주변에 가지고 있다. 그러면 이제 뉴런은 전달 물질을 사용할 준비를 갖추게 된다. 전달 물질을 발송하는 뉴런과 이를 받는 뉴런을 연결해주는 접합 부위(시냅스)에서 말이다. 뇌 피질에서 전달 물질을 받는 신경세포들은 예를 들어 아주 특별한 형태에 속할 수 있는데, 이른바 피라미드 세포에 속한다. 이 피라미드 세포들 가운데 몇몇은, 예측 오류를 계산하고 부호화하는 일만 한다. 전달 물질을 발송하는 신경세포들은 글루타민산염을 상대적으로 많이 보유하고 있다. 물론 정상적인 상태에서는 글루타민산염을 대략 10분의 1만 뿜어내고 정보를 전달하는 데 사용된다.[43, 44] 나머지 90퍼센트 글루타민산염은 처음에는 발송을 담당하는 뉴런 안에서 비활동적으로 머물러 있다. 이는 노르아드레날린이 신경세포에 도착하는 순간 달라진다. 마치 감독이 "액션!"이라고 고함을 지르는 것처럼(실제로 LC는 사건을 관장하는 감독이다), 그때까지 수동적이던 글루타민산염이 쏟아진다. 이로써 정보의 양뿐만 아니라, 무엇보다 전달 물질을 받는 피라미드 세포들의 계산 능력이 눈에 띄게 향상된다. 노르아드레날린은 특히 예측 오류를 부호화하는 피라미드 세포들의 발신 능력과 수신 능력을 강화시킨다.

이제 스트레스 시스템의 활성화를 통해(LC에서부터 신경로를 거쳐 노르아드레날린을 이용하고 글루타민산염을 많이 방출함으로써) 뇌에 있는 많은 신경세포들의 성능이 지극히 높아진 상태에 있게 된다. 이제 또다시 연극 무대로 가

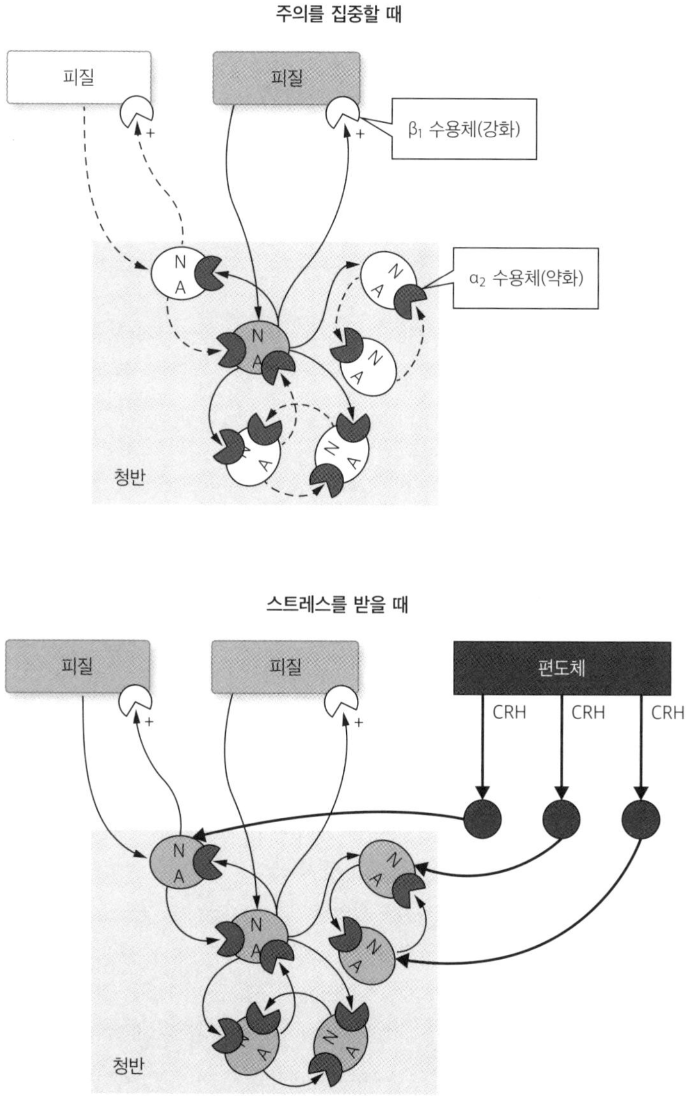

그림 11: 주의를 집중할 때와 스트레스를 받을 때 청반의 역할. 청반(LC)은 어떤 피질 영역이 활성화하고 그렇지 않아야 하는지를 통제한다. 우리가 특정 과제에 집중해서 일을 하면(예를 들어 독서), 단 하나의 피질 영역은 지원을 받지만 다른 영역의 활동은 지원을 받지 못한다. 이로써 LC는 다양한 피질 영역의 작업 모드를 조직하는 기능을 한다. LC에는 대

략 1000개의 신경세포가 있다. 한편으로 이것들은 모두 서로 연결되어 있다. 다른 한편으로 이들 LC 뉴런 각각은 신경로를 관련 피질 영역으로 발송하고, 이들 피질 영역은 신경로를 관련 LC 뉴런으로 재발송한다. 하나의 LC 뉴런이 활성화되면 그에 속하는 피질 영역이 활성화될 때 지원을 받지만, 그렇지 않을 경우에는 아니다. 이 LC 뉴런은 전달 물질인 노르아드레날린(NA)을 생산하는데, 이 뉴런은 주변에 있는 뉴런뿐 아니라 멀리 떨어져 있지만 자신에게 속해 있는 피질 영역에도 방출한다. 노르아드레날린은 기본적으로 두 가지 형태의 수용체와 도킹한다.

- α_2 수용체, 이 수용체는 무엇보다 LC 신경세포에 자리를 잡고 있으며 그곳에서 세포의 활동을 억제하는 작용을 한다.
- β_1 수용체, 이 수용체는 무엇보다 피질 영역에 자리를 잡고 있고 피질에 있는 신경세포의 활동력을 강화하는 작용을 한다.

LC 뉴런들이 서로서로 연결되어 있고 NA를 이용해서 상대를 억제할 수 있기 때문에 신경세포들 사이에는 경쟁이 일어난다. 우리는 이와 같은 경쟁 상황을 생물에서 자주 볼 수 있다. 잘 알려진 예가 여성의 난자에서 난자 세포들이 서로 경쟁하는 경우이다. 주기 초반에는 난자에 있는 많은 난세포들이 동시에 성장한다. 난자 세포가 더 많이 성장할수록 이들은 주변에 전달 물질을 더 강력하게 방출하는 것이다. 이 전달 물질은 이웃에 있는 난자 세포들을 제지한다. 며칠이 지나면 가장 강력한 난자 세포만이 살아남게 된다. 즉, 이 세포는 이웃에 있는 모든 난자 세포를 방해하고, 이 나머지 세포들은 자신들을 억압하는 세포를 방해할 수 없을 만큼 나약해진다. 마침내 가장 강한 난자 세포는 난포(난자가 생기는 장소)로 성장하고 난소에서 배란이 될 때 밖으로 배출된다. <u>주의를 집중할 때</u>: 난자와 비교해볼 수 있는 것은 LC에서의 활동력이다. 여기에서는 가장 강력한 LC 뉴런이 경쟁에서 이기고, 다른 모든 LC 뉴런은 억압을 받아서 상대를 충분히 억제할 수 없다. 이와 같은 방식으로 오로지 하나의 피질 영역만이 활동을 할 때 지원을 받는데, 바로 우리가 이 순간 집중하는 바의 과제를 실행하는 피질이다. <u>스트레스</u>: 스트레스 상황에서는 지극히 활동적인 편도체가 신경펩티드(Corticotropin-releasing hormone, CRH: 부신피질자극호르몬)를 방출하는데, 이 부신피질자극호르몬은 1000개의 LC 뉴런 전체를 동일하게 자극한다. 이를 통해 LC 뉴런들은 서로에게 행사할 수 있는 억제력을 전혀 행사할 수 없게 된다. 이와 같은 방식으로 스트레스 상황에서는 수많은 피질 영역들이 동시에 활성화되는 것이다.

보자. 맨 처음에는 배우 한 명이 주목을 받으며 서 있었지만, 이제 나머지 단원들이 활약을 펼치게 된다. 뇌에서 스트레스 쓰나미가 불러일으킨 불확실성이라는 문제를 이제 수많은 뉴런이 작업한다. 감각적 지각을 통해서 점점 정보의 양을 많이 획득한 뉴런들이 말이다. 심지어 이것은 신체 외부에서 증명된다. 이미 언급했듯이, 이와 같은 상태에서 동공은 더 많은 시각 정보를 제공할 수 있도록 더 커지고, 청각도 더 날카로워지고, 후각도 보다 강렬하게 지각한다. 이와 동시에 뇌에서는 새로운 감각 정보들을 작업하는 개별 영역이 활성화되어서, 하위에서 작업하는 지각 단계 사이의 내부 정보 흐름이 상위층—그러니까 망막에서 측면 PFC(감각적인 인상들이 의식적으로 경험하게 되는 장소)—으로 올려 보내는 속도도 빨라진다. 새롭게 들어온 감각적 인상들은 매우 정교하게 중개되는데, 다시 말해 예측 오류들은 매우 정교하고도 고성능으로 높은 차원으로 전송된다는 말이다(상향식). 이 모든 것은 세상에 대해서 우리가 가지고 있는 모델의 성능을 향상시켜서 새롭게 업데이트하는 데 이용된다. 우리를 불확실성과 스트레스로 인도하는 예측 오류들을 줄이기 위해서 말이다. 따라서 스트레스를 받고 있는 상태일 때 우리의 뇌는 동원 가능한 모든 신경세포들을 데리고서 믿을 수 없을 정도로 문제를 잘 해결하는 기계처럼 임무를 수행한다.

하지만 당연히 그로 인한 대가를 지불하기 마련이다. 바로 이런 이유로, 이처럼 뇌의 성능이 높은 상태를 지속적으로 유지하는 게 불가능하다. 그럼에도 계속 뇌의 성능을 높게 유지하고자 하는 사람은 결국 건강상의 해를 입게 되는 위기를 맞이할 수밖에 없다. 이 점에 대해서는 나중에 보다 상세하게 다루겠다. 성능에 있어서 열쇠가 되는 것은 자동차 엔진과 마찬가지로 인간의 뇌에서도 에너지 소비량이다. 왜냐하면 뇌가 정상적으로 작업하는 상태에서는 성능을 최대한 이용할 필요가 없기 때문이다. 만일 이것이 모든 것을 결정하는 기준이라면, 우리 모두는 아마도 천재일 것이다. 어쨌거나 평균적으로 작업하는 뇌와 비교했을 때 말이다. 그렇지 않다. 결정적인 기준은 오히려 경제적 측면이다. 가능하면 에너지를 아주 적게 소비하면서 당면한 과제를 해결하려면, 우리의 뇌는 얼마나 활발하게 작업해야 할까? 긴장하지 않은 상태에서 뇌가 생각하고 행동할 때 일어나는 생리적인 신진대사를 다음과 같이 정의해볼 수 있다. 즉, 가능하면 성능과 에너지 소비 사이에 적절한 비율을 만들어서 안정적으로 유지하고자 한다. 기본적으로 자동차와 같다. 어느 정도의 속도와 엔진 회전에서 성능과 에너지 소비를 가능한 유리하게 유지할 수 있는지는 엔지니어가 정확하게 말해줄 수 있다. 이와 반대로 차의 가속 페달을 힘껏 밟으면, 자동차 엔진의 성능은 올라가지만 에너지 소비는 그렇지 않다. 이는 직선의 형태가 아니라 면적의 형태를 띤다. 달리 표현하면, 시간당 거리(km/h)에서 속도가 더 늘어날 때마다 부차적으로 소비되는 연료는 그에 비례하지 않고 엄청나게 더 많아진다. 가속 페달을 밟고 있을 때 그 영향을 받는 엔진은 스트레스를 받는 뇌의 상태와 대략 비슷하다. 이제 뇌는 실제로 성능을 최적화하는데, 에너지 소비를 고려하지 않고서 말이다.

도대체 이는 구체적으로 무슨 말일까? 우리는 오늘날 뇌가 에너지 공급이라는 위계질서에서 다른 모든 기관들 위에 있다는 사실을 알고 있다.[45] 뇌는 영양실조나 식량 부족 상태일 때 크기가 줄지 않는 유일한 기관이다.[46, 47] 뇌는 혼자서 신체를 순환하는 포도당의 65퍼센트를 필요로 한다. 이는 평균치일 따름이다. 스트레스 연구가들은 돈이 많이 드는 실험에 피험자들을 동원했다. 과학자들은 넓은 뇌 정맥 깊은 곳까지 들어가는 도관인 카테터를 이용해서 장기간 피험자들의 뇌 포도당 소비를 조사했다. 긴장이 없는 상태에서 피험자의 뇌는 매일 130그램의 포도당을 소비했다.[48] 이는 과자 한 조각을 먹었을 때의 탄수화물에 포함된 양에 해당한다. 그런 뒤에 피험자들을 약간의 스트레스를 받는 상태에 두었다. 그들은 약간 어려운 과제를 해결해야 했는데, 물론 추가적인 압박을 가하지는 않았다. 이처럼 약간의 스트레스 상태에서도 뇌는 이미 측정할 수 있을 정도로 활성화되었다. 즉, 뇌의 포도당 소비는 112퍼센트까지 늘어났다.[49] 여기에서 더 나아가 피험자들을 진짜 위기라고 할 수 있는 스트레스 상태에 빠뜨리는 것은 실제로(도덕적인 이유에서도 마찬가지로) 불가능했다. 하지만 "가속 페달을 밟는 것"은 뇌의 포도당 소비를 눈에 띄게 높인다는 사실을 추론할 수 있다.

스트레스 연구가들을 매료시킨 것은 그처럼 에너지 소비가 높아진 현상 때문만은 아니다. 뇌는 이른바 스트레스를 받는 상태에서는 전혀 다른 동작 모드를 작동시킨다. 정상적인 상태에서 뇌는 에너지를 매우 절약하는 모드로 작업한다. 즉, 정보이론상 줄당 비트로 정의하며, (비트란 정보의 단위인데) 이것으로 데이터 작업을 측정하게 된다. 줄(칼로리의 대안)은 에너지 소비를 추정한다. 따라서 정상적으로 일을 하는 뇌는, 가능하면 에너지 소비를 적게 해서 요구되는 데이터 처리를 하려고 시도한다.

반대로 스트레스 상황에 있으면 이와 같은 경제 원칙은 무너진다. 이제 뇌는 최대한의 초당 비트(bit/sec)라는 기준에 따라 작업하게 된다. 가능하면 초당 데이터의 작업량이 가장 많은 것을 선호한다. 이때 에너지 소비가 어마어마하게 늘어나기 때문에, 방해해서는 안 된다. 줄당 비트라는 조절 원칙은 스트레스가 지속되는 상황에서는 힘을 발휘하지 못하고, 스트레스 상황이 줄어들어야 비로소 지켜지게 된다.

하지만 이것이 전부가 아니다. 앞에서 편도체의 구인 광고를 읽었을 때 각성 상태 외에 또 다른 핵심 과제가 언급된 것을 봤다. 즉, 생각을 바꾸고, 다른 것을 배우려고 하는 이른바 재교육 자세이다. 실제로 우리는 스트레스를 받은 뇌의 원래 목표에 도달했다. 모든 생각을 바꾸고 신경망들을 점점 더 많은 정보로 채우는 것, 이것으로는 목표로 인도하기에는 부족하다. 그 모든 것들이 의미가 있으려면, 이용 가능성이 어느 정도 지속적으로 있어야 한다. 그 때문에 지속적인 학습은 뇌의 목표 가운데 하나이다. 이때 부신에서 방출되는 스트레스 호르몬인 코르티솔이 중요한 역할을 한다.

다른 장면을 통해서 뇌가 학습하는 전략을 보기로 하자. 이제 연극 무대에서 수만 년 과거로 가보자. 석기 시대 동굴에서 우리는 우리의 조상과 함께 있다. 우리의 조상은 동굴을 살펴보다가 구석에 웅크리고 공격할 태세를 갖춘 맹수 한 마리를 만난다. 도망을 치는 것은 불가능해 보이는데, 우리의 조상은 동굴을 너무 깊이 들어왔기 때문이다. 따라서 딱 한 가지 옵션, 맹수와 싸우는 것 외에 다른 묘수가 없다. 조상의 뇌에서는 스트레스 호르몬이 넘쳐나게 된다. 그 가운데 코르티솔도 있다. 왜냐하면 그는 그와 같은 상황을 이미 경험한 적이 있고 심각한 부상을 입고 겨우 살아남았기 때문이다. 어떠한 경우에도 반복하고 싶지 않은 그런 경험이었다. 하지만 이제 어떻게 해야 하나? 주먹으로 맹수와 싸웠던 예전의 태도는 실패한 경험으로 남아 있고, 따라서 부정적인 의미가 내포되어 있다. 그리고 이런 단계에서 코르티솔은 두 번째 맹수를 만나자 효과를 일으킨다. 즉, 코르티솔로 인해 뇌는 과거의 지식과 전략에 의문을 제기하고 새로운 해결책을 선택할 수 있게 된다. 감각적 지각이 더욱 예리해진다. 당장 신속한 업데이트가 요구된다. 위험에 몰린 조상이 바닥에 있는 커다란 돌을 인지했을 때, 뉴런들이 초고속으로 활성화된다. 그가 신속하게 돌을 집어 들고 공격하려는 맹수의 머리에 던져 명중시키자 맹수는 동굴 깊숙한 곳으로 도망을 친다. 우리의 조상님은 이제 전혀 상처 입지 않고서 동굴을 떠날 수 있다. 스트레스 호르몬이 줄어들고, 즉흥적이었으나 새로운 전략이 매우 성공을 거두었기에 뇌는 다음에 사용하기 위해 새로운 전략을 저장한다. 나중에 이 새로운 태도는 공고화되고 새로운 행동의 기반이 될 것이다. 석기 시대의 인간은 앞으로 돌로 무장하지 않은 상태로는 절대 동굴에 들어가지 않을 것이다. 그는 스트레스를 받은 상태에서 완전히 새로운 방어 전략을 발견했을 뿐 아니라, 이 전략을 저장해서 계속 정교하게 다듬고 구축할 것이다.

학습의 재료들

10

뇌: 예측을 하는 학습 기계 • 글렌 굴드의 술책 • 한 잔의 꿀은 어느 정도의 정보를 저장하나? • 코르티솔은 재교육 버튼을 켜고 끈다 • 밤에 우리는, 우리가 어디에 있는지 확인한다 • 학생 A와 B: 뭐가 더 성공적인가—주입식 공부하기 아니면 자기 주도적으로 학습하기? • 신경세포의 수상돌기와 세상에 대한 우리 내면의 상(像)

우리는 어떻게 배울까? 언제 그리고 어떤 상태에서 우리의 뇌는 새로운 지식을 저장해서 다음번 기회에 사용할 준비가 된 것으로 소개할까? 우리의 뇌가 항상 학습 과정에 있다는 것은 사실이다. 우리가 그것을 알아차리든 그렇지 않든 말이다. 스트레스를 받고 학습을 해야만 했던 모든 사람—중요한 시험을 앞두고 있거나 연주회를 위해 곡을 연습해야 했기에—은 학습 기계인 우리의 뇌가 항상 예측 가능하지는 않다는 점을 이미 체험했을 것이다. 학습을 하면 어느 정도 성공할지 미리 알지 못할 때가 많다. 우리의 뇌가 정말 필요한 모든 것을 파악해서 저장했는지 또는 우리가 원하는 만큼 필요한 정보를 불러낼 수 있는지 말이다. 문제는 배우는 기술이 다양하다는 것에서 이미 시작된다. 많은 사람들은 그야말로 주입식으로 공부를 하고, 자신의 뇌에 가능하면 많은 정보를 채워 넣는다. 그런가 하면 학습 자료를 창의적으로 다루고, 그것을 머릿속으로 작업하고, 명제를 세우고 생각하면서 검사하고, 통찰력을 얻고자 노력하며, 그런 방식으로 지식이 단단해질 뿐 아니라 거기에 머물지 말고 계속해서 뻗어나가야 한다는 것을 납득하는 사람들도 있다.

기이한 행동으로 유명한 캐나다 출신의 피아니스트 글렌 굴드가 한번은 이례적인 학습 전략에 대해서 솔직하게 고백한 적이 있다. 기술적으로 상당히 난도가 높은 피아노 콘서트를 준비할 때 그는 항상 특정 소절에서 더 나아가지 못했다고 한다. 아무리 노력해도 그는 이렇듯 특수한 박자를 기술적으로 장악할 수 없었다. 오히려 굴드는 이 과제에 집중하면 할수록 그만큼 더 어려워지는 듯한 인상을 받았다. 그리하여 하는 수 없이 굴드는 라디오를 크게 틀어놓고서 자신의 연주에 100퍼센트 집중할 수 없는 분위기를 만들었다. 더 이상 자신의 연주를 들을 수 없는 동안에 그는 처음으로 곡을 실수 없이 연주하는 데 성공했다. 그때 이후로 그의 뇌가 작품의 구성을 배우는 것은 단지 시간문제였다. 그는 문제에 대한 해결책과 자신이 사용할 수는 있지만 설명할 수는 없는 학습 전략을 발견했던 것이다.

뇌가 배우면 뇌에서는 어떤 일이 일어날까? 이 장에서 우리는 신경과학으로부터 나온 가장 최근의 지식을 이용해서 베일에 싸인 그 비밀을 벗겨보고자 한다. 그야말로 간단한 시도로 시작해보자. 우리 앞에 놓인 탁자 위에 다음과 같은 대상물들이 있다.

즉, 끈적끈적한 꿀이 담겨 있는 유리잔과 다른 쪽에는 숟가락이 하나 놓여 있다. 반대편에는 사람의 머리를 본뜬 스티로폼이 있는데, 여기에 가발을 씌어두었다. 1부 실험은 숟가락을 꿀이 담겨 있는 잔에 넣었다가 다시 빼내는 것이다. 만일 이와 같은 과정이 정보를 저장하는 모습을 쉽게 보여주고자 한다는 것임을 파악하면, 우리는 이로부터 어떤 결론을 내릴 수 있을까? 숟가락은 꿀을 휘젓게 되고, 이어서 우리는 천천히 공중에 떠 있는 숟가락에 묻은 꿀이 다시 유리잔에 흘러내리게 한다. 그러면 꿀은 다시 아무런 동요 없이 있다. 몇 가지 정보가 꿀에 들어갔음에도 불구하고(숟가락 담그기, 꿀이 묻어 있는 숟가락을 잔에서 꺼내기, 그리고 천천히 숟가락에 묻은 꿀을 다시 유리잔으로 되돌려 넣기), 이런 과정이 일어난 후에 아무것도 알아볼 수 없다. 그와 같은 변화 가운데 그 어떤 행위도 눈으로 볼 수 있는 정보를 남겨두지 않은 것이다. 꿀이 담긴 유리잔은 숟가락으로 중간에 간섭을 했으나 그 이후에는 예전과 동일한 모습이다. 마치 아무 일도 없었다는 것처럼. 여기에서 일어난 과정은 끈적끈적(걸쭉)하다고 표현할 수 있다. 그와 같은 개입은 꿀처럼 끈적끈적한 매체에게는 그 어떤 흔적도 남길 수 없다. 왜냐하면 꿀의 특성이 그와 같은 것을 허용하지 않기 때문이다.

스티로폼 머리로 하는 실험은 전혀 다르게 진행된다. 우리가 손가락으로 스티로폼 머리를 누르면, 움푹 들어간 곳이 생긴다. 손가락 자국은 쑤욱 들어간 만곡의 형태를 띤 정보로서 남아 있게 된다. 정보(information)라는 개념이 라틴어 인포마레(informare)에서 유래한 것이 결코 우연이 아니다. 즉, 무엇인가를 **형태**(form)로 만들다, 형성하다, 형성화한다는 의미이다. 라틴어로 정보라는 개념은 또다시 그보다 더 오랜 그리스 철학의 핵심 개념으로 거슬러 올라가는데, 바로 아이도스(Eidos)이다. 이 단어는 형상, 외모 또는 **형태**를 의미한다. 물질이라는 단어는 역사적으로 맨 먼저 형태라는 개념의 반대로 쓰였다. 가발을 쓴 머리는 스티로폼으로 된 머리이다. 스티로폼은 바로 머리의 물질인 것이다. 그러나 머리는 단순하게 스티로폼이 아니라, 스티로폼으로 이루어진 머리이다. 머리는 원래의 속성을 지닌 것이다. 즉, 머리는 아이도스이고, 그것의 본질이자 형태이다.[50, 51] 아리스토텔레스는 자신의 철학적 존재 이론에서 형태를 최초의 본질(ousía)이라고 불렀으며 이로써 물질보다 상위 개념으로 두었다.[52] 이와 같은 고대의 형태라는 개념은 2000년도 더 지나서 클로드 섀넌이 정보라고 부른 것에 해당한다. 정보는 형태를 바꾸는데, 가발 쓴 머리에서 손가락 자국처럼 말이다.

만일 우리가 실험한 뒤에 두 가지 대상—꿀이 담긴 잔과 스티로폼 머리—을 감정가에게 대조하게끔 내놓으면, 이 사람은 겉으로 드러난 구조만을 보고서 꿀 속에 숟가락이 들어갔다는 것을 결코 확신할 수 없을 것이다. 하지만 손가락이 스티로폼 표면에 구멍을 만들어놓았다는 정보는 얻게 될 것이다. 왜냐하면 꿀이 가지고 있는 끈적끈적한 특징과는 달리 스티로폼이라는 물질은 기계적인 영향에 입체적으로 반응할 수 있기 때문이다. 이 같은 유연성은 뇌가 어떻게 배우는지를 우리에게 설명해주는 모델이 된다. 뇌는 물론 손가락이 스티로폼 표면에 남겨놓은 자국과는 다른 인상을 수집하고 처리한다. 하지만 인상(혹은 자국)이라는 단어의 선택은 우리에게 벌써, 두 가지 과정—스티로폼의 유연성과 뇌의 유연성—이 결코 다르지 않다는 분명한 증거를 제시한다. 왜냐하면 뇌에서도 인상(이 경우 우리의 감각기관을 통해 수집하는 데이터)의 작업은 구조적인 변화에 영향을 주기 때문이다. 뇌에서 변화하는 것은, 수학적으로 말해서 뉴런의 구조이며, 이것은 사전확률 분포의 형태를 암호화(예를 들어 가우스의 종 모양 곡선으로, 가파른 것이 특징적이다)하는 구조이다. 간략하게 말해, 학습을 할 때 뇌는 구조가 바뀐다. 그리하여 학습을 하고 난 뇌는 그 전의 뇌와 같지 않다.

이제 흥미진진한 질문을 던져보겠다. 뇌는 무엇을 배울지 그리고 그것을 배울 수 있을지를 어떻게 결정할까? 지금까지 이 책을 읽은 바에 따르면, 스트레스 시스템이 여기에서 중요한 역할을 할 것이라고 추측할 수 있고, 사실 그렇다. 조금 더 상세하게 말해서 뇌가 밟는 모든 학습 과정에서 결정적 역할을 하는 것은 스트레스 호르몬인 코르티솔이다(그림 10 참조). 코르티솔은 인간의 조직에서 가장 영향을 많이 주는 전달 물질 가운데 하나이다. 편도체는 시상하부를 통제하고, 시상하부는 뇌하수체선(腺)을 통제하고, 이 뇌하수체선은 어느 정도의 코르티솔을 부신에서 혈액순환에 방출할지를 통제한다. 코르티솔은 신체의 모든 기관(간, 췌장, 신장, 비장, 뼈, 말초신경계)에 영향을 주고 그리고 그곳에서 매우 다양한 과제(신진대사, 수분대사, 면역기능 등)를 수행한다. 하지만 코르티솔은 또한 피드백 작용도 하며 이와 같은 방식으로 스트레스 시스템에 영향을 미칠 수도 있다.[53] 코르티솔은 가장 중요한 호르몬으로, 편도체와 시상하부, 뇌하수체 그리고 이로써 스트레스 시스템 전반을 둔화시키는(따라서 진정시키는) 작용을 할 수 있다. 이로써 코르티솔은 스트레스 반응을 과도하게 하는 것—치명적인 결과를 가져올 수도 있는—을 방지하는 기능을 수행한다. 하지만 코르티솔은 또한 유독한 스트레스 상태에 있을 때 지속적으로 많은 양이 나와서 신체에 영향을 미치고 일련의 심각한 부작용과 스트레스성 질환〔예를 들어 뼈 조직, 근육 조직과 결체(結締) 조직의 해체, 복부 지방의 축적 등〕을 일으킬 수 있다.[54] 또한 코르티솔은 모든 개별 신체 세포에 침입하여 이곳에서 활성화될 수 있기 때문에, 코르티솔의 영향은 대규모이면서 광범위하다. 따라서 코르티솔은 피부세포, 근육세포 또는 지방세포 같은 말초신경계를 넘어서서 작업을 하고 영향을 미친다. 이 호르몬은 너무나 막강해서, 혈뇌 장벽(화학물질이 뇌에 들어가지 못하도록 막는 기제)조차도 통과한다. 마치 이 장벽이 존재하지 않는 것처럼 말이다. 한번 방출되면 코르티솔은 뇌 안에 있는 모든 신경세포에 도달한다. 이곳에서 코르티솔이 수행하는 많은 과제 가운데 하나는, 유연성의 가능성을 통제하는 것이다. 이 호르몬은 뇌 안에서 다른 것을 배우고자 준비하는 자세, 이른바 재교육 자세를 한껏 증진시키거나 그런 자세를 방해하는 능력이 있다.

여기에서 중요한 것은 이 두 가지 선택이다. 즉, 재교육을 통해 전략을 바꿔야만 하느냐 그렇지 않느냐이다. 재교육이 필요 없다는 두 번째 옵션은 이미 기존에 있는 지식을 보유하고 유지할 수 있다는 점을 전제로 한다. 만일 우리가 우리의 능력으로 충분히 준비할 수 있는 과제를 해결해야 할 때 옵션 2를 선택한다고 보면, 옵션 1은 반드시 다음과 같은 것을 의미한다. 즉, 스트레스인 것이다. 왜냐하면 우리의 오래된 전략이 쓸모가 없을 경우에 한해서 전략을 교환할 필요가 생겨나기(또한 의미심장하기) 때문이다. 이는 지금까지 우리가 행동해왔던 목록 가운데 최고의 전략이 성공할 가망성이 별로 없다는 게 증명될 경우이다. 그렇게 되면 완전히 새로운 전략이 필요하다. 하지만 이렇듯 완전히 새로운 전략이라는 것이 대체로 간단하게 끌어낼 수 있는 게 아니기 때문에, 개발하고 또 시험도 해봐야 한다. 우리의 오래된 전략 목록에 새로운 목록을 첨부해야만 한다. 신체적·정신적·사회적으로 건재하려면, 늘어난 가능한 전략 가운데 어떤 전략을 선택해야 할까? 처음에는 어떤 선택인지 확신할 수 없다. 결정을 앞두고 전략을 보다 더 늘리면 에너지 소비도 급격히 증가할 뿐 아니라, 우리의 뇌에 자체적으로 구조적인 변화를 해야 한다고 요구하는 것이다. 뇌의 유연성뿐 아니라 재교육받을 자세는 어떤 뉴런 타입에서 시작하는데, 과학에서는 피라미드 세포(이 뉴런 타입은 현미경을 통해 관찰하면 피라미드처럼 생겼기 때문이다)라 부른다.

세포 차원에서 코르티솔이 영향을 주어 발생하는 재교육이 어떻게 작동하는지를 이해하기 위해서는 생리학을 약간 깊게 파고들어가야 한다.[55] 즉, 뇌의 수많은 피라미드 세포들 대부분의 내부에는 두 가지 타입의 수용체가 있는데, 바로 이곳에서 코르티솔이 도킹하고 효력을 발휘할 수 있다. 광물질코르티코이드 수용체(MR)와 글루코코르티코이드 수용체(GR)[56]가 바로 그것이다. 이는 뇌에서 MR을 발견한 브루스 맥쿠엔의 탁월한 업적이다.[57] MR은 매우 민감하며, 아주 쉽게 코르티솔 분자와 연결되거나 또는 끌어당기는 특성이 있다.[58] 그리하여 소수의 코르티솔 분자가 세포에 돌아다니기만 해도 이미 반응을 하고는 한다. 이는 취침 전과 밤이 시작되는 초반에 일어난다. 이와 반대로 뉴런이 코르티솔로 넘쳐나면, 덜 민감한 GR이 활발하게 활동하고, 이것은 MR의 신호를 덮어버리라는 신호를 보낸다. 이런 일은 보통 기상 후 아침이나 스트레스를 받았을 때 일어난다. 이 두 가지 수용체가 서로 싸우는 이유는 기억 분자를 만들어야 할지 말지를 해석하는 권한 때문이다. 기억 분자란 재료인데, 이 재료로부터 학습이 나온다. 기억 분자들은 우리의 뇌가 새로운 지식을 저장하기 위해 반드시 필요한 열쇠이다. 따라서 기억 분자들은 뇌 유연성의 도구이다. 만일 코르티솔이 적게 방출되면, MR이 튀어나와서 기억 분자들을 더 많이 생성해야 한다는 신호를 보낸다.[59] 뇌는 기억을 형성하도록 프로그래밍되어 있다. 뇌는 일종의 보관 모드에 있는 것이다. 이와 반대로 스트레스 호르몬인 코르티솔이 별로 없으면, 주로 GR이 반응한다. 이에 따라 기억 분자들의 형성이 중단되고, 뇌는 일종의 변환 모드에 있게 된다. 오래된 전략들은 던져버리고 마침내 효과적이라고 볼 수 있을 때까지 새로운 전략들을 가져와서 시험한다.

우리는 이와 같은 과정을 매일 저녁 혹은 매일 밤 체험할 수도 있다.

만일 이 과정이 의식적으로 일어난다면 말이다. 낮이 기울고 이제 잠을 잘 준비를 할 때, 좋은 하루를 보냈다면 우리의 코르티솔 수치는 밤의 초반인 이른바 숙면 단계에서 가장 낮은 수준에 도달할 때까지 내려간다. 즉, 이는 기억 분자들이 형성될 수 있는 최적의 전제 조건이 된다. 실제로 뇌는 숙면을 취할 때 낮에 사용했던 전략들을 해독한다. 새로 획득한 성공적인 전략과 새로 시험해본 능력들의 뉴런 활동성은 문자 그대로 숙면을 취할 때 다시 한번 활성화된다〔전문 용어로는 리플레이(replay)라고 한다〕. 이처럼 재차 활성화된 뉴런들 사이의 연결이 고정되고, 그리하여 성공적인 전략들을 배우게 된다. 숙면을 취하는 시간은 기억이 형성되기 위해 밤과 낮의 사이클이 돌아갈 때 가장 중요한 시간이라 할 수 있다. 숙면을 취할 때 새로운 이름이나 시(詩)들이 우리의 기억에서 활활 타올라서, 우리는 어떻게 낯선 도시에서 길을 찾을 것인지, 어떤 방식으로 주변 사람들과 소통을 잘할 수 있는지 같은 것들을 배운다. 물론 이와 같은 모든 인상은 실제로 코르티솔 수치가 낮아야만 지속적으로 저장된다.

이와 반대로 힘든 낮 시간을 보냈거나 만성적으로 스트레스를 받고 있을 경우 밤이 되어도 코르티솔 수치는 많이 내려가지 않아서 최적의 상태가 되지 않는다. 코르티솔 수치가 높은 상태에서 사람은 숙면을 취할 수 없다. 왜냐하면 높은 코르티솔 수치는 수면을 방해하는 작용을 하기 때문이다.[60, 61] 저녁이나 밤에 높은 코르티솔 수치를 유발하여 숙면을 방해하는 모든 것은 밤에 기억 분자가 형성되는 것을 중단시키거나 약화시킨다. 기억을 만들어내는 능력은 그와 같은 상태에서는 제한적으로 실행되거나 또는 전혀 일어나지 않는다. 이렇게 중단하는 일은 좋은 일이며, 심지어 상당히 의미심장하다고 할 수 있다. 왜냐하면 스트레스나 코르티솔 수치가 높은 상태로 유도하는 행동은 필요하지 않기 때문이다. 그리고 결코 그런 행동이 고착되거나 반복될 필요도 없기 때문이다. 따라서 숙면 단계는 밤마다 세상에서 우리의 자리는 어디에 있는지 확인해주고, 낮의 과제들을 지배하기 위해 그에 상응하는 지식과 능력을 우리가 가지고 있음을 확인해준다고 말할 수 있다. 바꿔 말하면, 높은 코르티솔 수치와 이로 인한 수면 장애는 우리가 기억을 적게 만들어내고 적게 배우게 만드는 결과를 낳는다. 그와 같은 상황에서는 자존감이 낮아질 위험이 높아지고, 능력이 부족하다고 느끼며 불확실해져서 심지어 불안하게 될 위험이 커진다. 이는 또다시 우울하게 될 위험성을 높인다.

스트레스와 재교육은 이렇듯 밀접하게 연결되어 있다. 코르티솔은 밤에 기억이 형성되는 데 중요한 역할을 하는데, 여기서 그치지 않는다. 이 장의 서두에서 언급했듯이, 높거나 낮은 코르티솔 수치는 기존의 전략들 목록으로 충분한지 그렇지 않으면 새로운 상황이 발생함으로써 완전히 새로운 전략들을 보충하여 목록을 보완해야 하는지에 대한 답을 할 때 매우 중요하다. 시험을 치르는 상황을 가정해보자. 의대생들이 시험관들 앞에서 구두시험을 봐야 하는데, 이 시험관들은 대학생들의 전문 지식과 실습에 임하는 능력을 시험하고자 한다. 이와 같은 구두시험은 두렵기 짝이 없다. 왜냐하면 이런 시험은 가늠하기 힘든 상황이며 필기시험처럼 여러 개의 답이 나와 있는 객관식 문제가 아니어서 답이 주어져 있지 않기 때문이다. 따라서 서로 다른 방법으로 시험을 준비한 두 명의 학생이 있다고 치자.

- 학생 A는 가능하면 자료들을 완벽하게 마스터할 수 있도록, 최대한 많은 사실을 배우는 전략을 세운다. 필기시험에서 이와 같은 전략은 탁월한 효과가 있었다. 그는 항상 거의 100점을 받고는 했다. 하지만 이런 전략이 구두시험

에서도 충분할까?

- 학생 B는 그런 주입식 전략을 취하지 않는다. 그는 매우 부지런하게 공부를 하는 유형이지만, 가능하면 많은 양의 정보에 관심을 가지려고는 하지 않는다. 대신에 습득한 지식을 새로운 맥락으로 이해한다. 그는 새로운 인식과 심오한 이해를 가져다줄 수 있는 원인에 관심이 있고, 출처와 사고 과정에 관심을 갖는다.

시험에서 환자 한 명이 소개되었는데, 이 환자는 복잡하고 흔히 나타나지 않는 심장 질환을 앓고 있다. 학생 A는 즉각 원인일 가능성이 있는 적절한 답을 준비하고 있다. 하지만 시험관들이 이 답을 그리 중요하지 않은 원인이라고 말하자, 또 다른 주장을 내놓는다. 그러나 이번에도 시험관들이 고개를 절레절레 흔드는 반응을 하자 그는 점점 신경이 예민해진다. 이 학생은 즉각 진단을 내리지 않고 열린 마음으로 처음부터 문제를 파고드는 데 실패하고 만다. 그는 갑자기 아무것도 기억해낼 수 없다. 전기가 나가버린 것과 같은 블랙아웃 상태에서 시험이 끝난다.

학생 B도 처음에는 배웠던 내용 가운데 진단을 내놓았으나 동료 학생처럼 실패한다. 하지만 그는 신속하게, 기존의 확고한 전문 지식은 이번 같은 경우에는 요구되지 않는다는 사실을 파악하고, 전략을 바꾸기로 한다. 즉, 그는 처음부터 다시 시작해서, 심장 질환이 일어날 수 있는 원인들을 정의 내리고, 이런 증상이 나타나면 적용하는 내과의 기본 원칙에 따라 단계적으로 검사한다. 그리고 직접 자신이 던진 질문에 대한 답에 따라서 자신만의 차별적인 진단을 발전시켜서 마침내 정답인 진단을 내놓는다. 시험에 합격.

우리가 시험을 치르는 두 피험자의 스트레스 호르몬을 측정할 수 있다면, 다음과 같은 결과가 나올 것이다. 즉, 처음에는 두 사람의 스트레스 수치가 높을 텐데, 이는 시험을 앞두고 있는 상황에서는 전형적인 모습이다. 학생 B가 자신이 배웠던 지식을 바탕으로 진단을 내놓는 게 더 이상 불가능하다고 확정 지었을 때, 코르티솔은 제대로 상승한다. 그는 이와 같은 상황에서 전략을 변경한다. 그의 편도체는 이제 거칠게 활성화된다. 스트레스 시스템이 가동되고, 뇌의 작업 모드는 마침내 경제적인 모드(줄당 최적의 비트 수)에서 지극히 효과적인 모드(초당 최대한의 비트 수)로 전환된다. 옵션은 매우 신속하게 검사받는다. 그런 뒤에 학생 B는 위험할 수도 있지만 뭔가 새로운 것을 시험한다. 그는 단계적으로 문제에 접근하고 이로써 정확하게 행동한다. 시험관들의 칭찬과 그가 합격했다는 소식은 그를 기쁨으로 충만하게 한다. 그의 코르티솔 수치는 신속하게 내려가고, 편안함을 느낀다. 이런 편안한 느낌은 우리가 스트레스를 이겨냈을 때면 항상 나타나는 것이다. 학생 B는 이날 밤 잠을 푹 잘 자게 된다. 밤에 나타난 그의 코르티솔 수치는 낮고 기억 분자들의 샘물은 숙면을 취하는 동안 마구 솟아 나온다. 이제 그는 구두시험을 어떻게 치러야 하는지를 알게 되고, 그의 지식과 새로운 전략은 이날 밤 잘 보관된다.

학생 A의 상황은 전혀 달라 보인다. 그의 경우에도 시험을 치르는 동안 코르티솔은 상승하는데, 강력하게 상승할 뿐 아니라 극적으로 올라간다. 1초 만에 배웠던 자료들을 완전히 상실해버릴 정도로 말이다. 끔찍할 정도의 암흑 상태였다. 그는 이날 밤 잠을 잘 이루지 못할 것이고, 그의 코르티솔 수치는 밤에도 평균 이상이 될 것이다. 기억 분자들은 형성되지 않는데, 왜 그럴까? 그의 전략들은 요란하게 실패했고, 그런 상황에서 전략을 바꾸는 것도 불가능했다. 따라서 배울 수 있는 긍정적인 것이 하나도 없다. 때문에 뇌는 배우려는 시도도 하지 않는다.

하지만 어떻게 해서, 학생 A와 학생 B—둘은 다르게 준비를 하지만, 같은 시간 안에 시험을 봄—가 동일한 시험을 치러 갔고, 둘 다 문제를 받았는데 한 사람은 풀 수 있었고, 다른 사람은 절망에 빠졌을까? 열쇠는 시험을 준비하는 방법이 달랐다는 데 있다. 즉, 학생 A는 수많은 세부 사항을 달달 외웠던 반면, 학생 B는 맥락, 기본 원칙과 결론에 집중했다. 그러나 두 학생의 더 본질적인 차이는 그것보다 더 심오한 곳에 있다. 즉, 본질적인 차이는 각자가 가지고 있는 위계적인 세계상의 심오한 차원에 있다. 뇌의 지각 차원은 위계를 갖춘 구조로 되어 있다는 사실을 기억할 것이다. 가장 높은 차원에, 그러니까 변경이나 수정이 가장 어려운 차원에 보편적인 근본 원칙들이 있다. 이런 근본 원칙으로부터 하위에 속하는 특수 원칙들이 나오며, 이런 하위의 특수 원칙으로부터 또다시 개별적인 사항들이 따라온다. 학생 B는 처음부터 다양한 위계에 속하는 차원들의 맥락과 사고의 전달력을 학습의 기본으로 이용해왔다. 그는 이미 중고등학교에 다닐 때부터 이와 같은 형태의 학습과 이해 방식을 갈고닦았을 가능성이 높다. 그 역시 시험에 임한 처음에는 불확실했다. 다른 많은 의대 동료들과 마찬가지로 그는 의학 공부를 사실에 대한 질문 정도로 체험했다. 구두시험에서 주입식 공부를 바탕으로 해서 영혼 없이 대답하는 방식이 더 이상 통하지 않는다는 게 분명해졌을 때, 그는 방향을 전환하여 다른 상황에서 이미 잘 사용해봤던 전략을 투입했다. 위계질서에 따른 그의 세계상은 이와 같이 즉각 전략을 변경할 수 있었다.

이와 반대로 학생 A는 위계질서상 단 하나의 차원만 가지고 있는 경직된 세계상을 사용할 수밖에 없다. 즉, 이런 세계상은 수많은 개별 사실과 관찰들만 대표해줄 뿐이다. 이런 세계상은 지금까지 아무런 문제가 없었는데, 여러 개의 답을 제공하는 객관식 시험에서는 가장 좋은 성적을 받았기 때문이다. 세부적인 내용을 완벽하게 암기하고 있었으니 말이다. 물론 실습을 할 때 특히 질병의 원인을 진단할 경우에는 많은 사실들을 알고 있는 것으로 충분하지 않다. 당직 의사와 코마 상태에 빠진 젊은 환자의 경우는, 자신의 지식을 베이즈 방식으로 이용하는 게 중요하다는 점을 보여주었다. 그러니까 일단 사전확률을 하고 여기에서부터 단계적인 업데이트의 원칙에 따라서 정확한 결과를 향해 접근하는 것이다. 이는 비본질적인 것에서 본질적인 것을 구분하는 예술이라 할 수 있다. 학생 A는 어쨌거나 지극히 중요한 문제에 봉착하게 된다. 융통성 없이 사실들만 수집해둔 경직된 전략은 근본적으로 의문의 대상이 되고 말았다. 스트레스 시스템이 작동되었으나 그가 시험을 칠 때 도움이 되지 못했다. 코르티솔은 학생이 배운(이 경우에는 사용 가치가 없는) 사실들을 차단해버렸으나, 그는 편도체에서 자유롭게 방출된 정보 처리 능력을 새로운 전략을 발견하기 위해 사용할 수도 없었다. 왜냐하면 자신의 경직된 학습 세계상에는 위계적으로 이루어진 지식의 깊이라는 게 전제되어 있지 않기 때문인데, 이런 깊이가 없으면 새로운 전략을 찾을 수 없다. 대신에 코르티솔에 의한 누전이 발생했는데, 바로 정전과 같은 사태인 블랙아웃이다. 두 번 다시 이러한 상태에 빠지지 않으려면, 앞으로 위계가 전혀 없는 평평한 그의 세계상을 교정할 수 있는지가 매우 중요하다. 이는 결코 간단한 일이 아니다.

이와 반대로 학생 B는, 스트레스가 학습 과정에서 얼마나 중요하고 가치 있는 것인지 인상적으로 보여주었다. 오로지 스트레스를 받는 상황에서만, 새로운 상황이 새로운 전략을 우리에게 요구한다는 의식이 생겨나게 된다. 이와 같은 인식 하나만으로 충분하지 않기 때문에, 스트레스 시스템은 편도체의 도움을 받아 필요한 에너지와 능력을 준비한다(정보

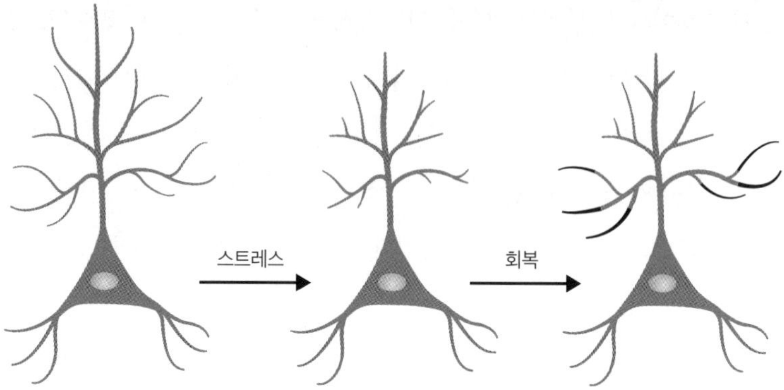

그림 12: 만성 스트레스는 신경세포의 수상돌기를 위축시킨다. 회복 국면에서 수상돌기는 다시금 새롭게 피어날 수 있다. 물론 새로운 수상돌기의 모양은 처음과는 다르다.

처리를 줄당 비트에서 초당 비트로 전환), 즉석에서 그런 상황에서 빠져나와 새로운 전략을 개발하기 위해서 말이다. 이와 같은 새로운 전략이 입증되면, 밤에 숙면 상태에서 저장이 되고, 이로써 성공적인 학습 사이클이 완성된다.

뉴런의 학습 과정은 심지어 현미경으로 관찰할 수 있다. 뇌에 있는 피라미드 세포들의 능력을 수상돌기의 상태에서 읽을 수 있다. 이렇듯 나무처럼 생긴 피라미드 세포들은 안테나 같은 작용을 하며 이웃에 있는 뉴런들과 연결한다. 이 수상돌기가 가지를 많이 뻗으면 뻗을수록, 시냅스는 더욱 촘촘해진다. 다른 말로 하면, 뇌는 잘 연결되어 있고 그에 따라 작동이 잘된다. 하지만 뇌에서 코르티솔의 영향력이 지속적으로 강해져 있으면(만성 스트레스 상태), 수상돌기에도 지속적으로 부정적인 영향을 준다. 즉, 수상돌기는 점점 가지를 넓게 뻗지 못하고 언젠가는 황폐한 숲에 있는 나무들처럼 되어버린다(그림 12 가운데).[62] 발육이 수축되어버린 수상돌기는 세계상에 대한 내면의 그림이 (바라건대) 일시적으로 파괴된 표현이라고 볼 수도 있는데, 성공적인 전략들을 실천하지 못하고 더 이상 기억에 고정시킬 수 없기 때문이다. 그와 같은 상황은 불확실, 공포, 심지어 공황장애와 우울증에 걸릴 경향과 결부되어 있다. 좋은 소식은, 사람들이 자신의 불확실성을 떨치고 나면, 수상돌기를 회복할 수 있다는 점이다. 그러면 코르티솔 수치는 지속적으로 낮은 수준에서 안정을 되찾고, 새로운 가지들이 뻗어 나온다(그림 12 오른쪽). 특이한 것은, 과거의 수상돌기는 새로운 수상돌기와는 다른 형태라는 사실이다. 새로운 수상돌기는 형태상으로 세계에 대한 업데이트된 내면의 상을 대표한다.

11

요구되는 에너지

추월 행위—불확실성을 신속하게 감소시키려면 별도의 에너지가 필요하다 • 뇌의 공급망 • 뇌-당김, 몸-당김, 탐색-당김 • 스트레스를 받은 상태에서 뇌는 평상시보다 더 많은 양의 에너지를 끌어 들인다 • 인슐린을 억제하다 • 케톤—복부 지방에서 얻는 대안적 에너지

운전하는 사람이라면 누구나 다음과 같은 경험을 해봤을 것이다. 우리는 커브가 많은 국도에서 트럭 뒤를 살금살금 따라가고 있다. 더 빨리 달리고 싶지만, 트럭이 속도를 내지 못하므로 그렇게 할 수 없다. 물론 이럴 경우에 다음과 같이 생각할 수도 있다. '뭐 어때? 편안하게 트럭 뒤를 따라가면 되지. 스트레스 안 받고.' 하지만 우리가 그것을 원치 않는다면, 어떻게 될까? 그러면 단 한 가지 가능성이 남는데, 굴러가는 방해물을 추월하는 수밖에 없다. 하지만 이미 말했듯이, 트럭은 길고 커브 길도 많고 앞을 제대로 조망할 수도 없다. 중간에 직선으로 된 길에서 추월을 감행하면 된다. 이 순간에 맞은편에서는 차가 보이지 않는다. 하지만 다음번 커브 길이 머지않아 나타날 것인데, 그다음에 뭐가 있는지 우리는 모른다. 우리가 추월하려고 시도하는 동안, 우리는 상당히 불확실한 단계에

들어간다. 왜냐하면 갑자기 반대편에서 차가 달려온다면, 우리는 위험한 선택을 할 수밖에 없으니까. 따라서 커브까지의 거리를 추측하고, 트럭 앞에 도달하기에 시간이 충분한지를 예상한다.

추월의 위험을 감수하면서도 이로 인한 불확실성을 줄일 수 있을까? 가능하다. 반대편에서 차가 오지 않을 때까지 기다리다가 우리 차의 속도를 높이면 된다. 왜냐하면 우리가 추월할 때 속도를 올리면 올릴수록, 우리는 더 일찍 추월할 수 있으니까. 이런 상황에서 속도를 올리는 것은 반대편에서 차가 달려올 수 있는 불확실성을 줄이는 전략이다. 속도를 높이려면 우리는 자동차의 엔진을 한껏 가열시켜야만 한다. 속도를 내려고 액셀을 밟으면 연료가 더 소비된다. 자동차가 연료를 얼마나 소비했는지를 살펴보면, 놀라울 정도이다. 즉 편안하게 국도를 달리면 100킬로미터에 7.5리터가 들어가지만, 추월한 때는 15리터나 20리터, 심지어 30리터가 될 수도 있다. 속도를 올리면 연료는 눈에 띄게 늘어난다. 이와 같은 상황에서 위험하지 않게 앞차를 추월하려면, 자동차는 더 빨리 달려야 하고, 엔진은 더 많이 일해야 하고, 연료의 소비는 더 늘어난다. 불확실성을 줄이려면 그만큼 부차적으로 에너지가 더 들어가야 하고, 이 에너지는 자동차의 연료 탱크에서 나온다.

이 본보기는 하나의 비유이다. 우리가 불확실성을 줄이기 위해 노력해야 할 때 우리의 뇌에서 어떤 일이 일어나는지를 볼 수 있는 비유 말이다. 우리는 이미 불확실한 상태에서 우리의 뇌가 가동 모드를 전환시킨다는 것을 알고 있다. 다시 말해, 경제적으로 작업을 하다가 가능하면 신속하게 정보를 처리(상당히 활발하게 가동되는 스트레스 시스템에 의해서)하는 모드로 바꾼다. 말하자면 천천히 국도를 따라가다가 속도를 올려 추월하는 것이다. 자동차 엔진과 마찬가지로 우리의 뇌도 스트레스로 인해 처리할 정보가 늘어나면 에너지도 더 많이 필요로 한다. 하지만 인간의 신체는 자동차와는 달리 연료를 담아두는 탱크가 없기 때문에, 다른 곳에서 에너지를 가져와야 한다. 실제로 뇌는 기관들 가운데 에너지 연료인 포도당을 가장 많이 소비하는 곳이다. 때문에 최대한 에너지를 절약하면서 가동될 수 있도록 주의하고 있다.

하지만 스트레스를 받거나 불확실성을 줄여야 하는 과제를 받으면 우리의 뇌는 에너지를 폭발적으로 많이 소비한다. 자동차의 액셀을 꾹 밟는 것처럼 말이다. 뇌는 이처럼 에너지 수요가 증가한다는 사실을 잘 기록해두고 신진대사를 해야 할 필요가 있다고 요구한다. 이런 현상을 뇌-당김(brain-pull)이라고 표기한다.[63] 그러니까 뇌가 신체로부터 에너지를 끌어당기는 능력이라는 의미이다. 이렇게 에너지 요구가 실현되는 원칙은, 산업계의 제작 과정에서 볼 수 있는 바의 공급망 관리 시스템에 상응하는 것이다. 인간의 신체 기관들이 필요로 하는 에너지는 바로 식량에 있으며, 이는 우리가 시장이나 슈퍼마켓에서 구입해야 한다(공급망에서 첫 번째 단계). 이어서 우리는 식량을 집에 가져오고, 준비해서 내놓는다(두 번째 단계). 음식물을 먹으면, 그것들은 신체 안으로 들어가고 장에서 흡수된다. 이곳에서부터 에너지는 혈액순환으로 이동한다. 여기에서 다량의 에너지가 포도당의 형태로 순환한다(공급망에서 세 번째 단계). 최종 소비자(네 번째 단계)이자 이러한 피라미드형 공급망에 있어서 가장 꼭대기는 바로 뇌이다.

하지만 이와 같은 공급망 원칙은 결코 일방통행이 아니다. 에너지가 뇌로 흘러가는 반면에, 뇌는 반대 방향으로 정보를 보낸다. 이 정보는 공급을 최적화하기 위한 것이다.[63] 산업계의 제조 과정에서처럼 뇌의 에너지 공급에서도 모든 것이 가능하면 완벽하게 서로 협력하는 것이 중요하다. 그러니까 뇌가 막 절실하게 필요로 하는 양의 에너지를 항상 준비해

두는 것이 중요하다. 이와 같은 에너지 수요는 극적으로 빨리 변할 수 있다. 그리하여 약간만 스트레스를 받아도 뇌가 소비하는 전체 포도당이 12퍼센트 상승하고, 이와 반대로 숙면을 취할 때는 40퍼센트가량 줄어든다.[49, 64] 때문에 공급망은 그에 따라 매우 신속하게 반응할 수 있어야 한다. 그렇게 하려면 뇌가 신체에 전달하는 실시간 주문이 항시 필요하다. 이와 같은 요구는 또한 공급망에 따라서 결정된다. 이미 언급했듯이 뇌가 신체에 저장해둔 저장고에서 에너지를 요구하는 바의 뇌-당김이 있다. 몸-당김은 신체가 자신의 에너지 창고를 다시 채워 넣기 위해 주변으로부터 에너지를 요구하는 힘을 말한다. 몸-당김이 일어나면 우리는 음식물을 섭취하게 된다. 그리고 이른바 탐색-풀은 먼 곳에 있는 에너지를 요구하는 것으로, 이에 자극을 받아 우리는 식량을 탐색하러 간다(예를 들어 식량을 구매하러 감).

이렇게 에너지를 끌어당기고자 하는 모든 힘과 행동 패턴은 뇌에 의해 통제되고 개입된다. 여기에서 우리의 핵심적 사고 기관에 에너지를 확실하게 공급하는 것이 지극히 중요하다. 에너지 공급을 설명하는 과거의 모델이자 그사이 반증이 나온 모델은 뇌세포들이 오로지 밀기(push) 원리를 통해서 에너지를 공급받는데, 그러니까 포도당을 신체에서 뇌로 밀어서 공급받는다고 설명하였다. 연구 조사를 해보니 그처럼 단순한 밀기-명제는 수동적으로 에너지를 공급하게 되면 자동적으로 기관들 사이에 균형 있게 분배되는 까닭에 맞지 않다.[63] 하지만 데이터는 전혀 다른 모양새를 보여준다. 이미 확인했듯이 성인 한 사람이 하루에 필요한 포도당은 200그램이다. 평범한 날이면 이 가운데 130그램이 뇌에 분배되고, 오로지 70그램만 다른 모든 기관에 분배된다.[48] 뇌의 포도당 수요가 지극히 높은 것이며, 다른 한편으로 뇌는 에너지를 저장해둘 장소가 없기도 하다. 때문에 포도당의 공급은 혈액순환을 통해서만 가능해지는 것이다.

언뜻 보면 불공평해 보이는 이러한 에너지 분배가 어떤 차원인지, 그것은 단순한 계산으로 설명할 수 있다. 훨씬 더 명확하게 이해하기 위해 우리는 뇌-신체 할당을 130 대 70으로 계산하지 않고, 간단하게 100 대 100으로 계산해보자. 몸무게가 60킬로그램(이 가운데 뇌는 대략 1킬로그램보다 조금 더 나간다) 나가는 어떤 사람이 아침에 빵 한 개를 먹는데, 이로부터 생기는 에너지의 절반은 몸이 이용하고 나머지 절반은 뇌가 이용한다고 치자. 이런 할당은 실제의 분배와 대충 어울린다. 하지만 이처럼 절반씩 나누는 배분은 결코 정당한 게 아니다. 정당한 배분이라면 뇌는 매우 적은 체중을 고려해서 빵의 60분의 1에 해당하는 에너지를 가져가야 한다. 빵의 절반이 아니고 말이다. 이렇듯 부당한 몫을 뇌가 요구할 수 있는 이유는, 자신의 뇌-당김 메커니즘을 통해서 에너지 공급을 적극적으로 통제하고 결정할 수 있기 때문이다. 그러니까 어떤 에너지를 어디로 흘려보내도 되는지 흘려보내면 안 되는지를 뇌 스스로가 통제하고 결정할 수 있다.

이때 스트레스 시스템이 중요한 역할을 하는데, 일종의 이중 역할을 통해서이다. 우선 사고가 이루어지는 핵심인 우리의 뇌에서 에너지 수요가 증가하는 이유는 활성화된 스트레스 시스템이 노르아드레날린을 더 많이 방출하기 때문이다. 다른 한편, 스트레스 시스템은 생물학적 시스템으로, 뇌는 늘어난 에너지 수요를 신체에 실행할 때 그와 같은 생물학적 시스템을 통해서 한다. 빵의 예와 연관시켜보면, 스트레스 상태에서 증가한 뇌-당김은, 아침으로 먹은 빵의 4분의 3을 뇌로 보내고 나머지 4분의 1을 신체로 보낸다는 의미가 된다(그림 13 오른쪽 칸, 검은색 테두리). 하지만 뇌는 지분에 맞는 에너지를 필요로 할 뿐 아니라, 전체 양에서 더

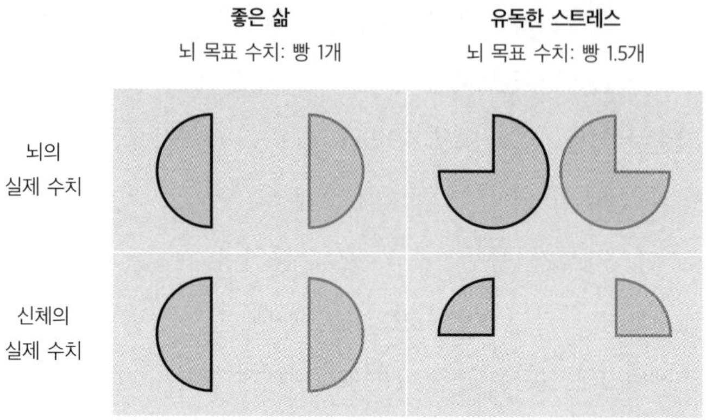

그림 13: 편안하게 사는 좋은 삶과 유독한 스트레스를 받으며 살 때 뇌와 신체 사이의 포도당 분배. 여기에서는 아침에 먹은 빵이 네 시간이라는 간격 동안(예를 들어, 아침부터 점심까지) 뇌의 에너지 수요를 어떻게 충족시키는지를(목표 수치 또는 설정치) 보여주고, 또한 음식물을 섭취한 뒤에 실제로 에너지가 뇌와 신체에 어떻게 분배되는지를(실제 수치) 보여준다. 좋은 삶: 그리 나쁘지 않은 스트레스를 받는 짤막한 에피소드가 비교적 긴 휴식과 번갈아가며 나타난다. 건강한 삶을 사는 사람의 뇌가 평균적으로 요구하는 에너지를 조사하기 위해 이제 시간적으로 긴 간격(예를 들어 몇 달 동안)을 고려하면, 뇌는 네 시간이라는 간격 동안 빵 하나 전체를 요구(목표 수치)한다는 사실이 드러난다. 이 사람이 아침에 맨 먼저 빵을 하나 먹는다면(검은색 테두리), 이로부터 절반인 반 개가 뇌로 가고 반 개는 신체로 간다. 하지만 네 시간 동안 뇌가 필요로 하는 전체 에너지를 고려하면 그것은 충분하지 않다. 그리하여 이 사람은 아침에 빵을 한 개(회색 테두리) 더 먹어야 한다. 다시 반 개의 빵은 뇌로 가고 반 개는 신체로 간다. 그러면 뇌는 전반적으로 빵 한 개를 섭취한 셈이 되고, 이제 뇌가 원하는 에너지 수요는 충족된다. 이제 이 사람은 배가 부르게 되는데, 뇌가 충분히 영양 공급을 받았기 때문이다. 이러한 영양 공급 법칙은 우리는 뇌가 필요한 만큼을 섭취하게 된다는 사실을 보여준다. 유독한 스트레스: 이는 장기간 지속적이거나 반복되는 스트레스를 경험하는 삶이다. 뇌는 과도하게 활성화된 스트레스 시스템(지속적으로 각성과 불면을 유발하는)으로 말미암아 한 개 반(목표 수치)이라는 평균 이상의 에너지를 요구한다. 따라서 스트레스를 받은 이 사람이 아침에 맨 먼저 빵 한 개를 먹으면(검은색 테두리), 활성화된 뇌-당김 현상으로 인해 빵의 0.75개는 뇌로 가고 0.25개는 신체로 가게 된다. 하지만 이것은 네 시간 동안 필요한 뇌의 에너지인 한 개 반을 채워주지 못하기에, 이 사람은 두 번째 빵(회색 테두리)을 아침으로 먹는다. 이로부터 또다시 0.75개는 뇌로 가고 0.25개는 신체로 가게 된다. 이제 뇌는 실제로 한 개 반의

빵(실제 수치)을 얻게 되어, 수요는 완전히 충족된다. 물론 스트레스를 받은 사람의 신체는 여전히 반 개의 빵만 얻은 상태이다. 그 결과, 장기적인 관점에서 보면 스트레스를 받은 사람은 무엇보다 피하지방조직의 감소로 체중이 줄어든다.

많은 에너지가 필요하다(처리해야 할 정보량의 증가). 좋은 삶에서는 빵 하나를 아침으로 먹어도 뇌가 충분히 점심때까지 견딜 수 있지만, 스트레스를 받은 상태에서는 동일한 시간 동안 빵 한 조각 반이 필요하다(그림 13 위 줄).

그렇다면 스트레스를 받은 사람은 어느 정도 먹어야 할까? 에너지 수요가 높아진 뇌의 요구를 충족시키려면, 스트레스를 받은 사람은 공급망의 법칙에 따라서 총 빵 두 개를 먹어야 한다(그림 13 오른쪽 칸). 이 사람은 빵 두 개를 완전히 먹고 이 가운데 뇌가 한 개 반의 빵으로 충분히 영양을 공급받고 나서야 비로소 포만감을 느낀다. 불가피한 결과 스트레스를 받은 신체는 이와 같은 방식으로 아주 적은 여분의 빵만 획득할 수 있는데 즉 빵 반 개이다. 달리 표현하면, 인간은 기본적으로 뇌의 에너지 요구가 충족될 때까지만 먹으려는 욕구가 있다. 이처럼 "뇌의 영양 공급이라는 최대 목표"를 추종함으로써 나머지 신체에 어떤 결과를 주게 될지는 별로 중요하지 않다.

이기적 뇌 이론은 바로 이처럼 인간의 뇌가, 다른 조직과 비교해서 자신에게 영양이 더 많이 공급되도록 하는 능력을 설명해준다. 이기적인 뇌에 관한 이 이론은 여러 차례 실험을 통해 확인되었고[47, 65-68] 그사이 의학 교과서의 기준이 되고 있다.[69, 70]

따라서 뇌는 한편으로 신체에서 포도당을 가장 많이 소비하는 곳이며, 다른 한편으로 에너지를 자신의 관점에서 가장 의미 있다고 생각하는 방향으로 운용하는 통제력을 행사한다. 하지만 생리학적으로 그것은 어떻게 작동될까? 그 대답은 약간 복잡한 세 가지 부분으로 이루어져 있다.

뇌의 인슐린 억제—뇌는 더 많은 에너지를 자신이 가져오기 위해 인슐린 방출을 어떻게 억제하는가. 포도당과 지방의 신진대사에서 인슐린이 큰 역할을 한다는 사실은 이미 당뇨병과 함께 자주 들어봤다. 실제로 신체 자생의 전달 물질 인슐린은 일종의 문지기 기능을 한다. 음식물을 섭취한 뒤 에너지는 순환하는 혈액 안에서 과도하게 있게 된다. 혈액 속에 있는 포도당의 농도가 올라감으로써 췌장에서 인슐린이 강력하게 방출되고, 인슐린은 이 과도한 에너지를 저장할 수 있는 문을 연다. 바로 지방조직과 근육 조직이라는 형태로 바꾸어서 저장할 수 있게 말이다. 따라서 인슐린은 에너지 저장소로 들어가는 문을 여는 열쇠라 할 수 있다. 하지만 이 말은, 에너지를 저장할지 아닐지를 결정할 수 있는 결정권이 췌장에 있다는 의미는 아니다. 이를 결정하는 곳은 뇌이며, 보다 구체적으로 말해서 편도체이다. 우리 머리에서 스트레스를 관장하는 중앙 센터 말이다. 편도체는 막강한 힘을 갖고 있다. 두 가지 방법을 통해서 인슐린을 억제하고 이로써 에너지 저장고의 문을 잠글 수 있을 만큼 막강하다.[65, 71-75] 우선 교감신경계는 스트레스 물질인 노르아드레날린을 신경의 끝부분에 방출한다. 이 스트레스 호르몬은 신경로를 거쳐서 모든 기관에 도달한다. 즉, 췌장, 복부 지방, 심장, 간, 장과 방광이다. 췌장에 전하는 메시지는 오해할 수가 없는데, 바로 "인슐린 방출을 억제하라"[76]이다. 그렇듯 노르아드레날린은 신속하게 진압하는 부대와 같다. 저장고의 문을 닫고 뇌에 더 많은 에너지를 사용할 수 있을 때까지, 노르아드레날린 방출에서부터 인슐린 억제까지 단지 몇 초 혹은 최대한 몇 분밖에 걸리지 않는다. 왜냐하면 뇌

는 항상 포도당을 받아들일 수 있는데, 인슐린 없이도 된다는 말![77, 78]

뇌는 이와 같이 중요한 에너지 공급이라는 문제에서 속도뿐 아니라, 철저함이나 지속성에도 중요성을 둔다. 여기에서 인슐린을 억제하는 두 번째 호르몬이 중요한데, 바로 코르티솔이다. 혈중 코르티솔 수치는 시상하부-뇌하수체-부신계(HHN)에 의해서 조절된다. 이미 언급했듯이, HHN 시스템은 편도체의 통제를 받는다. 코르티솔은 부신에서 방출되고 신경로가 아니라 혈액순환을 통해 작업하며, 느리기는 하지만 집요하게 신체 조직 전체와 모든 세포에 침투해 들어간다. 코르티솔은 신체 어디에든 분포한다. 물론 모든 곳에서 영향력을 행사하기까지 몇 시간이 걸리기는 한다. 코르티솔과 노르아드레날린은 함께 편도체의 명령을 매우 효과적으로 실행하는데, 뇌에 더 많은 혈당이 넘쳐나도록 신체에 포도당 공급을 억제하라는 명령이다. 스트레스를 받는 상황에서는 심지어 90퍼센트를 뇌에 분배하고 나머지 10퍼센트를 신체에 분배한다. 그럼에도 불구하고 뇌는 아직 목표를 달성하지 못한다. 뇌는 더 많은 에너지를 원하고, 더 많은 에너지를 필요로 한다.

복부 지방에서 나오는 케톤—모든 경우를 대비한 뇌의 에너지 비축. 이미 언급했듯이 인슐린은 필요할 경우에 꺼내 쓸 수 있도록 신체에 에너지를 저장하는 과제를 맡고 있다. 이는 그렇게 간단한 일이 아니다. 음식물로부터 얻은 포도당을 당으로 변환시켜서 지방조직에 저장하는 것이다. 뇌에서 상당한 양의 에너지를 필요로 하면, 뇌-당김은 교감신경계를 통해서 복부 지방에 명령을 내보내고, 그러면 지방세포들은 이른바 유리(流離) 지방산을 방출한다. 이 지방산은 간에서 생화학적으로 케톤으로 변환된 것이다. 이것은 포도당처럼 에너지를 함유한 분자들이다. 이 케톤들은 포도당 외에 뇌를 위한 두 번째 연료이다. 지속적인 굶주림에는 물론 무엇보다 스트레스를 받는 상황에 놓여 있을 때 뇌에서 케톤의 연소는 매우 큰 역할을 한다. 공개 강연을 앞두고 있는 피험자들을 검사해보니 스트레스 호르몬이 증가했을 뿐 아니라, 혈액 속 케톤 농도 역시 400퍼센트 증가해 있었다.[79]

상당히 고조된 스트레스 시스템의 영향을 받고 있을 때 뇌는 에너지를 마구 집어삼키게 된다. 즉 혈당의 90퍼센트가 머리로 가고, 평상시와 비교해서 케톤의 준비량도 다섯 배나 늘어난다. 이것은 굉장한 변화이자 에너지 살림을 하는 신체에게 매우 어려운 요구를 하는 것이다. 여기에서 스트레스를 받은 뇌는 성능을 최대한으로 작동시킨 엔진과 비교할 수 있다. 이것은 전혀 문제가 되지 않는다. 왜냐하면 뇌와 에너지 신진대사는 그와 같은 부담과 성능을 감당할 수 있기 때문이다. 만일 예외적인 상황이라면 말이다. 스트레스는 상황에 따라서 발생하며, 상황이 설명되거나 그런 상황을 불러일으킨 원인이 규명될 때까지만 대체로 지속된다. 이는 몇 초, 몇 분 혹은 몇 시간이 걸릴 수 있고, 며칠이 걸릴 경우도 많다. 삽화적 사건이라 할 수 있는 에피소드는 언젠가 끝이 나고, 이로써 신체와 정신은 다시 내면의 균형을 찾게 되고 뇌는 원래대로 에너지를 절약하는 정상적인 상태로 되돌아갈 수 있다.

하지만 그렇게 되지 않으면, 어떻게 되는가? 만일 지극히 흥분한 스트레스 시스템의 상태가 멈추지 않고 지속적인 상태가 된다면? 스트레스를 유발한 상황이 해결되지 않아서 말이다. 불확실성이 우리의 삶에서 그냥 사라지려고 하지 않기 때문에? 그러면 스트레스는 만성적이 되고 혹은 스트레스 연구가가 말하듯이 유독하게 된다. 유독한 스트레스로부터 영향을 받으면 뇌가 에너지를 공급받는 것은 점점 해결하기 어려운 문제가 된다. 스트레스가 장기화되면 복부 지방과 간이 케톤을 생산하라고 지시하는 것으로 충분하지 않다. 그와 같은 상태에서 원래 뇌가 자체적으로 에너지를 저장할 수 있다면 그것이 가장 이상적인 방법이 될 수 있다. 하지만 뼈로 이루어진 뇌에는 자리가 부족하다. 그럼에도 불구하고 지속적으로 스트레스에 시달리면 뇌는 그와 같은 전략을 따르게 된다. 즉, 뇌는 자체의 에너지 저장고를 만드는 것이다. 일종의 저장고인데, 뇌만 유일하게 드나들 수 있고 스트레스 상황에서 필요한 만큼의 에너지를 공급받는 곳이다. 낮이든 밤이든, 심지어 어떤 이유에서든 필요할 때 포도당을 공급받을 수 있다. 조금 더 쉽게 상상하려면, 뇌가 자체 비상 전기 공급원 혹은 자체 발전소를 가지고 있다고 말하면 될 것 같다.

이와 같은 뇌의 에너지 중앙 센터는 우리의 배에 있다. 구체적으로 말해서 복부 지방 안에 있는데, 내장 지방이라 불린다. 우리 신체에는 두 가지 다른 종류의 지방조직이 있다. 즉, 하나는 피하지방인데, 이것은 피부 바로 아래에 있으며 따라서 신체 어디에든 존재한다. 팔, 다리, 머리와 복부에 있으며, 피부의 외피에 있다. 피하지방은 심장근육과 골격근육을 위해 에너지를 저장하는 동시에 추위를 막아준다. 다른 하나의 지방조직은 내장 지방이다. 이것은 구불구불한 내장들 사이의 복부 안쪽에 있다. 이와 같은 특별한 지방조직은 문정맥(門靜脈)을 거쳐 곧바로 간과 연결된다. 이것은 케톤체를 위한 거대한 파이프라인이라고 상상하면 된다. 복부 지방에서 나온 유리 지방산이 문정맥을 거쳐 간에 도착하고, 여기에서 케톤으로 개조되고, 이 케톤은 혈액순환이라는 초고속 열차를 타고 뇌에서 가장 높은 층으로 운반된다. 거기에서 연소되기 위해서 말이다. 이와 같은 내장 지방은 장기적으로(몇 년 또는 수십 년 지속되는 과정) 유독한 스트레스의 영향을 받으면 뇌에 공급할 에너지를 저장하는 곳이 된다. 이

에너지 저장소는 물론 뇌의 외부에 있고, 개조된 곳이기도 하다. 보다 정확하게 말하면, 이것은 뇌가 신체의 에너지 신진대사의 광범위한 부분까지 통제하려는 목표를 겨냥한 전략이다.

만성적 스트레스에 시달릴 때 뇌는 그야말로 천재적인 생화학적 연쇄반응을 작동시키는데, 복부 지방이 늘어나게끔 만드는 것이다.[2, 80] 따라서 장기적으로 지속되고, 유독한 스트레스 상태에서 뇌는 부차적으로 또 하나의 저장고를 마련해둔다. 즉, 복부 지방 보관소이다. 적응력이 있는 이 같은 보호 메커니즘에는 부작용도 있다. 증가한 복부 지방이 심혈관계에 직접 해를 입히는 바의 단백질을 혈액에 방출한다고 추측하는 몇몇 과학자들도 있다. 하지만 이런 추측을 입증해줄 증거가 아직까지 발견되지 않고 있다. 따라서 복부의 부피가 늘어난다. 하지만 또 다른 지방조직인 피하지방은 어떻게 되나? 이 피하지방은 지속적으로 스트레스를 받으면 해체된다. 왜냐하면 뇌의 인슐린 억제를 통해 피하지방은 더 이상 충분히 채워질 수 없기 때문이다. 따라서 유독한 스트레스는 장기적으로 신체의 형태를 극적으로 바꾸게 된다. 즉, 지방조직이 재분배되는데, 신체의 외피에서 신체의 중앙으로 분배된다. 그리하여 팔, 다리, 엉덩이의 부피가 줄어들고, 오로지 배만 더 불룩해진다.

이 장의 초입부에서, 뇌는 스트레스를 받는 시기에 세 가지 전략을 통해서 에너지를 공급받는다는 사실을 언급했다. 두 가지 전략은 언급했고 이제 남은 **세 번째 전략**은 가장 간단한 전략이지만 우리의 건강에 지대한 위험을 가져다줄 수 있다. 즉, 뇌는 심장의 박동 소리를 지속적으로 올리게 된다.

산골의 시냇물

래프팅 관광: 층류 vs 시끄러운 흐름 • 스트레스는 더 많은 에너지가 뇌로 펌프질해 줄 수 있도록 심장을 더 빨리 뛰게 한다 • 동맥에서의 소란스러움 • 피가 너무 빨리 흐르면 혈관은 확장된다 • 리모델링: 혈액의 흐름을 다시 진정시키기 위한 전략으로서 혈관 벽의 개조 • 콜레스테롤이 해결책의 일부인 이유 • 독성의 스트레스와 동맥경화

산골의 시냇물은 활기 있으면서도 조용하게 산 밑으로 흘러간다. 처음으로 래프팅 관광에 참여한 관광객들은 보트에 앉아서 몇 번 강의 만곡 부분을 돌고 나면 무엇이 자신들을 기다리고 있을지 상상할 수 없다. 왜냐하면 고무보트는 아무런 어려움 없이 물을 따라 미끄러지듯 흘러가기 때문이다. 그러다가 힘든 지점에 다다른다. 즉, 물이 조용하지 않고 요란해진다. 강폭이 다음번 만곡 부분에서 심하게 좁아지는 까닭에, 이곳에서는 흐르는 물은 속도가 빨라지고, 바위 사이를 지나가느라 세차게 솟구친다.

지금까지 강의 흐름은 조용하고도 균형 잡힌 상태였다. 물리학에서는 이를 층류(層流)라고 한다. 하지만 물길이 좁아지고 고립된 바윗덩이로 인해 난류(亂流)가 발생한다. 그러면 보트에 탄 사람들은 어느 정도 보트가

진로를 유지할 수 있도록 온 힘을 다해서 대응해야 한다. 특히 물이 자연스럽게 계속 흘러갈 수 없는 장소에서 생겨나는 소용돌이는 상당히 위태롭다. 이런 곳에서는 물이 흐르는 속도는 줄어들고, 심지어 일종의 역류가 되어 거꾸로 흐르기도 한다. 한동안 바삐 보트를 잘 조종한 다음에 물길은 다시 넓어지고, 물은 잠잠해지기 시작한다. 이제 보트는 다시 층을 이루어 흩어짐이 없는 물길을 타고 흘러간다. 래프팅 초보자들은 흠뻑 젖었지만 그래도 안도의 한숨을 내쉴 수 있다. 그들은 다치지 않고 강에서 치른 세례를 무사히 통과했으니까.

인간의 혈관계는 대략 10만 킬로미터나 된다. 심장근육이 펌프질을 함으로써 4~5리터의 피를 운반하는, 지극히 다양한 지름의 혈관들로 이루어진 일종의 망이다. 계곡의 강물을 따라 흘러가는 래프팅 보트처럼 수많은 적혈구들은 혈류(血流)와 함께 산소를 포함한 채 뇌로 흘러간다. 혈구 외에도 혈류에는 어마어마한 양의 포도당 분자들도 함께 흘러간다. 뇌는 산소와 포도당의 도움으로 자신의 높은 에너지 수요를 충족시켜야 한다. 이처럼 뇌로 흘러가는 흐름이 가능하면 문제없이 이루어지게끔 하려는 것은 당연하다. 실제로 혈액순환계—여기에서 혈관 벽은 정규적으로 개조됨—의 조절 메커니즘과 보호 메커니즘은 가능하면 층을 이루어 흩어짐이 없게 뇌로 흘러들어가도록 노력한다. 뇌가 가능하면 에너지 소비를 적게 하면서도 요구되는 모든 과제를 수행하려고 노력하는 절약 모드로 작업하는 동안에는 혈액은 흩어짐이 없이 매끄럽게 흘러간다. 이는 물론 불확실성과 스트레스의 영향을 받으면 바뀐다. 우리는 스트레스를 받은 뇌의 에너지 소비가 더 많아졌을 때 이 에너지를 확보하려는 전략들 가운데 하나가 심장에게 더 빨리 뛰라고 명령하는 것임을 알고 있다.[81] 그러면 심장은 자동적으로 매분마다 더 많은 양의 피를 내보내게 된다. 더 강력해진 혈류는, 더 많은 산소와 더 많은 포도당을 뇌에 배달해준다. 하지만 이렇게 되면 문제가 하나 생긴다. 산골의 시냇물처럼 소용돌이가 생길 수 있다는 것이다. 혈류의 양이, 그러니까 1초당 혈관을 통과하는 혈류의 양이 특정 수치를 넘어설 경우이다. 모든 시냇물에는, 모든 강바닥에는, 모든 관과 혈관에는 한계치라는 게 있는데, 이 한계를 넘어서면 조용하게 흐르던 것이 소용돌이 상태가 되어버린다. 이런 한계치를 넘어서게 되고 이로써 소용돌이가 생겨날지 어떨지는 액체를 흘려보낼 수 있는 관, 특히 이른바 레이놀즈수(Reynolds number: 관성에 의한 힘과 점성에 의한 힘의 비율—옮긴이)에 의해서 결정된다.[82, 83] 하지만 이것은 그리 중요하지 않다.

예방적 혈관 확장. 혈류의 속도가 어느 정도에 이르면 소용돌이가 생길 위험이 높아진다는 사실이 중요하다. 실제로 스트레스 호르몬이 효과를 발휘할 때 혈액순환 과정에서 그와 같은 일이 발생한다는 것은 실험을 거친 연구로 증명되고 있다. 스트레스 호르몬인 노르아드레날린과 비슷한 구조와 효능을 가진 약품을 투입하면 인위적인 스트레스 반응이 나온다. 측정해보면 스트레스 반응을 할 때 전형적으로 나타나는 증상들이 분명하게 나타난다. 즉, 심장은 더 빨리 뛰고, 혈액이 흐르는 속도는 더 높아지고, 대동맥에 소용돌이(격동)가 생겨난다.[84, 85] 이를 통해 딜레마가 발생한다. 이때의 소용돌이는 마찰로 인한 손실이 많이 발생하도록 하는 결과를 가져오기 때문이다. 이는 우선 비경제적이다. 더 많은 피를 더 빨리 뇌로 펌프질하려는 노력의 일환인 이와 같은 전략은 일종의 마찰 손실을 통해 원치 않더라도 제동을 걸 수밖에 없는 결과를 낳게 된다.

하지만 산골의 시냇물이 바위 사이를 흐르는 강바닥과는 달리 혈관은 딱딱한 관을 통과하는 게 아니다. 그렇듯 신체는 소용돌이의 등장과 이와 연관된 마찰 손실을 예방하기 위해 최초의 조치를 취한다. 혈액이 전반적으로 너무 빨리 흘러가면, 이와 비슷한 정도로 혈관 벽—이른바 내피세포—에 작용하는 힘인 전단력(剪斷力: 물리에서 사용하는 용어로, 어떤 물체에 대하여 크기는 같고 방향이 반대되는 힘들이 동시에 작용할 때, 그 대상 물체 내에서 면을 따라 평행하게 작용하는 힘—옮긴이)이 늘어난다. 내피세포의 전단력은 흐르는 혈액이 동맥 벽의 내부 표면에 마찰하면서 생겨나는 접선력이다. 따라서 혈액이 혈관을 빠르게 통과하면 할수록, 소용돌이가 생길 위험성은 더 커진다. 혈액이 빠르게 통과할수록, 전단력도 커진다. 결론적으로 말하면, 전단력의 증가는 소용돌이가 생긴다는 확실한 징조이다.

혈관은 풍선처럼 자체적으로 늘어나지는 않는다. 동맥의 벽들은 아주 작은 근육들을 장착하고 있는데, 이 근육들은 혈관의 지름을 원하는 만큼 좁히거나 확장할 수 있다. 혈관들은 확장하라는 명령을 받을 때까지 현상 유지를 하면 된다. 이것은 메카노센서(mechanosensor: 기계적 힘이 변하는 것에 대해 반응하는 센서—옮긴이)에서 일어나며, 이것은 혈관 벽 안에 있다. 이 센서들은 내피세포의 전단력을 측정하고, 혈류의 속도가 증가함으로써 전단력이 증가할 경우, 우선 동맥을 확장시킨다. 그렇게 하면 혈류의 속도가 다시 느려지게 되어, 혈액은 평상시처럼 적절한 양으로 순조롭게 흐를 수 있다.[86] 이를 통해 소용돌이를 예방할 수 있는 것이다. 따라서 혈관은 강물이나 시냇물의 흐름과는 반대로 똑똑하게 혈류의 양과 속도에 적응할 수 있다. 첫 번째 조치를 예방적 혈관 확장이라고 부른다. 혈류를 진정시키는 이 전략은 혈관의 형태를 조절할 수 있다는 사실에 바탕을 두고 있으며, 소용돌이가 등장하는 것을 예방하는 가장 효과적인 전략이다.

적응하는 혈관 벽 리모델링. 하지만 이것이 끝이 아니다. 혈관의 확장(그런 다음에 다시 회복됨)은 스트레스 시스템이 강도 높게 작동하여 영향을 주는 상태가 단기적이고 임시적일 때에만 효과가 있다. 만일 스트레스가 더 오랫동안 지속된다면(몇 주, 몇 달), 혈액이 순환하는 가운데 위험한 부분에서 정말 소용돌이가 생겨날 수 있다. 특히 혈관이 돌아가는 만곡 부분과 분류 지점에서는 산골의 시냇물처럼(교각에서) 소용돌이가 발생할 위험성이 가장 커진다. 예를 들어 뇌 대동맥과 주요 관상(冠狀) 혈관의 분기점이다. 그러면 이제 동맥의 혈관 시스템은 두 번째 조치를 취하게 되는데, 소용돌이를 다시금 진정시키기 위한 일종의 감탄할 만한 자가 치료 조치이다.

몇 주 동안 스트레스에 시달린 뒤 혈액순환은 많은 곳에서 철철 흘러가는 계곡의 물과 비슷한 상태이다. 흐르는 속도가 전반적으로 매우 높아진 것이다. 래프팅 보트처럼 빨간 적혈구는 뇌를 향해서 급격하게 흘러간다. 피가 빠르지만 여전히 매끄럽게 흘러가는 곳도 있다. 이런 곳은 전단력이 높은 상태이다. 하지만 또한 혈관에는 소용돌이가 이는 장소도 있다. 이미 언급했던 뇌의 대동맥-분기점 외부에는 전형적으로 소용돌이가 발생하는데, 여기에서 혈액의 흐름은 제동이 걸리고 심지어 역류하기도 한다. 이를 혈액의 역순환이라고 부른다(그림 14 왼쪽). 이미 소용돌이가 생긴 곳은 반대로 전단력이 낮다(그림 14 오른쪽). 따라서 전단력의 하락은 이미 소용돌이가 생긴 곳을 혈관에게 보여주는 것이다. 낮은 전단력은 바로 이곳에 소용돌이를 막는 조치를 취해야 한다는 사실을 의미한다(그림 14 참조).

이와 같은 상황에서 그런 소용돌이를 해결하고 순조로운 상태를 다시

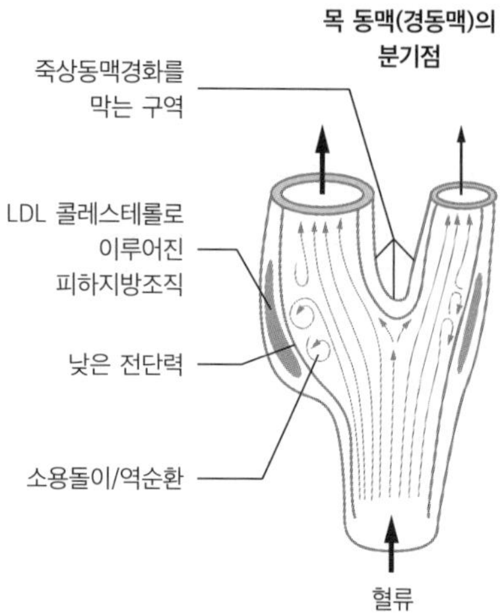

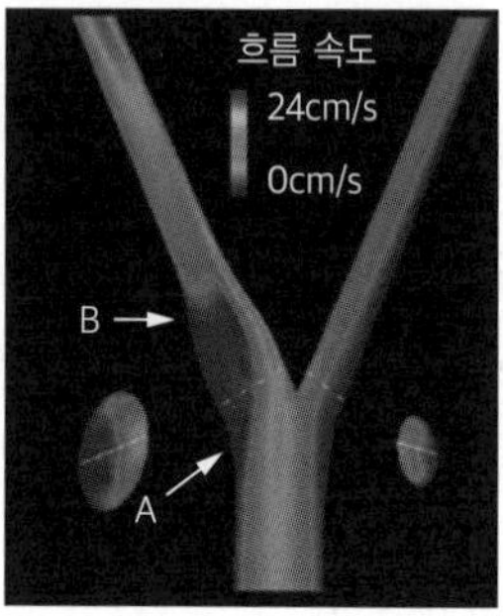

그림 14: 적응하는 혈관 벽 리모델링. <u>왼쪽:</u> 목 동맥의 분기점을 묘사한 그림이다. 소용돌이는 특히 혈관 분기점의 외부 벽에 쉽게 잘 생긴다. 소용돌이가 생기는 지점에서 피는 느린 속도로 흘러가며, 심지어 일부는 뒤쪽으로(역주행) 흘러가기도 한다. 이곳이 바로 전단력이 낮은 곳이다. 혈관 벽은 메카노센서를 갖추고 있는데, 이 센서는 흐름의 속도가 줄어들 때 전단력이 낮아지는 것을 파악한다. 이어 메카노센서는 일련의 변환 과정을 실행한다. 우선 혈액 속의 콜레스테롤을 혈관 벽 내부에 있는 피하지방조직에 옮기고 캡슐로 담는다. 만약 이 피하지방조직이 늘어나면, 혈관의 빈 공간 안으로 불룩하게 나오고 이 영역을 소용돌이 흐름으로 채운다. 그러면 혈액은 다시 순조롭게 흘러갈 수 있다. 이와 같은 과정은 적응을 위한 조치로, 그리하여 적응하는 혈관 벽 리모델링이라고 부른다. 그런데 유독한 스트레스로 인해 적응하는 혈관 벽 리모델링이 과도한 요구를 받을 경우, 몇 년이 지나면서 위험한 구역(분기점의 외부)에 죽상동맥경화가 생길 수 있다. 이는 결국 심근경색이나 뇌졸중을 불러온다. <u>오른쪽:</u> 목 동맥의 분기점에서 혈액이 흐르는 속도를 회색으로 표시했다. 혈관 벽 분기점의 외부에 전형적으로 속도가 줄어드는 현상(짙은 회색)을 보여주고 있다.

만들려면 물리적으로 딱 한 가지 가능성밖에 없다. 즉, 혈류의 방향을 바꾸는 것이다. 이제 신체는 한 가지 문제에 봉착하게 되는데, 강줄기가 항해할 수 있는 상태가 되도록 하는 문제이다. 강의 분기점에서 소용돌이가 생기는 것을 완화하려면, 물이 다시 매끄럽게 흘러갈 수 있도록 강물의 흐름을 바꾸어야 한다. 바로 이런 일이 뇌의 대동맥 분기점에서 일어난다. 이 특별한 장소에 이제 플랜 B가 효력을 발휘한다. 혈액이 소용돌이가 일어나는 영역에서는 심지어 혈관의 벽을 타고 역류를 하는 까닭에, 이 장소에 있는 메카노센서는 이제 전단력의 하락을 측정한다(그림 14 오른쪽). 낮은 전단력은 혈관 벽의 내피세포에서 문제가 되는 지점에 아주 작은 창을 열게 하는 효과를 낸다. 이렇게 하여 발생된 세포벽의 입구를 통해서 이제 둥둥 떠다니던 LDL 콜레스테롤 입자들이 혈관 벽으로 침입하게 된다(그림 14 왼쪽). 이곳에서 지방은 "해체된다". 혈액의 면역세포들은 이곳에 오라는 출두 명령을 받으며, 이러한 상황에서 일종의 건설 작업반의 역할을 맡는다. LDL 입자들이 내피세포층에 포위되면, 이것들은 사방에 벽으로 둘러싸이고 고정된다. 이렇게 개조에 참여하는 세포들의 과제는 혈액에 들어 있는 지방으로 혈관 벽의 내부에 탄력성이 있는 피하지방조직을 구축하는 것이다. 이처럼 점점 커지는 피하지방조직은 혈관 벽에 이제 불룩한 혹이 생겨나게끔 한다. 그리고 이 혹은 혈관의 내부에 있는 빈 공간을 밀고 들어간다. 이렇게 앞으로 불룩하게 튀어나온 부분은, 혈액이 소용돌이를 치며 흘러가는 바로 그 부분을 가득 채우는 것이다. 그리하여 이렇게 불룩 튀어나온 구역에서 혈액은 다시 순조롭게 흘러갈 수 있다. 이를 통해 전단력은 다시금 정상 수치로 증가한다. 혈관의 텅 빈 공간 자리에 LDL 콜레스테롤을 통해 부풀어 오른 곳이 만들어지는데, 이렇듯 튀어나온 곳은 마치 천재적인 엔지니어가 만든 구조 같다. 이 입체적인 개조 작업이 성공적으로 완성되면, 세포벽에 열려 있던 입구가 다시 닫힌다. 피하지방조직이 빙 둘러싸게 된 것이다. 면역세포들은 다시 철수한다. 이제 피가 순조롭게 흘러가고, 스트레스를 받은 뇌에 에너지 공급이 확실시되는 동안 소용돌이 문제는 등장하지 않는다. 그리하여 심장학자들은 이와 같은 적응과 보호 과정을 "적응하는 혈관 벽 리모델링"이라 부른다.[87, 88]

죽상동맥경화와 심근경색이라는 주제를 염두에 두고 책을 읽는 사람은 제대로 잘 추적하고 있는 셈이다. 실제로 적응하는 혈관 벽 리모델링은 중간 단계로 파악될 수 있는데, 한편으로 스트레스(뇌에서 불확실성으로 인해 유발되는)와 다른 한편으로 심근경색 또는 뇌졸중 사이에 있는 단계로 말이다. 지금까지 의학계에서는 스트레스를 받으면 적응을 위해서 혈관 벽이 리모델링하는 것과 같은 혈관 벽의 변화를 항상 위험한 증상이라고 봤다. 이때 콜레스테롤은 중요한 역할을 한다는 사실이 오랫동안 알려지지 않았고, 내과 의사들 역시 이와 같은 혈관의 변화는 반드시 막아야 한다고 생각했다. 때문에 콜레스테롤을 낮추는 약품을 처방했고 지금도 그렇다. 저 콜레스테롤 식이요법을 처방하듯. 하지만 이와 같은 진단은 더 이상 인정받지 못하고 있다. 왜냐하면 5년 이상이라는 기간 동안 콜레스테롤을 낮춰주는 약품을 처방받은 50명의 사람들 가운데 단 한 명에게서만 보다 심각한 심혈관 사건(예를 들어 심근경색)을 막는 데 성공했다는 연구 결과가 나왔기 때문이다.[89] 이 약품의 효과는 왜 기대했던 것보다 이다지도 낮은 것일까? LDL 콜레스테롤은 심근경색이나 뇌졸중이 발생할 때 한몫을 한다. 하지만 놀랍게도 그것은 문제의 일부가 아니라, 해결책의 일부이다. 콜레스테롤 지방층이 혈관 벽에 쌓임으로써 혈류를 진정시킬 수 있는 까닭에 뇌에 에너지를 공급할 수 있을 뿐 아니라 뇌경색이 일어날 위험성이 처음에는 낮아진다. 콜레스테롤을 낮추는 약은 스트레스에 적응하기 위해 혈관 벽을 리모델링하는 상황에서 아무런 소용이 없을 뿐 아니라, 심지어 비생산적이기도 하다. 왜냐하면 이런 약들은 혈액 속에서 돌아다니는 LDL 콜레스테롤의 양을 줄이고 이로써 보호 목적으로 개조하는 과정에 필요한 성분들을 앗아가버리기 때문이다. 지금까지 심혈관 질환을 일으킬 수 있는 가장 위험한 요소라고 간주되었던 것이, 실은 이런 질병을 막기 위해 신체가 가지고 있는 천재적인 보호 전략임이 드러났다.

죽상동맥경화. 하지만 이것은 하나의 걸림돌이 있다. 스트레스로 인해 호르몬의 집중 공격이 몇 달 혹은 몇 년이 아니라, 몇 십 년간 지속될 경우이다. 그러면 스트레스는 독성을 띠게 된다. 이때 문제는 혈관 벽을 리모델링하는 작업은 그 밖에 다른 플랜 C를 갖추고 있지 않다는 점이다. 스트레스가 중단되지 않는다면 상황을 통제할 수 없게 된다. 이런 경우임을 보여주는 가장 확실한 징조가 있는데, 운동을 하지 않는 평상시에 1분간 맥박 수를 통해서 확정 지을 수 있다. 일반적으로 분당 맥박 수는 60~80이다. 맥박이 지속적으로 밤이든 낮이든 올라가면, 혈액은 지속적으로 빨리 흘러가고 있는 것이다. 따라서 만일 조용히 있을 때 맥박이 분당 90이라고 치자. 게다가 시간이 지나면서 더 자주 뛰는 것이다. 두 가지 조치를 통해서, 그러니까 예방 차원에서 혈관을 확장하고 적응하는 차원에서 혈관 벽을 리모델링하는 이런 조치들을 통해서 위험한 구역들—예를 들어 뇌대동맥의 분기점, 심장 대동맥의 분기점—이 지금까지 잘 보호되어왔다. 그리고 혈액은 소용돌이 없이 잘 순환되었다. 그러나 유독한 스트레스가 지속되면 스트레스 시스템은 물론 심혈관계 역시 쉴 수가 없다. 지속적으로 고도의 압력을 받고 일하는 뇌는 끊임없이 에너지를 요구하게 된다. 밤에도 이제 수면 모드에서 전형적으로 볼 수 있는 심장박동과 혈압의 저하도 더 이상 나타나지 않는다. 심장은 하루 종일 망치를 두

드리듯 박동하고, 분당 90번 이상 뛸 때도 있다. 뇌가 굶주린 만큼 혈액이 흘러가는 속도도 그만큼 올라가는 것이다.

따라서 맥박이 20년 또는 30년 이상 계속 올라가면, 위험한 지점(동맥의 분기점에서처럼)에서 혈액이 순환하다가 소용돌이를 만드는 것을 더 이상 막지 못한다. 혈관계는 혈류를 다시 안정시키기 위해 입체적으로 변화함으로써 이에 대응하고자 한다. 하지만 이처럼 자체적으로 수리를 해보고자 하는 노력도 한계에 부딪히고 효과를 발휘할 수 없는 시점이 온다. 그러면 적응하는 데 천재적인 재능을 보이는 혈관은 그야말로 병리학적으로 위협적인 자세를 취하게 된다. 즉, 혈관의 빈 공간에 불룩하게 튀어나온 부분이 점점 더 부풀어 올라서, 마침내 혈관을 완전히 막아버리겠다고 위협하는 것이다.[90] 이처럼 병적인 혈관 변화를 의사들은 죽상동맥경화 또는 동맥경화라 부른다. 이른바 혈관의 협착은 위험한 심근경색이나 뇌경색을 알려주는 극적인 경고 징후이다. 이는 수십 년에 걸쳐서 그처럼 위험한 질병이 발생할 수 있다고 알려주는 사건이다. 왜냐하면 과도한 부담을 안은 뇌가 문제나 혹은 갈등을 해결하기 위해 노력하는 와중에 지속적인 흥분 상태에 있었고 최고로 활성화되어 있었기 때문이다. 이것은 처음에는 불확실성으로 시작해 마지막에는 생명을 위협할 수 있는 심장 질환 또는 뇌 질환으로 끝나는 과정이다. 이와 같은 불확실성—어떤 불확실성이든 간에—은 당연히 해결해야만 한다. 왜냐하면 해결만이 이런 극적인 과정을 처리할 수 있는 최상의 방법이기 때문이다.

13 스트레스는 불확실성 제거 프로그램

치료받는 것보다 견디는 게 더 나을 때는 언제일까 • 스트레스는 문제가 아니다—스트레스는 문제를 해결하는 데 도움을 준다 • 〈브레이킹 배드(Breaking Bad)〉—압박을 받는 뇌는 어떻게 새로운 전략을 발견할까 • 왜 최대의 불확실성이 우울증과 심근경색으로 이어지나 • 어떤 연구들이 인과적 추론을 허락하는가 • 운동은 정말 생명을 연장시키는가 • 행동 수정 치료법(behavior therapy)은 제2의 심근경색을 막아준다

"사람들이 치료해서는 안 되는 고통이 있는데, 왜냐하면 그 고통이야말로 더 심각한 고통을 막아주는 유일한 보호막이기 때문이다." 프랑스 작가 마르셀 프루스트의 이 같은 인식은 의대생들이 배우는 교과서에 실릴 만한 내용이다. 그의 아버지 아드리앵 프루스트 교수는 19세기 말 파리에서 가장 영향력 있는 의사들 가운데 한 사람이었다. 때문에 그의 아들이 복잡한 의학적 관계인 원인-효과 관계에서 그와 같은 통찰력을 보여준 것도 놀랄 일이 아니다. 신체는 불쾌하고 때때로 참기 힘들지만 그럼에도 불구하고 이미 회복의 일부라 할 수 있는 일련의 고통을 잘 알고 있다. 염증이 바로 그런 상태들 가운데 하나이다. 우리의 신체는 우리에게 홍반, 종기, 이상 고열, 통증과 해당 신체 부분의 기능 제한을 통해서, 현재 전쟁을 치르고 있다는 점을 분명하게 보여준다. 신체는 우리에게 휴

식과 자신을 소중하게 다뤄주기를 요구하는데, 그래야 최대한 능력을 발휘하고 있는 면역계가 내부에 있는 박테리아라는 적과 싸워서 이길 수 있다. 하지만 이런 상황은 불쾌한 느낌을 주고, 시간도 많이 걸리며 성과를 낼 수 있는 우리의 능력도 감소시키기 때문에, 우리는 더 간단한 방법을 통해서 염증을 물리치고자 할 때가 드물지 않다. 심지어 우리는 이런 태도를 건강을 증진시키는 조치라고 간주하고는 하는데, 신속하게 건강이 좋아진다고 느끼는 까닭이다. 그러나 진실을 말하자면, 오히려 그렇게 함으로써 감염과의 싸움으로 인해 반격을 당해 고통받는다. 이로부터 무슨 일이 생기는지는 환자들에게서 볼 수 있다. 즉, 의사들은 염증 반응에 의한 병적인 쇠약을 보여주는 환자들을 잘 알고 있다. 예를 들어 백혈구 형성에 방해를 받는 암 환자들이다. 백혈구는 신체를 방어해주는 세포이며 염증 반응을 하는 주인공이기도 하다. 백혈구는 박테리아를 죽이는 데 도움을 준다. 그처럼 면역이 약해진 환자들의 경우에 병균을 죽이는 데 더 오랜 시간이 걸린다. 그리고 병균이 끝내 항복하지 않고 조직에 점점 더 퍼질 위험이 있으며, 이는 농양(膿瘍: 화농성 염증이 조직 내에 생겨서 그 부분의 세포가 죽고 고름이 생기는 질환—옮긴이)이 생기게 만들 수 있다. 하지만 이런 일은, 염증 반응이 문제가 있거나 약에 의해서 방해를 받을 경우에도 발생할 수 있다. 패혈증의 경우에는 위험할 가능성이 더욱 분명해진다. 패혈증의 경우 병원체가 혈액이 순환할 때 같이 돌면서 통제할 수 없게 신체에 퍼진다. 이럴 때도 역시 고열과 일반적인 병의 자각과 같은 보편적인 염증 징후가 전형적으로 동반된다. 이러한 상황에서 의사가 면역계를 무력하게 만드는 약을 처방하면, 아주 신속하게 열을 내리는 효과가 있을 것이다. 그러나 박테리아를 방어할 때 이런 조치를 취하게 되면 끔찍한 효과를 불러올 수 있다. 이제 감염은 완전히 통제권에서 벗어나고,

환자는 생존할 기회가 전혀 없을 수도 있다. 그럼에도 염증 반응 자체가 매우 심각한 경우에 목숨을 위협하는 위기를 몰고 올 수 있다. 이를테면 면역계가 병원체를 대항해서 싸우는 전투에서 스스로 통제하지 못하고 열이 계속 오를 경우이다. 체온이 40도 이상일 때 신체 내의 방어 반응은 그 자체로 생명에 위협이 된다. 개입하거나 개입하지 않거나 이때는 위태롭게 될 수 있는 것이다. 신생아와 어린아이들의 경우 열은 뇌에 발작을 일으킬 수 있다. 나이 든 사람들의 경우 고열 상태는 심혈관계에 과도한 부담을 줄 수 있다. 응급의학에서 이러한 상황은 딜레마이다. 이제 모든 수단을 동원해서 병원체를 제거하려는 시도를 해야 한다. 정맥 내에 투여하며 효능이 아주 좋은 항생제는 그런 시도에 속한다. 또한 외과 의사는 가능하다면 병원체를 수술을 통해서 제거해야 한다. 그런 방식으로만 환자가 생존할 수 있다. 그럼에도 불구하고 마르셀 프루스트는 여기에서 그러한 시도에 대하여 심오한 통찰력을 보여준다. 즉, 염증은 사람들이 치료해서는 안 될 고통인데, 왜냐하면 염증은 우리가 그것보다 더 힘든 고통을 겪지 않게 해주기 때문이다.

이러한 통찰은 흥미롭게도 스트레스에도 적용된다. 하지만 우리는 여기에서 공격에 대한 신체의 반응을 체험한다. 이 공격이란 대부분의 경우 심리사회적 특징이 있지만, 지속적으로 가해지면 인간의 조직을 병원체처럼 해를 입히게 된다. 불확실성은 스트레스 시스템을 소환할 뿐 아니라 이로써 스트레스를 받는다는 느낌과 좋지 못한 분위기도 몰고 온다. 불확실성은 박테리아가 우리의 신체를 감염시키듯 우리의 통제권에서 벗어나 있을 수 있다. 이 경우 스트레스가 바로 그런 불확실성을 방지하기 위한 해답이기도 하다. 스트레스란 뇌가 내놓은 **불확실성 제거 프로그램**인 것이다. 이런 생각을 잘 이해하는 것이 우리가 앞으로 스트레스를 다룰 때 엄청나게 중요하다. 감염되었을 때의 염증과 같이 불확실할 때의 스트레스는 일종의, 우리의 신체 조직이 문제를 어떻게 다루고 해결하고자 하는지를 보여주는 방식인 것이다. 비록 스트레스가 우리에게 불쾌한 느낌을 준다 하더라도, 스트레스는 근본적으로 보면 뭔가 좋은 것이다. 스트레스는 나에게 내가 문제를 인지했으며, 내가 싸우고 있는 중이며, 행동하는 중이며, 해결하고자 하고, 이길 수 있다는 것을 말해준다.

이와 반대로 스트레스를 일관성 있게 막고자 하는 모든 시도는 희망적 관측일 것이며 분명 진정으로 휴식을 취하고 싶은 욕망에 상응한다. 이러한 욕망에도 여지를 주고 특정한 상황에서 스트레스를 방지하는 것도 매우 의미가 있다. 그러나 기본적으로 깔려 있는 불확실성은 결코 해결되지 않는다는 사실을 분명히 알아야 한다. 우리의 스트레스 체계는 진정으로 만족스러운 단 한 가지 방법만 알고 있다. 즉, 진행 중인 문제를 해결하고 이로부터 배우는 것이다. 스트레스를 긍정적으로 경험하고 단편적인 사건을 종결하는 것이다. 두 번째로 좋은 해결책은, 우리의 머리에서 결정을 내리는 위계에서 최상층에 있는 목표를 위한 기대와 우선순위를 바꾸는 것이다. 갈등은 여전히 존재하지만, 우리는 지속적으로 갈등을 다루는 방식을 바꿀 수 있다. 그렇게 하면 스트레스는 견딜 만한 것이 된다. 다른 모든 접근법은 반드시 유독한 스트레스를 낳고 만다. 결국은 전염병에서와 동일한데, 염증이 우리가 싸워야 하는 적이 아니라는 사실이다. 싸워야 할 상대가 박테리아이듯이 우리의 적은 스트레스가 아니라 바로 불확실성이다.

스트레스가 우리를 그토록 불쾌하게 만드는 주요 원인들 가운데 하나는 스트레스가 불러일으키는 나쁜 기분, 불안, 내면의 긴장이다. 이런 게다 뭐냐고 의문을 가질 수도 있겠다. 스트레스를 받는 사건들을 겪고 나서 완전히 지칠 대로 지치기 때문에, 스트레스를 받으면 에너지가 필요하다는 말은 그럴듯하게 들린다. 힘들게 일한 사람은 더 많이 먹어야 하고 더 빨리 지치게 된다는 사실은 누구나 잘 알고 있다. 하지만 불안과 나쁜 기분은 왜 등장했을까? 이런 걸 원하는 사람은 아무도 없을 텐데 말이다. 이미 언급했듯이 감정이란 장기와 관련한 하향식 예측과 장기와 관련한 상향식 예측 오류의 상호 관계에 바탕을 두고 있다(7장 그림 6).[25-27] 따라서 만일 우리가 부정적인 감정을 체험하면, 우리의 행동을 담당하는 엔진이 세상과 신체에 있는 사물을 바꾸기 위해 돌아간다. 이는 우리 장기와 관련한 목표를 위한 기대가 충족되고 이로써 부정적인 감정이 사라질 때까지 지속된다. 이때가 되어서야 비로소 우리는 다시 제대로 편안하게 느낀다. 그럼에도 불구하고 우리는 계속해서 적극적인 스트레스 시스템의 부정적인 증상들을 서둘러 멈추게 하려는 시도를 한다. 담배, 술과 안정제를 통해 그렇듯 부정적인 증상들을 누그러뜨리면서 말이다. 이 모든 성분들은 과열된 스트레스 시스템의 증상을 완화시키는 공통점이 있다. 최소한 나쁜 기분을 일시적으로 벗어나게 해준다. 따라서 그런 성분들은 스트레스로 고통받는 사람들에게 너무나도 유혹적인 것이다.

이 문제를 자주 그렇게 다루고 있듯이, 사람들은 불안과 나쁜 기분을 과열된 스트레스 시스템의 영향을 받아서 원치 않게 발생한 부작용처럼 생각할 수도 있다. 그러나 절대 그렇지 않다. 나쁜 느낌은 나란히 나타난 현상도 아니며 문제의 일부도 아니다. 놀랍게도 나쁜 느낌은 전략과 해결책을 구성하는 본질적인 부분인 것이다. 위(胃)에서 느끼는 불편한 느낌에서부터 연속적인 부정적인 감정을 거쳐, 혼란스러운 공포심을 거쳐서, 나쁜 기분, 불안, 내면의 긴장 등등을 거쳐서 우리의 스트레스 시스템은 이른바 우리의 행동을 점유하게 된다. 인기 있었던 미국 드라마 〈브레이킹 배드〉에서 암 판정을 받은 화학 선생은, 그 유명한 물리학자 하이젠베르크를 떠올리게 하는 성을 가졌는데(화학 선생 "월터 화이트"는 마약조직에서 자신을 하이젠버그로 소개한다—옮긴이), 자신의 가족에게 경제적 도움을 주고자 크리스털 메스(대마초보다 더 강력하다—옮긴이)를 제작하려는 결정을 내린다. 그의 공범자 제시는 한때 제자로, 마약 거래에 몸을 담고 있었다. 두 사람은 동네에서 멀리 떨어진 뉴멕시코의 사막에서 마약을 제조하기 위해 오래된 캠핑카를 이용한다. 이렇듯 소풍 가듯 사막으로 가서 일을 하던 하이젠버그의 공범자는 그만 깜빡하고 캠핑카에 시동 열쇠를 꽂아둔다. 작업을 마치고 집으로 돌아가려 했을 때, 그들은 자동차 배터리가 완전히 나갔다는 사실을 확인하게 된다. 가져왔던 전기 발전기를 돌려봤으나 제시는 또 그것마저 실수로 태워버리고 무용지물로 만들어버린다. 이제 두 사람은 심상치 않은 위급 상황에 처하게 된다. 즉, 핸드폰도 작동되지 않고, 가장 가까운 도로까지는 수 킬로미터 떨어져 있고, 미국에서 가장 덥고 가장 메마른 구역에 갇힌 것이다. 마지막으로 남아 있던 물을 제시는 발전기에 붙은 불을 끄는 데 써버렸다. 냉정하게 생각하는 하이젠버그는 이제 전략들을 따져본다. 도움의 손길을 기다리는 것은 가망이 없어 보이는데, 그 누구도 자신들이 어디에 있는지 알지 못하기 때문이다. 물도 없이 걸어가는 것 역시 해결책이 되지 않는다. 하이젠버그는 제시에게, 자신들을 구해줄 거리에 도착하기 전에 자신들의 신체가 물이 없으면 어떤 식으로 망가지게 되는지 설명해준다. 두 가지 전략은 모두 똑같이 좋은 게 아니다. 시청자들은 시리즈를 보면서 처음으로, 어떻게 될지 하이젠버그도 모르고 있다는 사실을 알아차린다. 하지만 해결책을 발견하는 연습을 많이 한 그의 뇌는 쉽게 포기하지 않는다. 마치 사람들이 그의 생각을 시청하는 것처럼 보인다. 실제로 이런 장면들은 심각한 스트레스를 받았을 때 우리의 뇌에서 일어나는 일을 보여준다. 만일 동원 가능한 모든 전략이 똑같이 형편없고 그에 따라 가능한 해결책이 될 수 없다면, 뇌는 전체를 보다 폭넓게 생각하기 시작한다. 그러면 거의 실현될 수 없고 지극히 옆길로 빠진 가능성도 시험하기 시작하는데, 드문 경우에 미친 것 같은 전략들이 성공할 수 있기 때문이다. 즉, 어마어마한 부채를 진 사업가가, 거액을 딸 수 있는 기회가 그야말로 작다는 것을 잘 알면서도 자신의 지옥을 도박으로 극복하고자 할 수 있다. 이런 예는 물론 지나치게 의도적인 부분이 있기는 하지만 그처럼 "미친 것 같은" 전략의 본보기들 중 하나가 될 수 있다.

하지만 하이젠버그는 그런 예와는 반대로 사막에서 고립된 사람들이 끄집어낼 수 있는 모든 전략을 따져본다. 화학 선생이었기에 그는 물론, 화학 에너지를 전기 분해하여 전기를 얻을 수 있다는 사실을 알고 있다. 그러나 그가 필요한 모든 것을 가지고 있는 것일까? 그렇게 만들어낸 전기와 전압은 자동차 배터리를 충전할 수 있을 정도로 충분할까? 그는 모든 물질을 열정적으로 시험해보고, 그리하여 실제로 성공하게 된다. 처음에는 머릿속으로 시험하고, 그다음에 실행에 옮긴 것이다. 주어진 가능성에서 발전이라는 화학적 과정을 실행하고 그리하여 공범자와 함께 궁지에서 빠져나온다.

이 예는 내가 가지고 있는 전략 목록들 가운데 최고의 전략을 발견할 뿐 아니라, 심지어 나를 위해 또 다른 전략도 스스로 만들어낼 수 있다는 것을 보여준다. 그렇게 하려면 어느 정도의 기본 지식, 뛰어난 사고력, 창의성과 즉석에서 처리할 수 있는 능력이 필요하다. 그러나 뇌가 그럴 수 있으려면 다음과 같은 상태여야 한다. 즉, 긴장 상태에 있고, 에너지로 넘쳐 있으며, 상태가 심각하니 시급하게 해결책이 필요하다는 신호를 지속적으로 보낼 경우에 한해서이다. 이를 위해 스트레스가 존재한다. 때문에 스트레스는 많은 상황에서 우리에게 좋을 뿐 아니라 심지어 생존에 필요하기까지 하다.

그렇지만 만일 그 모든 것이 쓸모가 없을 때는 어떻게 될까? 아무리 생각하고 생각해도 괜찮은 새로운 전략을 떠올리지 못한다면? 그러면 시험할 전략들의 숫자가 점점 더 늘어난다. 그리고 그 전략들은 점점 더 옆길로 새는 것들이다. 혹은 숲에서 길을 잃고 빠져나가려고 하지만 뱅뱅 도는 사람의 경우처럼 깊은 고민들은 늘 동일한 입구에서 멈추고 만다. 건설적인 생각이 결국 파괴적인 생각이 되는 것이다. 이처럼 내면이 빠져 있는 궁지가 병원에서 우울증이라고 부르는 증상이다. 이러한 상황에서 불확실성의 정도는 견딜 수 없는 수준일 수 있다. 즉, 우리의 뇌는 문제를 해결하기 위해 자신이 가지고 있는 최고의 전략들로부터 차단되어 있기 때문이다. 그것은 바로 예측에 따른 검색으로, 모든 가능성들 중에서 가까운 미래에 감당할 수 있다고 증명되는 행동을 결정하고자 하는 능력 말이다. 우리가 더 이상 예측해서 결정할 수 없으면, 우리의 뇌는 술래잡기 놀이를 하는 상태가 된다. 그러니까 더 이상 누구도 잡을 수 없는데, 놀이에 참여한 모두가 술래도 모르는 사이 이미 방을 나가버렸고 그리하여 술래는 헛되이 사방을 돌아다녀도 허공만 잡을 뿐이기 때문이다. 이미 우울증을 앓아본 사람이라면 누구나 탈출구도 없고 절망에 빠진 느낌이 얼마나 파괴적인 작용을 할 수 있는지 잘 알 것이다. 감염이 되면 병원체의 증가를 통제할 수 없다는 것이 가장 끔찍하다. 그런데 스트레스에 중독되었을 때 우리가 예상할 수 있는 가장 끔찍한 경우는, 불확실성이 최대의 수치에 달하고 그 결과로 우울증을 앓게 될 가능성에 있다.

따라서 유독한 스트레스는 한편으로 우리의 뇌를 지속적인 스트레스 상태로 몰아넣고, 다른 한편으로 장기적으로 우리의 혈관 시스템에 적응해야 한다는 압박을 강력하게 줌으로써 언젠가는 과도한 부담을 주게 된다. 그 결과 얻게 되는 심각한 질환이 심근경색이다. 심근경색의 맥락에 관해서는 이미 이전 장에서 다루었다.

심근경색을 앓았던 환자들을 치료할 때 이와 같은 맥락에서 새롭고도 중요한 질문을 하게 된다. 새로운 태도 전략들을 배움으로써 두 번째 심근경색의 위험을 얼마나 낮출 수 있을까? 유독한 스트레스는 실제로 부분적으로만 해결될까 아니면 완전히 해결될 수 있을까?

스웨덴에서 총 600명의 환자를 대상으로 한 연구를 통해 연구가들은 바로 이와 같은 질문에 대하여 감당할 만한 답을 발견하고자 했다.[91, 92] 이것은 이른바 무작위 대조 시험(randomized controlled trial, RCT)에 해당된다. 다시 말해 이 경우에 환자를 두 그룹으로 나누었는데, 모두 첫 번째 심근경색을 이겨낸 환자들이었다. 이 두 그룹의 환자들은 근본적으로 다른 방식으로 치료를 받아야 했다. 누가 어떤 그룹에 속하게 될지는 추첨으로 결정되었다. 결과에 대해 언급하기 전에 중요한 생각을 얘기해야겠다. 과학에서는 이처럼 추첨으로 결정하는 방식을 무작위라고 부르는데, 말하자면 우연에 의한 결정이다. 연구를 진행하는 과학자 한 사람이 그룹을 나누게 되면 연구 결과가 조작되거나 왜곡될 수 있는 까닭이다.

무작위 대조 시험은 오늘날 임상 연구 전략들 가운데 가장 훌륭하고 감당할 수 있는 전략이 되고 있다. 무작위 대조 시험의 진행 방식은, 우리가 베이즈 방식으로 작동하는 뇌에서 이미 알게 된, 그러니까 능동적 추론 방식에 상응한다. 과학자가 세상을 체계적으로 변화시키면서(예를 들어 하나의 환자 그룹을 특수하게 치료함으로써), 그는 이 세상을 더 잘 알 수 있다(치료의 효능). 이로써 연구자들은 분명한 질문을 던져서 (우리에게는 숨겨진) 현실을 파악함으로써 근거 있는 의견을 내고 증거를 얻을 수 있다. 무엇이 원인이고 무엇이 효과인지에 대한 증거 말이다. 과학자들은 무작위 대조 시험을 할 때 표준 가운데 표준이라 할 수 있는 황금 표준(gold standard)에 대해서도 이야기한다. 다양한 연구 결과들을 서로 비교할 때 그래도 최종적으로 표준이 되는 게 있고 그것을 아는 게 중요하다. 모순되는 결과가 등장할 때도 드물지 않은데, 엄격하지 않고 느슨하게 계획한 경험상의 연구들은 오차가 발생하기도 하고 중요하지 않은 결과가 나올 수도 있기 때문이다. 대부분의 의학적-임상적 연구들은 관찰 연구에 해당하며(23장 표 6 참조), 그리하여 약간 멸시하는 어투로 "황새 연구"라고 부르기도 한다. 이 개념은 아주 많은 결과가 나오는 우스꽝스러운 경우를 두고 표현한 것이다.

> 사람들은 스웨덴 농촌에 많은 황새가 살고 있고 또한 세월이 흐르면서 많은 아이들이 이곳에서 태어난다는 사실을 관찰했다. 이와 반대로 베를린에서는 황새도 드물고, 태어나는 아이들도 적었다. 여기에서 황새의 등장과 출생률 사이에 통계상의 연관성이 생겨났다. 하지만 이와 같은 관찰로부터 원인과 효과에 대해 사람들은 아무것도 결론지을 수 없다. 황새가 더 많은 아이들이 출생하도록 만드는 원인일 것이라고 추정하는 것은 분명 잘못된 판단일 것이다.

하지만 언론에서 또는 의학 전문 잡지에서 드물지 않게 그런 종류의 잘못된 판단을 접하는 경우는 조금 더 진지하게 받아들여야 한다. 예를 들어, "몸을 많이 움직이는 사람이 더 오래 산다"[93, 94]와 같은 관찰 연구들이 늘 있다. 이 데이터는 맞는 말이다. 그러나 신체상의 움직임이 더 오래 사는 원인이므로 운동을 권장할 만하다는 결론은 물론 허용할 수 없다! 왜냐하면 제3의 요소가 결정적으로 중요할 수 있기 때문이다. 즉, 건강 말이다. 건강한 사람이 많이 움직이고 오래 살 수 있다. 이와 반대로 병든 사람은 침대에 누워 있고 그리고 병으로 곧 죽는다. 이와 같은 질문을 주제로 대규모 무작위 연구를 진행한 결과, 건강에 이로울 것이라고 추측했던 이른바 신체의 움직임이 수명에 영향을 준다는 증거를 얻을 수 없었다.[95] 비록 언젠가 무작위 대조 시험으로부터 운동이 생명을 연장해주는 효과가 있다는 사실을 발견하게 될지라도, 관찰 연구로부터 오늘날 얻어낸 결론은 허용할 수 없을 정도로 잘못된 결론이다. 그럼에도 불구하고 관찰-(황새)-연구는 새로운 자극을 줄 수는 있다. 만일 이 연구가 원인을 설명하기 위한 것이었다면, 결코 수용할 만한 증거를 제공하지 않는다. 많은 대상을 상대로 하는 무작위 대조 시험의 가장 큰 단점은 어마어마하게 비용이 많이 든다는 것이다. 그래서 이런 연구는 상대적으로 드물게 이루어진다. 이 책은 모든 귀납적 결론들은 물론 황금 표준에 따른 무작위 대조 시험을 바탕으로 하고 있다.

스웨덴에서 심근경색 환자들을 대상으로 실시한 무작위 대조 시험처럼 말이다. 한 그룹에서 환자들은 전통적인 치료만 받았다(금연하기, 혈압과 당 수치, 그리고 콜레스테롤을 낮춰줌으로써 위험 요소를 감소시키는 방법). 다른 그룹의 환자들은 이와 같은 전형적인 방법에 따른 치료를 받는 것 외에 인지적 행동 치료도 받았다. 1년에 20시간 동안 불확실과 스트레스를 줄이고자 하는 목적을 가지고 이루어졌다. 정신과 의사들이 진행한 이 행동 치료에서는 무엇보다 감정 조절, 신중, 사회적 능력의 훈련이 중요했다. 장기간에 걸쳐 이루어진 이 연구의 결과는 그 어떤 것보다 분명했다. 즉, 그룹 A(전형적인 치료)에 속하는 환자들은 두 번째 그리고 세 번째로 심근경색을 앓게 되었고 이로 인해 사망했다. 반면에 두 번째 그룹의 환자들(새로운 행동 전략과 문제 해결 전략을 습득)이 심근경색을 또다시 경험하는 경우는 훨씬 적었다.

14

습관화한 사람은 스트레스를 더 잘 견딘다

군소의 습관화로부터 우리는 무엇을 배울 수 있나 • 마지막 희생자: 우리의 목표를 위한 기대 • 스트레스 습관은 무의식적으로 진행된다 • 사람들은 모든 것에 익숙해질 수 있을까—스트레스에도? • 혹독한 데드라인 • 습관화는 주관적 불확실성을 줄여준다 • 낮은 심혈관 위험성

과학에서 놀라운 유명세를 떨친 동물은 그야말로 눈에 띄지 않는 경우가 많다. 광대파리는 유전자 연구를 통해 스타가 되었다. 신경과학에서는 원시 바다우렁이(sea snail)라 할 수 있는 군소(sea hare, 바다에서 토끼를 닮았다고 해서 이렇게 부른다)가 바로 그런 경우이다. 왜냐하면 연체동물의 신경계는 너무 간단해서 검사하기가 아주 좋기 때문이다. 미국의 뇌 연구가이자 노벨상 수상자인 에릭 캔들은 군소로 전형적인 실험을 진행했다.[96] 이를 위해 캔들은 이 동물의 기관 중에서 물을 발사하는 관을 자그마한 막대로 자극했는데, 바로 이 관에 압박에 예민한 세포들이 있는 까닭이다. 그러자 바다 토끼라 불리는 군소는 아가미를 오므리는 반응을 보였다. 흥미로운 점은, 이렇듯 군소가 보여준 보호 반응이 자극을 반복하자 변화를 보였다는 것이다. 물론 반사 반응은 적극적이었으나 훨씬 약화된

형태를 보였다. 마치 이 동물은 자극에 익숙해 있는 것처럼 보였고, 달리 표현하자면 자극에 적응한 듯했다. 이러한 적응을 습관화(habituation)라고 부른다. 따라서 습관화란 학습해서 행동이 적응한 것이라 할 수 있는데, 개체는 반복되는 자극에 대하여 반응을 점차 줄이다가 결국 반응을 중지하게 된다.

우리 인간도 습관화를 잘 알고 있다. 어떤 도시로 휴가를 떠나서 시끄러운 거리에 있는 호텔방을 잡았을 때, 며칠은 잠을 설치지만 그 이후에는 소음에 익숙해져서 잠을 잘 잘 수 있다. 우리가 일상에서 어떤 일에 익숙해지거나 습관화되는 경우는 수도 없이 많다. 하지만 습관화의 형태 가운데 하나는 뭔가 특별하다. 바로 스트레스에 습관화되는 경우이다. 우리의 스트레스 시스템이 반복해서 동일한 스트레스 유발 인자에 노출되었을 때 스트레스 습관화가 등장한다. 원리는 군소의 경우와 비슷한데, 물론 우리 인간의 신체 기관과 사회 환경은 훨씬 더 많고 복잡한 스트레스 유발 인자를 접하게 되지만 말이다. 습관화와 관련해서 기본적으로 던지게 되는 질문은, 전형적으로 반복에 의한 반응 약화는 방어 기제로 인한 것인가 아니면 잘 짜여진 (중앙) 계획에 의해 나타나는가이다. 우리는 이미 우리의 뇌가 베이즈 방식으로 구성되어 있음을 알고 있다. 그러니까 예측 오류와 지각적 추론 및 능동적 추론이라는 원칙에 따라 움직이고 있다고 말이다. 실제로 습관화가 베이즈 방식의 모든 특징들을 제시해 준다는 견해를 지지하는 실험적 증거도 있다.[97, 98] 우리는 앞으로 스트레스 습관화를 베이즈 방식의 뇌라는 배경에서 어떻게 더 잘 이해할 수 있는지를 경험하게 될 것이다.

스트레스를 지속적으로 받을 때 이를 다루는 방법은 기본적으로 두 가지가 있다. 하나는 상황을 견디고 원인이 되는 문제를 해결하기 위해 계속 시도를 하는 것이다. 아직 습관화되지 않은 사람이 지속적인 스트레스 상황에 빠져 있을 경우에 바로 그렇게 한다. 또는 새로운 부담에 적응하고 스트레스를 보다 더 잘 견디는 것이다. 스트레스를 습관화한 사람들의 능력이 바로 그것이다. 만일 최신 상태와 달성 가능 상태에 대한 우리의 기대가 적절하게 충족되지 않으면(혹은 더 이상 충족되지 않으면), 문제들은 지속적인 스트레스 유발 인자가 될 수 있다. 마지막 방법으로 우리는 목표 상태를 의문시하면서 불확실성을 줄일 수 있다. 이러한 선택은 마지막 선택으로 볼 수 있는데, 우리에게 1순위에 속하는 선호 또는 목표(보통 모든 수단을 동원해서 붙들어놓는)에 대한 수정안이 포함되어 있기 때문이다. 여기에서 결정적으로 중요한 것은 스트레스 습관화는 무의식적으로 진행되는 과정이라는 사실이다. 지속적인 스트레스를 받고 이를 습관화한 사람에게 바로 이처럼 목표를 위한 기대를 수정하는 일이 일어난다고들 한다. 이런 사람은 갈등을 해결할 수 없고, 그렇다고 성과 없이 지속적으로 마찰하기도 싫기 때문에, 남은 마지막 선택은 목표를 위한 기대를 바꾸는 수밖에 없다. 조금 더 구체적으로 표현하자면, 수용할 수 있는 목표 상태의 숫자를 늘리는 것이다. 이는 대체로 다음과 같은 내용을 의미한다. 즉, 덜 매력적인 상태에 만족하고 그 대신에 어쩌면 보다 더 고상하고, 명성을 가져다주는 목표를 허용은 하되 더 이상 모든 수단을 동원해서 추구하지는 않는다. 그렇게 해서 사람들은 스트레스라는 덫에서 빠져나오는 것이다.

보다 광범위하게 스트레스가 잠재되어 있는 곳은 바로 노동계이다. 이곳에서는 늘 참고 견딜 것인가 아니면 적응해야 하는가라는 의문이 등장한다. 자, 어떤 상황을 가정해보자. 노동자라면 누구나 비슷한 일을 경험했으리라 본다. 사장이 직원들을 호출해서, 유감스럽지만 중요한 고객 한 명이 정말 짧은 기일 내에 중요한 과제를 해결해달라고 했다고 말한다. 사장은 이해해달라고 부탁은 했으나, 작업은 기일 내에 정확하게 해결해줘야 하며, 더 많이 일하고 심지어 초과 근무를 해서라도 그렇게 하라고 한다. 노동자들은 이처럼 시급한 고객의 주문을 이해해줄 수도 있다. 사장은 회사의 성공이 직원 개인들의 이익과도 매우 밀접하게 연관되어 있음을 암시한다. 사장이 모여 있던 직원들에게 성공하기를 기원한다는 말을 남기고 자리를 뜬 다음 직원들은 자신들이 해결해야 한다는 과제를 보다 정확하게 들여다보았다. 또한 보통 자신들이 21일이 걸려서 완성하는 일을 고작 14일 만에 해결하라는 주문 내용이 도대체 자신들에게 어떤 의미가 있는지 어림잡아 가늠해보았다. 르네는 신임을 받는 직원이다. 그가 이 상황을 분석하는 동안, 그의 스트레스 시스템이 속도를 낸다. 아드레날린과 코르티솔이 혈류에 넘쳐나는 사람은 그 한 사람만이 아니다. 그의 뇌는 절약 모드에서 최고 활성화 모드로 전환된다. 그는 어떻게 할 수 있을지 아직 모르고 있다. 그의 목표를 위한 기대는 "기한에 맞춰 일을 끝내고 싶다!"이다. 이 말은 14일 내에 일을 끝낸다는 뜻이다. 닐스와 팀이 되어 일하면 최소한 19일에 끝낼 수 있고, 얀과 일하면 21일, 그리고 혼자서 하면 23일이 소요된다. 하지만 이 모든 옵션은 주어진 기한을 맞출 수 없다. 르네가 어떤 전략을 선택하든 상관없이 자신에게 할당된 프로젝트의 일부를 적시에 제출하기에는 위험 요소가 따른다. 이를 숫자로 표현한다면, 일을 끝내야 하는 시점인 데드라인을 지나쳐버릴 위험성은, 닐스와 팀으로 하면 대략 70퍼센트, 얀과 하면 80퍼센트, 혼자서 하면 90퍼센트에 달한다. 이 세 가지 전략은 위험성이 높을 뿐 아니라, 두 번째로 좋은 전략이 최고로 좋은 전략과 거의 구분이 되지 않을 1.1로 거의 차이가 나지 않는다. 따라서 르네는 최고로 불확실한 상태에 처해 있고, 이제 무엇을 해야 좋을지 알 수 없다. 지극히 불확실해지자 그의 뇌는 해결책을 찾기 위한 긴급 프로그램을 작동시킨다. 스트레스 시스템은 뇌의 에너지 수요가 높아지자 이를 해결하기 위해 뇌에 에너지 공급을 늘린다. 르네는 닐스와 함께 팀이 되어 일하기로 결정했다. 그들은 최선을 다했고, 밤에도 거의 잠을 못 잤다. 그리하여 이들은 17일 후에 작업을 완료했다. 너무 늦었다! 하지만 뜻밖에도 고객 측에서 지체하는 일이 생겨 마지막 순간에 거래가 성사되었다.

하지만 이렇게 해서 르네에게 배당된 일이 최종적으로 해결된 것은 아니다. 그는 앞으로 비슷한 상황이 발생하리라 예감한다. 그의 상관은 공공연하게, 직원들의 생산성과 부담을 상향 조정하는 계획을 짠다. 이것은 바로 얼마 전에 기업 컨설팅 회사가 르네의 회사를 처음부터 끝까지 조사한 것과 관련이 있을 수 있다. 원래 르네는 앞으로 2년 안에 승진하려고 했다. 그러나 불확실하고 스트레스만 잔뜩 받는 날들을 보내고 작업 완료 기간도 줄어들자 그의 뇌에서는 어떤 일이 발생했다. 그의 목표를 위한 기대를 대표하는 뇌의 일부인 vmPFC(복내측시상하핵 전전두엽 피질)에서 스트레스 호르몬 코르티솔의 방출이 많아지자 업데이트가 이루어진 것이다. 이른바 목표를 위한 기대에 대한 업데이트가 일어났다. 이미 말했듯이, 개인적인 목표를 위한 기대란 우리에게 신성하기까지 하다. 그러니 쉽게 희생시킬 수 없다는 말이다. 그러나 스트레스를 심하게 받게 되면 목표를 위한 기대도 영향을 받을 수 있다. 그것도 **무의식적으로**! 목표들이 이처럼 업데이트되는 것이 바로 스트레스 습관화의 기초라고 이해할 수 있다. 르네는 습관화했다(그림 15 참조).

몇 주 후에 사장이 또다시 앞서와 비슷하게 시일이 급박한 일거리를 가지고 온다. 이번에 작업을 완료해야 하는 시점도 14일 후였다. 하지만

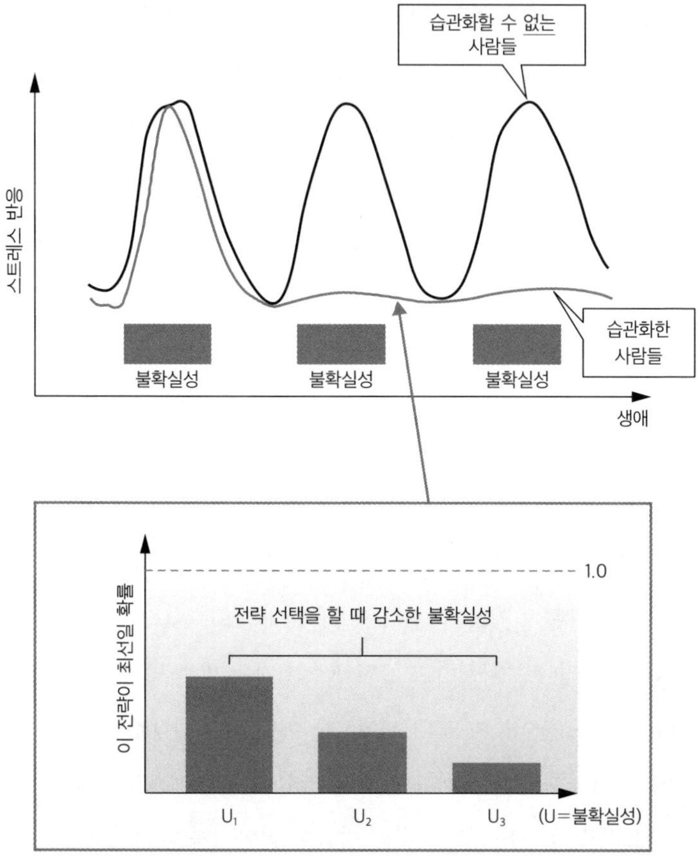

그림 15: 스트레스 반응의 유전적 패턴. 습관화할 수 있는 사람들이 만성적으로 부담을 받는 상황에서 살면, 그들의 스트레스 반응은 반복해서 약화되는 모습을 보여준다. 시간이 가면서 이들은 약화된 스트레스 반응을 보인다(신경내분비, 심혈관계, 신경 활동성에 있어서 혹은 감정적으로). 이와 반대로 습관화할 수 없는 사람들은 스트레스 반응으로 그처럼 적응을 하지 못한다. 이들은 부담스러운 상황에서 살아가게 되면, 늘 심각한 스트레스를 받는 반응을 보인다. 비슷한 종류의 스트레스 실험〔트리어 대학에서 실시한 트리어(Trier) 소셜 스트레스 테스트〕을 반복했을 때, 참가자들은 코르티솔 반응에서 습관화를 하거나 습관화하지 않는 것으로 나타났다. 아래: 습관화를 한 뒤에 당사자들은 보다 수월하게 최상의 전략을 선택한다(설명은 본문 참조).

르네는 그사이 뭔가 변했다. 그는 더 이상 과거의 자아가 아닌 것이다. 기한 내에 작업을 완성하겠다는 목표를 위한 기대를 느슨하게 설정함으로써—이제 르네에게 21일이라는 기한도 충분히 수용 가능하다!—가능한 옵션을 선택했을 때 위험 부담도 새롭게 정해진다. 즉, 새로운 목표(21일—더 긴 시간)를 놓쳐버릴 위험은 닐스와 함께 일할 때 10퍼센트, 안과는 20퍼센트, 혼자 일하면 30퍼센트이다. 이렇듯 새로이 설정한 위험 부담에서 르네에게는, 닐스와 함께 일하는 것을 결정하는 게 훨씬 더 간단해진다.

- 왜냐하면 한편으로 새로운 목표를 놓쳐버릴 위험 부담이 적기 때문이다(가장 탁월한 전략으로 10퍼센트).
- 다른 한편으로 이 전략은 선호하는 전략인데, 이 전략이 나머지 두 가지 전략과 차별화가 쉽게 되는 까닭이다. 두 번째 전략(20퍼센트)은 최고의 전략에 비해서 여전히 두 배나 높은 위험 부담을 안고 있고, 세 번째 전략의 위험 부담은 세 배가 높기 때문이다.

스트레스를 습관화한 이후에 르네는 불확실성과 스트레스를 훨씬 적게 받는다(그림 15 아래). 따라서 그의 스트레스 호르몬은 아무리 사장이 상당한 압력을 가하더라도 동일한 압박이 반복되면 거의 상승하지 않는다. 이로써 르네의 적응 패턴은 원칙적으로 군소의 패턴과 비슷해 보인다. 즉, 그의 반응은 반복적인 자극을 통해 약해진다.

물론 르네의 사장은 이런 행동을 그다지 반기지 않는다. 사장이 또다시 짧은 기한 내에 완성해야 하는 과제를 요구하자, 르네와 닐스는 데드라인 내에 과제를 완성하지 못한다. 르네는 사장에게 이와 같은 업무 지시는 따를 수 없다고 설명한다. 아무리 노력해도 자신들에게는 한계가 있다고 말이다. 사장은 이제 자신의 고객에게 일이 지체되는 이유를 설명해야만 하는, 이른바 불쾌한 상황에 빠진다. 사장은 앞으로 르네가 탁월한 성과를 보여줄 일은 없을 것임을 안다. 사장은 분명 르네를 승진시켜주지 않을 것이고, 오히려 턱없이 쉬운 업무를 맡길 것이다. 이로써 르네는 불확실성과 스트레스에는 적게 노출되지만, 이와 같은 상황에서 승진할 기회는 낮아질 것이다.

하지만 르네와 비슷한 상황에 있는 사람들에게 이것은 구체적으로 어떤 의미일까? 이것은 우리가 다음과 같은 선택을 할 수 있는 것처럼 보인다. 즉, 우리는 지속적인 스트레스를 받아야 할 것인가, 아니면 그것에 습관화될 것인가? 하지만 정말 그럴까? 우리는 적응과 멈출 수 없는 스트레스 중에서 하나만 선택할 수 있을까? 답은, 반드시 그렇지는 않다는 것이다. 우리가 스트레스를 받을 때 쉽게 습관화되느냐 그렇지 않느냐는 유전적인 요인 때문으로 보인다.

이는 전형적인 습관화 실험에서 더욱 분명해졌는데, 그러니까 자발적으로 참여한 피험자들이 며칠에 걸쳐서 부담스러운 시험 상황에 반복적으로 노출되는 실험이었다.[99] 사장과 직원에 관한 사고(思考) 실험에서처럼 실험에 참여한 사람들 가운데 일부는 다섯째 날 마치 첫날에 받았던 만큼의 스트레스를 받았으나, 다른 사람들은 습관화시키고 이로써 코르티솔 수치가 눈에 띄게 줄어들었다. 인류 가운데 몇 퍼센트가 유전적으로 보다 쉽게 습관화하는지에 대해서는 정확하게 대답할 수 없다. 물론 습관화를 전형적으로 실험한 결과를 보면, 피험자들 가운데 3분의 2가 반복되는 스트레스를 습관화하고, 반면에 3분의 1은 반복적인 스트레스 유발인자에 격렬하게 반응하는 것으로 나타난다. 이와 같은 현상은 어쨌거나 뇌 생리학적으로 잘 검사를 하고 있다. 습관화의 경우, 스트레스 시스템이 반복되는 동일한 스트레스 유발 인자에 얼마나 강력하게 반응하는지에 대해 새롭게 배운다. 이는 과도하게 높은 코르티솔의 영향을 받아서, 그리고 이와 동시에 신체 자생의 카나비노이드(다양한 화합물의 한 종류로, 식물성 카나비노이드는 대마초와 다른 식물에서 발견된다—옮긴이)의 영향을 받아서 일어난다.[100-102] 신체 자생의 카나비노이드는 대마의 작용 성분과 아주 유사하다. 습관화한 사람은 하나의 상황을 견딜 만한 단계로 분류하는 법을 배운다. 따라서 스트레스로 인해 긴급 프로그램을 작동시킬 필요가 없는 것이다. 대마초의 스트레스 해소 효능은 잘 알려져 있으며 대마초를 이용하는 사람들도 바로 그것을 원한다. 하지만 대마초라는 마약은 몽둥이와 같아서 스트레스 시스템의 효능을 완전히 때려서 마비시키는 반면에, 신체 자생의 카나비노이드는 매우 정교하고도 선별적으로 작용한다. 이 점을 알아두는 것이 무엇보다 중요한데, 왜냐하면 습관화를 현상으로 올바르게 이해하는 게 도움이 되는 까닭이다. 카나비노이드-유도된 습관화는 항상 전문적이고 오로지 특정 자극이나 특정 상황과 관련해서만 발생한다. 따라서 사장이 규칙적으로 직원들에게 부차적인 노동을 하라고 요구하면, 습관화에서 이처럼 특수한 상황과 관련해서만 목표의 적응이 일어나며, 이런 특수한 상황이 반복될 경우에만 해당된다. 예를 들어 이 회사에 다니는 직원이 취미 활동으로 등산을 갔다가 위기에 처하게 되면, 그는 평생 확고하게 지니고 있던 목표를 위한 기대(다치지 않고 집으로 돌아가기)를 떠올리고, 그의 스트레스 수치는 그와 같은 위급 상황이 일어날 것에 대비하지 않은 다른 사람들의 경우와 마찬가지로 올라간다. 따라서 어떤 특정한 스트레스 상황을 습관화한 사람이라 할지라도 다른 스트레스 상황에 처하면 자동적으로 습관화된 반응을 보이지 않는다는 것이다. 습관화는 삶의 모든 영역에 자동적으로 적용할 수 있는 원칙이 아니라는 말이다.

그러나 지속적인 스트레스를 다루는 전략이 왜 그다지도 다양할까? 왜 우리는 모든 것을 습관화하지 않을까? 이와 관련하여 멋진 논쟁들이 있다.

스트레스 상황에 잘 빠지는 사람들은 동맥경화와 심혈관질환으로 인해 사망할 위험 부담이 매우 크다. 이와 반대로 스트레스 상황에 잘 빠지지 않는 사람들은, 비록 황량하고 불모지 같은 환경에 처한다고 하더라도 심혈관질환으로 사망할 가능성이 매우 낮다. 습관화하는 사람은 뇌혈관 사건과 심혈관 사건을 겪을 위험이 매우 낮다[103-106](12장 "산골의 시냇물" 참조). 습관화는 유독한 스트레스를 막는 데 효과적인 요소로 증명되기는 하나, 일련의 단점도 있다. 이런 단점들은 사람들이 알아차리지 못하는 사이에 살금살금 삶에 영향을 미친다.

15

습관화한 사람은 성과, 재교육, 행동에 제한을 받는다

호숫가에 집을 짓고 사는 꿈 • 성과를 잘 내지 않는 사람은 뇌 에너지를 절약한다 • 아타락시아 또는 마음이 평온해지는 기술 • 스트레스가 사람을 죽이면: 과로사 • 코르티솔을 통한 재교육 • 습관화 또는 엔도카나비노이드 • 산을 즐기는가 아니면 높은 산만 고집하는가—목표의 문제

나는 여기에서 태어났고 거리를 돌아다니지.
동네 사람들도 다 알고, 모든 집과 가게도 잘 알아.
……그리고 내 뒤에 있는 세상은 서서히 작아지지만
……하지만 내 앞에 있는 세계는 나를 위해 만들어졌어, 흠……
길을 끝까지 따라가면 호숫가에 집이 한 채 있지.
오렌지 잎들이 길 위에 떨어져 있어.
나는 스무 명의 자식들이 있고, 내 아내는 예쁘기 그지없지.
흠, 모두들 지나가니까, 나는 나갈 필요도 없어.

2008년 페터 폭스(Peter Fox: 1971년 서베를린에 태어났으며, 레게와 힙합 음악을 한다—옮긴이)는 이렇듯 긴장을 풀어주는 노래 가사로 그해에 엄청나게 히

트를 쳤다. 바닷가에 있는 집이라는 노래로 그는 쿨함, 고향, 스트레스가 없는 성공과 시골에서 가족이 함께 사는 낙원이 두루 섞여 있는 삶의 양식을 찬양했다. 이것은 모든 것이 성공한 것처럼 보이는 꿈같은 삶이 아닐 수 없다. 자신이 있어야 할 곳을 발견했고, 사랑하는 사람들로 둘러싸여 있다. 호숫가의 집은 사람들이 언제라도 떠날 수 있는 세상을 버리고 돌아가는 장소이다. 하지만 왜? 이와 같은 판타지에는 경제적인 근심 따위는 존재하지 않는데, 그런 걱정이 있다면 그렇듯 목가적인 삶을 누릴 수 없다. 만일 이렇게 자문한다면, 그러니까 바닷가에 땅을 가지고 있는 집주인이 어떤 그룹에 속하는지 물어본다면—습관화를 한 뒤에 견딜 만한 스트레스만 받는 사람인지 아니면 유독한 스트레스를 받는 사람인지—대답은 둘 다 아니다. 페터 폭스든, 아니면 노래 가사에 나오는 주인공이든, 그는 분명 스트레스를 받을 때가 드물며, 만일 스트레스를 받는다 하더라도 신속하게 여유를 되찾기 위해 스트레스를 긍정적으로 해결할 것이다. 다시 말해, 좋은 스트레스를 받는다. 어쩌면 이 주인공은 이웃이나 딸과 견해의 차이는 있을 것이다. 그러면 서로 논쟁을 펼치다가, 잠시 흥분하지만 저녁이 되면 서로에게 유익한 칭찬을 하거나 해결책으로 화해를 한다. 바닷가 집에 사는 사람은 바로 그런 종류의 스트레스를 받을 것이라 상상할 수 있다. 그러나 우리들 대부분은 근심과 스트레스를 받으며 이 하루를 또 어떻게 보낼지 고민한다. 잘 보내기 힘들겠지만 말이다. 폭스가 이 가사에서 노래한 여유 있고 걱정 없는 성공적인 모습이, 보통 때면 특이하게 들릴 노래가 엄청나게 히트를 한 이유들 가운데 하나일 것이다. 왜냐하면 많은 사람들이 호숫가에서 긴장을 풀고, 걱정 없이 안정적으로 살아가는 꿈을 꾸기 때문이다.

하지만 페터 폭스가 노랫말로 그려놓은 삶은 우리가 드물게 경험하는 모습이다. 기본적인 전제 조건들이 이루어지더라도, 사람들이 반드시 자신의 성공을 그렇듯 긴장을 풀면서 향유하기를 원한다는 의미는 아니다. 음악의 세계에서 또 다른 예를 들어보자. 이번에는 실제 인물들이다. 비틀스가 1970년에 마침내 해체되었을 때, 네 명의 리버풀 출신의 청년들은 자신들이 꿈꿨던 것보다 더 많은 것을 이루었다. 그들은 엘비스 프레슬리보다 더 성공을 거두었고, 10여 년 동안 팝을 누볐고, 예술적으로도 인정을 받았고, 경제적으로도 아무런 걱정을 할 필요가 없었다. 이 시기에 존 레넌과 링고 스타는 30세, 폴 매카트니는 28세, 조지 해리슨은 27세였다. 이들은 앞으로 살아갈 날이 말 그대로 창창했다. 하지만 너무 일찍 모든 목표를 달성해버린 이들은 무엇을 시작해야 하나? 사람들은 이들 비틀스 멤버가 호숫가에 집을 짓고 살았을 것이라고 추측할지도 모른다. 물론 그들도 이렇게 살려는 시도는 했다. 그러나 네 명 가운데 적어도 세 명은 계속해서 자신만의 명예를 추구하다가 차질을 빚고는 했다. 그러니까 새롭고도 수준이 높은 목표들이었는데, 존 레넌은 비틀스보다 더 나은 아티스트가 되고자 했다. 폴 매카트니는 혼자서도 슈퍼스타가 될 수 있다는 것을 증명해 보이려고 했다. 그리고 조지 해리슨은 폴과 존의 그늘에서 마침내 벗어나려고 했다. 오로지 링고 스타만이 그 모든 것에 전혀 관심이 없는 것처럼 보였다. 물론 그도 곡을 발표했지만 큰 반응을 얻지는 못했다. 오늘날까지도 그는 자신의 가장 좋은 친구들과 함께 공연을 하러 다닌다. 비틀스의 시대(마약이 큰 역할을 했던 시기이기도 한데) 이후 링고 스타는 1981년 본드 걸인 바바라 바흐와 결혼했고 이때부터 호숫가 집에서 살고 있다. 이곳에서 그는 채식주의자로 그리고 마약도 끊고 살고 있다. 다만 링고 스타는 오렌지 잎들이 떨어지는 그런 집을 여러 채 갖고 있는데, 그 가운데 한 채는 몬테카를로에 있고, 로스앤젤레스와 영국 서리에 있는 시골에 각각 한 채씩 있다.

오로지 좋은 스트레스만 받을 것 같은 좋은 삶이라는 이상은 목가적인 상상 그 이상의 것을 숨기고 있다. 그러니까 긴장할 필요 없이 아름다운 빌라에서, 돈 걱정도 하지 않고 주변 사람들로부터 사랑을 받으며 살아간다는 상상이 바로 목가적이라 할 수 있으며, 이런 상상보다 좋은 삶이라는 이상에는 더 많은 것들이 내포되어 있다는 말이다. 이렇듯 목가적인 상상은 이른바 꿈꾸는 버전이라 할 수 있으며, 현실은 혹독한 부분도 있다. 실제로 좋은 스트레스만 받는 삶이란 부(富)나 호숫가 집이 없더라도 가능하다. 그러기 위해 필요한 전제 조건들은 페터 폭스의 노래 가사에 구체적으로 적혀 있다. 도전이나 갈등이 좋은 스트레스가 되기 위한 조건은 다음과 같은 요인에 달려 있다.

1. 내가 살고 일하는 세상은 믿을 만하고, 불확실성도 적다. 갈등은 내가 해결할 수 있으며, 과제들도 내 능력으로 처리할 수 있다.
2. 나는 가족, 친구들 또는 동료들로 이루어진 사회 망을 잘 구축하고 있다. 내 가치는 존중받고 있으며, 내가 하는 일도 인정받고 있다.
3. 나는 생존에 위협을 받지 않으며 생존과 관련해서 걱정을 하지 않아도 된다. 나는 경제적 수단을 충분히 가지고 있고, 걱정 없이 사는 환경에 있다. 나와 내 가족은 건강하다.

이와 같은 조건이 충족되면, 일상적인 요구 사항들은 사적인 영역에서나 직업적인 영역에서나 충족된다. 이럴 경우 갈등이나 수준 높은 요구 사항들이 등장하더라도 우리는 사회적 능력을 구축해서 문제를 해결할 수 있다. 이때 스트레스 시스템이 도움이 된다. 즉, 스트레스 시스템은 문제를 해결하기 위한 에너지와 인지 능력이 더 많이 생길 수 있게끔 일시적으로 불확실성을 증가시키고, 만일 작업이 완성되면 다시금 불확실성을 줄여서 안정을 찾게 도와준다. 이렇게 하면 좋은 스트레스가 느껴진다. 다시 말해, 엄청 긴장을 하지만 결국 매우 만족하게 되는 것이다.

고대 그리스의 에피쿠로스학파에서는 아타락시아라는 개념이 유행했다. 번역하면 흔들리지 않는 정신 혹은 영혼의 평온함이다. 아타락시아는 사람들이 추구해야 할 이상적이자 기본적인 상태로 여겨졌다. 만일 이와 같은 이상에 따라 자신의 삶을 구축하는 데 성공하면, 이 사람은 문제와 힘든 도전, 심지어 운명적인 사건도 잘 헤쳐나갈 수 있다는 것이다. 때문에 아타락시아를 해칠 수 있는 모든 것을 막아야 했다. 예를 들어 어두운 비밀, 온갖 형태의 사기, 배임이나 사랑하는 사람들의 배반이 여기에 속했다. 사회 망을 온전하게 잘 유지하고, 까닭 없이 불확실성이 자신의 삶으로 침범하지 않게 하며, 그리고 자신과 자신의 원칙에 충실하는 것이 바로 아타락시아의 원칙이었다. 좋은 스트레스를 받고 사는 삶 역시 이와 거의 비슷하게 정의할 수 있다.

좋은 삶. 좋은 삶을 영위하는 사람이 생각하는 세상도 역시 좋은 모델의 세상이다. 다시 말해, 이 사람은 자신이 잘 알고 있으며 따라서 확실하게 예측할 수 있는 상황에 있다는 것을 의미한다. 이런 상황에서 그는 최대한 통제할 수 있고 영향력을 행사할 수도 있다. 외부에서 불확실성을 가져올 문제들이 생겨나면, 이 사람은 방해 요소가 무엇인지 파악하고 적극적으로 이를 해결할 준비를 한다. 그는 그처럼 일시적인 불확실성을 늘 해결하고 극복하는 데 성공한다. 바로 세상을 이렇듯 낙관적으로 그리고 있어서 좋은 삶을 살 수 있는데, 이런 삶을 살면 예측을 잘할 수 있는 까

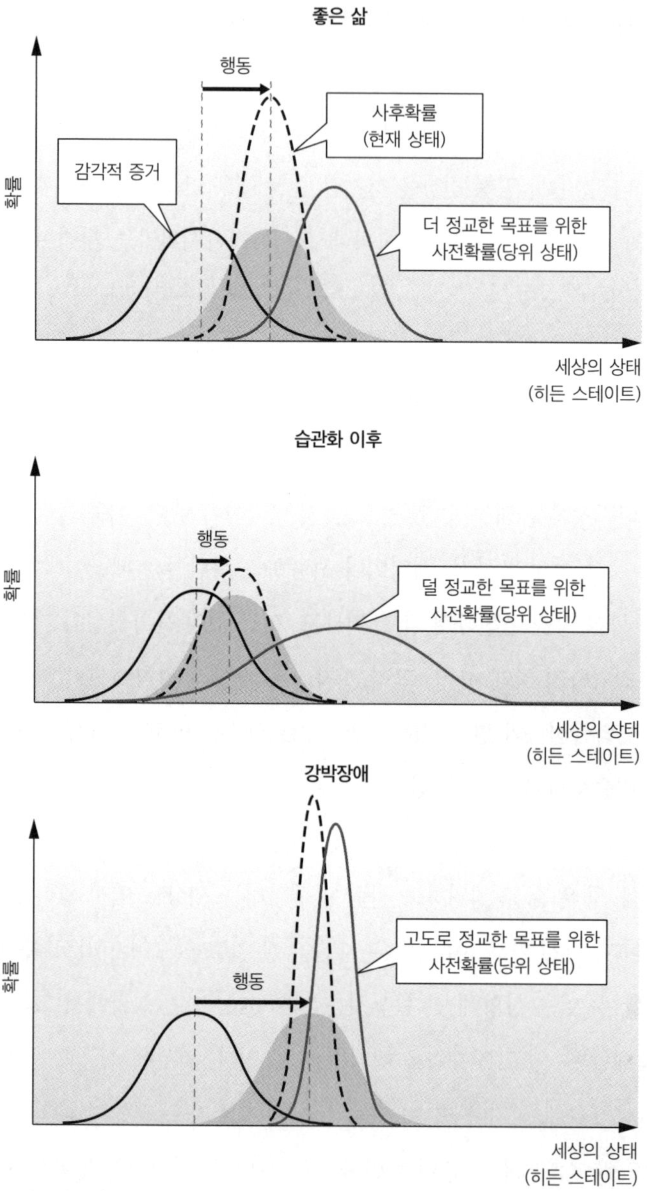

그림 16: 좋은 삶, 습관화 이후와 강박장애를 겪을 때의 지각-행동 사이클 과정. 위—좋은 삶: 지각-행동 사이클 과정에서 우선 지각 업데이트를 하게 된다. 그러기 위해 뇌는 목표 예측

오류와 감각 예측 오류를 최소화하려고 노력한다. 그 결과는 새로운 사후확률(현재 상태, 점선)이며, 이것은 목표를 위한 사전확률(당위 상태, 회색)과 감각적 증거(검은색) 사이에 놓여 있다. 사후확률은 세계의 최신 상태를 인지하는 것을 기호화하고 있다. 이제 지각-행동 사이클에서 행동이 따라온다. 이때 뇌는 세상의 변화로 인해 얻게 된 최신의 감각적 인상을 이미 예측했던 감각적 인상과 균형을 맞춤으로써, 특히 감각 예측 오류를 최소화하려고 한다. 감각적 증거와 사후확률 사이의 간격으로 말미암아 행동이 생겨난다. 즉 감각 예측 오류는 바로 행동의 원동력이다(7장의 그림 7 참조). 이와 같은 방식으로 행동은 감각적 증거들을 바꾼다. 이에 따라 검은색 종 모양의 곡선은 사후확률의 높이에 해당하는 위치(회색으로 채워진 종 모양의 곡선)로 옮겨간다. 좋은 삶을 영위하는 사람은 한편으로 자신이 세상을 어떻게 인지하는지에 대하여 업데이트하고, 다른 한편으로 자신의 행동을 통해서 세상에 적극적으로 영향을 미친다. 가운데—습관화 이후: 습관화는 목표를 위한 사전확률을 덜 비좁게 설정하는데(회색), 다시 말해 목표를 위한 사전확률을 정교하지 않게 정한다. 여기에서는 비교적 단순한 규칙이 통한다. 즉, 사후확률(업데이트)은 항상 보다 정교한(가파른) 곡선이 있는 쪽으로 기울어지는 경향이 있는데, 목표를 위한 사전확률이나 혹은 증거 쪽이다. 습관화의 경우 사후확률(점선)은 감각적 증거(검은색)로 기울어져 있다. 따라서 감각적 증거와 사후확률 사이의 간격은 매우 좁다. 이로써 감각 예측 오류 역시 작아지는데, 바로 우리가 행동하는 원동력이 작아진다는 말이다. 따라서 습관화 이후에 사람들은 행동할 계기가 줄어든다. 아래—강박장애: 강박장애는 고도로 정교한 목표를 위한 사전확률의 바탕에 놓여 있는데, 다시 말해 목표들은 매우 촘촘하게 설정되어 있다. 위에 언급한 규칙에 따라서 사후확률(점선)은 정교하고, 가파른 목표를 위한 사전확률(회색)의 곡선으로 나타난다. 이에 따라 감각 예측 오류는 커지고, 강박장애를 가진 사람들은 끊임없이 행동을 하게 된다(청소, 집 안 정리, 점검 등등).

닭이다. 이런 유형의 사람에게도 스트레스가 가끔씩 타격을 준다. 누구나 살아가면서 몇 가지 경악스러운 사건들은 피할 수 없는데, 사회 망으로부터 지원을 받고 경제적 도움을 받거나 또는 사랑하고 주변으로부터 사랑을 받는 사람이라 할지라도 말이다. 목표를 위한 사전확률로부터 눈에 띄게 멀어지는 증거가 일단 등장하면, 뇌에서는 불확실성 제거 프로그램이 활성화된다. 그리하여 상상과 기대가 업데이트되고, 바탕에 깔려 있던 갈등이 그에 상응하는 행동을 통해 신속하고도 창의적으로 해결되는 것이다. 좋은 삶을 사는 사람은 당황스러운 일을 당했을 때 행동을 추진하는 힘도 좋다(그림 16 위). 편도체와 스트레스 시스템의 활성화로 인해 평소에는 느긋하게 살던 집주인이라도 어느 정도 과격해지는데, 이 사람은 지체하지 않고 용감하게 어려움에 맞서는 것이다. 그리하여 불확실성과 스트레스를 대체로 신속하게 해결할 수 있다. 이런 방식을 체험한 스트레스들은 좋거나 긍정적으로 받아들여진다. 그러면 자존감이 올라간다. 그러면 좋은 스트레스를 주는 일시적인 사건들은 상대적으로 긴 휴식 기간과 반복해서 등장하게 된다. 그러면 뇌의 에너지 신진대사가 눈에 띄게 좋아진다. 호숫가 집에서 사는 삶이란 대체로 좋은 삶인데, 뇌가 가장 좋아하는 상태에 있을 때가 많은 까닭이다. 바로 절약 모드에 있기 때문이다. 자주 등장하는 좋은 스트레스는 뇌의 에너지 소비를 약간 올려준다는 의미일 따름이다(그림 17 위. 그림 17 참조).

하지만 이보다 더 어렵게 사는 삶의 세계로 돌아가보자. 그러니까 불확실성이 지배하는 세계 말이다. 직장, 부부 관계, 아이들과 가족, 경제적 상황과 사회적 지위와 관련해서 갈등이 생기고 이로 인해 불확실성이 지배하는 상황이 생겨난다. 우리는 이와 관련해서 이미 여러 차례 지속적인 스트레스가 뇌와 이를 당하는 사람들의 삶에 미치는 어마어마한 영향을 설명했고, 어느 정도 기간이 지나면 뇌가 습관화하거나 그렇지 않는다는 사실을 확인한 바 있다. 이제 이와 같은 반응들이 사람들이 행동하게 하는 원동력에 얼마나 다양하게 영향을 주는지를 보다 자세하게 살펴볼 시간이다.

유독한 스트레스—습관화가 되어 있지 않은 상태. 많은 사람이 습관화시킬

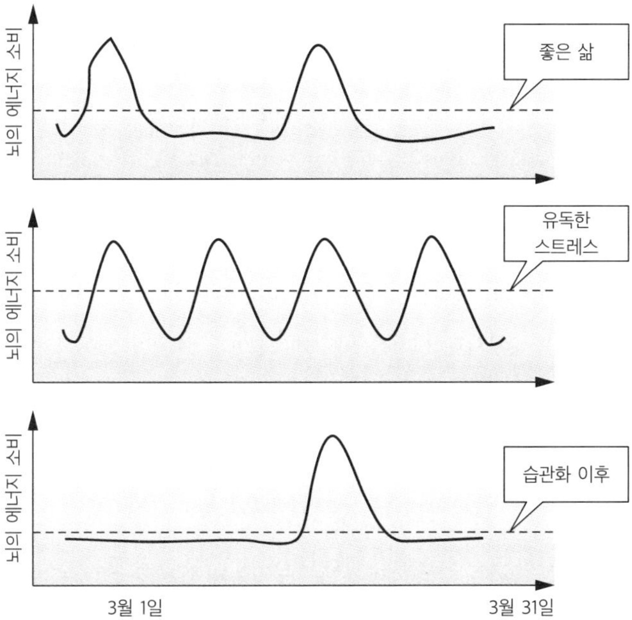

그림 17: 좋은 삶, 유독한 스트레스를 받는 삶, 습관화 이후 뇌가 소비하는 에너지. 좋은 삶: 좋은 스트레스를 받는 짤막한 사건들은 비교적 그것보다 오래 지속되는 휴식기와 번갈아 등장한다. 좋은 스트레스를 받는 사건들이 발생하면 뇌의 에너지 소비는 잠시 증가한다. 중간에 뇌는 절약 모드에 들어가고 그리하여 스트레스를 받는 시기에 비해서 눈에 띄게 에너지 소비가 줄어든다. 뇌가 소비하는 평균 에너지(점선)는 좋은 삶에서는 약간 높다. 유독한 스트레스: 뇌가 소비하는 에너지는 반복해서 또는 지속적으로 강력하게 늘어난다. 절약 모드에 있는 휴식 기간은 조금밖에 없거나 전혀 없다. 뇌가 소비하는 평균 에너지(점선)는 상당히 높다. 습관화 이후: 특정 상황에 처하면 습관화로 인해 스트레스 반응은 떨어진다. 스트레스 반응을 보여줄 수 있는 능력을 그래도 유지할 수 있는 상황은 삶의 영역에서 조금밖에 없다. 뇌가 소비하는 평균 에너지(점선)는 낮으며 거의 절약 모드 수준에 있다.

수가 없다. 그러니까 상당히 오랜 기간 동안 스트레스를 많이 받는 상태에 있으며, 장기간 유독한 영향을 미칠 수 있다고 증명된 지속적인 스트레스를 받고 있는 사람들이다. 일본의 회사에서는 이와 같은 현상이 하나의 작업하는 자세로 굳어졌는데, 유독한 스트레스가 전염병처럼 직원들을 죽음으로 몰고 갈 정도로 변질되기도 했다. 일본 말로 "과로사"는 노동시간을 지극히 "자발적으로" 늘리는 바람에 과로로 죽는 경우를 표현한 것이다. 몇 달 동안 혹은 몇 년 동안 과로하는 경우도 있다. 과거에는 이 같은 자발적 착취가 많은 회사에서 지지를 받았으며, 심지어 장려되기도 했다. 과로사로 가족을 잃은 가족들의 끓어오르는 불만이 표출된 이후부터 많은 회사에서도 생각을 바꾸게 되었다. 하지만 노동자들에게 정해진 작업 시간만을 강요하는 일은 쉽지 않았다. 왜냐하면 노동자들이 점점 더 많은 성과를 내고자 하는 목표를 추구하는 경우가 많았기 때문이다. 그리하여 몇몇 회사는 컴퓨터를 투입시키면서 노동자들이 정해진 작업 시간을 준수하도록 강요했다. 그런가 하면 사무실에 드론을 띄워서 퇴근 시간을 시각적 신호나 청각적 신호로 알려주는 회사도 있었다.

이 예를 보면, 스트레스라는 소용돌이에서 벗어나는 습관을 가지는 것이 사람들에게 얼마나 어려운지를 알 수 있다. 그들은 스트레스 시스템이 점점 더 짧은 간격으로 활성화되는 다이내믹한 과정에 들어가 있는 것이다. 이는 그래프에서 경사가 심하게 변하고 있는 사인 곡선처럼 보인다(그림 17 가운데). 습관화할 수 없는 사람의 뇌는 규칙적으로 또는 영원히 노르아드레날린이 넘쳐나며, 이로 말미암아 각성 상태에서 잠을 이루지 못한다. 이런 상태는 또한 코르티솔의 수치를 높이고, 그러면 뇌는 알고 있는 것과 다른 것을 배우고자 하는 마음의 준비를 단단히 한다. 그와 같은 구조로 되어 있는 뇌는 심각한 스트레스의 원인을 해결하기 위해서 지속적으로 업데이트를 하고자 한다.

상위 목표를 위한 사전확률은, 해결책을 통해서 도달해야만 하는 상태(당위 상태)를 표시한다. 습관화할 수 없는 사람들의 특징은 상위에 있는 목표들이 바위처럼 단단하게 버티고 계속 변하지 않는다는 것이다. 예를 들어 어떤 대가를 치르더라도 정해진 시점까지 완성해야 하는 특정 프로젝트를 들 수 있는데, 외부 상황이 부정적이어서 더 많은 시간과 에너지를 들여서라도 반드시 해내야만 하는 프로젝트 같은 것이다. 그러니 달성할 수 있을지 알 수 없고, 그래서 스트레스가 생긴다.

하지만 뇌에는 하위 사전확률도 아주 많은데, 즉 최신의 세상에 대한 우리의 오래된 상상을 말한다. 스트레스를 받으면 이것들은 반복적으로 순환되어 사후확률, 즉 업데이트된 상상에 의해서 대체된다. 유독한 스트레스를 받을 경우에는 이와 같은 사이클(순환)은 좌절로 가득해진다. 왜냐하면 이처럼 무익한 순환 과정을 멈추기 위한 결정적 정보가 부족하기 때문이다. 뇌는 결정적으로 중요한 정보를 새로운 증거로부터 얻어내고자 시도한다. 이상적인 경우에 업데이트가 되면 이와 동시에 문제가 해결된다. 이로써 문제는 해결되었고, 스트레스 시스템은 속도를 줄이게 된다. 그러나 스트레스가 지속되는 한, 새로운 것을 배우고자 하는 자세도 계속된다. 다시 말해, 우리의 오래된 기대를 새로운 기대로 대체할 준비를 할 수 있는 능력이 남아 있다는 것이다. 그리고 새로운 기대는 언젠가 원하는 바의 목적을 달성해야만 한다. 이는 원래 지극히 놀라운 능력이다. 왜냐하면 이런 능력 덕분에 우리는 문제를 새롭게 관찰하고, 새로운 정보를 얻으며 이전에는 인지할 수 없었던 해결책을 발견할 수 있기 때문이다. 바로 이 같은 이유로, 우리가 스트레스를 받은 상태에서는 새롭고 다른 것을 배우고자 한다. 목표를 달성하고자 한다면, 우리가 그렇게 해야 하는 까닭이다. 다른 방식으로 할 수 없기 때문이다. 간단하게 이렇게 말할 수도 있다.

스트레스 유발 인자는 세상에 대한 우리의 기대를 수정하도록 강요하며, 스트레스 시스템은 뇌가 재교육받을 자세를 높이도록 도와주게 한다.

이제야 분명해졌으리라 본다. 그러니까 그토록 비용이 많이 드는 과정은, 그와 같은 방식으로 정보들을 처리하는 과정은 절약 모드로는 충분하지 않다는 사실 말이다. 문제의 분석, 사고의 전환과 재교육, 다른 말로 표현하자면, "베이즈 방식의 업데이트"를 위해서 뇌는 더 많은 에너지가 필요하다. 그것도 아주 많은 에너지가 필요하다. 베이즈 방식으로 물어보면 이러하다. 수많은 사전확률로부터 새로운 사후확률을 만들려면 어느 정도의 에너지가 필요할까? 뇌 연구가들은 이때 필요한 비용을 일컬어 "복잡성 비용(complexity cost)"이라고 부른다. 복잡성 비용은 뇌의 신진대사에 들어가는 비용과 동일하고 그래서 줄이나 칼로리로 계산한다. 좋은 삶의 경우 평균 복잡성 비용을 장기간 계산해보면 약간 높은데, 뇌가 절약 모드를 가끔씩만 떠나면 되는 까닭이다. 유독한 스트레스의 경우 이와 반대로 복잡성 비용은 어마어마하게 높다. 우리의 스트레스 시스템은 이때 두 가지를 추구하는 행동을 한다. 첫 번째, 이 시스템은 절약 모드에 연결되어 있던 뇌를 최고 활성화 모드(너무 힘들어서 뇌가 그다지 좋아하지 않는 모드)로 전환하고 이로써 어마어마한 복잡성 비용 또는 에너지 비용을 치르게 한다. 두 번째, 뇌로 하여금 증가한 복잡성 비용을 채우기 위해 신체로부터 부수적으로 에너지를 조달하게 한다. 원래 스트레스를 받으면 작동하는 재교육이라는 놀라운 시스템은 이제 어둡고 위험한 측면을 드러낸다. 그러니까 모든 것을 재교육받아도 아무런 도움이 되지 않을 때…….

……필요한 정보가 부족하거나 우리가 닿을 수 없는 곳에 있기 때문에

……우리가 문제를 해결하기에 충분한 영향력이나 통제력을 가지고 있지 않기 때문에

……너무 많은 옵션이 있고 그리하여 제대로 된 선택이 뭔지 모르기 때문에

습관화를 할 수 없고 유독한 스트레스를 받는 사람은, 지속적으로 해결책이 무엇인지를 찾아 헤매지만 흔히 해결책을 찾지 못한다. 이때 이런 사람들은 계속 깨어 있으며, 지나치게 생각을 많이 하고, 밤에는 잠도 못 자며, 생각이 뱅뱅 돌고, 고민에 고민을 하고, 걱정하고, 이런 행동을 계속 반복한다. 그렇지만 그들의 행동은 허사로 돌아가기 일쑤이다. 습관화를 시킬 수 없는 사람의 뇌는 그렇듯 고정되어 있어서, 심리 치료의 도움을 받는 게 좋다.

우리 인간이 끊임없이 뇌의 엄청난 복잡성 비용을 감당해야만 한다는 사실은 분명하다. 스트레스는 단편적인 사건에서 효율적이고 의미심장한 능력이라 할 수 있다. 그러나 스트레스를 지속적으로 받는 사람이라면 결과를 진지하게 받아들여야 한다. 바로 건강상의 위험 요소인데, 스트레스로 인해 전형적으로 생겨나는 질병인 심혈관계 질환(12장)이다. 하지만 우울증에 걸릴 위험성도 상당히 높으며, 실패가 시작되면 우울증에 걸릴 확률도 높아질 수 있다. 또한 인지 능력도 저하될 수 있고, 그 밖에 신체적으로나 정신적으로 극도의 피로감을 몰고 오는 이른바 번아웃 신드롬도 덮칠 수 있다.

습관화. 반대의 모습은 상당한 스트레스를 받고 난 뒤에 습관화를 한 사람들이 보여준다. 그들은 그렇듯 부담을 잔뜩 안고 있는 것도 좋아하지

않고, 각성 상태에 있는 것도 좋아하지 않으며, 맹렬하게 새로운 것을 배우려고도 하지 않으며 행동을 해야 하는 압박감이라든지 변화해야 하는 강박관념에도 휘둘리지 않는다. 그러나 이들은 유독한 스트레스와 그로 인한 건강상의 질환에 걸리지 않으려고 자신을 보호한다. 습관화 이후 상위 목표를 위한 사전확률은 전혀 달라 보인다(그림 16 가운데). 이 곡선은 매우 평평하게 진행되고 있는 것을 볼 수 있다. 뾰족하고 가파르게 위를 향해 뻗으려 하는 산의 정상(정교하고, 촘촘하게 세운 목표를 위한 기대)이 아니라, 평평하고 널찍하게 뻗어 있는 언덕(정교하지 않으며, 촘촘하지 않게 세운 목표를 위한 기대)의 그림자처럼 보인다. 대략적이고, 촘촘하지 않은 목표를 가지고 있는 사람들은 여러 개의 가능한 상태를 수용하며 목표 달성에만 총력을 기울이지는 않는다. 그들은 작은 것으로도 만족한다.

항상 그렇다는 것은 아니다. 사람들은 습관화를 가지고 태어나지는 않는다. 습관화란 사람들이 장기간에 걸쳐 만성적인 스트레스를 앓거나 지극히 심각한 스트레스(트라우마) 상태에 있을 때 나타날 수 있는 하나의 과정이다. 사람들이 습관화를 하겠다고 결정하지는 않는다. 무의식적으로 습관화가 이루어지며, 뇌에서 생겨난다. 스트레스 호르몬인 코르티솔과 엔도카나비노이드는 이때 상당히 중요한 역할을 한다. 이들의 연출로 목표를 위한 사전확률은 전두엽 피질에서 위치를 바꾸게 된다. 아니면 이렇게 말해도 된다. 즉, 기대 목표를 완화시킨다고. 습관화는 기대 목표를 덜 정교하게 만드는 게 분명하다. 습관화를 한 뒤에 사람들은 자신들의 목표를 더 이상 제한적으로 설정하지 않는 것으로 보면 된다. 그들의 목표는 이제 더 이상 정확하게 설정되지 않는다. 노동계의 예에서 봤듯이, 습관화한 노동자들은 그렇지 않은 사람들처럼 시간 압박이나 명예욕에 따라 행동하지 않는다. 보다 더 알기 쉽게 표현하면, 습관화한다는 것은 어떤 일이나 사물에 더 많은 시간과 공간을 허용하지 않는다는 의미이다.

심리사회적 압박이 너무 강할 때, 습관화는 이와 같은 압박을 무디게 만들 수 있는 아주 좋은 전략이다. 목표를 위한 사전확률이 정교하지 않게 되고 목표를 위한 사전확률 곡선이 넓게 퍼져나가는 형태를 띰으로써, 이 전략은 놀랍게 작동된다. 하지만 딱 한 가지 걸림돌이 있는데, 그림 16은 그처럼 목표를 위한 사전확률의 분포가 넓어지면 행동의 원동력을 제한하게 된다는 것을 보여준다. 따라서 문제는, 사람들이 살면서 실제로 받아들이는 상황의 수가 늘어난다는 데 있다. 간단하게 표현하면, 완벽주의자들은 자신들이 머물 단 하나의 상태만을 알고 있다. 이와 반대로 까다로운 요구 사항이 별로 없는 사람들은 일련의 다양한 상황에서도 살아갈 수 있다. 산을 좋아하는 사람과 높은 산만 올라가는 등반가를 비교해보면 더욱 잘 알 수 있다. 높은 산만 골라서 올라가는 등반가는 8000미터 높이의 산을 올라가고자 하고, 그것도 산소통 없이 성공하고자 한다. 따라서 8000미터 산이어야 하고 다른 산은 받아들일 수 없다. 그의 목표를 달성하기 위해서는 엄청난 비용이 든다. 돈, 시간, 비품, 신체적으로 좋은 컨디션 등등, 이 모든 것이 최고의 상태여야 한다. 등산을 좋아하는 사람도 높은 곳에 올라가서 마시는 공기를 좋아하기는 하지만 그렇게 높지 않은 산도 좋아하며 산을 올라가면서 경치나 좋은 공기를 즐긴다. 앞서 누군가 세운 기록을 깨고 싶다는 강박은 없다. 그러므로 등산을 좋아하는 사람은 휴가를 보낼 수 있는 장소가 훨씬 더 많다. 등반가는 심지어 유명해지거나 적어도 큰 명예를 얻을 수 있는 희망이 있는 데 반해서, 등산을 좋아하는 사람은 소박하다. 이런 사람은 자신의 현재 지위로 충분한 것이다. 등산이 아닌 다른 많은 영역도 이와 거의 비슷하다. 습관화할 수 없는 사람들은 흔히 오랫동안 유독한 스트레스를 유발하는 비현실적 명

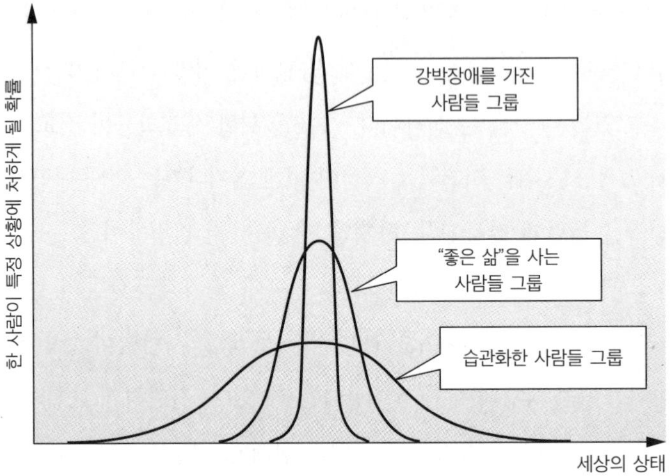

그림 18: 한 사람이 특정 상황에 처하게 될 확률. 좋은 삶을 사는 사람들은 상대적으로 한정된 조건에서 살아간다. 다시 말해 이들은 소수의 가능한 상태만을 받아들인다. 습관화한 사람들은 폭넓은 삶의 조건에서 발견되는데, 다시 말해 이들은 세상에서 수많은 상태를 수용하고 있다. 이와 반대로 강박장애를 앓는 사람은 지극히 좁은 삶의 조건에서 살아간다. 이들은 가능한 상황이나 상태들 가운데 지극히 소수의 상태만 수용한다.

예욕에 의해 조종되고 행동하게 된다. 과도한 스트레스로 인해 습관화를 한 사람들은 사회적 지위가 낮더라도 이에 만족하거나 가난과 같은 불쾌한 조건에서도 살아간다(그림 18). 그리하여 습관화한 이후 사람들은 지극히 불편한 삶의 조건에서조차 항의하지 않고 잘 살아가는 모습을 볼 수 있다(그림 18 참조).

습관화는 복잡성 비용을 절약함으로써 유독한 스트레스로부터 우리를 보호해준다. 만일 습관화한 사람이 스스로 수용하지만 습관화하지 않은 사람은 수용하지 못하는 상황에 일단 빠지면, 습관화한 사람은 스트레스 반응을 보이지 않고, 노르아드레날린은 그를 깨어 있게 만들지 않으며, 코르티솔은 새로운 것을 배우라고 그를 재촉하지 않고, 업데이트할 필요성도 별로 없다. 습관화 이후에 상위 목표를 위한 사전확률이 변해버린 것이다(더 이상 촘촘하게 설정하지 않음). 하지만 수많은 하위 사전확률, 다시 말해 이 세상의 최신 상태에 대한 기대는 습관화 이후에도 변하지 않는다. 따라서 습관화한 사람의 사전확률-사후확률 사이클에서 사전확률과 사후확률은 거의 항상 동일하다. 이처럼 두 가지 사이의 변화가 거의 없으므로 에너지가 거의 들지 않는다. 두 가지 사이에 차이가 크면 비용은 당연히 많이 들어갈 것이다. 왜냐하면 사전확률이 사후확률로 변환하게 되는 것이 바로 복잡성 비용이기 때문이다. 요약해보자. 습관화는 복잡성 비용을 내려주고 이로써 장기적으로 계산했을 때 뇌가 소비하는 에너지의 평균 양을 줄여준다(그림 17 아래).

강박. 이어서 또 다른 곡선을 살펴보자(그림 16 아래). 우리가 여기에서 보는 것은, 상위 목표를 위한 사전확률은 상당히 가파르게 상승하고 있는 모습이다. 그러니까 매우 높은 요구 사항을 의미한다. 특정 사람들에게만 나타나는데, 물론 병적인 특징이라 할 수 있다. 우리가 여기에서 보는 것은 강박장애의 특색이다. 예를 들어 결벽증이 있는데, 이런 사람은 매일 몇 시간씩 청소를 하면서 보낸다. 객관적인 기준으로 보면 이들의 집 안은 그야말로 위생적으로 깨끗함에도 불구하고 말이다. 또는 질서와 배열과 관련된 강박증이 있다. 이 경우에 사물, 가령 책이나 옷, 식품을 정해진 규칙에 따라 정교하게 배열해두어야 한다. 당연히 강박장애가 있는 사람들은 오로지 소수의 상태만을 받아들인다(그림 18). 배열강박증이 있는 사람은 대체로 완벽하게 정리된 방에 있다(스스로 방을 청소했기 때문에). 이러한 사람들은 지극히 정교하게 목표치를 정해두므로 행동의 원동력도 매우 강렬하다(그림 16 아래). 하지만 이런 행동은 헛수고로 끝날 수 있으며 그로 인해 고통을 겪게 된다.

하지만 다른 사람들과 관련해서 목표를 위한 기대를 지극히 제한적으로 설정해둔 경우가 또 있을 수 있다. 이러한 상태는 삶에 너무나 많은 소란을 몰고 온다. 예를 들어, 낭만적 연애를 시작하는 초반에 그럴 수 있다.

습관화를 통한 비만

16

암페타민 스토리: 다이어트 약에서부터 전쟁 시의 각성제를 거쳐 현대의 신종 마약까지 • 베타 차단제는 왜 뚱뚱하게 만드는가? • 뇌 에너지, 스트레스와 체중은 서로 밀접하게 연관되어 있다 • 음식을 억제할 때의 문제들 • 스트레스를 받으면 누가 살이 찌고 누가 살이 찌지 않나? 런던 대학생들을 대상으로 한 연구

1887년에 최초로 암페타민 성분이 화학적으로 합성되었다. 제2차 세계대전 때 독일 군인들은 각성제로 이 약을 대량으로 복용했다. 나중에 이 성분은 다양한 신종 마약인 스피드 또는 현재 전 세계에 퍼져 있는 크리스털 메스의 기초가 될 정도로 유명세를 떨친다. 우리는 이 암페타민을 어떤 면에서 스트레스 마약이라고 부를 수도 있다. 왜냐하면 암페타민의 영향을 받을 때 뇌는 노르아드레날린으로 넘쳐나기 때문이다. 그러면 각성 상태로 에너지가 넘쳐나기는 하지만, 스트레스를 받는 상황에 놓여 있게 된다. 암페타민의 영향을 받으면 잠자는 생각조차도 거의 하지 않는다. 암페타민은 인위적으로 유독한 스트레스와 맞먹은 상황(그림 11)을 우리의 뇌에 만들어낸다고도 말할 수 있다(그림 19). 1950년대 전 세계적으로 암페타민의 사용과 오용은 어마어마한 정도에 이르렀고, 소비자는

수백만 명으로 늘어났다. 1980년대 독일에서는 이 성분을 중독성과 같은 부작용 때문에 마취제법으로 관리하게 되었다. 허가를 받지 않는 거래, 소유 및 제조는 처벌을 받게 되었던 것이다. 하지만 그 전에 이 엄청난 슈퍼 마약은 더 많이 유행하여 이름을 떨치게 되었다. 즉, 1930년대 말까지 암페타민은 매우 효과가 좋은 다이어트 약으로 널리 유행했다(그림 19 참조).

다이어트 용도로 사용하는 약이 있다면, 당연히 정반대의 효능이 있는 약도 생각할 수 있다. 살을 찌워주는 약은 결코 히트 상품이 될 수 없으며, 실제로 약을 복용했을 때 체중이 늘어나는 효과는 지극히 원치 않는 부작용이다. 그럼에도 불구하고 이런 효능이 나타나는 경우가 드물지 않은데, 예를 들어 수백만 명에게 처방한 베타 차단제이다. 더 구체적으로 말하자면, 베타 수용체 차단제이다. 베타 차단제는 베타 수용체(그림 19)의 기능을 억제하는데, 베타 수용체는 뇌에서 노르아드레날린과 연결되며 노르아드레날린의 각성 효과에 관여한다. 무엇보다 베타 차단제는 혈압 강하나 편두통 예방제로 잘 알려져 있다. 하지만 원래 효능에 따르면 이 약은 스트레스를 방지하는 것이다. 왜냐하면 이 약은 노르아드레날린의 효과를 막아주기 때문에, 뇌뿐 아니라 신체에서 인위적으로 스트레스에 책임이 있는 인자의 효능을 감소시켜준다. 스트레스로부터 차단된 뇌는 에너지를 적게 소비할 테고, 따라서 피가 덜 순환해도 된다. 그리하여 혈압을 내려주는 효능이 있는 것이다. 스트레스를 받으면 뇌의 피부인 뇌막에 있는 혈관들(뇌에 혈액 공급을 증가시키기 위해)이 확장하고, 이는 강력한 두통을 일으킬 수 있다. 베타 차단제가 인간의 뇌를 지속적으로 절약 모드로 전환하면서, 뇌혈관들은 원래 스트레스 상황이지만 자체적으로 긴장을 푼 상태에 머물게 된다. 하지만 베타 차단제는 또한, 스트레스 시스

과도한 용량의 암페타민(스피드, 크리스털 메스)

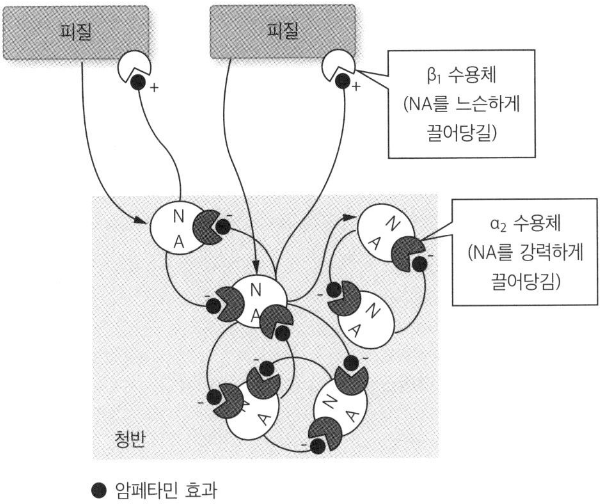

용량을 줄인 암페타민

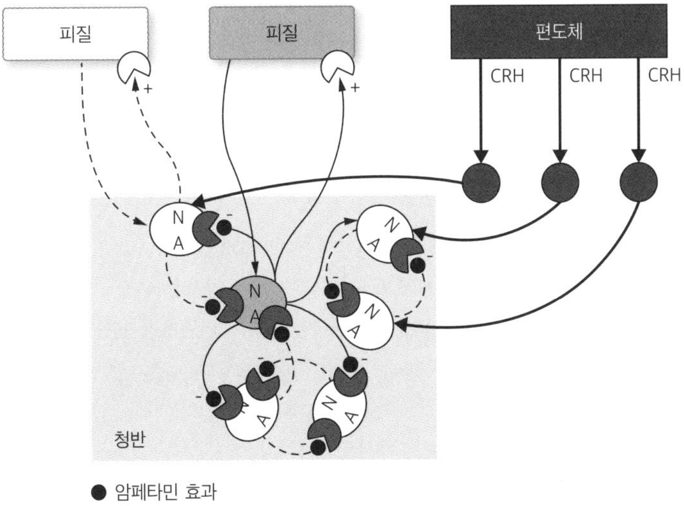

그림 19: 과도한 용량의 암페타민(스피드) 대(對) 용량을 줄인 암페타민(ADHD 치료). 암페타민은 마약 또는 약으로, 주된 효능은 노르아드레날린(NA)을 신경세포 말단에 강력하게 방출하

는 것이다. 암페타민은 다른 효능도 있지만 이와 같은 맥락에서 미미한 역할을 한다. 9장의 그림 11에서 서술했듯이, NA는 무엇보다 두 가지 수용체와 연결된다.

- α_2 수용체: 이 수용체는 NA 분자를 강력하게 끌어당기는데, 다시 말해 이 수용체들은 낮은 NA 농도에서도 활성화된다. 이 수용체들은 특히 LC 뉴런에 위치하고 그곳에서 신경세포 말단의 활동을 약화시킨다.
- β_1 수용체: 이 수용체들은 NA 분자를 약하게 끌어당기는데, 다시 말해 높은 NA 농도에서만 활성화한다. 이 수용체들은 특히 대뇌 피질 영역에 위치하고, 이곳에서 대뇌 피질에 있는 신경세포의 활동에 강력한 영향을 준다.

<u>과도한 용량의 암페타민(스피드, 크리스털 메스)</u>: 암페타민이 과도하게 들어 있는 마약을 복용하면(스피드, 크리스털 메스), 대뇌 피질에서 지극히 많은 NA가 방출되고, 이는 그곳에서 느슨하게 끌어당기던 베타 수용체를 활성화하기에 충분해진다. 이와 같은 방식으로 스피드와 같은 과도한 용량의 암페타민은 수많은 대뇌 피질 영역의 활동성을 증가시킨다. 과도한 용량의 암페타민이 투여된 상태에서 대뇌 피질의 활동성 패턴은 스트레스를 받았을 때와 비교할 만하다(9장 그림 11 참조). 〔주: 만일 위계상 높은 수준에서 수많은 대뇌 피질 영역이 이미 암페타민으로 인해 활성화되면, 위계상 낮은 차원에 있는 LC 뉴런들이 켜지든 꺼지든 큰 의미가 없다.〕 <u>용량을 줄인 암페타민(ADHD 치료)</u>: 암페타민은 주의력결핍과잉행동장애(attention deficit hyperactivity disorder, ADHD)를 치료하기 위해서 투여된다. 이와 같은 장애를 앓을 때의 증상인 각성과 주의력 결핍은 스트레스를 받으면 나타나는 증상과 비슷하다. 따라서 ADHD는 유독한 스트레스를 받을 때의 증상으로 볼 수 있다. ADHD의 경우에 적은 용량의 암페타민(리탈린은 거래할 때의 이름이다)을 주면, NA는 오로지 LC에 있는 α_2 수용체에만 도킹을 하고(NA를 강력하게 끌어당기므로), 대뇌 피질에 있는 β_1 수용체에는 도킹을 하지 않는다(NA를 느슨하게 끌어당기기 때문). 암페타민의 영향을 받으면 LC에서 억제하는 α_2 수용체가 활성화하고, 그리하여 편도체의 자극 효과가 차단된다. 이와 같은 방식으로 다시금 가장 강력한 LC 뉴런이 있게 되고, 이 가장 강력한 뉴런은 단 하나의 대뇌 피질 영역을 지원해준다. 이로써 용량을 줄인 암페타민 치료는 주의력을 다시금 집중시킨다.

템에 반응하는 능력이 전반적으로 작아지도록 한다. 심지어 용량에 따라서는 베타 차단제를 통해 약품에 의해 유발되는 습관화도 생겨날 수 있다. 전형적인 베타 차단제의 부작용을 지적하자면, 무력감, 피로감, 자아 상실감과 체중 증가의 증상을 들 수 있다.

- 각성은 약품을 통해서 인위적으로 만들어낼 수 있지만, 이는 항상 그리고 무제한으로 체중에 엄청난 영향을 미친다. 각성과 체중이라는 서로 분리할 수 없을 정도로 엮어 있는 공통된 요소가 바로 뇌의 에너지 소비이기 때문이다.

앞선 장에서 우리는 뇌의 복잡성 비용에 대해서, 그리고 스트레스와 뇌의 에너지 소비가 얼마나 밀접하게 결합되어 있는지에 대해서 얘기했다. 이런 맥락을 자세하게 설명하기 위해, 우리는 이제 뭔가에 집중해 있을 때의 뇌를 한번 유심히 살펴보고 스트레스를 받을 때 뇌의 상태와 비교해보도록 하자. 청반(LC, 9장 참조)은 스트레스 호르몬인 노르아드레날린이 매우 높은 농도로 만들어지는 뇌의 영역이다. 여기에서부터 모든 대뇌 피질 영역과 직접 연결된다. 자유롭게 방출된 노르아드레날린은 여기에서 자신의 흥분시키는 효능을 활짝 꽃피우게 된다. 만일 뇌가 집중해서 일을 할 때, 대뇌 피질 전체를 노르아드레날린으로 넘치게 하면 비생산적일 수도 있다. 집중을 하는 상태에서는, LC에서 당장 필요한 대뇌 피질의 영역하고만 연결해야 할 필요가 있다는 것은 자명하다. 뇌가 잘 알고 있고 보다 확실한 영역으로 움직이는 까닭이다. 경험이 많은 외과 의사가 난해하지만 그래도 해본 적이 많은 수술을 할 때 바로 그런 상태에 있다. 이 의사의 경우 스트레스 호르몬 노르아드레날린이 광범위하게 방출되어버리면, 의사가 현재 사용할 수 없는 뇌 영역들조차 활성화될 수 있다. 따라서 외과 의사의 뇌는, 노르아드레날린을 강하게 끌어당기는 수용체들이 강력하게 억제하는 영향을 주는 수용체를 동원하여 현재 필요 없는 피질 영역을 차단하는 것처럼 보인다. 그렇듯 외과 의사는 완전히 그리고 오로지 한 가지 일, 즉 수술에 집중한다(9장 그림 11 위).

이와 반대로 스트레스를 받는 뇌에서는 많은 피질 영역들이 스트레스 호르몬인 노르아드레날린으로 넘쳐나고 각성이 심각해지는 상황이 발생한다. 만일 스트레스 상황이 등장하면, 뇌는 각성 상태가 심해질 뿐 아니라, 에너지 소비도 엄청 늘어난다(9장 그림 11 아래).[49, 107] 뇌에 노르아드레날린이 강력하게 증가하면 뇌에서 소비하는 포도당도 극적으로 증가한다.[108] 그뿐만 아니다. 신체에서 포도당을 제한적으로 동원할 수 있으므로, 사람의 신체 조직에서 일어나는 에너지 배분도 역시 극적으로 변화한다. 스트레스를 받는 상황에서 노르아드레날린 농도와 뇌의 포도당 소비가 증가하는 만큼, 신체로 들어가야 하는 에너지가 억제된다.[109] 앞에서 봤던 빵을 섭취하는 모델이 이런 현상을 잘 보여준다. 좋은 삶—긍정적인 스트레스의 영향을 받을 때—에서 에너지 분배는 매우 균형이 잡혀 있다. 신체와 뇌는 대략 비슷한 양의 포도당을 요구한다(그림 20 왼쪽). 유독한 스트레스를 받을 경우—지속적으로 노르아드레날린이 증가할 때—에는 이와 같은 비율은 급격하게 이동한다. 이제 뇌는 포도당의 4분의 3을 요구하고 신체에는 남은 4분의 1만 넘겨준다. 이처럼 간단하지만 불가피한 에너지 분배 방식은 지속적으로 스트레스를 받는 사람들이 비록 적지 않게 먹음에도 불구하고 날씬한 이유를 설명해준다(그림 20 가운데). 습관화 이후 상황은 뒤바뀐다. 이런 사람들의 뇌에서는 평균 이하의 노르아드레날린이 투입되기 때문에, 뇌는 빵 한 개에서 4분의 1만 요구하

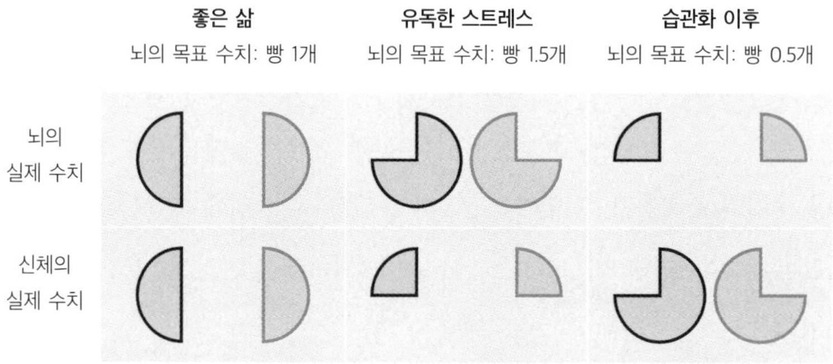

그림 20: 좋은 삶, 유독한 스트레스 및 습관화 이후 뇌와 신체 사이의 포도당 분배. 여기에서는 아침에 먹은 빵이 네 시간(예를 들어 아침부터 점심까지)이 지나면서 뇌의 에너지 수요를 어떻게 충족시켜야만 하고(목표 수치), 그리고 음식물을 섭취한 뒤 실제로 뇌와 신체에 에너지가 어떻게 분배되는지(실제 수치)를 보여준다. 좋은 삶: 좋은 스트레스에 해당하는 짤막한 사건과 이보다 장기간 지속되는 휴식이 번갈아가면서 등장한다. 좋은 삶의 경우 뇌는 네 시간 동안 아침 식사로 빵 하나만 먹으면 된다(목표 수치). 좋은 삶을 사는 사람은 뇌에 빵 한 개 그리고 신체에 빵 한 개를 제공하면 된다(자세한 내용은 그림 13 참조). 유독한 스트레스: 장기간 지속되거나 반복적인 스트레스 국면이 지배하는 경우이다. 뇌는 지속적으로 과도하게 활발한 스트레스 시스템으로 말미암아 빵 한 개 반(목표 수치)의 포도당을 요구한다. 유독한 스트레스를 받는 사람들은 그에 따라 빵 한 개 반은 뇌에 반 개는 신체에 배분한다(자세한 내용은 그림 13 참조). 장기적으로 보면 스트레스를 받은 사람은 특히 피하지방조직의 감소로 체중이 줄어든다. 습관화 이후: 스트레스를 유발하는 사건이 일어나지 않고, 오랫동안 평온하게 살아가는 국면이 지배적이다. 스트레스 시스템이 거의 작동하지 않음으로써 뇌가 평균적으로 소비하는 에너지(각성의 상태도 매우 드물어서)가 아침에 섭취한 반 조각의 빵으로 점심까지 충분하다(목표 수치). 습관화된 사람이 아침에 빵 하나를 먹으면(검은색 테두리), 뇌-당김이 필요 없으므로 빵 0.25개가 뇌에, 그리고 0.75개는 신체에 분배된다. 하지만 뇌가 네 시간 동안 필요한 에너지 반 개를 충족시키기에는 부족하다. 그리하여 습관화된 사람은 뇌가 요구하는 에너지를 공급하기 위해 두 번째 빵(회색 테두리)을 먹는다. 또다시 빵 0.25개가 뇌에, 그리고 0.75개는 신체에 배분된다. 이제 뇌는 진짜로 빵 반 개를 받은 것이다(실제 수치)—뇌가 원하는 에너지 수요가 완전히 충족되었다. 물론 습관화된 사람의 신체는 총 한 개 반의 빵을 섭취했다. 그 결과, 습관화된 사람은 장기적으로 체중이 늘어날 것이며, 특히 피하지방층에 축적된다.

고 나머지 4분의 3을 신체에 준다(그림 20 오른쪽). 습관화 이후 뇌는 일종의 굉장한 절약 모드로 작업하기 때문에, 잉여 에너지가 신체에 돌아가는 것이다(그림 20 참조). 하지만 건강한 신체 조직은 남아도는 포도당을 그냥 버리거나 배출할 수 없다. 그 결과 습관화를 한 뒤에 사람들은 장기적으로 체중이 늘어나게 된다(그림 20 참조). 이는 우선 피하지방층의 증가로 나타난다.

이제 우리는 쉬운 해결책과 다음과 같은 사실을 받아들일 수 있다. 즉, 뇌가 에너지를 덜 필요로 하고 신체가 너무 많이 에너지를 받기 때문에, 사람들은 에너지 공급을 억제하게 된다. 따라서 칼로리가 낮거나 탄수화물을 줄이는 다이어트가 작동하는 것이다. 이 주제와 관련해서 대규모로 설득력 있는 무작위 대조 시험이 진행되었는데, 다음과 같은 결과가 나왔다. 즉, 그런 방식으로 체중을 줄이는 시도는 단 하루의 수명도 연장하지 못한다는 것이다.[110] 왜냐하면 인위적인 음식물 제한(다이어트 또는 음식물 섭취 억제)은 무서운 걸림돌이 하나 있기 때문이다. 즉, 그런 상황에서 필요한 에너지를 충분히 섭취하지 않는 것을 습관화한 사람들은 두 가지 심각한 문제를 만날 수 있다. 첫째, 뇌가 에너지를 절약하면 신경저혈당증 상태와 인지 능력의 저하를 가져올 수 있다.[111-114] 습관화한 사람들이 필요한 에너지를 충분히 섭취하지 않았을 때 일어날 수 있는 심각한 두 번째 문제가 있다. 뇌의 에너지 대사에 대한 심각한 과부하(높은 코르티솔 농도를 통해 나타나는)[115, 116]가 골질량 감소를 유발한다.[117] 그리하여 습관화한 사람은 뇌의 수요가 완벽하게 충족될 때까지 많은 칼로리를 섭취할 수밖에 없다. 따라서 체중을 줄이고자 하는 사람은 아래 세 가지 현상이 서로 연계되어 있다는 사실을 반드시 알아둬야만 한다.[65, 66, 107, 118]

• 뇌의 에너지 수요
• 스트레스 시스템
• 체중

약은 2006년 단순하고 복잡하지 않으며 효과 좋게 체중을 줄여줄 것이라는 희망을 실현해줄 것처럼 보였다. 대형 제약회사는 임상 실험에서 원래 니코틴을 끊게 하려고 개발한 리모나반트(rimonabant)라는 성분이 체중을 감량하는 효능이 있다는 것을 발견했다. 그것은 식욕을 억제하는 효과가 있어서 체중 문제를 영원히 해결할 것 같았다. 그러나 체중을 감량해준다는 완벽한 약은 2년 동안만 유효했다. 이 약은 2008년 시장에서 사라지게 되었다. 리모나반트를 복용한 환자들에게서 단기간에 우울증과 자살의 위험성이 급격하게 증가했던 것이다.[119, 120] 14장에서 우리는 이미 습관화의 메커니즘에 대해 몇 가지를 알게 되었다. 습관화가 나타나려면, 글루코코르티코이드 수용체(GR)뿐 아니라 카나비노이드 수용체가 활성화되어야 한다. 어떤 사람의 뇌가 스트레스를 막으려는 전략으로 습관화를 수용했다고 가정해보자. 그러면 오랜 기간 동안 이 사람은 카나비노이드 수용체 차단의 영향을 받게 된다. 그러면 어떤 일이 일어날까? 뇌 생리학적으로 관찰하면, 카나비노이드 수용체가 차단되고 지금까지 성공적으로 차단되었던 노르아드레날린이 아무런 방해를 받지 않고 뇌에 방출되어 자유롭게 지배를 함으로써, 습관화는 상당한 방해를 받게 된다. 뇌가 소비하는 에너지는 갑자기 상승한다. 때문에 체중이 줄어드는데, 거의 자동적으로 그렇게 진행된다. 하지만 스트레스 레벨은 어마어마하게 올라간다. 이미 언급했듯이 억제했던 스트레스 호르몬 노르아드레날린과 코르티솔은 지속적으로 각성 상태를 유발한다. 다시 말해 자극을 잘 받는 상태를 만들어버린다. 지독한 수면 장애, 집중력 장애, 민감함과 들쑥날쑥한 기분 변화에서 심각한 우울증까지, 이 모든 것이 중기적으로 나타나는 결과이다. 이로부터 자살의 위험이 상당히 많은데, 이런 상태는 점점 더 감당할 수 없어지기 때문이다. 바로 이런 일이 체중 감량제 리모나반트의 작용으로 일어날 수 있다. 작용물질은 뇌 신진대사와 신경성 습관화에 깊숙이 관여함으로써, 체중이 줄어드는 기적을 완성한다. 하지만 너무 깊숙이 관여한다.

이제 우리가 알게 되는 것은, 스트레스를 다루는 전략이 세 가지 있다는 사실이다. 우리는 목표를 위한 기대를 너무 촘촘하지 않고 폭넓게 설정하고, 일종의 방어막처럼 스트레스를 막는 효과로서 습관화를 할 수 있다. 또는 우리는 습관화를 하지 않고, 유독한 스트레스의 소용돌이에 말려들 수 있는 위험 속으로 풍덩 빠진다. 가장 좋은 방법이라면 물론, 좋은 스트레스만 받는 삶을 사는 전략으로, 그러니까 호숫가 집에서 사는 전략을 채택하는 부류에 속하는 것이다. 하지만 결정적인 의문은 왜 어떤 사람은 습관화를 하고 어떤 사람은 습관화를 하지 않는가이다. 그리고 우리 모두는 왜 호숫가 집에서 살고자 하지 않을까? 답은 바로 우리의 뇌가 어떤 스트레스 전략을 선택할지를 우리가 거의 또는 전혀 통제하지 못하기 때문이라는 것이다.

런던에서 실시한 연구에서는 대학의 첫 학기 학생들을 대상으로 학습과정을 관찰하면서 조사를 해보았다. 대학 공부 혹은 취업이 스트레스를 많이 줄 수 있으며 여기에 적응하려면 상당한 성과를 내야 한다는 전제조건에서 출발해서, 연구가들은 스트레스, 식욕과 체중의 변화가 어떻게 연관되어 있는지를 밝혀내고자 했다. 결과는 당혹스러웠다. 즉, 대학생의 대략 40퍼센트는 더 많이 먹었고, 대략 40퍼센트는 더 적게 먹었으며,

단지 20퍼센트만이 변화가 거의 없었다. 음식을 먹는 태도에 따라서 어떤 학생들은 체중이 늘거나, 줄어들었으며, 나머지는 변화가 없었던 것이다.[121, 122] 이처럼 최초로 이루어진 연구 자료는 그 이후에 실시한 비교적 규모가 큰 연구들의 결과를 인정해주었다. 그러니까 스트레스를 받는 사람들 일부는 체중이 늘었으나, 이와 반대로 줄어든 사람들도 있다는 결과 말이다.[123-126] 어쨌거나 런던 대학생들의 세 그룹은 습관화하는 경향이 있는 사람들, 습관화하는 경향이 없는 사람들, 그리고 좋은 스트레스를 받는 사람들이라는 그룹과 비슷한 방식으로 나뉘어 있다.[99]

17 살아가는 동안의 체형 변화

뇌가 성장하는 것에 관하여 • 가지치기: 사춘기에 신경 연결은 어떻게 정리가 되나 • 가장 훌륭한 모델에 유효한 것: "가능하면 간단하지만, 더 간단하지는 않은" • 어른들의 경우에는 세 가지 표현형이 있다 • 지속적으로 스트레스를 받는 사람은 자존감이 낮다 • 신경성 식욕부진증: 뇌가 생명을 위협할 정도로 신체와 에너지를 두고 경쟁하게 되면

삶을 잘 관리하는 대가(大家)가 되려면 어떤 장비가 필요할까? 우리는 그때까지 무엇을 배워야 할까? 이처럼 성숙하게 되려면 신체와 뇌는 어떻게 발전해야 할까? 태어나서부터 어른이 되기까지의 기간은 다양한 포유류를 관찰해보면 놀라울 정도로 차이가 난다. 쥐는 4개월이 지나면 성숙한다. 개의 경우에는 2년이 걸리고, 침팬지의 경우에는 7년이 걸리지만, 인간의 아이는 성숙한 어른이 되는 데 대략 18년에서 20년이 필요하다. 포유류가 가지고 태어나는 능력 역시 매우 다양하다. 인간의 아이는 두 발로 뒤뚱뒤뚱 걷는 법을 배우기까지 1년이 걸리는 데 반해, 새끼 암말은 태어나자마자 네 다리로 비틀거리며 걸을 수 있다. 이는 말은 도주해야 하는 동물로 즉시 뛸 수 있어야 하는 반면 인간의 신생아들은 부모의 보호를 받고 부모의 손에서 자라기 때문이다. 이렇듯 다양한 성장의

사이클 배후에는 뇌의 성장과 발전의 필요성이 숨어 있다. 새끼 말의 경우에 운동 피질—뇌에서 운동을 담당하는 센터—은 이미 태어날 때부터 완전히 발달해 있는데, 말의 경우 달리기는 생명을 보호하는 데 중요한 능력이기 때문이다. 이와 반대로 신생아의 뇌는 태어날 때보다 훨씬 길고도 복잡한 국면을 거쳐서 성장한다. 많은 것들이 설계되어 있지만, 아주 적은 것만이 성숙되어 있는 상태인 것이다. 신생아들의 운동 피질 역시 상대적으로 발달이 덜 되어 있다. 달리는 것도 배워야 한다. 그 밖에 완전히 발달하려면 세월이 많이 지나야 됨에도 불구하고, 인간의 뇌는 태어날 때 다른 모든 기관에 비해서 훨씬 더 많은 에너지를 요구한다. 즉, 신생아가 공급받을 수 있는 에너지의 50퍼센트이다. 신생아의 경우 뇌와 신체의 무게는 대략 1 대 9의 비율이다. 뇌는 체중의 10분의 1밖에 되지 않는다. 그런데 18세가 되는 과정에서는 이 비율이 또한 엄청 달라진다. 어른의 경우 비율은 1 대 60이다. 그런데도 사고를 전담하는 뇌는 여전히 어른이 섭취하는 에너지의 20퍼센트를 소비하는 것이다.

이즈음에 이르면, 뇌의 성장과 신체의 성장은 얼마나 서로 밀접하게 연결되어 있는가라는 의문이 생긴다. 달리 표현하자면, 우리가 알고 있듯이 신체와 뇌는 동일한 속도로 그리고 나란히 성장하는 것이 불가능하기 때문에, 신체와 뇌의 성장 역시 그렇게 발달할 수밖에 없는 것일까? 신생아가 어른이 되는 데 필요한 과정을 곡선(그림 21)으로 그려보면, 우선 우리의 삶은 시작할 때 극단적인 수치에서 시작해서 세월이 지나면서 균형을 맞추게 되는 것을 볼 수 있다. 우선 눈에 들어오는 것은 y축의 중앙에서 훨씬 위에서 시작하는 검은색 곡선이다. 이 곡선은 정보이론적 자유에너지를 표시한다. 우리는 4장에서 이 에너지에 관해서 다루었다. 정보이론적 자유 에너지(FE_{info})는 비트로 측정하고, 우리가 세상에 대해서 알

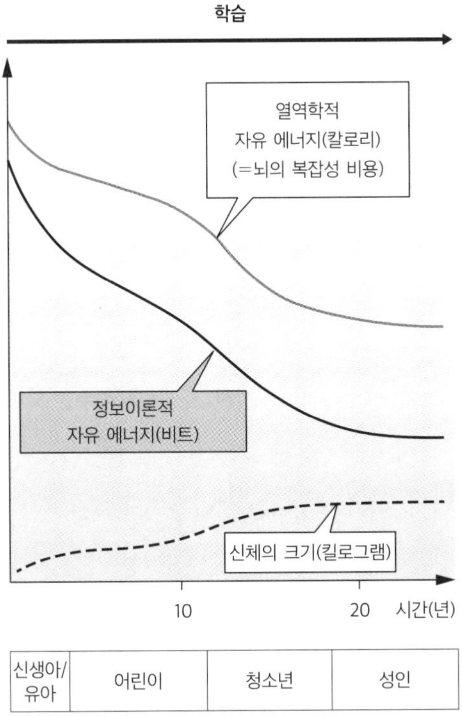

그림 21: 신생아가 어른으로 발달하는 동안 정보이론적 자유 에너지, 열역학적 자유 에너지와 신체 크기. 정보이론적 자유 에너지는 성인이 되어서야 비로소 균형이 잡히는데, 구체적으로 말해 최소한에 도달한다. 열역학적 자유 에너지(뇌의 복잡성 비용)도 성인이 되면 균형이 잡히는데, 역시 최소한에 도달한다. 이와는 달리 생리학적 발달을 살펴보면 신체의 크기는 어른이 되는 시점에 최대에 이르게 된다. 생리학적으로 성숙이 끝나면 세 가지 수치(검은색, 회색, 점선)가 동시에 균형점에 도달한다.

수 있는 것을 의미한다. 이 자유 에너지는 인간이 태어나는 순간에 최대로 높다. 신생아의 뇌는 이 시간에 0이지만 즉각 자신이 배워야 하는 지식, 다시 말해 FE_{info}를 줄이기 시작한다. 그러니까 관찰하고, 기억하고 배우면서 말이다. FE_{info}는 줄이나 칼로리로 계산되는 열역학적 자유 에너지(FE_{thermo})와 연계되어 있다. FE_{thermo}(회색 곡선)는 뇌가 FE_{info}를 감소시키기 위해 필요한 복잡성 비용을 가리킨다. 달리 표현하면, 여기에서 우리는 성장하고 동시에 배워야 하는 뇌가, 그러니까 최고로 활성화한 뇌가 지불해야 하는 에너지 비용을 보고 있다. 우리가 또 보고 있는 것은, 복잡성 비용은 어린 시절에 아주 높고 나이를 먹고 나서는 더 이상 그렇게 높지 않다는 사실이다. 마침내 정상적인 상태일 때 뇌를 절약 모드로 돌릴 수 있는 것은 어른이 되어서야 비로소 가능하다(그림 21 참조).

세 번째 곡선(점선)은 y축의 가장 밑의 끝부분에서 시작한다(그림 21). 이 곡선은 신체의 크기(킬로그램)를 표시한다. 여기에서 눈에 띄는 점은, 곡선은 어린아이 시절에는 평평하게 흘러가다가 사춘기가 되면 가파르게 증가하는 모습이다. 아이가 성장하는 모습을 상상해보자. 태어나서 유아의 시기까지 3년이 걸린다. 이 시기에 뇌는 진정한 기적을 이뤄낸다. 아이는 말하고 이해하는 것을 배우고, 걷기를 배우고, 그 밖에 다른 운동 능력을 획득한다. 얼굴을 인식할 수 있고, 목소리를 서로 구분할 수 있다. 아이는 공감 능력을 이용하기 시작하며, 따라서 다른 사람들의 감정을 읽어낼 수 있다. 이때 습득하는 모든 능력은 그야말로 믿을 수 없을 정도이다. 그 모든 것들이 그토록 빠르게 발달하는 것은 한마디로 숨이 멎을 정도이다. 이렇듯 우리는 대가다운 솜씨로 일련의 성취를 이뤄내면서 삶을 시작한다.

이 시기에 신체도 성장은 하지만, 천천히 발달한다. 10세까지 신체는 급격한 변화가 없다. 대부분의 소년과 소녀는 그때까지 작고, 가늘고, 근육도 발달하지 않는다. 사춘기가 되면 비로소 드라마틱하게 변한다. 가냘픈 소녀에서 젊은 여성이 되고, 작은 소년에서 근육이 탄탄한 사내가 되는 것이다. 이런 방식으로 발달하는 이유는 대체로 뇌의 발달 국면과도 연관이 많다. 대략 10세가 되면 뇌가 발달하는 대단원이 막을 내리는 시기이기 때문이다. 그때까지 뇌는 부피도 제일 커지고, 무엇보다 내면으로 성장한다. 뇌에 있는 신경 연결(시냅스)의 수도 살아가는 동안 최대에 이른다. 10세 아이는 어른에 비해서 훨씬 더 촘촘한 뇌의 연결망을 가지고 있는데, 뇌는 마치 스펀지처럼 아이가 받아들일 수 있는 모든 지식과 경험을 빨아들이기 때문이다. 선별적으로 빨아들이지도 않는다. 이처럼 정제되지 않은 이른바 "거칠게" 연결된 뇌는 매우 환상적이고 성능이 좋기는 하지만, 효율성이 대단하지는 않다. 우리가 알고 있듯이, 우리의 뇌는 정확하면서 동시에 에너지를 절약하는 모드인 절약 모드의 상태를 추구한다. 여기에서 효율성이라는 측면은 예측이 매우 정확한 것이라고 정의할 수 있다. 어린아이들의 뇌는 연결망이 지극히 촘촘하여 정확한 예측을 내릴 수 있다. 하지만 그렇게 하기 위해 들어가는 비용과 복잡성 비용이 너무 많다. 복잡성 비용이란 효율성의 또 다른 측면으로, 뇌가 에너지를 소비함으로써 나오는 것이다. 우리의 베이즈식 뇌가 보여주는 천재적인 속임수는 바로, 가능하면 절약하는 모델로 세상을 추정해서 예측을 적중하고자 하는 데 있다. 그렇다면 세상에 대한 모델은 언제 에너지를 절약할 수 있는 형태일까? 복잡하지 않을 때이다. 따라서 우리의 뇌가 예측하는 모델은 가능하면 단순해야만 한다!

그 밖에도 사람들이 예측 모델을 단순화시키는 과정은 아주 폭넓게 연관되어 작동된다. 예를 하나 들어보면, 세계보건기구(WHO)의 데이터를 바탕으로 해서 사망률 모델을 개발할 수 있다. 이 모델을 가지고 우리는 특정 사람이 얼마나 오래 살 수 있을지를 예측할 수 있다. 이런 모델에는 단순한 버전과 복잡한 버전이 있다. 각각의 버전은 더 길거나 더 짧은 기대 수명을 예측할 수 있는 다양한 요소를 포함하고 있다. 다음에 소개할 모델의 경우 요소들은 중요도에 따라서 배열해두었는데, 그러니까 "중요

순위	변수
1	나이
2	성별
3	심리사회적 스트레스
4	소득
5	최종 학력
6	의료 혜택의 품질
7	육체노동
8	교류
9	노동자 보호
10	예방주사
11	건강에 관련된 계몽
12	자연재해를 막기 위한 조치들

표 3: 사망률 모델의 정확성과 복잡성. 이 통계학적 모델은 12가지 요소를 포함하고 있으며, 이 요소들로 특정인의 기대 수명을 예측할 수 있다. 변수(영향을 주는 요소)는 영향을 주는 강도에 따라서 배열되었다. 가장 중요한 것은 특정인의 실제 나이이다. 개인의 나이를 알게 되면, 이 사람의 기대 수명이 얼마나 될지에 대한 대부분의 정보를 얻을 수 있다. 두 번째로 중요한 변수가 성별에 대하여 아는 것이다. 여자들은 눈에 띄게 더 오래 산다. 개인의 성별을 추가적으로 알게 되면, 예측 가능성을 더 높여준다. 세 번째로 어떤 사람의 심리사회적 스트레스 부담(표준화된 설문지를 통해서)에 대해서 알게 되면, 그 사람의 기대 수명을 조금 더 자세하게 추정할 수 있다. 소득과 최종 학력은 결정적으로 중요한 정보를 추가적으로 제공한다. 6~12번의 변수(회색 바탕)들은 이론상으로 정보에 보탬이 되지만, 실질적으로 개인의 기대 수명을 정확하게 예측하는 데 전혀 도움이 되지 않는다. 다섯 가지 가장 중요한 영향을 주는 요소("빅 5", 흰색 바탕)로 이미 기대 수명을 정확하게 예측할 수 있다. 만일 여기에 부차적으로 6~12를 고려하면, 정확도는 약간 증가하겠으나, 그 대신에 예측 모델의 복잡성 비용은 높아질 것이다. 높은 복잡성은 계산 비용과 평가 비용을 올린다. 따라서 통계학적으로 가장 좋은 예측 모델이란 정확하게 예측하게 해주고 동시에 가능하면 덜 복잡한 것이다.

한"에서 "덜 중요한" 순서로 나열했다. 목록은 x축 요소만 있으며, 우리는 여기에서 간단하게 12가지만 제시하기로 하겠다(표 3).

이미 언급했듯이 이 목록을 더 연장할 수도 있다. 어쩌면 스포츠와 운동, 신체 수치 목록과 건강한 음식 섭취와 같이 라이프 스타일을 의식한 건강 측면들이 언급되지 않은 점에 대해서 놀랄 사람들도 있을 것이다. 이런 요소들은 실제로 목록에서 나중에야 등장하는데, 이런 요소들이 기대 수명에 미치는 영향력은 예상하는 것보다 훨씬 적기 때문이다. 기대 수명을 정확하게 예측하는 데 결정적으로 중요한 요소는 바로 다섯 가지 요소 "빅 5"이다. 다섯 가지 요소만 가지고서도 특정 사람의 기대 수명을 매우 정확하게 예측할 수 있다. 만일 더 연장해서 다음에 있는 7가지 요소 혹은 20가지 요소를 부차적으로 참고한다면, 계산에 드는 비용(즉 복잡성 비용)이 눈에 띄게 많아질 것이지만, 예측 결과는 거의 동일할 것이다.

뇌가 예측을 적중시키고자 할 때 서로 밀접하게 연관된 두 가지 중요한 측면이 있다. 즉, 가능하면 정확한 예측을 위해 가능하면 적은 에너지를 사용하는 것이다. 에너지를 절약하려면 뇌의 예측 모델은 단순하거나 소박해야만 한다. 달리 표현하면, 복잡성을 줄여야 한다는 말이다. 복잡성 줄이기! 이것이 바로 뇌가 사춘기 동안 사용하는 천재적인 속임수이다. 하필이면 이 시기에, 다시 말해 수많은 부모가 두려워하고, 자신의 자식들이지만 흔히 낯설게 여겨지고 이해할 수 없는 시기에, 뇌는 결정적으로 중요한 성숙 단계를 밟는 것이다. 그것도 보다 효과적으로 뇌를 연결하기 위해, 어린 시절에 획득한 연결망을 다량으로 잘라버리면서 말이다. 영어로는 프루닝(pruning)이라고 표현하는데, 정원에서 신중하게 가지를 치는 행위이다. 실제로 청소년의 뇌에서는 시냅스의 수가 확연하게 감소한다.[127] 이는 드물지 않게 주변 사람들이 사춘기의 악몽으로 경험하는 시기이자, 청소년들이 극단적인 행동을 보이는 발달 시기이다. 하지만 중요한 것은 결과이다. 18세에서 20세 사이에 이와 같은 해체 과정이 완성된다. 이제 예전보다 더욱 효과적으로 연결된 뇌이자 성장한 뇌는 그다지 중요하지 않은 모든 연결들을 분리해버리고 이제 효율성의 정점을 통제하게 된다. 이제 뇌는 세상에 대하여 복잡성을 줄인 자신의 모델을 통해 더욱 정확하게 예측을 내리고 이로써 적절한 양의 에너지만을 소비하게 된다.

인간의 생리학적 발달이라는 측면에서 볼 때 이렇듯 가지치기 시기의 시작은 바로 신체의 크기가 신속하게 자라나는 시점이다. 그러니까 제대로 체중이 늘 수 있다는 것이다. 신체와 뇌는 지속적으로 에너지를 두고 다투는 경쟁자이기 때문이다.[45] 어린아이의 뇌가 급속히 자라고, 상호 연결되고, 배워야 하는 동안에, 뇌는 섭취한 영양분 가운데 매우 많은 양을 요구한다. 이 시기의 뇌는 신체에게 남겨주지를 않는 것이다. 이제 뇌가 점점 성장하면, 에너지 수요도 극단적으로 줄어들고, 신체에게는 한없이 체중을 늘릴 수 있는 길이 열리는 것이다.[128]

뇌와 신체는 태어날 때부터 힘겨루기의 게임을 벌이는데, 이는 결코 자유롭게 펼쳐지는 게 아니다. 반대로 이 게임은 분명하고도 피할 수 없는 규칙을 따른다. 중심에는 바로 에너지 신진대사가 있다. 신체와 뇌는 사용할 수 있는 에너지를 두고 서로 경쟁을 펼친다. 하지만 뇌가 이런 경쟁에서 에너지 흐름을 어떻게 흘려보내야 할지에 대해서 결정권을 쥐고 있다.[128] 심리사회적 스트레스는 이처럼 에너지 분배를 두고 벌이는 투쟁에서 영향력을 갖는 막강한 요소이며, 심지어 미래 삶이 흘러가는 과정의 진로를 결정할 수도 있다. 즉, 우리가 얼마나 성공을 거둘 것인지, 우리는 얼마나 만족하는지, 우리는 얼마나 건강하게 사는지, 우리가 살이 찌는지 그렇지 않은지, 심지어 우리가 언제 죽는지도 말이다. 심리사회적 스트레스를 다루는 우리의 능력은 세상에 대한 우리의 예측 모델이 얼마나 잘 설정되었느냐에 달려 있다. 사람들의 스트레스 전력과 관련해서 그리고 그것이 신체 형태에 미치는 영향을 고려해볼 때 우리는 세 가지 유형을 구분할 수 있다(혼합 형태는 차치하고).

우선 첫 번째 유형으로, 대략 20퍼센트가 이에 속한다. 이들은 좋은 스트레스를 받으며 살 수 있는 행운아다. 이렇게 행복한 사람들은 흔히 안정적인 사회경제적 환경에서 살며 감정적으로도 유쾌한 가족 관계에서 살고 있다. 갈등과 도전은 해결할 수 있는 것처럼 보인다. 생존을 위한 걱정이나 심리사회적으로 유독한 스트레스(예를 들어 알코올 중독이나 혹은 심각한 정신 질환을 앓고 있는 가까운 가족)도 없다. 이들은 도전과 보상, 능숙한 대가라는 느낌을 체험하고 좋은 자존감을 가지고 있다. 이런 사람들은 날씬한 유형이며, 신체적으로나 정신적으로 건강하고 기대 수명도 높다.

두 번째 유형은, 심리사회적 스트레스의 결과로 인해 습관화를 한 사람들이다. 이들은 자신들의 목표를 너무 좁게 설정하지 않고, 원래 정해두었던 목표에 미치지 못하는 상황에도 만족함으로써 스트레스로부터 가시를 뽑아내버린 부류이다. 습관화는 신체에서 에너지가 분배될 때 큰 영향을 미친다. 내부의 에너지 경쟁 상황은 신체에 유리하게 진행되는데, 스트레스에서 벗어난 뇌가 포도당을 적게 요구하는 까닭이다.[66] 이는 신체의 에너지 저장고가 열려서 체중이 늘어나게 만든다. 습관화 이후 피하지방은 늘어나고, 신체는 전체적으로 둥글고 부피도 커진다. 팔, 다리, 엉덩이도 살이 찌고, 그러나 허리는 여전히 날씬하다. 습관화한 사람들의 경우 코르티솔 농도가 낮기 때문이다. 코르티솔이 없으면 내장의 복부 지방조직은 늘어나지 않는다(11장 참조).[80] 습관화한 사람들의 스트레스 시스템이 고속으로 작동하는 경우는 드물다. 원래 이 사람들은 대부분 절약모드로 뇌가 작동되는 삶을 살아간다. 이때 이들은 성취해내는 능력도 매우 뛰어나고 집중도 잘하지만, 변화하려는 성향이 그다지 없다. 이들은 자신이 내린 결정으로 오히려 더 안전하다고 느낀다. 그들의 자존감은 만족감과 마찬가지로 높은데, 쾌적하지 않은 환경에서 살아야 하더라도 마찬가지이다. 이런 사람들이 과체중이라 하더라도, 이는 과거에 심리사회적인 부담으로 인해 살이 쪘을 가능성이 많다.

스트레스는 체중이 늘어나게 하는 원인이다. 이런 가설은 인간이 아닌 영장류를 대상으로 한 무작위 대조 시험을 통해 인상적으로 확인되었다.[129] 하지만 왜 인간이 아니라 원숭이를 조사했다는 말일까? 그런 가설을 정확한 방법으로 조사하려면, 우선 이 조사에 참여한 일부에게는 그야말로 상당한 "스트레스를 주고", 다른 그룹을 편안하게 내버려둔 다음에, 두 그룹 사이의 체중을 몇 년 후에 비교해야 한다. 스트레스를 받은 그룹의 체중이 그렇지 않은 그룹의 체중보다 더 나가면, 가설은 옳은 것으로 인정을 받는다. 사람들을 대상으로 이와 같은 실험을 하는 것은 물론 비윤리적으로 비친다. 그리하여 인도의 보닛원숭이(Macaca radiata)를 가능하면 자연적으로 스트레스를 받는 상황에 빠뜨리기로 결정했다. 이 원숭이 집단은 사회적, 반(半)자연적 환경에서 태어나고 성장한 250마리로 이루어져 있다. 엄마와 새끼로 이루어진 한 쌍은 새끼가 태어난 뒤에 우연히 통제를 받거나 또는 스트레스를 받는 조건에서 양육되었다. 여기에서 스트레스란, 어미가 먹이를 구하기가 쉬울 때도 많지만 어려울 때도 많은 조건을 말한다. 이른바 어미가 먹이를 구하기 어려운 상황인 "불확실성"은, 새끼가 젖을 뗀 3~5개월이 되었을 때 시작되었고, 4개월이라는 제한된 기간 동안 지속되었다. 이후 두 그룹은 동일하게 다루어졌다. 스트레스를 받으며 양육되었던 어미나 새끼는 먹이가 부족하지도 않았고 성장의 변화도 없었다. 새끼가 네 살이 되어 청소년이 되었을 때, 연구자들은 체중을 재보았다. 그 결과는 놀라웠다. 즉, 어린 시절에 스트레스를 받고 자란 청소년 원숭이들은 그렇지 않은 다른 그룹의 청소년 원숭이에 비해서 체중이 월등히 많이 나갔다. 보다시피 스트레스는 뚱뚱하게 만들 수 있다.

인간의 경우에도 체중 증가는 불쾌한 삶의 조건 때문일 수 있다는 사실이 의학 역사상 비용도 가장 많이 들고 규모 역시 최대였던 무작위 대조 시험에서 분명하게 드러났다. 마침내 사람들을 대상으로 하는 실험에서 스트레스가 체중에 미치는 영향을 조사할 수 있게 되었다. 부담스러운 조건에서 살고 있는 사람들을 무작위로 두 그룹으로 나눴는데, 한 그룹에는 도움을 제공했고, 다른 그룹에는 제공하지 않았다. 그런 다음에 이러한 도움이 힘들게 살던 사람들의 체중에 유리한 영향을 주었는지를 조사했다. 이러한 조사에서 연구자들은 이른바 기회를 위한 이사(Moving-to-Opportunity: 미국 주택도시개발부가 지원하여 1990년대 아이가 있는 저소득층 가족을 대상으로 실시한 무작위 사회 실험—옮긴이)라는 연구를 추종했다. 이 MTO 연구는 사회적, 경제적 기회를 향상시킴으로써 저소득층 여자들의 삶에 실제로 어떤 영향을 주는지를 밝혀내고자 했다. 이 조사에 아이가 있는 여자 4500명이 참가했다. 이들은 미국의 대도시 볼티모어, 보스턴, 시카고, 로스앤젤레스와 뉴욕 출신이었다. 참가 조건은 가난한 사람들이 주로 사는 빈민 구역 출신이어야 했다. 미국의 빈민 구역은 실직률과 범죄율이 높을 뿐 아니라, 식량의 불확실성도 높다는 사실은 잘 알려져 있다. 그러니까 많은 가족들이 매일 오늘은 굶지 않을까 걱정해야 하는 수준이라는 의미이다. 이들 여자들 가운데 한 그룹을 무작위로 선별했고, 이들에게 조금 더 향상된 생활을 할 수 있는 쿠폰을 주었다. 그리하여 이 여자들과 아이들은 생활수준이 더 나은 구역(즉 가난한 사람들이 적게 사는 구역)으로 이사할 수 있었고, 집세 지원의 형태로 15년 이상 경제적 도움도 받았다. 다른 그룹에 속한 가족들은 운이 없었다. 이들은 살던 곳에 머물러야 했고, 통제 그룹으로서 연구에 참여했다. 실제로 이사를 갈 수 있었던 여자들의 주관적 행복감이 눈에 띄게 향상되는 결과가 나왔다.[130] 그 밖에도 생활수준이 더 높은 이웃 마을로 이사하자, 안전하다고 느끼는 여자들이 더 많아졌다.[130] 하지만 가장 유명한 의학 전문 잡지를 구독하는 많은 독자들이 전혀 예상하지 못했던 효과도 있었다. 새로운 환경에서 살게 된 여자들이 중증 혹은 심각한 수준의 비만증을 앓는 수치가 통제받는 그룹에 비해서 현저하게 줄어들었다.[131] 사람들은 비만증이 가난과 밀접하게 연관되어 있으며 고도의 심리사회적 스트레스일 수 있다는 사실을 이미 알고 있었다. 하지만 MTO 연구는 최초로 가난이 비만증의 원인일 수 있으며—비록 불확실한 상태에서 사는 삶이 아닐지라도—이러한 삶의 조건을 향상시킴으로써 비만증의 발병을 막을 수 있다는 사실을 증명했다.

독일에서는 라이프치히 대학 소속의 심리학자들이 그룹을 대표할 수 있는 사람들을 선발해서 이러한 질문을 해보았다. "사람들은 왜 살이 찔까?" 이런 설문에 3000명의 응답자가 한목소리로 이렇게 대답했다. "너무 많이 먹기 때문에."[132] 사람들은 뚱뚱한 사람들은 너무 많이 그리고 건강하지 않게 먹는데, 너무 맛이 있어서 그들이 자제할 수 없다고 여겼다. 더욱이 이와 같은 단순한 가설은 매일 맞아떨어지는 것처럼 보인다. 뚱뚱한 사람이 너무 많이 먹고 또 건강하지 않게 먹는 것을 볼 때마다, 베이즈식 업데이트는 이와 같은 의지박약 가설이 진실임을 확인해주고 고정시켜준다.

무작위 대조 시험을 통해 증명된 바를 비전문가들은 잘 알아내기 힘들다. 즉, 불확실성과 스트레스가 체중이 늘어나게 하는 원인이라는 것 말이다. 왜 비전문가들에게 이런 어려움이 있을까? 세 가지 원인이 있다.

1. 불확실성과 스트레스는 뭔가 개인적, 주관적인 것이다. 예를 들어 어떤 사람은 이혼을 하면 심리적으로 무너지지만 얼마간의 시간이 지나면 또 새로운 사람을 만나 행복한 관계를 맺는 사람도 있다. 힘든 상황이 개인에게 어떤 부담을 줄지에 대해 비전문가들은 어떤 판단도 내릴 수 없다.
2. 불확실성과 스트레스를 통해 다만 일부의 사람들만(습관화를 한 사람들) 살이 찌고, 다른 부류는 반대로 살이 빠진다(습관화를 할 수 없는 사람들). 다시 말해, 스트레스를 받는 모든 사람이 살이 찌는 게 아니며, 이로 인해 비전문가들이 인과적으로 결론 내리기 힘들다.
3. 원인이 되는 불확실성은 과거에 있다. 이미 몇 년 전에 습관화를 했고 그리하여 체중이 늘어나게 된 것이다. 습관화 이후 살이 찐 사람은 오히려 더 차분하고, 스트레스도 덜 받는 것 같고 예전보다 훨씬 더 안전하다고 느낀다. 이와 같이 시간적 차원도 인과적 결론을 내리는 것을 힘들게 하는 또 다른 요소이다.

따라서 일반 시민들은 단순한 의지박약 가설에 완전히 만족하지만 스트레스 가설에 대하여는 그다지 인정하지 않는다. 물론 심신 상관 의학의 의사들, 정신과 의사 또는 심리학자들이 뚱뚱한 사람들의 병력을 진단할 때, 해당 환자들의 개인사에서 심각한 어린 시절의 상처나 심리사회적 스트레스 요인들을 신속하게 발견한다. 체중이 증가할 수 있는 위험성을 상당히 올려주는 그런 요인들 말이다.[126, 133-137] 개인에게서 불확실성과 체중 증가 사이의 맥락을 발견하기 위해서는 심리학적 감정(鑑定)과 섬세한 감각이 필요하다.

세 번째 그룹이 남아 있다. 바로 스트레스를 받았을 때 습관화를 할 수 없는 유형이다. 이 부류의 사람들은 스트레스와 이와 연결된 압박감이 점점 견딜 수 없게 되더라도, 자신이 촘촘하게 설정해둔 목표를 위한 기대를 달성해야 한다는 의무감을 느낀다. 이들은 스트레스 상황에서 잠을 이루지 못하고, 불안해하며, 긴장하고, 심지어 과도하게 행동하기도 한다. 이들은 기분에 몹시 좌우되며 우울증에도 잘 빠지고 내면에서는 불확실함을 느끼고 흔히 자신에게 불만을 품는다.[138] "정말 저것으로 충분할까?" "나는 충분히 잘하고 있는 것일까?" "나는 정말 해낼 수 있을까?" 이것이 바로 자신을 의심하는 부류에 속하는 이들이 자주 품는 생각이다. 유독한 스트레스는 이런 유형의 사람들에게 너무 부담을 주어, 심각한 심혈관질환에 걸릴 위험성을 높일 수 있다(12장 "산골의 시냇물" 참조). 이와 같은 유형과 관련하여도 방향을 제시하는 연구가 존재한다. 정신과 의사이자 스트레스를 연구하는 캘리포니아 대학 소속의 엘리사 에펠이 실시한 연구이다. 에펠은 체형이 다양한 피험자들에게 세 번 연이어 스트레스 상황에 처하게 했다. 첫 번째 스트레스 상황에서는 모든 참가자의 스트레스 수치가 올라갔다. 그 상황이 반복되자 많은 피험자들의 스트레스가 줄어들었다. 세 번째 상황에서도 여전히 스트레스를 많이 받는 한 그룹이 남게 되었다. 이들은 바로 복부의 내장 지방이 많은 참가자들이었다.[139] 유독한 스트레스에 잘 빠지는 사람들이 전형적으로 보여주는 반응 패턴이었다. 이런 유형은 몸 전체의 체중은 줄어들지만 복부에만 살이 찐다. 이런 사람은 스트레스를 벗어던질 수 없다. 이런 사람은 부담은 되지만 그럼에도 자신이 설정한 높은 목표를 계속 추구하고자 스트레스를 견뎌보려고 시도한다. 이런 유형의 사람은 부서지기 쉬운 자아상을 확고하게 다지기 위해서 성공과 성공에 대한 체험이 필요할지도 모른다. 그러나 언제라도 좌절할 수 있고 그러면 이것을 패배로 받아들이게 된다. 이런 사람의 뇌는 장기간 많은 에너지를 소비한다. 이에 상응하여 이 사람의 신체 전체는 오히려 말랐다. 물론 세월이 흐르면서 복부가 내장 지방으로 가득 차게 된다. 바로 뇌를 최고로 활성화하는 바람에 뭔가 에너지 공급에 장애가 생길 경우를 막기 위한 부차적 에너지 저장고라고 할 수 있다(이 현상은 11장에서 충분히 서술했다).

유독한 스트레스를 받는 그와 같은 상태가 지속되면 극단적이고, 심지어 건강상 치명적인 결과를 가져올 수 있다는 사실을 어렵지 않게 상상할 수 있다. 심근경색과 뇌졸중은 그런 질병들 가운데 하나일 뿐이다. 흔히 발생하지 않지만 또 다른 질병으로 신경성 식욕부진증(Anorexia nervosa)이 있다. 특히 젊은 여성들이 잘 걸린다는 식욕부진증도 스트레스 때문이라는 증거가 수십 년 동안 쌓여왔다. 심지어 이 신경성 식욕부진은 유독한 스트레스의 극단적이고도 병적인 특징이라고 말할 수 있다. 그리하여 흔히 스트레스를 지독히 많이 받는 경험(무시나 신체적·정서적·성적 학대)이나 스트레스를 많이 받는 도전(예를 들어 사회 계층이나 사회적 지위의 변화)을 통해서 발생한다.[140] 뇌는 스트레스가 지속되는 상황에서 식욕부진증의 시작 단계에 있게 된다. 뇌가 소비하는 에너지는 어마어마하게 상승하고, 이를 통해 신체는 에너지를 공급받는 데 점차 차질을 빚는다. 이로 말미암아 피하지방이 사라지고, 환자들은 극단적으로 야위게 된다. 또한 이런 환자들의 내장 지방은 심각한 식욕부진의 국면이 지나가고 난 뒤에야 비로소 증가하는 경우가 많다.[141]

특정 시점부터 에너지와 관련된 상황은 너무 첨예화되어서, 신체는 긴급 상황에서 작동시키는 절약 모드를 실행하게 된다. 사람들이 기아 상태에 처하면 작동되는 전형적인 모드이다(그림 22). 이런 상태에서 신체는 뇌에 에너지를 안전하게 공급하기 위해서 가장 필요한 기능에만 한정하게 된다. 신체가 움직이기는 하지만 세포 성장과 세포의 신생 작업을 중단하는 것이다. 이처럼 절약하는 프로그램에서 이른바 포크헤드 박스 프로테인(Forkhead-Box-Protein, FOXO: 세포핵의 특정 위치에서 DNA에 부착하여 유전자의 표기에 영향을 주는 단백질—옮긴이) 요소가 신체의 세포핵에 도달하고, 이곳에서 세포 분열과 세포 성장에 관련한 유전자들을 간단하게 차단해버린다.[142] 이와 같은 절약 조치에도 불구하고 여기에서는 곤란할 정도로 에너지 부족 상태가 생겨나는데, 이 상태는 심각한 건강상의 문제를 머지않아 일으키게 된다. 식욕부진증에 완벽하게 걸린 상황에서는 사망 위험은 극적으로 늘어난다. 하지만 이와는 다른 놀라운 효과도 있다. 즉, 신체가 에너지 절약 모드를 활성화하는 순간에 신체는 에너지 경쟁자로서 완전히 떨어져 나가버린다. 이제 뇌는 경쟁자도 없고 즉각 긴장을 푸는 것이다. 몇 달 전 이래로 처음 스트레스 시스템이 안정을 찾게 되고, 기분도 좋다. 코르티솔은 전형적으로 신경성 식욕부진증에서는 높아지지 않는다.[143] 하필이면 지극히 위험한 상태에서 생명은 아주 좋다고 느끼는 것이다. 극도의 행복한 느낌(euphoria)이 만들어진다. 때문에 당사자는 이러한 상황을 다시 경험하고 싶은 것으로 받아들이고 가능하면 이런 순간을 유지하고자 노력한다.

물론 그렇게 간단하지는 않다. 신체가 실제로 심각한 에너지 부족 상

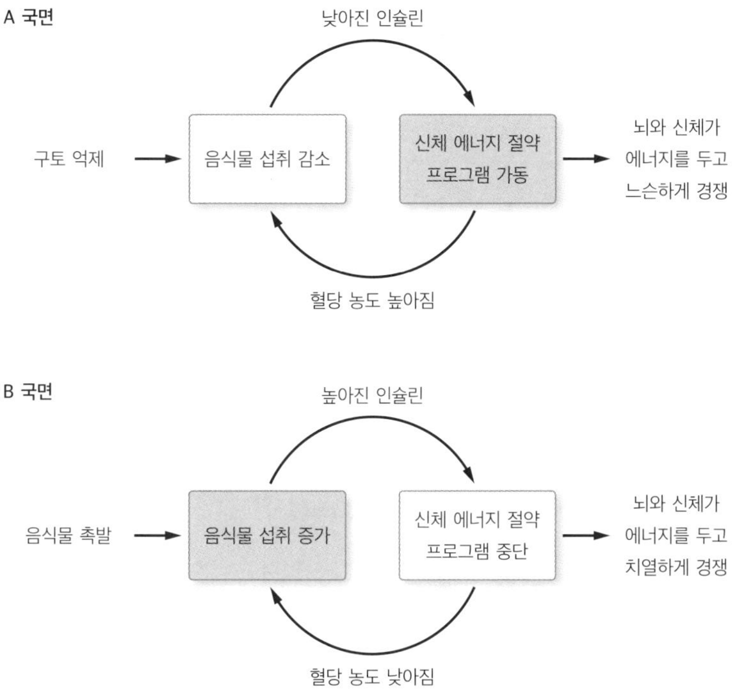

그림 22: 식습관에서 국면을 바꾸는 식욕부진증. 식욕부진증일 때 음식물 섭취는 지극히 낮은 수준으로 내려간다. A 국면: 음식물 섭취를 억제함으로써 이처럼 강력하게 낮아진 수준은 더 내려가게 된다. 이로써 인슐린 농도는 계속 내려가고, 이는 신체 에너지 절약 프로그램을 작동시키는 작용을 한다. 신체 세포에서 받아들이지 않은 혈당은 뇌에 도달하고 그렇게 하여 음식물 섭취는 극단적으로 낮은 수준에서 이루어진다. 신체 에너지 절약 프로그램은 뇌가 신체와 에너지라는 원료를 두고 더 이상 경쟁할 필요가 없게 만든다. 이를 통해 뇌가 신체로부터 에너지를 끌어당겨 사용해야 하는 이른바 뇌-당김은 더 이상 부담을 가질 필요가 없고, 그리하여 식욕부진증에 걸린 사람은 그야말로 긴장을 풀게 된다. 나아진 기분은 물론 신체에 에너지를 위험할 정도로 적게 공급하는 희생을 치르고 얻은 결과이다. B 국면: 음식을 억제하는 기간이 오래 지속된 후에 식욕을 촉발하는 인자들은 부분적으로 음식물을 엄청나게 섭취하게 만들 수 있다(폭식). 이를 통해 높아진 인슐린은 즉각 신체 에너지 절약 프로그램을 중단시킨다. 갑자기 신체는 다시금 뇌의 경쟁자가 되는 것이다. 그렇게 하려면 뇌-당김이 활성화해야 하고, 이는 물론 또다시 긴장된 분위기를 형성한다. 이제 또 A 국면이 반복된다. 즉, 이렇듯 긴장된 상황에서 구토가 일어나면

마음이 가벼워지는데 신체 에너지 절약 프로그램이 새롭게 활성화됨으로써 다시 조성된 상태, 즉 인슐린 농도가 내려감으로써 안심이 되는 것이다.

태에 있다는 사실을 좋은 감정으로 숨길 수는 없다. 이른바 맛있는 음식 냄새, 음식에 대한 광고 같은 촉발 인자에 넘어가면 몇 초 만에 강렬한 식욕을 느끼게 될 수도 있다(그림 22). 그와 같은 순간에, 식욕부진을 앓는 환자들은 엄청난 양의 음식을 섭취하는 일이 일어난다(폭식 국면). 하지만 아노렉시아 환자들이 음식을 먹는 동안, 신체는 긴급 절약 프로그램을 강력하게 차단해버리고, 가능하면 많은 에너지를 받아들이기 위해 저장고를 연다. 이 순간 신체는 다시금 "위협적인" 에너지 경쟁자로 등장하는 것이다. 뇌는 즉각 에너지가 부족할 수 있다는 경악에 빠져서 스트레스 시스템을 최대한 가동시킨다. 그 즉시 기분은 또다시 극단적으로 나빠진다. 내적인 평화를 되찾고 싶다는 후회와 거부할 수 없는 바람으로 말미암아 환자들은 화장실에 가서 손가락을 목에 넣어 가능하면 많은 것을 토하게 된다(그림 22 참조).

스트레스를 어떻게 다루느냐가 우리가 지금까지 예상했던 것 이상으로 우리 삶에서는 훨씬 중요한 역할을 하는 것처럼 보인다. 좋은 스트레스를 받으면서 살아가는 좋은 삶은 물론 가장 좋은 해결책이다. 습관화는 대가를 치러야 하기 때문에 두 번째로 좋은 해결책이다. 즉, 체중이 늘어나고 반응하는 능력이 떨어지게 된다. 하지만 유독한 스트레스를 받고 이로 말미암아 고통을 받는 사람들은 가장 많은 문제를 안게 된다. 이들은 편안하게 느낄 때가 드물며, 만족하지도 잘 못하고 안전하지도 못하며 삶에 대한 기대도 제일 낮다. 이들에게 가장 손쉬운 전략은 알코올, 마약, 항우울제나 수면제의 도움으로 스트레스를 약화시키는 것일지 모른다.

그와 같은 안정제는 제3의 해결책일 뿐이다. 하지만 좋은 소식이 있다. 즉, 이런 상황을 향상시킬 수 있는 가능성들이 있다! 왜냐하면 우리는 심지어 유독한 스트레스를 극복할 수도 있는데, 물론 두 가지 기본적인 전제 조건이 충족되어 있어야 한다. 1. 너무 어려워 보일지라도, 알코올과 안정제와 같은 모든 화학적 완화제를 포기할 것. 2. 삶을 깊숙하게 파고들어 변화의 모험을 즐길 준비가 되는 것.

3부

사회

도대체 자아란 무엇일까

18

도덕적 딜레마 • 목표를 위한 기대라는 매트릭스 • 헛소동 • 나는 나이고 세상은 세상이라는 점을 아는 것은 왜 중요할까 • 우리의 행동으로부터 목표를 위한 기대치에 대한 결론을 도출할 수 있을까 • 우리 내면의 핵심에는 어떤 숨겨진 상태가 숨어 있나 • 자아의 내적 모델

소설 《위대한 유산(Great Expectations)》에서 찰스 디킨스는 고아 소년 핍을 주인공으로 이야기를 전개한다. 소년은 누나 부부가 사는 영국 남동부 해안의 습지에서 성장했으며, 자신의 미래에 거는 기대—또는 기대하는 목표라고 해야 할까?—는 처음에는 지극히 소박했다. 대장장이 매형은 핍이 수공업에 관심을 갖고 자신의 뒤를 이어주기를 희망했다. 하지만 핍은 어느 날, 잘 알지도 못하는 익명의 자선가가 자신에게 거액의 유산을 상속했다는 사실을 알게 된다. 이제 거대한 꿈을 품게 된 핍은 이 꿈을 실현할 수 있을지 모를 기회를 갖게 되었다.

디킨스는 이 소설에서 우리가 청소년 시절에 품게 되는 기대 혹은 목표를 위한 기대를 대가다운 솜씨로 묘사하고 있다. 그것은 바로 세계가 한 사람에게 문을 열어주며 더 이상 방해물이 없을 것 같은 느낌이다. 이

때는 많은 꿈을 꾸기만 하는 시기이다. 우리가 어른이 되어 경험이 쌓이면 묻어버려야만 하는 그런 꿈들 말이다. 디킨스의 소설에 나오는 주인공의 경우 꿈이란 바로 기회의 문을 열어준 비밀스러운 자선가이다. 원래는 있지도 않은 문이었기에, 이로써 게임용 카드는 놀라울 정도로 뒤섞이고 게임에 참여한 자들에게 새롭게 나눠주게 되는 형상이 펼쳐진다.

아이에서 어른으로 성장하는 가운데 좋은 삶에 대한 기대는 점점 분명하게 드러난다. 만일 이런 기대를 이루게 되면 우리는 행복할 수 있다. 또한 이는 누군가 어마어마한 금액을 우리에게 선물해주지 않더라도 우리 자신의 힘으로 이룰 수 있다. 그와 같은 삶의 이야기를 조금 더 자세히 살펴보기로 하자.[144]

안젤름 S.는 화학자로서 대단히 성공을 거두었다. 그와 그의 아내, 그리고 거의 성인이 다 된 두 명의 자녀는 20년 전부터 행복한 가족으로 소도시의 외곽 지역에서 잘 살고 있다. 딸은 법학을 공부하고 싶어 하고, 아들은 고등학교에 다니고 있다. 안젤름은 20년 넘게 한 회사에서 근무하고 있으며, 이제 50대 중반이 되었기에 10년 뒤 퇴직 이후의 삶에 관한 계획을 짜볼 때도 많다. 그는 휴일이면 지역에서 자신이 직접 결성한 동물보호조직을 위해 적극적으로 활동한다. 그는 이 조직에서 활발하게 활동함으로써 도시에서 높은 명성도 누리고 있다. 동료들과 이웃들은 안젤름에게 감탄하기도 하고 가벼운 농담으로 그를 "미스터 동물 보호"라고 부르기도 한다. 아들 역시 아버지를 존경해 나중에 동물을 돌보는 수의사가 되고 싶어 한다.

하지만 갑자기 안젤름의 세상은 혼란에 빠지게 된다. 그의 회사가 다국적 기업에 팔려버린 것이다. 그가 일하던 부서는 공장의 조건상 문을 닫아야만 했다. 화학 연구 작업은 이제 외국으로 옮겨갔다. 이와 같은 소식은 안젤름에게 청천벽력과 같았다. 그는 두 달도 안 되어 직장을 잃게 될 것이고 회사의 조건이 변해서 해고되었기에 퇴직연금도 받지 못할 가능성이 많았다. 그렇게 오랫동안 회사를 위해 일했는데 말이다. 안젤름은 절망에 빠졌다. 50대 중반의 나이에 지금의 회사에서 받는 보수와 비슷하게 받을 수 있는 일자리를 구할 가망성은 거의 없었다.

그는 저녁에 단골 술집에 들렀고 거기서 동창생 벤노를 만났다. 보통 두 사람은 알은척하지 않았다. 벤노는 이 지역에서 다른 큰 회사를 운영하고 있었는데, 이 화장품 제조 회사는 동물 실험도 했기에 동물보호운동에 앞장섰던 안젤름의 주요 표적이었다. 그런데 이번에는 벤노가 단도직입적으로 안젤름에게 말을 걸어 일자리를 제안하는 것이었다. 즉, 연구부서의 팀장을 맡아주면 동일한 월급에 무기한 계약으로 채용하겠다고 말이다. 물론 이 회사에서 일하려면 안젤름은 동물 실험 부서를 떠맡고 앞으로는 책임도 져야 한다.

여기에 소개된 이야기도 디킨스의 소설처럼 실화는 아니며, 약간 허구가 들어가 있다. 디킨스에서처럼 안젤름의 이야기는 그야말로 구체적인 문제를 비추고자 한다. 여기에서는 핍처럼 예기치 않던 출세가 중요한 것이 아니라 목표를 위한 기대가 갑자기 위험해진 상황이 중요하다. 안젤름의 이야기는 전통적이자 윤리적인 딜레마로 볼 수 있다. 그러니까 그때까지 안정적이었으며 안젤름의 목표를 위한 기대에 속했던 두 가지 지주가 갑자기 흔들렸다. 즉, 아이들의 교육을 위한 충분한 재원과 동물보호자로서 사회로부터 받던 윤리적 인정.

안젤름의 경우는 우리에게 목표를 위한 기대는 1차원적일 뿐만 아니라 2차원적일 수 있다는 사실을 보여준다. 보편적으로 보면 심지어 다차원적이기도 하다. 이처럼 다양한 목표를 위한 기대에서 단 하나의 최적의 상태가 있는데, 목표를 충족시키거나 또는 충족시키지 않는 상태이다. 다른 사람들과 마찬가지로 안젤름도 우선 기본적인 목표를 위한 기대가 충족되어야 한다. 즉, 굶지 않아야 하고, 물이 부족해서 갈증을 느끼거나, 너무 춥지 않아야 한다. 잠을 잘 수 있는 집이 있어야 하고, 충분히 잠을 잘 수 있어야 한다. 하지만 이런 조건은 다른 사람들과 비슷할 뿐이다. 목표를 위한 기대에는 우리가 그것으로부터 이득을 보고 싶은 요소도 있다. 무리에서 뛰어나고자 하는 욕구, 그러니까 뭔가 특별한 사람이 되고자 하는 것이다. 현실적으로 볼 때, 이 말은 직장에 다니면서 단순히 돈만 버는 게 아니라 직업적 충만감도 있어야 한다는 뜻이다. 그다음으로 가족이 있고, 이들이 편안하고 행복하기를 바라는 마음이 있다. 사회로부터 인정을 받는 상태라 함은 더 광범위한 차원인데, 성공을 했으며 그것을 유지하고 있다는 표시이다(집, 자동차 등등). 목표를 위한 기대가 복잡할수록, 도전하기 힘든 것일수록 그리고 더 높게 설정될수록, 목표를 위한 기대들이 혼합되어 있는 구조물은 더욱 흔들릴 것이다. 또한 적절한 상태를 유지하거나 그것을 충족시키는 것조차 어려워지는데, 예를 들어 배우자를 고를 때이다. 서로를 사랑하고 이해하고자 하는 목표를 위한 기대는 오랫동안 지속될 부부 관계를 위해서 그야말로 훌륭한 기초로 간주된다. 하지만 이것만 충족시키는 것도 단순하지 않다. 이 목표를 위한 기대에 반드시 필요하다고 생각하는 수많은 것들을 집어넣으면 우리에게 딱 맞는 배우자를 발견할 확률은 지극히 낮아질 것이다. 셰익스피어의 〈헛소동〉 2막에 놀라운 장면이 나온다. 독신 생활이 몸에 밴 총각 베네디크는 자신 주변에 있는 사람들이 모두 사랑을 하는 것을 이상하게 여기고, 어떤 여자가 결코 결혼하지 않으리라는 자신의 맹세를 깰 수 있을지를 곰곰이 생각해본다. 잠시 그 장면을 읽어보기로 하자.

베네디크: “이 여자는 아름답지만, 나에게는 큰 감동이 없어. 다른 여자는 이성적이지만, 이 역시 별로 감동적이질 못해. 모든 장점을 갖추고 있는 여자까지, 그 어떤 여자도 나에게서는 우선권을 갖지 못해. 부자여야 하는 것은 당연하고, 이해심이 있는 여자, 그런 여자를 나는 좋아하지 않아. 품행이 바른 여자, 나는 이런 여자에게는 청혼하지 않아. 아름다운 여자라고 해도 내 눈에는 그렇게 아름답게 보이지 않아. 부드러운 여자, 내 근처에 안 오면 좋겠군. 고결한 여자, 당연히 거절하겠어, 차라리 천사를 내게 보내줘. 대화도 잘되고, 음악도 완전히 잘 아는 여자라도 글쎄 싫어. 모든 것을 갖춘 여자라고 해도, 이런 여자의 머리카락 색깔은 신의 마음에나 들지 모르지.”

베네디크가 이렇듯 고차원적 목표를 위한 기대를 설정해둔 것은, 그런 기대는 충족될 수 없으며 따라서 결혼이라는 굴레를 결코 짊어져서는 안 된다는 가정에서 출발했을 것이다. 셰익스피어의 희극에 깔려 있는 의미는, 베네디크가 여기에서 자발적이지는 않지만(혹은 무의식적으로) 아름답고 똑똑한 베아트리체의 장점들을 묘사하고 있다는 데 있다. 그가 언쟁을 벌이지만 늘 지는 베아트리체 말이다. 이 두 사람의 목표를 위한 기대가 참으로 수많은 차원(베아트리체 역시 목표를 위한 기대가 많았음)으로 이루어져 있으나, 결국 둘은 동화에서처럼 서로를 선택한다.

하지만 문학이 아닌 현실에서는 고차원이나 다차원의 목표를 위한 기대는 복잡하고, 실패할 수 있는 큰 위험을 내포하고 있거나, 놀랍게도 안젤름의 경우처럼(그림 23 참조) 일치하지 않을 수 있다.

그의 딜레마를 단순하게 그래프로 구체화하면, 가족의 상태 및 안젤름의 상태를 고려한 목표를 위한 기대를 볼 수 있다(그림 23). 그 밖에 우리는 안젤름이 가능한 대안적 전략(수용 또는 거절)의 결과로 도달할 수 있

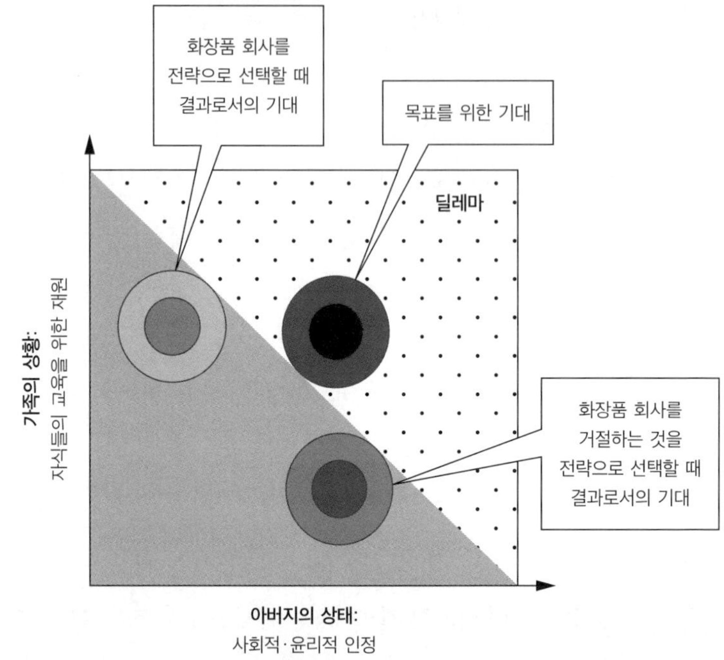

그림 23: 목표 상태의 기대, 그리고 두 가지 전략(수용/거절)으로 달성 가능한 상태의 기대. 사람들이 목표 상태를 달성할 확률은 기호화되어 있다(안쪽 원=기대했던 확률 높음, 바깥 원=중간, 원의 주변=매우 작음). "수용"하는 전략과 "거절"하는 전략의 기대했던 바의 확률은 동일한 원칙에 따라 기호화되어 있다. 하강하는 순서: 안쪽의 원, 외부의 원, 원의 주변.

는 기대도 보게 된다. 지금까지 그는 가족의 행복과 동물보호가로서 사회로부터 받는 인정이라는 두 개의 목표를 위한 기대를 탁월하게 결합시킬 수 있었다. 하지만 회사의 해약 고지로 인해 그의 목표를 위한 기대는 딜레마에 빠지고 말았다. 두 가지를 "**모두**" 이룰 수 있었던 시기는 지나가고 이제는 두 가지 가운데 "**하나만**"을 할 수 있게 된 것이다. 즉, 화장품 회사의 일을 받아들이고 가족의 안정된 삶을 유지하거나, 일을 거절하고 자신의 신념을 계속 밀고 나가 사회적 인정을 받는 것이다. 그가 무슨 결정을 내리든 기껏해야 일종의 손해를 제한하는 데 그칠 뿐, 두 가지 목표를 동시에 달성하기란 불가능하다. 최적의 행복 상태는 이제 그가 영향력을 미칠 수 있는 범위를 벗어난 상태이다.

이는 우리를 본질적인 질문과 놀라울 정도로 단순한 명제로 유도한다. 우리의 목표를 위한 기대가 좋은 삶을 위해 어떤 의미를 가지는지를 집중적으로 밝혀준다. 하지만 그런 목표가 우리의 인격 발달과 자아 실현이라는 맥락에서는 어떤 역할을 할까? 여기에서 아주 간단한 명제를 제시해보겠다. 만일 우리의 인격이나 "나"라는 것이 우리의 다양한 목표를 위한 기대를 서술한 것이라면? 이때 다양한 목표는 다양한 삶의 영역 주위를 맴돈다. 단 하나의 목표를 위한 기대가 그 자체로 다차원적일 수도 있는데, 예를 들어 배우자를 선택할 때(아름답고, 똑똑하고, 부자이고……)이다. 우리는 이와 같은 목표를 위한 기대가 살아가면서 서로 연결되어 인격이라는 매트릭스가 된다는 사실을 경험했다. 이런 목표를 위한 기대들은 우리로부터 발생했으나, 외부의 영향을 받을 수도 있다. 이런 목표를 위한 기대들이 연계되면 바뀌기가 매우 힘들지만 불가능하지는 않다. 심지어 우리가 예상하는 것보다 더 자주 바뀔 수도 있다. 왜냐하면 우리가 목표를 위한 기대를 바꾸고, 정교화하고, 조금 더 광범위하게 설정하고, 폐기하거나 새로운 것으로 대체하면, 우리의 인격 전체가 바뀌기 때문이다. 인격의 발달이나 성장이라고 말해도 된다. 이렇듯 자주 바뀔 수도 있는 여러 가지 목표를 위한 기대로 이루어진 나(자아)는 내면의 나침반과 같은데, 가능하면 우리에게 잘 어울리는 삶으로 인도해주는 별이라 할 수 있다. 이것은 우리가 내리는 결정의 바탕이 된다.

나아가 앞에서 언급했던 예들은 우리의 목표를 위한 기대가 실제로 가지고 있는 다양한 측면에 접근하지 못하고 있다. 한 사람의 목표를 위한 기대가 갖는 패턴은 상당히 고차원적이자 다층적이며 연결되었을 때, 마치 지문처럼 개인마다 다르다. 그래서 지구상에서 두 사람이 같은 목표를 위한 기대를 가지고 있는 경우는 없다. 그 외에 하나 또는 여러 가지의 목표를 위한 기대를 위협하는 위태로운 상황에서는 원칙적으로 오로지 두 가지 해결책밖에 없다. 즉, 목표로 인도하는 한 가지의 전략을 발견하거나 아니면 목표를 위한 기대를 바꾸는 방법 말이다. 이때 우리는 항상 우선 목표로 인도하는 전략을 찾아야만 하고 마지막 방책으로 우리의 목표를 위한 기대를 포기한다. 안젤름의 경우에 결국 하나의 목표를 위한 기대를 달성할 수 있는 과제에 집중하게 된다. 왜냐하면 사람들은 진정한 의미에서 딜레마에 빠지면, 최소한 하나의 목표를 위한 기대를 희생할 수밖에 없기 때문이다.

안젤름은 가족회의를 소집해 아내와 자식들에게 자신이 처한 딜레마를 솔직하게 털어놓고 어떻게 해야 할지를 의논할 수도 있다. 그는 가족들에게 분명히 말해야 한다. 그러니까 화장품 회사의 제안을 거절했을 때 자식들이 스스로 학비를 마련해야 한다는 것을 말이다. 반대로 가족을 위해서 원치 않지만 화장품 회사의 제안을 받아들이는 선택을 했을 때 어떤 위기가 올 수 있는지에 대해서도 가족회의에서 설명해야 할 것이다. 동물보호가라는 목표를 위한 기대를 포기하는 것은 안젤름에게 힘들 게 분명하다. 사회로부터 누리는 존경과 명성이 무너질 것이다. 작은 도시에서 말이다. 이처럼 대답하기 힘든 상황에서 던질 수 있는 질문은, 목표들 가운데 어떤 것을 희생하면 조금 더 쉽게 감당할 수 있는가이다. 어떤 경우에도 우리 모두는 이와 같은 질문에서 자유로울 수 없다. "안젤름의 상황에 처한다면, 나는 내 목표를 위한 기대들 가운데 어떤 것을 포기할까?"

만일 우리의 **자아**가 실제로 다양한 목표를 위한 기대를 합한 양이라면, 이로부터 흥미진진하고 중요한 의문이 생겨난다. 즉, 우리는 우리의 목표를 위한 기대를 인식할 수 있을까? 우리의 행동으로부터 우리의 목표를 위한 기대를 추론할 수 있을까? 나는 세상에 대해서, 내 신체에 대해, **자아**(나)에 대해 무엇을 알고 있는가?

우리는 베이즈식 뇌가 내부 모델의 도움으로 예측을 할 수 있다는 사실을 봤다. 이와 같은 내부 모델의 일부가 우리의 외부에 있는 바깥세상을 대표한다. 이런 모델의 일부를 업데이트할 때 신체의 외부 수용 지각에 의존하는데, 다시 말해 보고, 듣고, 만지고, 냄새 맡고, 고통과 온도를 감지하는 감각(그림 6)에 기초한다는 말이다.

이와 같은 내부 모델 가운데 두 번째 부분은 우리의 신체를 대표한다. 이 부분의 업데이트는 자기 수용 감각과 장기와 관련한 지각에 바탕을 두며, 다시 말해 우리의 위치 감각과 내장에서 오는 신호를 기초로 한다(그림 6). 목표를 위한 기대 전체가 바로 우리의 인격이라는 사실을 받아들이면, 우리의 내부 모델에서 자아를 대표하는 세 번째 부분이 필요하다. 우리는 스스로를 인식하기 위해서 바로 이 세 번째 부분이 필요하다. 이로써 우리의 뇌는 내부에 있는 전체 모델과 다음과 같은 것에 대해서 대화를 나눈다.

- 세상에 대하여
- 신체에 대하여
- 자아인 **나**에 대하여

우리는 1인칭 시각으로 세상을 보는 피조물이며, 일어나는 일에 대해서 감정적으로 반응하고, 자신을 관찰하고 자신의 정신 상태에(다른 사람들에 의해 보고되는 정신 상태가 아니라) 대해서 보고할 수 있다. 우리는 과거를 기억할 수 있으며, 현재를 겪을 수 있고, 정신적 체험을 미래로 투사할 수 있다. 우리는 무엇을 해야 하는지 결정을 하며 우리의 실수로부터 배울 때도 많다. 이 모든 핵심적 측면이 가리키는 것은 우리가 **자아**를 가지고 있다는 사실이다. 즉, 존재는 1인칭 시각에서 반응을 하고, 내부를 들여다보며 경험을 하고, 사건을 기억하고 미래를 투사하고 결정을 내린다는 뜻이다. 하지만 **자아**의 본성이란 완전히 수수께끼 같으며 철학적으로나 심리학적으로 집중적인 사색이 필요한 대상이다. 철학자 제이컵 호위는 여기에서 파악한 **자아** 모델이라는 구상은 베이즈식 뇌 개념에 아주 잘 어울린다는 사실을 지적했다.

우리는 이와 같은 맥락에서 지각적 추론과 능동적 추론이 서로 분리할 수 없을 정도로 얽혀 있다는 사실을 봤다. 이언 워터먼을 기억하는가? 그는 전염병으로 감각적 지각의 대부분을 상실하는 바람에 걷지도 못했다. 그의 신체가 자신의 위치에 대하여 믿을 만한 지각적 추론을 내릴 수 없는 상황이었던 까닭이다. 그 결과로 이언 워터먼의 신체는 행동할 수도 움직일 수도 없었다. 워터먼은 상실했던 신체 감각(자기 수용 감각)을 시각적 능력으로 대체함으로써 걷는 능력을 되찾았다. 그는 움직일 때마다 눈으로 시작하고 통제했던 것이다.

이렇듯 세 부분으로 구성된 내부의 모델 전부를 관찰하면 **자아**, 신체와 세계에 대한 우리의 상상은 끊임없이 서로 교환하는 상태에 있음을 알 수 있다. 이런 상태에 있어야만 우리는 세상에서 우리의 위치를 발견하고, 길을 인지하고, 목표를 추구하고, 결정을 내릴 수 있다. 그리고 가능하면 우리가 원하는 삶을 살기 위해 바뀐 조건과 요구 사항에 적응할 수도 있다. 이때 우리가 가진 가장 중요한 도구는 바로 지각적 추론과 능동적 추론이다. 우리는 매일, 매 시간, 매 분 이런 도구를 투입한다. 모든 감각적 인상들은 세상의 원인들에 달려 있다. 비록 우리에게 사소하며 아무런 의미가 없어 보일지라도 말이다. 원시 시력을 가진 남자가 스파게티를 요리하고 싶지만 얼마 동안 삶아야 하는지 기억나지 않는 경우처럼. 그는 스파게티 봉지에 쓰인 요리법의 글씨가 너무 작아서 맨눈으로는 읽을 수 없다는 사실을 알아차린다. 처음으로 내린 지각적 추론은 원하는 정보를 맨눈으로는 얻을 수 없다는 것이고, 그리하여 그는 능동적 추론을 하려고 도구를 이용한다. 즉, 돋보기를 찾아서 끼고 전등을 켜는 것이다. 따라서 지각적 추론을 할 때 감각적 인상들은 우리 자신의 행동을 통해서 어느 정도 바꿀 수 있다는 점을 고려할 수 있다.

이런 점은 중요한데, 한 사람이 독자적인 행동가라면, 숨겨진 원인(히든 스테이트)으로서 세상에 있는 다른 숨겨진 원인들(히든 스테이트)과도 상호작용을 하고 상호 영향을 줄 수 있기 때문이다. 여기에서 우리는 숨겨진 상태(히든 스테이트)라는 현상과 다시금 마주치게 되었다. 우리는 끊임없이 그와 같은 숨겨진 상태로 둘러싸여 있으며, 이런 히든 스테이트들은 자체적으로 다양한 일을 유발하는 원인이다. 하지만 우리의 외부에만 그렇듯 숨겨진 상태가 있는 게 아니라 내부에도 있다. 이러한 전개에서 하이라이트는 우리 행동의 원인이 우리 자신에게조차 숨겨진 상태라는 데 있다. 때문에 우리는 우리 **자아**에 대한 모델을 내부의 전체 모델에 포함시켜야 한다. 마치 세상에 있는 다른 원인에 대한 모델을 포함시키듯 말이다.

내부에 있는 **자아** 모델이 얼마나 대단한 재산인지를 보다 더 잘 이해하기 위해서, 우리는 예를 들어 결승전에 임하는 세계적인 테니스 선수 안젤리크 케르버를 생각해볼 수 있다. 윔블던에서 해가 쨍쨍 날 때 고려해야 하는 문제는 바람이다. 이 프로 선수는 기본적으로 어떤 경로로 테니스공을 던져야 하는지 경험상 잘 알고 있다. 그녀는 자신이 어떤 것을 불러일으킬 수 있는지에 대해서 정확하게 아는데, 예를 들어 공을 정확하게 상대 선수의 백핸드 구석에 꽂아 넣는 것이다. 그러나 결승전이 있는 이날은 테니스공의 경로를 결정하는 또 다른 요인이 있다. 바람이다. 연습할 때 이 세계적인 테니스 선수는 뇌의 전체 모델로, 공의 경로를 확정할 때 자신이 원인일 수 있는 부분과 바람이 원인으로 작용할 수 있는 부분에 대해서 배웠다. 자신이 원인을 제공할 때와 다른 원인일 때의 차이를 구분함으로써, 그녀는 방해하는 바람의 영향력을 고려하고 공을 타격할 때마다 경기장 경계선과의 안전거리를 계산할 수 있다. 전체 모델에서 세계에 대한 모델이 차지하는 할당과 **자아**에 대한 모델이 차지하는 할당은 심지어 심하게 바람이 부는 상황에서도, 공을 정확하게 어디에 넣어야 할지 알려준다. 이와 반대로 실력이 탁월하지 않고 중간급 정도인 테니스 선수라면 두 가지 모델의 차이를 알지 못한다. 따라서 이런 선수는 바람이 부는 날이면 공이 코트 밖으로 나가는 경우가 많고, 운이 없다고 화를 내는 것이다.

신경과학에서는 오늘날까지 이런 의문이 있다. 왜 인간과 다른 고등동물들은 자신을 의식하게 되는가 말이다. 자신의 인격을 의식하는 것이 생명체에게 왜 의미가 있는 것일까? 이보다 더 과격하게 질문해보면 이러하다. 그것은 의미가 있을까? 베이즈식으로 관찰하면, 대답은 "그렇다"가 된다. 그것도 무제한으로 의미가 있다. 왜냐하면 우리의 뇌가 세계와 자신의 신체에 대하여 개발하고 끊임없이 새롭게 업데이트하는 그림들은 엄청나게 많은 수의 숨겨진 상태들을 거장답게 다루는 방법이기 때문이다. 만일 자신의 신체뿐 아니라 주변 세계가 끊임없이 변하는 상황으로서 우리 자신을 묘사한다면, 사실 이런 상황에서 사람은 지속적인 정보 교환을 통해서만이 행동할 수 있는데, 히든 스테이트들이 어디에 속하는지 구분하는 것이 상당히 중요하다. 다시 말해, 숨겨진 상태 가운데 어떤 것이 세계에 속하며, 어떤 것이 신체에, 그리고 **자아**에 속하는지를 구분할 수 있어야 한다.[145] 가령 내가 테니스 선수라면 바람이 심하게 부는 조건에서 적절하게 서브를 넣기 위해, 바람이 세계의 히든 스테이트인지 아닌지를 아는 것은 반드시 필요하다. 그래야 내 신체의 도움으로 목표를 달성하기 위해 공을 약간 다르게 상대 선수를 향해 넣으면서 바람에 저항할 수 있다. 즉, 상대 선수에게서 받은 공을 상대 선수의 손이 닿을 수 없는 장소에 꽂으려는 목표 말이다. 나는 **나**이고 세계는 세계라는 의식이 있어야만 비로소, 한계를 인지하고 누가 무엇을 불러일으킨 장본인인지(원인이 **나**인지 세계인지)를 이해할 수 있는 것이다. 이런 식으로만 개인은 세계에서 차지하는 자신의 위치를 확정하고 영향을 미칠 수 있다. 여기에서 몹시 당황스럽게 만드는 것은 결코 절대적인 확실성이라는 것이 있을 수 없다는 점이다. 세계는 항상 수많은 알 수 없는 것들이 있는 장소일 뿐이다. 신체와 **자아**와 똑같이 말이다. 히든 스테이트를 완벽하게 규명하는 것은 불가능하다. 세계와 관련해서 우리는 그 점을 알고 있다. 하지만 우리의 **자아**와 관련해서는 우리가 받아들이는 것에 비해서 파악하기가 훨씬 더 어렵다. 우리가 실재나 현실이라고 체험하는 것이 단지 세계에 대한 복사본이라는 사실을 받아들이는 것이 어렵기만 하듯 말이다. 이 문제를 더 극단적으로 표현할 수도 있다. 즉, 우리가 우리의 **자아**라고 체험하는 것이 실제의 모습이 아니라, 우리 **자아**에 대한 우리의 기대이다. 우리에게는 엄청나게 많은 숨겨진 상태가 있기 때문에

말이다.[146]

많은 우리의 목표를 위한 기대들은 우리 자신에게도 잘 알려지지 않은 히든 스테이트이다. 우리는 목표를 위한 기대를 따라가기는 하지만, 이것들의 발생, 관계나 법칙을 정확하게 모를 때가 많다. 철학자 아르투어 쇼펜하우어는 이미 19세기에 이와 관련해서 적절한 말을 했다. "삶이란 탐험 여행으로, 우리는 이 여행을 시작할 때 우리에게서 무엇을 발견하게 될지 모른다. 삶을 살아가는 도중에야 비로소, 우리가 새로운 상황에 어떻게 반응하는지를 알 수 있다. 때문에 우리는 자신에 대해서 긍정적으로든 부정적으로든 깜짝 놀랄 때가 많다."[147] 바로 여기에서 스스로를 인식하고자 하는, 이른바 자기 인식에 대한 우리의 바람이 생겨난다. 이는 실제로는 항상 현실에 대한 우리의 주관적인 복사나 모방일 수 있음에도 불구하고, 우리가 현실이라고 간주하는 세상에 대한 기대를 가지고 있으며, 이로써 끝나지 않는다. 우리는 또한 우리 자신에 대한 기대도 품고 다니는데, 결코 100퍼센트 우리의 내적 현실에 상응하지 않으며, 다만 우리 자아에 대한 복사나 모방일 뿐인 기대이다. 이와 같은 의미에서, 우리가 **자아**에 대한 모델을 하나 가지고 있는지 혹은 세상에 있는 다른 원인에 관한 모델을 가지고 있는지를 실제적으로 구분하기는 힘들다. 우리의 목표를 위한 기대를 인식하고 자아에 대한 하나의 모델로 만드는 것은, 삶을 살아가면서 집요하게 그야말로 오랫동안 지속되는 과정이다. 즉, 자기 성찰과 자아 인식이라는 과정이다.

여기에서 서술하고 있는 시각으로 볼 때 **자아**란 내면의 모델이 스스로에 대해서 묘사하는 일부분일 뿐이다. 오스트레일리아의 철학자이자 신경학자인 제이컵 호위는 이러한 통찰을 간략하게 작성했다. "나는 내가 살고 있는 세상의 모델이며, 이것은 세상에 대한 어떤 모델로 정의할 수 없다." 심지어 두 사람이 동일한 것을 보거나 느낀다는 인상을 갖고 있더라도, 그것은 결코 그렇지 않다. 각자는 세상에 대해서 자기만의 복사본을 가지고 있는 것처럼 또한 자아에 관해서도 자신만의 복사본을 가지고 있다. 이는 실제로 익숙하지 않으며 심지어 너무 당황스럽게 만드는 생각일 수 있다. 하지만 그것은 우리의 개성, 개인으로서 우리의 유일무이함에 대한 가장 훌륭하고 아름다운 인상이기도 하다.

19

공감 능력, 신뢰와 사회적 결속

친밀감은 식량만큼 중요할까? • 공감 능력: 다른 사람들이 느끼듯 느끼는 것 • 어떻게 해서 도움이 중단될까? • 사회적 접합제―이것은 원래 무엇으로 이루어져 있나? • 최후통첩 게임 • 공평한 분배는 어떻게 작동하나? • 부유한 사람들은 왜 가난한 사람들보다 더 자주 법을 어기는가 • 공감 능력이 있는 베이비시터 • 자유의지의 기대

특정 개인은 왜 다른 개인들을 잘 도와주도록 뇌를 가지고 태어날까? 일상의 습관이나 경험들 가운데 무엇이 동정심, 이기심, 자기도취나 정신병을 강화시킬까? 최근 연구들은 뇌가 공감 능력을 어떻게 작업하는지에 대하여 신경생물학적 기초들을 제시하고 있다. 이와 같은 과정을 조금 더 잘 이해한다면 우리는 사회적 결속력은 늘리고 반사회적 피해는 줄일 수 있다.

공감 능력. 무엇보다 포유류는 성장하고, 발전하고, 영양분을 공급받고, 안전하다고 느끼고, 궁극적으로 살아남기 위해 동종의 생물에게 의존한다. 새끼들은 태어나면 영양분, 면역력, 온도 조절을 어미에게 의존한다. 그리고 이런 새끼들은 포식자의 먹이가 되지 않으려면 보호가 필요하다.

만일 어미(몇몇 조류와 소수의 포유류에서는 아버지)가 새끼가 추위로 인해 꽁꽁 얼어버렸다거나, 굶주리거나 위험에 처해 있는 것을 알아차리지 못하면, 새끼는 죽을 가능성이 많다. 새끼들의 욕구에 적절하게 반응할 수 있는 어미의 능력은 새끼가 살아남아서 부모들의 유전자를 계속 전달하게 될지, 아니면 죽게 되고 그리하여 진화의 과정에서 막다른 골목에 이르게 될지를 결정한다.[148]

미국의 심리학자 해리 할로는 1950년대 말에 새끼 원숭이의 발육에 친밀감(애착)이 미치는 영향을 실험했다. 어미들로부터 분리된 새끼들을 대상으로 하는 실험이었다.[149] 어미 대신에 이 원숭이 새끼들에게 인위적인 두 종류의 어미가 제공되었는데, 하나는 천으로 만들었고 다른 하나는 철사로 만든 어미였다. 딱딱하고 모서리가 뾰족한 철사 어미에게는 새끼가 먹을 수 있는 우유병을 꽂아두었다. 이 "어미"는 새끼들에게 우유를 공급할 수 있는 유일한 대상이었다. 그럼에도 불구하고 새끼들은 천으로 만든 어미와 함께 열 배는 더 많은 시간을 보냈다. 이 천으로 만든 어미가 우유를 전혀 제공할 수 없음에도 말이다. 이 실험은 포유류 새끼들은 철사보다 천으로 더 잘 모방할 수 있었던 어미와의 접촉을 열망하며, 영장류 어미는 새끼들에게 단순히 영양분을 제공하는 대상 그 이상이라는 사실을 보여주었다. 적절한 영양분, 온기와 보호를 받았으나 사회적 접촉이 적었던 포유류 새끼들은 훗날 사회력과 부모가 되는 능력에 문제가 있는, 이른바 스트레스를 받는 어른 동물로 발전했다. 이들은 또다시 스트레스를 받는 후손을 낳았다.

하지만 왜 그럴까? 사회적 접촉, 신체적 친근함과 감정적으로 강한 연계는 왜 식량만큼이나 중요할까? 그 대답은 수백만 년 이어져온 포유류의 발전사에 있다. 즉, 하나의 사회적 그룹에 속하는 회원들은 협력하는 그룹의 능력과 연계하여 많은 장점을 갖게 된다. 이때는 단순히 함께 사는 것을 훨씬 뛰어넘는 것이 중요해진다. 진정한 의미에서 사회적 결속은 그룹뿐 아니라 개인의 생존을 지원한다. 포유류 사이에서 볼 수 있는 사회적 결속력의 중심에는 의사소통이라는 독특한 능력이 있다. 이는 매우 특별한 정보 교환을 말한다. 이런 정보 교환은 복잡하고도 매혹적이다. 사회적 접합제는 개인들 사이에 감정적 상태가 교환될 경우에만 발생할 수 있다. 그러니까 하나의 생명체가 마치 자신의 상태인 양 다른 생명체의 감정적 상태에 반응하는 것이다. 상대가 화를 내면, 사회적으로 연계된 생명체들은 어떤 느낌인지를 상상한다. 다른 사람들에게서 슬픔과 고통(함께 느끼거나 위로하고)뿐만 아니라 기쁨을 인식(함께 나누고)할 수 있다. 상대에게서 공포와 위험을 보고, 도움을 필요로 하는 것을 볼 수 있다.

감정을 읽고 이해할 수 있는 이런 능력의 결과는 사회적 결속을 통해서야 비로소 나올 수 있으며 지속적으로 성장할 수 있는 연결(결합)이다.[150] 과학은 개인들 사이에 이런 형태로 이뤄지는 감정의 소통을 공감 능력이라고 부른다.[148] 이와 같은 방식으로 정의 내리면, 공감 능력이란 사회적 상호작용이라는 광범위한 영역을 포괄하는 상위 개념이다. 그리고 사회적 상호작용 속에서 다른 사람의 감정적 상태를 통해 감정적 반응이 발생하는 것이다. 나아가 공감 능력—이 같은 정의에 따라—은 다른 사람의 감정에 대한 반응이 행동을 불러일으킬 수는 있으나 반드시 행동하게 하는 것이 아니라면 중립적이라 할 수 있다. 이와 같은 관찰로부터 나오는 결정적 사실은 공감 능력으로부터 분명한 행동 패턴이 나오는 게 아니라 다만 선택할 수 있는 옵션이 나온다는 점이다. 공감 능력이 있는 존재는 예정된 방식으로 이런 감정에 반응하지 않고서 다른 사람의 감정을 느낄 수 있다.

함부르크에 있는 공원. 한 여성이 오후에 산책을 시작했다. 그녀는 중추신경계가 만성적으로 감염되는 질환인 다발성 경화증을 앓고 있기 때문에 지팡이에 의지해야만 하고 걷는 것도 상당히 힘들어 보인다. 갑자기 그녀는 중심을 잃고 넘어진다. 다행스럽게도 다친 데는 없지만, 자신의 힘으로 다시 일어날 수 없다. 보행자들은 지나가면서 쳐다볼 뿐 아무런 반응이 없다. 할머니 한 사람이 급히 도와주러 다가간다. 하지만 이 할머니 역시 넘어진 여성을 일으켜 세울 힘이 없다. 이제 두 사람은 도움을 요청한다. 그럼에도 아무도 나서지 않는다. 개를 데리고 있는 젊은 청년들은 이 두 사람을 피해서 지나간다. 마침내 여성은 있는 힘을 다해 근처에 있는 나무로 기어가서 나무를 의지해 일어난다.

이런 상황에서 우리는 누군가 곤궁에 처한 다른 사람을 도와주기를 희망할 뿐이다. 하지만 반드시 도와줄 것이라 보장할 수는 없다. 우리 모두에게는 공감 능력이라는 것이 설정되어 있지만 말이다. 도움을 줄 수 있듯이 아무런 도움을 주지 않을 수도 있다. 희생자가 처해 있는 긴급 상황을 더 악화시키는, 그야말로 의도적으로 잔인하게 행동하는 경우도 자주 있다. 만일 상대의 감정을 느낄 수 있을 때 사람들이 결국 어떤 전략을 선택하는지에 관해서 우리는 이 장에서 보다 구체적으로 다루어볼 것이다.

공감 능력에는 직접적 도움을 주는 것 외에도 다양한 차원이 있다. 지각과 행동 사이에 있는 거의 자동적인 기능이 우리의 행동과 다른 사람의 행동을 연결해준다. 이러한 연결은 두 개인 사이의 감정적 소통을 위해 결정적으로 중요하다. 어쩌면 우리는 이미 자신에게서 이런 점을 관찰했을지 모른다. 즉, 우리는 얘기하는 상대방의 자세를 우리도 취하고는 한다. 예를 들어, 상대가 팔짱을 끼면 잠시 후 나 역시 팔짱을 끼는 것을 알아차리는 것이다. 대부분 다른 사람의 행동을 보는 것만으로 동일한 행동을 따라 할 확률이 높아진다. 심지어 서로 낯선 사람들이라 할지라도 말이다. 이와 비슷하게 사람들은 대화를 나눌 때 서로에게 더 잘 맞추기 위해 기본적인 말수도 바꾼다. 이 같은 사회적 적응은 상호작용하는 두 사람의 행동을 예전보다 더 비슷하게 만들고 일종의 사회적 접합제 역할을 한다. 우리에게 쾌활하게 미소를 지으면서 지나가는 사람을 보면, 우리 역시 미소를 지을 가능성이 많다. 우리 스스로는 이와 같은 과정을 이해하지 못하며, 이런 과정은 그냥 일어날 뿐이다. 다시 말해, 우리는 이런 행동을 의식적으로 통제하지는 않는다는 뜻이다. 이런 행동은 우리에게 내재 또는 잠복해 있다가 특정 상황이 되면 활성화되는 것이다. 만일 우리가 이런 행동을 알아차리면, 그와 같은 행동에 감탄해 마지않을 것이다. 이런 행동은 결코 개성의 표현이 아니다. 하지만 실제로 개인으로서 우리는 더 큰 생물학적 개념을 따라간다.

감정 이입을 잘하는, 이른바 공감 능력이 있는 생명체는 상대의 신체언어나 행동에 의해서 상대방의 현재 감정 상태를 추론할 수 있다는 것을 알게 되었다. 행동은 감정을 보여줄 뿐만 아니라 감정에 영향을 미치기도 한다. 따라서 상대방이 공격적인 태도를 통해서 분노를 표현하면, 그런 모습은 나를 감정적으로 건드리지 않을 수 없게 된다. 즉, 나는 두려움을 느끼고 긴장을 하게 된다. 감정과 행동 사이의 상호작용은 양면적이다. 다른 말로 하면, 우리의 감정이 행동으로 인도되듯이, 우리의 행동은 상대방에 의해서 감정의 표현으로 새롭게 체험된다. 이러한 감정 교환은 복잡한 요소를 통해서 시작될 수 있다. 즉, 자세, 얼굴 표정, 호흡이나 눈의 표정과 관련된 중요한 자율 근육이나, 스트레스 시스템이 고속으로(창백하게 됨, 땀을 흘림) 작동되고 있는 과정을 통해서이다. 또는 스트레스 시스템이 저속으로(얼굴이 붉어짐, 울기) 작동할 때이다. 그리고 표정이 감정적 경험에 주는 영향력은 인간의 경우(다른 포유류와 비교할 때) 특히 강하다.

따라서 지각과 행동 사이의 결합과 행동과 감정 사이의 결합은 결코 한 방향으로만 진행되는 연속성을 지니지 않는다. 이 결합은 오히려 양방향으로 작용하는 인공 폭포의 양상을 띤다. 그리하여 한 사람이 다른 사람의 행동을 지각하는 사건이 결국, 처음 사람이 두 번째 사람의 기분을 공감하는 결과로 이끈다. 결국 이렇듯 상호작용하는 인공 폭포는 참여한 개개인들의 감정이 일치하도록 이끈다. 우리는 상대방의 감정을 자신도 느끼게 되는데, 이른바 상대방의 감정에 "전염된다"고 한다. 개인이 상대의 감정을 파악하는 과정은 감정 전염이라고 부르며, 보다 복잡한 형태의 감정 이입을 위한 기본이 된다.

나에게 맞는 배우자를 찾는 것도 이런 과정에 속한다. 배우자 찾기는 상호작용과 협력을 필요로 하는 복잡한 사회 환경에 사는 사람들에게 매우 중요한 과제이다. 공통된 목표에 도달하기 위해, 배우자는 상대의 현재 의도, 동기와 감정을 이해하고 지속적으로 업데이트를 해야 하며, 상대의 행동을 예측하고 그들의 태도에 적응도 해야 한다. 최근의 신경심리학적 실험에 따르면, 다른 사람의 감정을 잘 이해할 수 있다는 확신을 가질수록, 그 사람에게 더 끌리게 된다는 것이다. 이러한 감정적 공명이 배우자들을 서로 매력적으로 만든다.[151]

공감 능력은 위협적인 상황에서는 다르게 작동된다. 이때는 매우 신속하게 감정의 전염이 이루어져야 하지만 감정이 이입된 조력자를 부르기에는 충분하지 않다. 다시 한번 함부르크 공원에서 쓰러진 여자로 돌아가 보자. 그녀에게 도움이 필요하다는 것은 공공연하지만, 한 할머니만 이런 반응을 했고 다른 보행자들은 그렇지 않았다. 왜 그럴까? 감정 이입에 의한 도움은 유감스럽게도 고장 날 때가 많은데, 특히 스트레스로 인해서 그러하다. 개인적 스트레스를 억눌러야 감정이 전염되어 도울 수 있는 행동이 나타난다. 그렇지 않으면 스트레스를 받은 사람은 이기심으로 인해 도움을 중단한다. 일반적으로 그와 같이 도움을 중지하는 경우는 스트레스가 내포된 상황에서 발생한다. 예를 들어 누군가 위협을 받으면, 주변 사람들은 두려움에 감히 행동을 취할 수 없다. 실제로 많은 경우 가해자의 공격성은 조력자에게 향할 수 있다. 그러나 환한 대낮에 공원에서 한 여성이 넘어졌을 때는? 도와주려면 얼마나 많은 용기가 필요한 것일까? 하지만 여기에서는 감정 이입과 도움을 제공하는 행동 사이의 연결을 손상시키는 만성적으로 유독한 스트레스가 관여할 수 있다. 그렇듯 도움을 제공하지 않는 사람들은 스트레스 민감성이 높을 수 있으며, 이것이 도움을 거부하는 요소일 수 있다. 비록 유일한 요소는 아닐지라도.

또 다른 연구에 따르면, 도움을 줄지 어떨지를 결정하는 또 다른 중요한 전제 조건이 있다는 사실이 밝혀졌다. 그것은 바로 희생자 측에서 기대한 피드백을 하는지의 여부에 달려 있다. 공감 능력이 있는 목격자들은 희생자로부터 결과에 대한 피드백을 기대했을 때에만 곤경에 처한 사람에게 신뢰할 만한 도움을 제공했다. 그런데 공감 능력이 없는 목격자들은 희생자로부터 피드백을 기대했든 그렇지 않든 전혀 상관없어 늘 도움을 주지 않았다.[152]

자신뿐만 아니라 다른 사람에게 집중할 수 있는 능력은 다른 사람의 감정에 참여하게끔 해준다. 그러니까 곤경에 처한 타인이 고통을 당함으로써 유발된 감정적 반응에 참여하게 만든다. 하지만 타인의 고통에 대한 동참은 반사회적 행동을 배제하므로 공감하는 사람의 행동은 항상 이타주의적인 성향이 있다.[148] 곤궁에 빠진 사람을 도와줌으로써 조력자는 고통받는 사람의 비참한 상태를 해결할 뿐 아니라, 자신의 불쾌한 감정적 상태도 해결한다. 이러한 해결은 조력자에게 보상과 같은 것이다. 이와 같은 방식으로 조력자의 상태뿐 아니라 도움을 받은 사람의 상태도 향상된다. 이때 조력자는 자신도 이득을 얻고, 자신의 행동이 가진 이타적 특징도 줄어들지 않는다. 공감 능력과 도움의 결합은 공감 능력 덕분에 타인의 행복에 기여함으로써 감정적 이익 분배에 참여할 수 있기 때문에 그렇듯 효과적이다.

공감 능력과 관련해서 이와 같은 두 가지 본질적 역할은 이렇게 요약할 수 있다. 즉, 다른 사람들이 앞으로 하게 될 행동에 대한 정보를 제공하고, 중요한 환경의 특징에 대한 정보를 제공한다. 공감 능력의 사회적 역할은 협력하고 이타적인 행동을 하려는 동기의 원천으로서, 그리고 효과적인 사회적 의사소통을 지원하는 데 이용될 수 있다.[153]

분배 또는 사회적 행동을 위한 재검사(역방향 검토). 사회적 결속력의 또 다른 본질적 측면은 기꺼이 나누는 것이다. 하지만 분배가 그토록 중요한 이타적 행동인 이유는 무엇일까? 어떻게 하면 분배를 더 잘 이해할 수 있을까? 이와 관련해서 어떤 사람 A가 어떤 사람 B와 하고 있는 간단한 게임 이론적 개념을 소개하고 싶다. 우리는 이 상황을 A의 1인칭 관점에서만 관찰한다. 이런 구상에서 목표를 위한 기대는 A의 만족뿐 아니라 공감 능력(B에 대한)도 포함한다. 2차원적 목표를 위한 기대로서 말이다. 우리는 이미, 배우자를 찾을 경우(예쁘고, 똑똑하고, 부자이고……)처럼 목표를 위한 기대는 다차원적일 수 있다는 사실을 알게 되었다. 따라서 여기서는 2차원적 목표를 위한 기대를 관찰해보자. 즉, 첫 번째 차원은 A 스스로의 만족이고, 두 번째 차원은 A가 B의 만족도를 그대로 공감해서 느끼는 바의 공감 능력이다(그림 24, 검은색 중앙의 원). 그림 24는 2차원적 목표를 위한 기대에 가장 근접한 최적의 전략이 있음을 보여준다. 이와 같은 최적의 전략이란 바로, 40퍼센트를 주는 것이다. 그렇게 함으로써 A는 자신뿐만 아니라 B도 고려하고 B의 욕구도 공감 능력을 통해서 파악한다(그림 24 참조).

"나는 너에게 절반보다는 약간 적게 줄게!" 이것이 분배를 할 때 최적의 전략에서 나오는 게임 이론적 예측이다. 또한 이는 실제로 실험을 통해서 확인된다.

경제학자 베르너 귀스는 1982년 사람들의 경제적 결정에 혁명을 불러일으킨 연구를 실시했다. 귀스는 자신의 실험을 최후통첩 게임이라고 불렀다.[154] 이 게임은 사람들이 분배를 할 것인지 한다면 어느 정도로 분배하는지를 가늠하게 해주었다. A는 이 실험을 시작할 때 특정 금액(예를 들어 20유로)을 받게 되고, 이 돈을 B와 나눠야만 한다. 자신이 얼마를 가지고 상대에게 얼마를 줄지 결정하는 것이다. 하지만 이 게임에는 사소한 장애물이 있다. B가 자신에게 분배된 할당량에 찬성해야만 한다는 것이다. 만일 B가 자신의 할당량을 거부하면, 두 사람 다 돈을 받지 못한다. 베르너 귀스가 이 실험으로부터 얻은 결과는 대부분의 사람이 상대에게 대략 40퍼센트를 제공한다는 것이다. 이는 그림 24에서 최적의 전략으로 표시된 바의 40퍼센트이다. 최후통첩 게임의 실질적 결과는 2차원적 목표를 위한 기대를 바탕으로 하는(공감 능력의 차원에 상응하는) 게임 이론의 도출과 일치한다.

따라서 최적의 전략은 A가 자신을 위해서는 작은 이득을 취하고(그리고 돈을 분배하는 주인공이 바로 그이다), B는 보통 40퍼센트로 만족을 하며(B는 돈을 분배하는 당사자가 아니며, 조금이라도 얻기 위해서는 A의 공평함에 기댈 수밖에 없다),

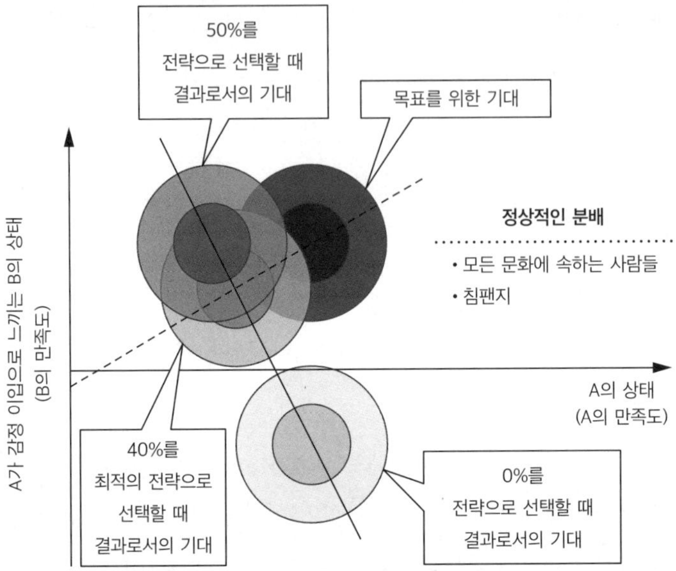

그림 24: 목표 상태의 기대와, 세 가지 분배 전략(50퍼센트, 40퍼센트 또는 0퍼센트)으로 달성 가능한 상태의 기대. A는 과자(혹은 돈)를 가지고 있고, 이것을 B와 나누어야 한다. 중앙에 검은색으로 칠해진 원은 A의 2차원적 목표를 위한 기대를 보여주고 있다. 즉, 그는 한편으로 자신을 만족시켜야 하고(x축의 차원), 다른 한편으로 그의 공감 능력은 B가 얼마나 만족하는지(y축)를 보여준다. 그의 목표는 B도 만족하게 되는 것이다. A는 우선 두 가지 극단적 전략을 고민한다. 우선 만일 그가 50퍼센트를 주면(진한색의 원), 자신은 중간 정도 만족할 것이지만 B는 완전히 만족할 것이라는 느낌을 가질 수 있다. 두 번째, 그가 상대에게 0퍼센트를 준다면(밝은 회색 원), 그 자신은 완벽하게 만족하겠으나 B가 매우 불만족할 것이라고 느끼게 된다. 그러면 최적의 전략은 무엇일까? 세 번째로 적절한 전략은 간단하게 기하학적 단계로서 발견할 수 있다. 첫 번째 단계: 모든 가능한 전략(50퍼센트와 0퍼센트 사이에 있는)은 검정색 직선 위에 놓여 있다. 두 번째 단계: 최적의 전략은 목표를 위한 기대(검정색)와 가장 가까운 간격에 있는 전략이 된다. 따라서 목표를 위한 기대의 중간으로부터 점선을 죽 그리면 교차점이 나온다. 이 교차점이 최적의 전략에 따라(중간 정도 어두운) 나온 기대의 중간치이다. 이 전략이 바로 40퍼센트다.

두 사람은 이와 같은 해결책에서 동시에 승자로 느끼는 것이다. 각자는 적당한 금액을 가지고, 사회적 기대는 충족된다. 다시 말해, A뿐만 아니라 B도 목표를 위한 기대에 매우 근접해 있다는 말이다. 사람들은 이런 실험을 세계에 있는 다양한 문화권에서도 반복해보고,[155] 영장류(먹이를 나눠 먹게 함)[156]에게도 실시했다. 결과는 모두 동일하게 나왔다. 즉 40퍼센트로 나온 것이다.

피험자들을 우연히 선별한 게 아니라 특정 기준에 따라서 결정한다면? 최후통첩 게임을 가난한 사람들—서로 돕는 것에 익숙한 사람들—과 한다면 결과는 정말 50퍼센트를 상대에게 주게 된다.[157] 그와 같은 경우 사회적 공평함이 단기적으로 돈을 분배하는 것보다 더 중요한 역할을 하는 게 분명하다. 이로부터 결론지을 수 있는 사실은 협력을 잘하는 사람들은 사회적 결속력에 민감하고 이런 가치를 자신들의 가치 체계에서 상위에 둔다는 것이다. 이와 같은 결론을 다른 그룹에게 확장해서 적용해도 될까? 피험자들이 우울한 사람일 경우에 이들이 최후통첩 게임을 하더라도 그와 같은 결과가 나온다. 즉, 이들은 상대에게 50퍼센트를 분배한다.[158] 내가 일하는 뤼베크 대학에서는 비만인 사람들은 최후통첩 게임에서 상대에게 얼마를 주는지를 조사했다. 그들이 제공한 할당은 평균적으로 공평했는데, 그들도 상대에게 50퍼센트를 내주었다.[159] 불확실성과 스트레스는 두 가지 증상의 원인인데, 바로 우울증과 비만 말이다. 우리는 이 책에서 습관화를 할 수 없는 사람은 지속적으로 우울하게 되며, 이와 반대로 습관화를 한 사람은 뚱뚱해진다는 것을 봤다. 불확실한 상황에서 사는 사람들은 사회적 목표를 위한 기대에 비교적 높은 가치를 두는 게 분명하다. 따라서 불확실한 사람들에게 사회적 결속력은 특히 중요한데, 왜냐하면 자신들도 지원을 받아야 하기 때

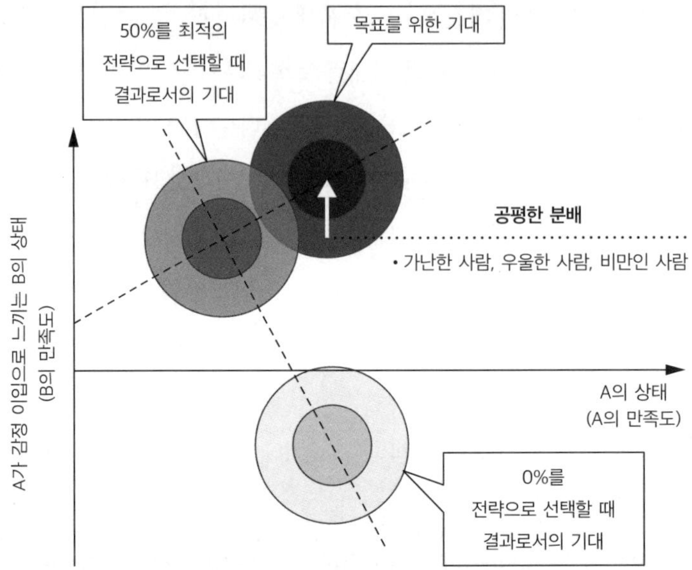

그림 25: 가난하거나 우울하거나 비만인 사람이 분배할 때 목표 상태의 기대들. 목표를 위한 기대의 감정 이입 차원(검정색 원)이 조금 더 높게 설정되면(화살표가 위로), 분배할 때 최적의 전략은 50퍼센트 방향으로 밀려 올라간다. 실험 결과 이와 같이 게임 이론에서 나온 보다 공평한 전략은 가난하거나 우울하거나 비만한 사람들이 선택하는 것으로 나타났다.[157-159]

문이다. 그리하여 사회적 결속이라는 망을 위협하지 않기 위해 특히 공평한 분배가 유지되는지에 주의를 기울인다. 이와 같은 현상은 그래프로도 분명하게 확인할 수 있다. 즉 그림 25는 이에 관해서 해명해준다. 2차원적 목표를 위한 기대들이 변하면, 그리하여 "B에 대한 공감 능력"이라는 차원에서 목표가 보다 높게 설정되면, 최적의 전략이 새롭게 나온다. 바로 50퍼센트를 나누는 것으로. 가난하고, 우울하며 비만인 사람들의 사회적 목표를 위한 기대의 변화는, 이들 그룹이 상당히 이타적으로 행동한다는 관찰과 일치한다.[157-159] 간략하게 말하면, 가난한 사람, 우울하고 비만인 사람은 상대방의 행복과 관련해서 훨씬 더 높은 목표

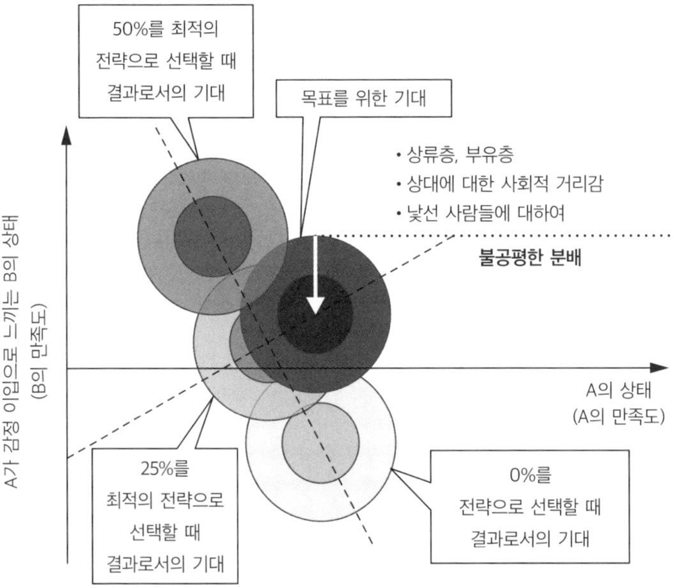

그림 26: 부자이거나 사회적 지위가 높은 사람이 분배할 때 목표 상태의 기대. 목표를 위한 기대의 감정 이입 차원(검정색 원)이 보다 낮게 설정되면(화살표 밑으로), 분배할 때 최적의 전략이 25퍼센트 방향에서 이루어진다. 실험 결과 이와 같이 게임 이론에서 나온 보다 불공평한 전략은 부자이거나 사회적으로 지위가 높은 사람들이 선택하는 것으로 나타났다.[157, 160]

를 위한 기대를 갖고 있다(그림 25 참조).

이와 반대로 최후통첩 게임을 부자들과 하면, 결과는 엄청나게 바뀐다. 부자들은 공평하게 분배하고자 하는 자세가 덜 발달되어 있다. 마치 이들은 부자들이란 이러저러하다는 진부한 말을 인정이라도 하려는 것처럼, 부자인 A는 상대에게 나눠주기에 부끄러울 정도로 낮은 금액 또는 심지어 상대가 수모를 느낄 정도로 분배했다. 25퍼센트를 나누는 경우도 드물지 않았다[157](그림 26 참조). 그리고 타 피험자 B가 가난할수록, 부자 A가 나누는 양은 더 적었다.[160] 많은 경우에 돈을 나눠 가지지 못하게 되었는데, B가 너무 화가 나서 적은 금액을 받느니 차라리 A를 벌하는 게 더 중요하다고 판단했기 때문이다. 그리하여 B는 받아들이지 않았다. 부자인 피험자들에게는 사회적 능력이 부족해 보였고 더 단순하게는 그런 것에 관심도 없었다. 이처럼 눈에 띄게 사회적 능력이 부족한 원인은 일종의 사회적 우월감에 있다. 즉, 부자이고, 사회적 지위가 높은 사람들은 사회적 규범에 따른 행동에 얽매이지 않는다.[161] 이들은 그럴 필요가 없는 것 같다. 연구에 따르면 많은 돈을 소유한 사람들은 규정과 법규를 진지하게 받아들이지 않으며 쉽게 그런 것을 무시한다. 그 외에도 부자들이 법정에 서면 중산층이나 평균 소득 이하의 소득층들에 비해서 거짓을 말하는 경우가 더 많다고 한다[161](그림 26 참조).

신뢰. 결국 우리는 자신의 목표를 위한 기대와 우리의 공감 능력을 바탕으로 상호작용하는 사람들의 목표를 위한 기대 사이에 있는 다양한 목표를 위한 기대 사이에서 움직인다. 이러한 상호작용이 얼마나 복잡하고 다차원적인지를 공감 능력이 있는 베이비시터의 예를 들어서 쉽게 보여주고 싶다. 여기에서는 아주 간단한 상황이 등장한다. 베이비시터는 부모가 외출한 몇 시간 동안 자고 있는 아이를 잘 지켜봐야 한다. 사회적 기대는 여기에 참여한 사람들에게 잘 알려져 있다. 즉, 부모는 아이 보는 베이비시터가 자신이 해야 할 일을 진지하게 받아들이고 자고 있는 아이를 잘 지켜봐주며 언제라도 전화로 연락이 닿기를 기대한다.[162] 베이비시터는 당연히 돈을 받고 싶어 하지만, 또한 베이비시터에 대한 신뢰를 존중할 것이라는 부모의 인정도 기대한다. 왜냐하면 베이비시터는 더 자주 아이를 보는 일을 맡기를 원하며 신뢰를 얻어서 어린아이가 있는 다른 부모에게도 자신을 추천해주었으면 하기 때문이다. 물론 저녁에 아이를 돌보는 일은 상당히 지루할 수 있으며, 그래서 베이비시터는 어떻게 하면 이 시간을 가장 잘 보낼 수 있을지 고민한다. 예를 들어 현재 엄청나게 흥미진진하게 진행되고 있으며 자신이 좋아하는 드라마를 가족의 거실에서 시청할 수도 있다. 잠자는 아이를 방해하지 않기 위해, 베이비시터는 헤드폰을 쓸 수도 있다. 또는 아이 방에 있는 안락의자에 앉아 간접 조명 아래에서 책을 읽을 수도 있다. 그렇지 않으면 다른 일은 하지 않고 아이만 지켜볼 수도 있다. 베이비시터가 가장 선호하는 선택은 물론 헤드폰을 쓰고 텔레비전을 보는 것인데, 그 방법이 시간이 가장 빨리 가기 때문이다. 하지만 만일 아이가 중간에 깨거나 부모가 전화를 하면 알아차리지 못할 가능성이 많다. 공감 능력이 없는 베이비시터는 물론 그런 것에 신경 쓰지 않고, 부모가 자동차를 몰고 나가자마자 텔레비전을 켤지도 모른다. 하지만 공감 능력이 있는 베이비시터는 텔레비전을 시청하려는 계획 따위를 폐기할 수 있는데, 이 계획은 매력적으로 보일지라도 아이의 부모로부터 사회적 인정을 받고 싶다는 자신의 목표를 위한 기대에 어긋나기 때문이다. 베이비시터는 자신을 신뢰하는 부모를 결코 실망시키고 싶지 않은 것이다. 베이비시터는 자신에게 주어진 과제를 진짜 책임 있게 받아들이고, 가능하면 저녁을 재미있게 보내고 싶은 충동보다 더 소중하게 생각한다. 그리하여 최적의 전략을 선택하고서 책을 들고 아이의 방에 가서, 부모가 돌아올 때까지 아이의 조용하고도 깊은 숨소리를 귀담아듣게 된다(그림 27). 부모가 돌아오면 보수를 받고 칭찬하는 말을 듣고, 일을 잘 끝냈다는 느낌을 가지고서 날개가 달린 듯 집으로 돌아간다(그림 27 참조).

하지만 베이비시터가 다른 결정을 하면 어떻게 될까? 그러면 단순히 아무런 문제가 없는지 확인하려는 부모의 전화를 못 받을 수도 있다. 또는 부모가 집에 돌아왔을 때, 아이가 울고 있는 동안 헤드폰을 쓴 채 텔레비전을 보고 있는 광경을 연출할 수도 있다. 이런 두 가지 경우가 발

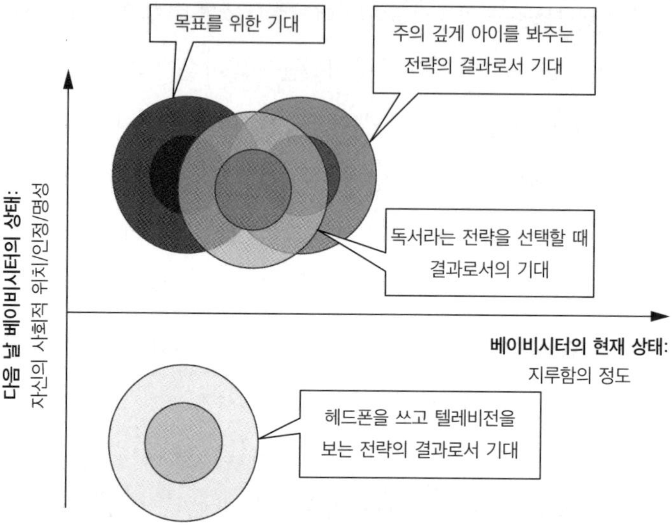

그림 27: 목표 상태의 기대와, 세 가지 전략으로 베이비시터가 달성 가능한 상태의 기대. 베이비시터는 다음과 같은 목표를 위한 기대를 갖게 된다. 첫 번째, 그는 지루하지 않고자 하며(x축의 차원), 두 번째로 사회적으로 인정받고 베이비시터로서 좋은 명성을 얻고자 한다(y축의 차원). 베이비시터는 세 가지 전략을 가지고 있는데, 주의 깊게 아이를 지켜보는 것(그러면 엄청 지루하겠지만, 인정은 많이 받게 됨), 독서(지루하지는 않지만, 명성과 인정은 나쁨), 마지막으로 최적의 전략을 선택할 수 있는데(간접 조명 아래서 독서), 이 전략은 목표를 위한 기대(검정색 원)에 가장 가깝다. 주: 우리는 세 번째 차원을 고려하고 추가하여 이 표에서 시간이라는 차원을 연장할 수도 있다. 즉, 1년간의 베이비시터의 상태: 사회적 위치, 명성(도시에서 가장 유능한 또는 무능한 베이비시터). 이 같은 표에서 차원을 더 다양하게 고려할수록, 사회 시스템에서 발견할 수 있는 복잡성에 더 근접하게 된다.

생한다면 베이비시터는 자신의 일을 더 이상 하지 못할 것이다. 다른 부모에게 추천해주는 대신에 부모는 이 베이비시터를 절대 부르지 말 것을 충고할 가능성이 많다. 이 결과는 베이비시터로서 목표를 위한 기대에 그야말로 재난을 불러올 게 뻔한데, 단기적으로는 물론이거니와 장기적으로도 그러하다. 비록 베이비시터가 텔레비전을 보는 장면을 들키지 않고 부모의 전화도 제대로 받았다 하더라도, 날개가 달린 듯 가벼운 마음으로 집에 돌아갈 수는 없을지 모른다. 이 사람은 마치 사기꾼처럼 자신이 초라하게 느껴질 수도 있다. 실제로도 베이비시터는 사기꾼일지 모르는데, 그것도 이중적인 관점에서 그렇다. 왜냐하면 이 베이비시터는 책임감 없는 행동을 통해서 자신에게 아이를 돌봐줄 것을 부탁한 부모뿐 아니라, 좋은 베이비시터가 되고자 하는 자신의 목표를 위한 기대도 훼손했기 때문이다.

따라서 공감 능력을 통해서 사회적 결속력이 생겨난다. 우리는 니클라스 루만(1927~1998)의 구상과 비슷한 방식으로 그것을 이해할 수 있다. 루만의 구상에서는 "이중 우발성"에서 하나의 "갑작스러운 질서"가 등장한다. 루만은 유명한 독일 사회학자다. 그는 갑자기 탄생하는 질서라는 개념을 1984년 자신의 주요 저서인 《사회 체계(Soziale Systeme)》에서 강조했고 이른바 체계이론의 틀 안에서 이런 체계의 발생을 정의했다. 루만의 체계이론에 따르면 사회의 체계 속에서 갑작스럽게 등장하는 질서는 자발적으로(자신으로부터) 생겨난다. 이중 우발성(double contingency)이라는 것 역시 체계이론에 나오는 전문 용어로, 미국의 사회학자 탤컷 파슨스가 도입했으며, 이것을 니클라스 루만이 이어받았다. 이중 우발성이라는 이름이 붙은 이유는 다음과 같다. 행위자 A〔흔히 에고(Ego)라 불림〕는, 행위자 B〔알터(Alter)라고 불리며, 라틴어로 타인〕가 우발적으로 어떤 행동을 할 가능성이 있다(하나의 정해진 방법에 따라 행동할 필요성이 없다)고 기대한다. 그리고 동시에 타인은, 에고가 우발적으로 행동할 가능성이 있다고 기대한다. 달리 말하면, 우발성이란 가능하기는 하지만 필연적이지 않은 것이다. 만일 두 사람이 만나면 상황은 이중적으로 우발성이 생겨나는데, 두 사람이 전혀 기대하지 않았던 행동을 할 수 있기 때문이다. 이렇듯 쌍방이 기대하지 않던 행동을 할 수 있는 상황이지만, 더 안정적인 관계를 맺고 있는 그룹의 사람들 사이에는 그에 따라 비교적 안정적인 구조가 만들어진다. 그러니까 소속원들끼리는 지속적으로 특정 행동을 할 것이라고 기대할 수 있다. 에고와 타인은 언제라도 전혀 다르게 행동할 수 있지만, 사회 구조는 특정한 행동을 제안하고 이렇게 행동하기를 기대한다. 이와 같은 기대는 법적으로 규정되면(이것을 지키지 않으면 처벌을 받게 될 것임을 모두가 알고 있다) 안정적으로 자리 잡을 수 있다. 또한 윤리, 사회적 압력, 습관, 문화 등등도 안정적으로 작용할 수 있다. 이와 같은 배경에서, 어떻게 사회적 결속력이 등장하는가라는 질문에 대하여 현대의 사회 이론과 이 책에서 서술하고 있는 신경생물학적 공감 능력은 매우 비슷한 대답을 내놓고 있다.

윤리적 책임. 윤리에 대하여 이야기를 하면, 인간의 자유에 대한 질문이 자연스럽게 나오게 된다. 우리는 현재 유럽 철학에서 가장 오래된 논쟁의 한가운데에 있다. 일반적으로 자유의지는 윤리적 책임을 위해 필요한 방식으로 자신의 행동을 통제하는 독특한 능력이다.[163] 대부분의 현대 철학자들(모든 철학자는 아니고)은 의지는 자유롭다는 입장을 대변한다.[163] 오늘날 사람들은 무엇보다 자유의지는 이른바 결정론과 잘 화합하는지 그렇지 못하는지, 하는 질문을 두고 논쟁을 벌이고 있다. 여기에서 결정론이란, 과거의 사실은 자연법칙과 연계되어 미래의 모든 진실을 포함하고 있다는 형이상학적 명제로 이해된다. 다르게 표현하자면, 세상에서 일어나는 일은 설명할 수 있으며, 원인이나 이유 없이 그냥 어떤 일이 일어나지는 않는다는 것이다.

따라서 현재 벌어지고 있는 논쟁에서 자유의지는 다수로부터 긍정적으로 받아들여지고 있으며, 이런 가운데 양립적 입장(자유의지는 결정론과 화합한다)이 자유주의적 입장(화합하지 못하고, 결정론을 거부함)과 대치하고 있다. 완벽함을 위해 여기에서 세 번째 입장도 언급해야 할 것 같다. 즉, 엄격한 결정론의 입장으로, 이 입장은 자유의지와 화합하지도 않고 또한 자유의지를 거부한다. 어쩌면 많은 독자들은 이 세 번째 입장을 옹호하는 신경과학의 대표자들이 2004년 독일의 대중들에게 뜨거운 논쟁을 불러일으켰다는 사실을 기억할지도 모르겠다.[164] 그사이 이 엄격한 결정론이라는 입장은 유행이 지나버렸다.[163]

나 역시 의지는 자유롭다는 입장이며, 여기에서 양립적인 주장을 근거로 삼는다. 즉, 내가 보기에 사람은 다음 5가지 가정을 바탕으로 결정을 내린다.

1. 우리는 가능한 우리의 대안들을 시험해본다.
2. 가능한 전략들 가운데 우리는 선택할 수 있다.
3. 우리의 경험과 감정을 기본으로 해서—공감 능력도 포함해서—우리는 우리 개인의 신체적·정신적·사회적 목표를 위한 기대에 도달하기 위해, 가능한 전략들이 어느 정도로 성공할 수 있을지를 예상한다.
4. 우리의 사회적 목표를 위한 기대들은 우리의 윤리적 목표를 위한 기대들을 포함한다.
5. 그런 다음 가장 성공할 전략을 선택한다.

여기서 공감 능력은 현실에서 윤리적 책임을 이해하기 위해 없어서는 안 되는 핵심적 현상이다. 상대방이 어떻게 느끼는지를 공감하는 사람은 전략을 선택할 때 상대방의 감정에 대한 자신의 공감도 고려할 수 있다. 감정 이입을 통해서 어떤 상태를 추구할 만한지, 수용할 만한지 또는 수용할 수 없다고 평가하는지는, 개인의 목표를 위한 기대에 따라 정의된다. 여기에서 개인적 목표를 위한 기대는 자신들의 윤리적 차원을 보여준다.

윤리적 책임을 제대로 이해하기 위해, 영국의 철학자 피터 스트로슨 경(1919~2006)은 독자들에게 다음과 같이 해보기를 추천했다. 만일 어떤 사람이 다른 사람의 행동에서 나쁜 의지를 알아차렸을 때, 이 사람에 대해서 어떻게 반응하는지 그 태도를 관찰해보라고 말이다.[165] 만일 범인이 희생자를 다치게 하면, 희생자는 전형적으로 원한을 품는 반응을 보인다. 이와 반대로 우리가 단지 범행의 목격자라면, 우리의 자연스러운 반응은 윤리적 분개나 혹은 비난이며 희생자를 대신하여 분노를 일으킬 수도 있다. 만일 우리가 다른 사람에게 가했던 부당한 일에 대해서 깊이 생각하는 범인이라면, 자연스러운 반응은 바로 죄책감이다. 스트로슨의 예에서 반응하는 태도와 감정 이입으로 느끼는 감정의 평가 사이에는 밀접한 연관성이 드러난다. 즉, 자신의 목표를 위한 기대를 근거로 해서 범인이 희생자가 느끼는 고통을 감정 이입을 통해서 수용할 만하다고 평가하고 희생자에게 고통을 주는 것을 멈추지 않는다. 관찰하는 사람은 희생자가 느끼는 고통을 감정 이입을 통해서 수용할 만하지 않다고 평가하면 분노한다. 자신의 행동을 곰곰이 생각해보는 범인이 이제 자신의 목표를 위한 기대를 변경함으로써 희생자의 고통을 더 이상 수용할 만하지 않다고 평가하면 죄책감을 느끼고 후회한다.

따라서 스트로슨은 윤리적으로 반응하는 태도는 이러한 태도를 형성하는 인간관계나 기대와 마찬가지로, 인간의 삶에 깊숙이 연관되어 있다는 사실을 보여준다. 최근에 실시한 심리 실험들은 그의 입장을 지지해주고 있다. 즉, 인간의 행동을 윤리적으로 평가해야 할 때, 감정적 반응은 인식론적-추상적인 논쟁과 반성을 무력하게 만들어버린다.[166, 167] 심지어 신경생리학적 증거들은 공감 능력과 공평함에 대한 우리의 일상적 경험은 1억 년도 더 전부터 발전하기 시작했다는 견해를 뒷받침해주고 있다.[148, 156, 168] 만일 달성하고자 하는 자신의 사회적 목표를 위한 기대가 윤리적 책임의 핵심을 이룬다면, 내가 결정론적 세계에 살든 그렇지 않든 실질적으로 차이가 없다. 그 밖에도 공감 능력과 공평함에 바탕을 두고 있는 사회 공동체는 결정론적 세계에서도 충족될 수 있는 자유와 책임이라는 일련의 기대로 구성될 수 있다. 이미 철학자 데이비드 흄이 계몽주의 시대에 다루었던 우리의 본성,[169] 그러니까 윤리적 본성에 초점을 맞추게 되면, 결정론이 자유와 윤리적 책임에 대한 우리의 생각들에 뭔가 위협이 될 수도 있다는 추측은 사라져버린다.

이런 논쟁의 배경에서 내가 이 책에서 설명하는, 이른바 인간이 내리는 결정의 베이즈식-신경생물학적 메커니즘은[3] 자유의지라는 기대와 아주 잘 일치하는 것 같다.

내 목표를 위한 기대의 조종

20

삶에서 자기 결정과 외부 결정 사이의 경계는 어디일까? • 인간 사회는 위계질서의 구조로 되어 있다 • 기대의 교환: 의사소통이란 무엇인가? • 목표를 위한 기대가 압박을 받게 되면 • 매와 비둘기: 누가 공격적이고, 누가 양보를 잘할까? • 어둠의 3인조: 마키아벨리즘, 나르시시즘(자기도취), 정신병 • 게임-사랑-양식: 배우자가 게임을 즐길 뿐이라면 • 나폴레옹: 위대한 선동가

오늘날 우리는 진정성에 대해 말하는 것을 좋아한다. 이것을 개인이 가져야 하는 높은 자질이라고 설명하는 사람은 가능하면 진짜이고, 위조되지 않았으며 인격을 훼손하는 영향력으로부터 자유로워지길 원한다. 따라서 우리는 진정성이라는 것을 개인의 독립성과 매우 연관이 많은 것으로 본다. 여기에서 우리는 자율성 또는 자주성이라는 개념을 사용해도 될 것이다. 자주적이란 개인의 목표를 위한 기대를 바탕으로 해서 자신만의 결정을 내린다는 뜻이다. 사실 누가 그것을 원치 않겠는가? 하지만 진정성이니 자주성에 대해서 그토록 자주 언급하고 있을지언정, 그것은 우리가 바라는 바일 따름이며, 실제로는 우리 삶의 많은 것들이 자율적이지 않거나 또는 제한적으로만 자율적이라는 느낌을 받고 있다는 의혹이 제기된다.

이것은 자율의 반대는 도대체 무엇일까, 하는 의문을 낳는다. 어쩌면 많은 사람들이 종속이라고 대답할지 모른다. 이런 답은 그릇된 답은 아닐지 몰라도 핵심을 적중하지는 않았다. 구체적으로 말해서 종속이란 우리가 여기에서 찾고 있는 개념의 결과가 보여주는 상태라고 볼 수 있다. 그러니까 타율성이라는 현상에 관한 것이다. 내가 아닌 타인이 결정한다는 뜻의 이 단어는 놀랍게도 공개 토론이나 자기계발 분야에서 탁월하다고 알려진 저자들이 거의 언급하지 않는다. 우리의 일상에서는 놀라운 역할을 하고 있음에도 불구하고 말이다. 이로부터 모든 사람들에게 해당되는 흥미진진한 의문들이 나온다.

- 내 삶에서 자율성과 타율성 사이의 경계는 어디일까?
- 나는 실제로 얼마나 자율적이며, 내 삶과 내가 내리는 결정에 타인의 영향력은 어느 정도일까?
- 나는 내가 내리는 결정 가운데 자율적인 것과 타율적인 것이 어느 정도를 차지하는지 분명하게 인식하고 둘을 구분할 수 있을까?

우리는 불확실성과 스트레스는 목표를 위한 기대가 우리가 실제로 달성할 수 있는 결과에 대한 기대와 일치하지 않을 때 생겨난다는 사실을 알고 있다. 따라서 기대치가 일치하지 않으면 불확실성이 생겨날 수밖에 없다. 하지만 우리의 목표를 위한 기대는 진공 상태로 고립되어 존재하는 게 아니다. 사람들 사이의 의사소통으로 기대들(사전확률)이 교환되는 것이다. 애초에 의사소통을 통해 비로소 기대의 불일치가 등장한다. 만일 지배적인 사람이 자신의 목표를 위한 기대를 부하 직원에게 강요하여 부하 직원의 목표를 위한 기대를 변경하면, 부하 직원은 이로써 불확실성

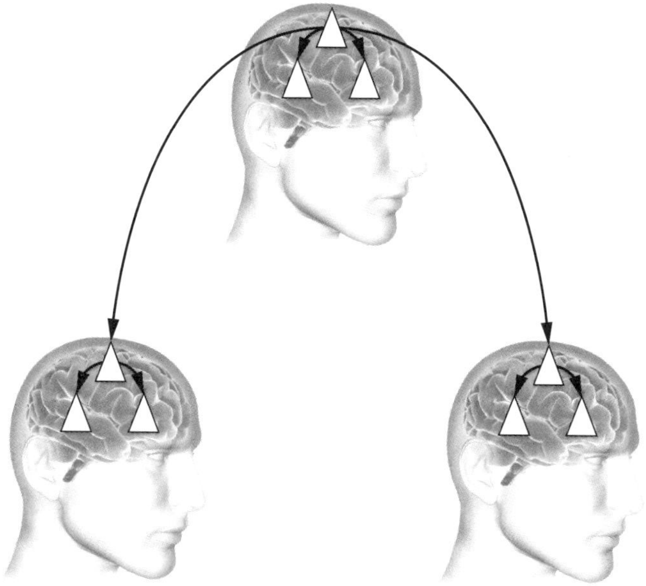

그림 28: 위계 구조를 갖춘 인간의 뇌와 사회. 목표를 위한 기대는 뇌의 가장 높은 차원에서 표현되며, 그 밖의 기대들은 더 낮은 차원에서 나타난다. 목표를 위한 기대는 사람들 사이에 전달될 수 있다. 우월한 위치에 있는 사람은 자신의 목표를 위한 기대를 자신에게 종속된 사람들에게 하달할 수 있다.

과 스트레스를 받게 된다(그림 28). 다른 한편으로 우리가 품고는 있지만 해결할 수 없는 바의 일치하지 않는 목표를 위한 기대도 있다. 그와 같은 내면의 목표를 위한 기대들의 갈등은 종종 심리 치료사만이 해결할 수 있는 심리적 긴장을 초래한다(책의 후반에 가서 그와 같은 내면의 목표를 위한 기대들의 딜레마를 어떻게 해결할 수 있는지 보여줄 것이다. 그림 28 참조).

타율성은 흔히 상대보다 상위에 있으며 우월하다는 것을 뽐내는 옷을 입고 등장한다. 이것은 특히 노동계에서 분명하게 나타난다. 사장 혹은 상관은 직원들에 대해서 목표를 위한 기대(수익, 경제, 직원들의 생산성, 참여,

초과 근무를 할 자세 등등)를 대표한다. 그런데 직원들 역시 개인적인 목표를 위한 기대를 가지고 있다(예를 들어 가능하면 높은 임금, 정해진 근무 시간, 자발적 책임). 여기에서 이익 충돌은 해결할 수 있지만 다음에 소개할 상황에서처럼 상위 목표를 위한 기대를 다른 사람의 목표를 위한 기대에 강제로 일치시킴으로써만 해결된다.

함부르크에 있는 대기업 회사의 인터뷰. 취업 지원자는 이 회사를 위해서 정말 일하고 싶어 한다. 그는 인사부장에게 좋은 인상을 주었고 회사에서 요구하는 모든 사항도 충족시켰다. 또한 월급도 원하는 금액이다. 따라서 채용되는 것은 그리 어렵지 않았다. 정해진 근무 시간, 흥미로운 과제, 높은 명성, 짧은 출퇴근 거리 등 지원자의 개인적 목표를 위한 기대가 모두 충족되는 것처럼 보였다. 그는 가족들과 함께 함부르크에서 살 수 있었다. 그런데 근무지가 함부르크에서 95킬로미터 떨어진 킬(Kiel) 지점이라는 소식이 전해졌다. 이 말은 출퇴근으로 매일 70분씩 왕복해야 한다는 의미였다. 지원자는 결정을 머뭇거릴 수밖에 없다. 그는 원래 출퇴근에 많은 시간이 걸리는 직장을 원치 않았는데, 아직 어린 두 명의 자녀와 더 많은 시간을 보내고 싶었기 때문이다. 그럴 수 없다면 이 일자리도 꿈에 그리던 직장이 될 수 없었다. 따라서 이 지원자는 자신의 목표를 위한 기대 하나를 포기하거나 그렇지 않으면 하위 목표로 변경해야만 한다. 둘 중 무엇이 우월한 특성이 있는지는, 인사부장이 지원자에게 회사 자동차를 제공할 것이라고 언급했을 때 그 무엇보다 분명해졌다. 갑자기 지원자는 출퇴근 시간이 오래 걸리는 조건을 뿌리칠 수 없었다. 회사 차를 타고 다님으로써 금전적 이득을 얻을 수 있는 것은 물론이거니와, 차 한 대를 두고 아내와 벌였던 그간의 갈등이 더 이상 필요 없어지기 때문이다. 이제 그는 인터뷰하기 전에 반드시 필요하다고 간주했던 세 가지 목표를 위한 기대를 희생할 준비가 되었다.

자율과 타율 사이의 그와 같은 긴장 관계는 배우자 사이, 이웃이나 노동계에서 끊임없이 나타난다. 많은 경우 같은 눈높이에서 의사소통이 이루어지기도 하는데—그러니까 동등하게—예를 들어 온전한 부부 생활을 하는 두 사람의 경우이다. 그런데 위계질서가 갖춰진 시스템에서는 다르다. 이런 체계에서는 항상 지배력이 중요하다. 즉, 높은 지위에 있는 사람은 지위가 낮은 사람의 목표를 위한 기대에 영향을 미친다. 특히 군대에서는 눈에 띄게 드러나는데, 군인들은 상관의 명령을 실행에 옮기는 것을 배울 뿐 아니라, 이른바 충성 서약을 한다. 독일연방군의 경우 다음과 같이 맹세한다. "나는 독일에 충실하게 봉사하고 국민의 권리와 자유를 용감하게 방어할 것을 맹세합니다." 용감하게 방어하겠다는 고백에는, 몸과 생명을 다 바쳐서 임하겠다는 의미가 들어 있다. 다른 군대의 국기에 대한 맹세는 위기의 순간에 목숨을 바칠 준비가 되어 있다는 것을 군인들에게 명백하게 요구하기도 한다. 심한 경우에 한 인간의 가상 상위에 있는 목표를 위한 기대, 그러니까 가능하면 오래 살고자 하는 목표를 위한 기대가 하위에 속하게끔 된다. 하지만 노동계에서는 다양하게 타율적 개입이 일어난다. 특히 대담한 본보기로는 이른바 회사-노래(교가처럼 회사 소속의 노래—옮긴이)나 회사의 교리가 있는데, 미국이나 일본에서 자주 볼 수 있다. 일본의 우에다 은행에서는 신입사원 환영식에서 경영진의 목표를 위한 기대치를 암송해야 한다.[170]

> 은행은 우리의 평생 일터, 매일 아침 서로 친절하게 인사함으로써 일터를 쾌적하게 합시다!
> 정직은 신뢰의 기본입니다.

고객들을 진지하고 정직한 태도로 모시도록 합시다.

따뜻한 마음으로 친절하게 대합시다.

마음과 영혼을 쏟아부어 힘을 다해 일합시다.

일치단결이야말로 우리 사업을 위한 에너지의 원천입니다.

책임을 짐으로써 권리가 있습니다. 책임을 질 수 있도록 합시다.

그리고 창의적으로 생각하고 앞으로 나아갑시다. 매일 새로운 하루를 만들어나감으로써 고상한 성격을 가지고 예의 바른 행동을 합시다. 끝없는 자부심을 가지고 우에다 은행의 꿈을 충족시키도록 합시다.

이런 양식이 어설프게 조종되고, 공공연하게 공격적이거나 민감할지도 모르지만, 타율적 전략은 위계질서가 있는 구조에서는 전형적으로 볼 수 있다. 타율적 전략은 개인의 개별적 발전과 마찬가지로 인류의 역사에 속한다. 따라서 봉건주의 시대의 발명품도 아니며 현대 노동계에서만 볼 수 있는 것도 아니다. 또한 자본주의에서만 전형적으로 볼 수 있는 형태도 아니다. 사회적 위계질서는 인간뿐만 아니라 원숭이들에게서도 나타난다. 위계질서가 있는 구조는 모든 문화에서 시대를 막론하고 나타났고 현재도 마찬가지이다. 이런 구조에는 모든 참여자에게 유효한 내부 규칙이 있는 것처럼 보일지 모르는데, 절대 그렇지 않다. 왜냐하면 이런 게임에서 어떤 사람은 이타적 태도를 취하고, 또 어떤 사람은 반사회적(규칙에 반하는 태도) 태도를 취하기 때문이다. 최후통첩 게임(부자 대 가난한 사람)에서, 부자들(그리고 권력자들)은 비교적 가난한 사람들보다 규칙과 법과 사회적 합의를 지키지 않는 경향이 많다는 증거를 보았다.[161] 하지만 이타적·반사회적 태도 전략은 어떤 관련이 있을까?

하나의 종(種) 내에서 이타적인 태도와 반사회적 태도가 어떤 비율을 차지하고 있는지에 대해서 서식스 대학의 이론 생물학자였던 존 메이너드 스미스(1920~2004)도 관심을 가졌다. 그는 게임 이론을 동물들의 행동에 적용했고 이로부터 진화상 안정적인 전략이라는 개념의 기초를 세웠다. 이에 따르면 자연 도태는 다양한 행동 특징과 전략들 사이에 안정적인 균형을 유지하는 경향이 있다.[171]

메이너드 스미스의 이론적 발상에서는 매가 생명체 가운데 반사회적-공격적 전략을 대표하는 전형이다. 매는 공격적이고, 대립을 즐기며 자원을 위해 싸운다. 반면에 비둘기는 이타적-평화적 전략을 대표한다. 비둘기는 자원을 두고 싸우지 않으며, 다른 비둘기와 나눠 쓰고, 갈등을 막고, 공격을 당하면 다치기 전에 피한다. 메이너드 스미스의 게임 이론적 계산의 결과에 따르면, 집단(개체군) 내에서—반사회적으로 행동하거나 이타적으로 행동하는 동종의 생물 사이에서—매와 비둘기의 비율은 주어진 조건에 따라서 대략 20퍼센트에서 80퍼센트이다(그림 29). 이와 같은 방식으로 반사회적 행동과 이타적 행동 사이에 안정적 균형이 생겨나는데, 이러한 균형 전체를 관찰함으로써 선과 악이라는 윤리적 개념을 끌어낸 것처럼 보인다. 다른 박새를 만난 용감한 박새는 새로운 영역을 개척하거나 지금 가지고 있는 영역을 방어해야 할 때, 매처럼 공격적으로 행동한다. 위험한 상황에서 얼어붙어버리는 조심스러운 쥐는 비둘기과에 속한다고 볼 수 있다. 행동에 관한 연구는 조류와 포유류(설치류, 영장류처럼)처럼 하나의 종 내에서 매-비둘기 전략이 나타난다는 사실—인간의 경우에도 역시—을 인정해주는 관찰들이 많으며, 그것도 항상 게임 이론에서 나온 비율로 나타난다. 즉, 20 대 80의 비율로 말이다[172-173](그림 29 참조).

이것은 지난 수년간 심리학이 특별히 집중적으로 다루어온 인간의 반사회적 현상에 관심을 갖도록 한다. 이 주제와 관련된 다양한 연구로부터

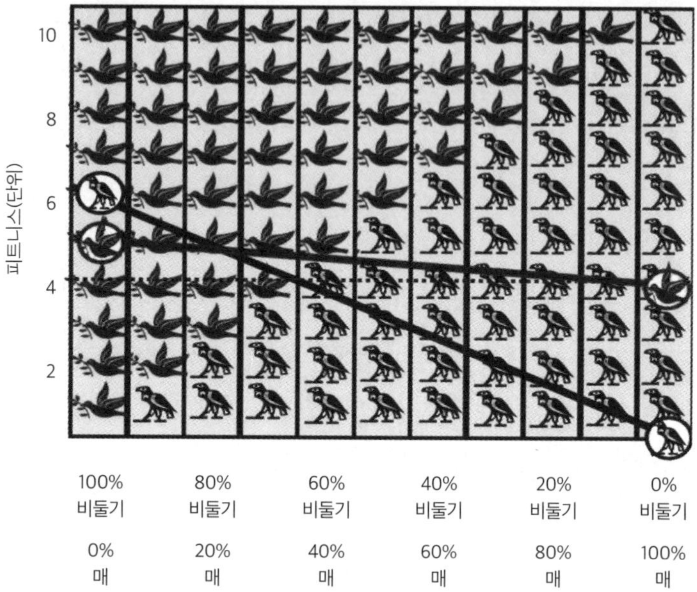

그림 29: 매-비둘기 게임에서 안정적 균형. 이 그림은 전체 개체군(x축)에서 매와 비둘기의 분포에 따른 매와 비둘기의 적응도(y축)를 보여준다. 게임 규칙: 매와 비둘기는 나눠 가질 수 있는 자원(이득: G=2점)을 두고 서로 경쟁한다. 공격적으로 싸울 경우 패자는 손상을 입기도 한다(비용: K=10점). 만일 매가 비둘기를 만나면, 자원은 오로지 매에게만 돌아간다(2점). 매가 다른 매를 만나면, 매는 두 번 중 한 번은 이겨서 전체 자원을 얻는다(시간적 평균을 내면 만날 때마다 1점). 다른 두 번 중 한 번은 패배해서, 아무것도 얻지 못하고 대신에 손상을 입는다(시간적 평균을 내면 만날 때마다 −5점). 비둘기가 매를 만나면, 비둘기는 싸우지 않고 물러나서 아무것도 얻지 못한다(0점). 비둘기가 비둘기를 만나면, 둘은 즉각 협력하고 자원을 나눈다(1점). 매를 만날 확률 혹은 비둘기를 만날 확률은 전체 개체군 가운데 둘이 어떻게 분포하는지에 달려 있다. 싸움에서 패배할 때의 비용이 이득보다 더 크면(자연 세계에서는 보통 이런 경우가 정상이다), 수학적으로 정체된 지점이 생겨나는데, 바로 이곳에서는 두 가지 태도 전략의 혼합이 발생한다. 비둘기가 과도하게 많으면, 매는 비둘기보다 적응도가 더 높아지고 그리하여 개체 수가 늘어난다(표의 왼쪽). 매가 과도하게 많으면, 비둘기가 매보다 적응도가 더 높아지고 그리하여 개체 수가 늘어난다(표의 오른쪽). 만약 매와 비둘기의 개체군에서 동일한 적응도가 나타나면, 둘 다 증가하고, 둘 사이에 균형이 이루어진다(표에서 매의 직선과 비둘기의 직선이 교차하는 점). 이때 균형이 잡힌 분포에서 매의 할당을 계산하면 다음과 같다.

$$\frac{G}{K} = \frac{2}{10}$$

이와 같은 방식으로 매 20퍼센트와 비둘기 80퍼센트의 안정적인 개체군이 나온다.

하나의 패턴이 분명하게 나타났다. 즉, 심리학자들은 이를 두고 어둠의 3인조〔다크 트라이어드(dark triad)〕라고 부른다.[174] 이것은 반사회적 행동 패턴을 지닌 세 가지를 말한다.

- 마키아벨리즘◆: 착취, 기만과 조종으로 목표를 달성하는 대인 전략. "사람들은 나에게 유용해야 한다."
- 나르시시즘: 주요 목표는 관심과 명성을 얻는 것이다. 극도의 허영, 과도한 자기 관심. "다른 사람들은 나를 감탄해주기 위해 존재한다."
- 정신병: 무감각, 대인 간 감정 부족, 무자비, 반사회적 행동과 동반하여 이런 사람들은 다른 사람들을 무엇보다 대상으로 본다.

그사이 진단을 내릴 수 있는 테스트가 개발되어 마키아벨리즘적, 자기애적 또는 정신병적 인격이 어떻게 나타나는지를 확정 지을 수 있게 되었다.[175] 물론 그 누구도 완전히 이런 특징이 없다고는 할 수 없다. 순수

◆ 마키아벨리즘이라는 개념은 윤리적, 정치적, 심리학적 현상을 다룬 다양한 저자들에게서 찾아볼 수 있다. 마키아벨리는 마키아벨리즘을 직접 고안해내지 않았고 그의 특징으로 여겨진 바에 따르면 마키아벨리스트도 아니었지만 말이다. Nederman C. Niccolò Machiavelli. In: Zalta EN, ed. The Stanford Encyclopedia of Philosophy; 2014.

한 형태로 나타나는 경우는 드물고, 세 가지 영역에서 또는 부분적으로 매우 높은 점수를 받은 사람들은 자신들의 목표를 위한 기대를 한껏 발휘하는 데 문제가 있다. 왜냐하면 이들은 대부분의 사람들이 피하고자 하는 세계, 그러니까 이용당하고, 속거나 오로지 대상으로서만 다뤄지는 세상에 살고 있는 까닭이다. 어둠의 3인조(다크 트라이어드)에 속하는 사람들은 자신들이 원하는 것을 다른 사람들의 의심이나 보복 없이 어떻게 얻어낼까? 대답은 이러하다. 그들은 이기적이고 경쟁적으로 행동하는 동안 외향적이고 솔직하며 높은 자존감을 드러내고 양심과 공포는 그다지 없다는 것을 보여줌으로써 자신이 원하는 것을 얻어낸다.[176] 어둠의 3인조는 위험한 게임을 하지만 그들의 행동은 진화적으로 안정적인 전략으로 보인다.

사람들이 영향력 있는 위치에 있게 되면, 위계질서 시스템 내에서 보다 쉽게 그와 같은 행동 패턴을 실행에 옮길 수 있다는 것을 우리는 쉽게 상상할 수 있다. 한편으로 반사회적 행동은 어둠의 3인조에 속하는 사람들에게서 볼 수 있는 전형적인 특징이지만, 다른 한편으로 안정적인 사회에서는 20퍼센트도 안 되는 사람들만이 그렇게 행동한다. 권좌에 오르고자 하는 지도자급 엘리트들에게서는 물론 그와 같은 퍼센티지는 바뀌게 된다. 기업이나 단체의 지도자급 위치에서는 사회의 중산층들에 비해서 어둠의 3인조에게서 나타나는 특징들이 더 자주 나타난다.

어둠의 3인조의 성공은 다른 사람들이 스스로 목표를 위한 기대를 가끔 희생할 준비가 되어 있다는 자세를 전제로 한다. 이와 같은 태도는 위계질서에서 전형적으로 볼 수 있으므로, 바로 이런 위계질서에서 어둠의 3인조는 좋은 조건은 물론 나아가 이상적이다 싶은 조건까지 발견한다. 이때 이런 사람들은 무자비하게 구는 경우가 다반사이다. 즉, 예를 들어 그들은 작업장에서 자신들의 이익을 관철하기 위해, 스트레스와 불확실성을 만들어내고 이로써 다른 사람들을 의도적으로 불안에 빠뜨린다. 그렇게 할 수 있는 가능성은 다양하다. 즉, 직원들에게 특정 정보를 주지 않을 수 있고, 불투명하게 관리하고, 직원들은 서로 경쟁하고, 나중에 지키지도 못할 거짓 약속들을 듣게 된다. 직원들을 악용하기 위해서 사회적 양심에 호소하기도 한다. 또는 단순하게 그들에게 거짓말을 한다.

그와 같은 전형적인 행동의 배후에는 진정으로 전하고 싶은 소식들이 감추어져 있는 경우가 드물지 않다. 그리하여 반복해서 신문의 경제면을 읽어주기도 한다. 즉, 어떤 기업이 어려운 시장 사정으로 인해 갑자기 경제적 위기 상황에 처해 있다. 경영진은 위협적인 파산을 피해가기 위해 이미 상응하는 조치를 취하고 있지만, 직원들의 사회적 양심에도 호소한다. 회사와 이로써 모든 직원을 구하기 위해, 직원들은 자발적으로 월급을 포기한다. 많은 경우 전 종업원이 이런 호소에 호응하지만, 그로부터 1년이나 2년이 지난 뒤에도 여전히 회사는 도산 절차를 밟고 있으며 자신들은 일자리를 잃었을 뿐 아니라, 이미 얻어냈던 월급에 대한 요구권도 상실했다는 사실을 알게 된다. 종업원들과는 반대로 경영진은 자신들의 재정적 요구를 확보할 수 있는 충분한 시간을 번 셈이다. 이런 방식의 사건들 가운데 그야말로 불량한 경우가 2001년 미국에서 일어났다. 즉, 에너지업계의 거인이라 할 수 있는 엔론(Enron)이 뭔가 믿을 수 없는 파산 절차에 돌입했다. 경영진이 이득을 취하기 위해 회사의 사업 대차대조표를 어마어마하게 위조했던 것이다. 회사가 붕괴되는 소용돌이 속에서 2만 2000명에 달하는 전 종업원이 일자리를 잃었을 뿐 아니라, 엔론이 종업원들에게 원래 지불해야 했던 퇴직연금 수십 억 달러도 없어졌던 것이다.

어둠의 3인조가 사용하는 가장 막강한 무기는 집요하게 불안하게 만드는 것이다. 그들의 행동은 흔히 은밀하게 실행된다. 우리는 이 장의 초반에, 우리의 결정 가운데 어떤 것이 자율적인 것이며 어떤 것이 타율적인 것인지를 확신할 수 있는지에 대한 질문을 던졌다. 이 문제는 유명한 진술로 요약해볼 수 있을 것 같다. 즉, 대부분의 사람들은 자신이 해야만 하는 것을 원한다고 믿으려 한다. 그러니까 언제 우리가 우리 자신의 이익을 대변하는지 또는 타인의 이익(또는 목표를 위한 기대)을 대표하는지를 알아차리기란 쉽지 않다. 그처럼 불분명한 상황에서 불확실성에게 자리를 내주고 재빨리 사라져버린다.

여기에서 다시 한번 노동계의 예를 들어보자. 미국은 노동자의 권리를 제대로 보호하지 않고 있다. 일본과는 정반대인데, 일본은 회사에 절대적 복종과 무한한 충성심을 바쳐야 하지만, 그 대신에 회사는 직원들에게 안정과 확신을 제공한다. "은행은 우리의 평생 일터"라는 일본 회사의 노래는, 임시 고용을 당연한 것으로 여기는 미국에서는 어떤 회사에서도 찾아볼 수는 문구이다. 미국 경제에서 대부분의 직장에서는, 의심스러운 경우 노동자는 자신의 목표를 위한 기대보다 사장의 목표를 위한 기대를 따르거나 아예 희생할 것을 기대한다. 노동자가 보호받지 못하는 상황에서 상관이 어둠의 3인조 유형에 속한다면, 노동 관계는 신속하게 극단적으로 어긋나게 된다. 미국의 노동자들은 많은 것을 함께하는 데 익숙하다. 다양한 개입이 더 커지고 강력해질수록 노동자들은 최종적으로 행동하라는 강요를 받는다. 즉, 모든 것을 수용하고 자신의 목표를 위한 기대를 극단적으로 복종시키거나, 아니면 반항하라고 말이다.

최근 미국에서 공개 사표 운동이 부상하고 있다. 부당 대우를 받는다고 느끼는 노동자들이 단순하게 일자리를 던져버리는 게 아니라 자신들의 상사에게 공개적으로 치욕을 주는 경우가 점점 늘어나고 있다. 예를 들어, 사직서를 사회 통신망에 공개하는 방식이다. 다음에 소개할 사직서는 질병과 힘든 운명의 타격을 받았으나 상사로부터 해고를 당한 미국의 여성 노동자가 쓴 것이다. 사과 편지의 형태를 갖추었지만 빈정거리는 어투로 쓴 사직서로, 인터넷에 게시했다.

존경하는 X

저의 시어머니가 갑자기 암으로 돌아가시게 되어 죄송합니다. 또한 제가 로봇이 아니기 때문에 시어머니의 죽음이 저를 몹시 힘들게 했고, 그래서 출근하지 못했던 점에 대해서 유감을 표합니다. 제가 병이 나는 바람에 동료들에게 전염시키지 않으려고 회사에 나타나지 않았던 것도 죄송합니다. 지난 7개월 동안 주당 47.5시간을 일하고도 초과 근무 수당을 받지 않았던 것도(법적으로는 당연히 받을 수 있지만) 역시 용서할 수 없는 일이겠지요. 병원 방문 예약 시간을 미루거나 연기할 수 없었던 점도 사과해야만 하는군요. 보다시피 저는 참으로 끔찍한 직원이었음이 분명하고, 그 부분에 대해서 사과드립니다. 다른 사람이 당신에게 일을 어떻게 처리해야 하는지 지시하는 것을 지극히 증오한다는 것을 잘 알지만, 저를 대체할 사람을 뽑으라고 당신에게 통고해야만 해요. 그것도 즉시.

당신의 Y(그림 30 참조)

자신의 목표를 위한 기대가 극단적으로 압박을 받는 상태에서 나온 이렇듯 해방을 외치는 반항적 행동은 한편으로 건강한 생존 전략이기도 하

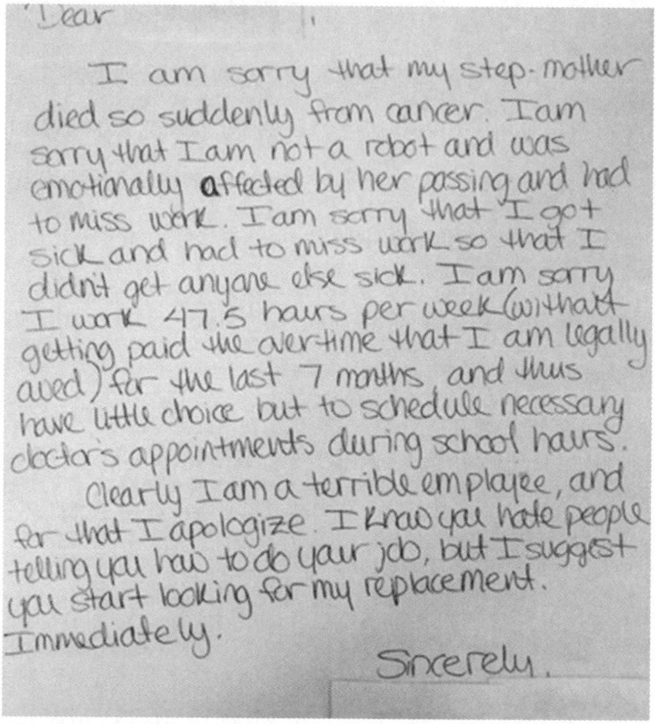

Dear

I am sorry that my step-mother died so suddenly from cancer. I am sorry that I am not a robot and was emotionally affected by her passing and had to miss work. I am sorry that I got sick and had to miss work so that I didn't get anyone else sick. I am sorry I work 47.5 hours per week (without getting paid the overtime that I am legally owed) for the last 7 months, and thus have little choice but to schedule necessary doctor's appointments during school hours.

Clearly I am a terrible employee, and for that I apologize. I know you hate people telling you how to do your job, but I suggest you start looking for my replacement. Immediately.

Sincerely,

그림 30: 공개 사직서

다. 다른 한편으로 이런 행동은 부당한 대우, 대부분의 사람이 입을 다물고 받아들이는 불공정을 공공연하게 드러낸다. 직장에서 여자들에게 가해지는 성추행이나 폭행을 대중에게 공개하는 #미투 운동에서도 비슷한 일이 일어나고 있다. 따라서 대중에게 공개하는 형태의 사직서는 사소한 복수 행위에 그치지 않고 훨씬 많은 것을 이뤄낸다. 이런 행동은 대중이 논의를 하게끔 하고, 더 이상 모든 것을 감수할 필요가 없다고 다른 사람에게 용기를 주며, 어둠의 3인조가 억압했던 권력 구조를 약간 더 투명하게 만들고, 우연히 이런 글을 읽은 독자들이 분개하게 한다.

이와 같은 공개 사직서를 매-비둘기 게임이라는 게임 이론적 관점에서 관찰해보면, 공개 사직서는 어둠의 3인조에 대항하는 매우 효과적인 반대 전략일 수 있다. 매-비둘기 게임에서 우리는 매의 성공은 공격적인 싸움에서 패배했을 때 발생하는 비용과 매우 밀접하게 연관되어 있다는 것을 봤다(그림 29). 비용이 높아질수록(다시 말해 매가 입는 상처), 그들의 적응도는 더 힘들어지고 전체 개체군에서 차지하는 비율도 작아진다. 이것을 공개 사직서에 적용해보면 이러하다. 그러니까 공개적으로 가면을 벗기는 행동을 통해서 어둠의 3인조의 비용을 올리는 데 성공하면, 이와 같은 반사회적 인간들은 불리한 입장에 처하게 될 가능성이 많다. 이들의 반사회적 전략은 평등하지 않은 사회에서만 진화론적으로 안정적이다. 그러니 어둠의 3인조가 전체 인구에서 차지하는 비율은 아주 낮은 수준으로 하락할 것이다.

편지를 보낸 여성은 이를 통해 일자리를 잃었으나, 상사가 계속해서 불안하게 내모는 상황으로부터는 자유로워졌다. 그녀가 사직서를 제출하지 않았더라면 앞으로 어떤 생각을 하면서 출근했을지 우리는 충분히 상상할 수 있다.

> 이번에 상사는 또 나를 어떤 상황에 빠뜨릴까? 제시간에 퇴근할 수는 있을지, 아니면 오늘도 수당도 받지 못하는 초과 근무를 하게 되나? 아픈데 집에 있어도 될까?

이 경우는 한 사람이 이런 종류의 불안으로부터 자신을 보호하기 위해 무엇을 할 수 있는지를 분명하게 보여준다.

1. 시민으로서 용기를 가져야 한다.

2. 어떤 조건에서 어둠의 3인조가 성공을 거두는지 더 잘 이해해야 한다.

시민의 용기라는 개념은 1835년 프랑스어 'courage civil'에서 나왔다. 개인의 용기라는 의미로 사용되다가 나중에 국민의 용기라는 'courage civique'로 사용되었다. 하지만 자신의 목표를 위한 기대를 정할 수 있는 사람만이 스스로 판단을 내릴 용기와 능력을 갖게 되고 필요한 경우 자신의 목표를 위한 기대치를 방어할 수 있다. 비록 이것이 일자리를 잃고 떠나야 한다는 의미가 될 수 있더라도 말이다.

어둠의 3인조가 성공하기 위한 전제 조건이 무엇인지에 대한 물음이 남아 있다. 이를 더 잘 이해하기 위해서는 어둠의 3인조가 어떤 원칙과 방법을 동원해서 다른 사람들의 목표를 위한 기대를 능란하게 조종하는지를 알아야 한다. 그 밖에 자신의 목표를 위한 기대를 타인에 의해 특별히 조종당하기 쉬운 사람은 어떤 사람인지를 아는 것도 도움이 될 것이다. 여기에서는 자기비판적 평가도 자아의 힘이 어느 정도인지를 가늠하게 해주는 표시일 수 있다. 왜냐하면 위험한 그룹은 특히 음모나 조종에 잘 노출되며(예를 들어 광고) 어둠의 3인조가 지배하는 시스템들은 바로 이런 그룹을 선호하고 지원해준다. 이들 위험 그룹은 심리사회적 압박을 심하게 받고 있어서 복음을 훨씬 더 잘 받아들인다.

광고를 통한 조종. 효과적인 광고는 무엇보다 한 사람의 목표를 위한 기대를 좁히는 것이다. 이런 가정을 해보자. 어떤 사람이 자동차를 구입할 계획이다. 이 사람은 자동차 구매 예산을 정해두었고, 이 금액으로 어떤 차종을 구매할 수 있을지 예상은 해봤으나, 결정은 내리지 않은 상태이다.

이와 반대로 성공을 거두는 광고는 이와 같은 잠재 고객이 반드시 광고한 자동차가 필요하다는 마음을 먹도록 효과를 내야 한다. 목표를 위한 기대가 그처럼 촘촘하게 설정되어야 비로소 잠재 고객은 마음에 둔 자동차가 아닌 다른 자동차에 유혹되는 경우가 적다. 구매하려는 자동차가 다른 비슷한 차종에 비해서 더 비싸더라도, 잠재 고객은 더 비싼 자동차를 구매할 가능성이 높다. 대학에서 광고심리학을 전공한 사람은 물론 이미 오래전부터 목표를 위한 기대를 조종하고 오로지 이 제품뿐이라는 광고가 소비 태도(사치품, 오락)를 장려한다는 사실을 알고 있다.

시스템 선발을 통한 조종. 어둠의 3인조를 지향하는 시스템(예를 들어 회사)은 목표를 위한 기대가 희미하고 불분명하며 부정확하게 되더라도 이를 허용하는 사람들을 의도적으로 선택한다. 요컨대 목표를 위한 기대를 헐렁하게 설정하는 사람들이다. 이를 위해 불확실한 시기에 일반적으로 사용하는 도구, 즉 임시직 계약, 고용을 조건으로 하는 인턴제, 추천장을 비롯해서 현대의 기업들이 통제할 수 있는 다른 메커니즘을 투입한다. 대체로 채용을 위한 인터뷰에서 선발이 시작된다. 즉, 어떤 지원자는 종일 타임을 원하고(주당 40시간), 더 이상은 일하고 싶어 하지 않는다. 그런데 지원자 인터뷰에서 이런 질문이 나온다. "경우에 따라서, 예외적인 상황에서는 1주일에 70시간 근무를 할 준비가 되어 있나요?" 이때 "예"라고 대답하는 사람은, 주당 70시간 근무를 수용한 것이다. 왜냐하면 예외적인 상황이라는 것은 불분명하고 또한 회사의 관리자들이 결정하기 때문이다. 지원자는 긍정하는 대답을 함으로써 그와 같은 상황을 자신의 목표를 위한 기대에 포함시키게 된다. 결과적으로 그의 목표를 위한 기대치는 더 낮아진다.

심리사회적 압박을 통한 조종. 목표를 위한 기대는 기존의 노동 조건에서도 확장될 수 있다. 심리사회적 압박(노동 시장의 경색, 생계비의 증가, 이로 인한 경제적 그리고 사회적 추락에 대한 공포)은 목표를 위한 기대를 예전보다 덜 촘촘하게 설정하는 효과를 줄 수 있다. 20년 전만 하더라도 독일에서는 유동성(더 먼 출근길)과 유연성(임시직)은 수용할 수 없었다. 그런데 노동 시장에서 압박감이 증가하면서 유동성과 유연성은 사회적으로 긍정적 평가를 받게 되어 수용 가능한 상황으로 변했다. 이로 말미암아 개인의 목표가 덜 정교하거나 덜 촘촘하게 설정된다. 또한 특별히 보상금을 받지 않고도 상관이나 회사에 자신의 아이디어를 양도할 준비도 되어 있는 상태나 사장이 직원들의 이익에 반하는 요구를 하더라도 사장이 훌륭하다고 생각하는 것 등도 정교하지 않은 목표를 위한 기대에 속할 수 있다.

시간적 한계를 통한 조종. 보상 시간의 범위를 연장함으로써 목표를 위한 기대치를 덜 촘촘하게 만들어 덜 정교하게 할 수도 있다. 이와 관련하여 최근에 이른바 마시멜로 실험이 어느 정도 주목을 받았다. 장기간의 연구를 시작하면서 아이들은 마시멜로를 제공받았다. 모든 아이들은 즉시 마시멜로 하나를 먹거나 그렇지 않으면 이 연구 실험을 진행하는 사람이 돌아오기를 기다렸다가 보상으로 마시멜로 두 개를 받는 것을 선택할 수 있었다. 연구 진행자는 대략 15분 뒤에 돌아왔다. 이 연구는 훗날 어떤 아이들이 더 큰 성공을 거두는 성인이 될 수 있을지를 조사하는 것이었다. 이 실험에서 기다렸다가 보상을 더 받은 네 살짜리 아이들은 인지 능력과 사회 능력이 더 뛰어난 청소년으로 성장해서, 더 좋은 성적을 받았고 좌절과 스트레스도 더 잘 견뎌냈다.[177] 이와 반대로 다른 아이들은 보상이 지체되는 것을 공제로 봤다. 이런 아이들은 미래가 되어서야 기대할 수 있는 보상의 가치를 뭔가 손해 보고 할인(discount)되는 것으로 보았다. 이들은 나중에 받게 될 조금 더 큰 보상보다 작지만 즉시 받는 보상을 선호한다. 즉시 받는 게 아니라 한참 후에 보상을 받는 이른바 지연 할인(delay discount)은 마시멜로 실험에서 부정적으로 평가받는 데 그치지 않고, 지연 할인을 거부한 아이들도 부정적인 평가를 받았다. "아이는 자기 통제가 부족하기 때문에 기다릴 수 없다."

하지만 지연 할인에 대한 이러한 악평은 정당한 것일까? 보상을 미루는 것이 정말 항상 똑똑한 행동일까, 아니면 성격이 나약하다는 표시일까? 반드시 그렇지는 않다. 왜냐하면 보상 기간의 연장은 조종 전략의 위험을 내포하고 있기 때문이다. 여기에서 위험이란 보상하는 사람이 규칙을 지키지 않을 수 있다는 뜻이다. 참여자들의 목표를 위한 기대는 처음에는 촘촘하게 설정되어 있다. 즉, 나는 마시멜로를 먹고 싶고 그것도 즉시(오로지 즉각적 보상만을 받아들일 수 있음) 먹고 싶다. 나중에 보상을 받으면 두 배가 될 수 있는 전망이 등장하면서 비로소, 이런 선택도 관찰의 대상이 된다. 보상을 상대적으로 늦은 시기에 기대하고 이를 수용하면, 그것은 정교하지도 않고 더 이상 촘촘하게 설정되지 않은 목표를 위한 기대에 해당한다(즉각적인 보상뿐만 아니라 나중에 받는 보상도 수용함).

마시멜로 실험은 과학자들이 규칙을 지키고 인내하는 아이들에게 정말로 두 번째 마시멜로를 건네줄 때만 작동한다. 하지만 실험실 밖에서는 두 번째 마시멜로를 반드시 받을 거라는 보증이 존재하지 않는다. 회사가 파산되는 것을 막기 위해 임금을 포기했지만 결국 사기당하고 말았던 종업원들은 지금 하는 말이 무슨 뜻인지 알 것이다. 제도화되어 있는 종교들은 앞으로 받을 보상이라는 원칙을 상당히 많이 사용했다. 지금 그리고 당장 여기서 가난한 사람들은 자신의 행복을 포기하는 대신 미래에 최상의 구원을 받게 될 것이라고들 한다. 물론 그야말로 오랜 시간이 지난 후에야 가능한데, 그러니까 죽고 나서다. 다른 말로 죽음 뒤에 또 하나의 "삶"에서다. 따라서 그처럼 시기적으로 아주 먼 훗날이라는 조건을 새로운 목표를 위한 기대에 도입하는 것은 살아 있는 동안 정교하지 않고 덜 촘촘한 목표를 위한 기대를 갖게 만든다.

이 모든 세련된 전략은 이타적으로 생각하고 행동하는 사람들을 희생시켜서 더 성공하고, 더 행복해지거나 막강해지기 위한 전략으로서 완벽할 정도로 적합하다. 한 가지 더 언급하면, 이러한 전술은 정교하지 못하고, 더 이상 한정되지 않는 두루뭉술한 목표를 위한 기대를 만들어냄으로써, 희생자들을 마비시키는 효과가 있다. 그리고 우리가 습관화에서 봤듯이(15장), 정교하지 못한 목표를 위한 기대는 당사자들을 마비시키고 수동적으로 만드는 효과가 있다. 행동하기 위한 원동력이 빠져 있기 때문이다(7장). 그 밖에 정교하지 않은 목표를 위한 기대의 경우 스트레스 반응이 빠지게 된다. 뇌는 스트레스 상황에서 긴급 프로그램을 신속하게 만들지만 이런 경우에는 수동적이 된다. 그리고 노르아드레날린이 뇌에서 정보를 처리하는 속도를 올리지도 않고, 따라서 각성 상태는 전혀 나타나지 않는다. 코르티솔이 신체의 전반적 조직에 흘러넘치지 않기 때문에, 다른 것을 배우고자 하거나 변화를 할 준비가 전혀 나타나지 않는다. 나아가 사람이 가지고 있는 중앙의 면역 메커니즘과 방어 메커니즘이 작동하지 않게 된다. 조종하는 전술로 말미암아 사람들이 정교하고, 한정된 목표를 위한 기대를 설정하는 것을 포기하고 난 뒤에, 원치 않는 상황(가난, 배제, 멸시, 포기, 과도한 요구 등)을 참고 견딜 준비가 된다. 하지만 주어진 고뇌를 묵묵히 견디는 사람들은 바로 그렇게 함으로써(고뇌를 원하지는 않지만) 고뇌의 원인이 되는 반사회적 계산법을 지지하고 결국 안정화시킨다.

이것이 바로 목표를 위한 기대를 조종할 수 있는 원칙들이다. 하지만 어둠의 3인조 유형은 권좌에 있는 사람들뿐만 아니라 동료, 배우자, 가족, 학교 친구나 이웃에게서도 볼 수 있다. 그러니까 우리의 일상 어디에서나 있다는 말이다. 이들 어둠의 3인조는 정신적 폭력을 가할 뿐만 아니라 심지어 신체적 폭력을 행사하는 경우도 드물지 않다.

연인 관계에서 이들 어둠의 3인조는 상대에게 심리적 폭력을 행사한다.[178] 나르시시즘에 빠진 장본인은 지배적 영향력을 행사함으로써 애인을 불확실한 상태로 빠뜨려 마비시키고자 한다. 이렇게 함으로써 자신을 공포로 몰아넣은 애인 관계에 묶여 있지 않아도 되는 것이다. 이러한 방식으로 다른 사람과 거리를 유지하는데, 이런 거리는 자신에게 위험하게 보이지 않는 경계에 해당된다. 말로 표현하지 않지만 이런 자들이 보내는 메시지는 "나는 너를 사랑하지 않아!"이다. 하지만 상대가 도망가지 못하도록 그런 메시지는 숨겨두고, 간접적인 방식으로 전달한다. 이와 동시에 상대(배우자나 연인)가 생각을 하지 못하게 해야 하는데, 그래야 그런 과정을 의식하지 못하기 때문이다. 상대방은 원래 서로 사랑하는 관계만을 받아들였지만, 지속적인 조종으로 인해 한정된 목표를 위한 기대를 포기해 버리고, 마침내 실망하고 녹초가 된 상태도 수용하고 마는 것이다. 물론 이런 상태에서는 끊임없이 실망만 안게 된다. 이로써 상대방의 목표를 위한 기대는 불분명하고, 희미하며, 애매해진다. 최근의 연구 결과에 따르면 어둠의 3인조 성향이 강한 사람은 이른바 '게임을 좋아하는 스타일'이나 '머리가 깨어질 정도로 사랑하는 스타일'(또는 두 가지 스타일 모두를 추구하는)을 추구한다는 게 드러난다.[179] 게임을 좋아하는 스타일은 상대방과 감정적으로 간격을 두는 것을 허용할 수 있다. 이런 부류의 사람들은 한정된 공감 능력만 있어서, 머리로는 사랑하지만 가슴으로는 사랑하지 못하는 특징이 있다. 그리고 대체로 폭력은 어둠의 3인조의 권력이 받아들여지는 한 지속된다.

정신적으로나 육체적으로 폭력을 가하는 것이 작동할 것인지 아닌지는 범행자와 희생자만이 아니라 지지자들과 변호하는 자들의 무리에도 달려 있다. 정신과 의사들과 교육자들은 오랫동안 학교 내에서 일어나는 왕따 현상으로 골치를 앓고 있다. 이와 관련해서 두 가지 의문이 등장했다. 왕따는 어떻게 해서 생기는 것일까? 왕따를 미리 알려주는 조기 경고 시스템 같은 것은 없을까? 그 대답을 얻기 위해 간단한 설문지가 개발되어 모든 학생들에게 배포되었다. 이 설문지에는 상대적으로 전문적이지 않은 질문이 많았는데, 결국 결정적 질문을 밝혀내기 위해서였다. 즉, "이 학급에서, 네가 제일 봐주기 힘든 학생이 있는지?" 보통 이런 질문에 여러 명의 이름이 등장하기 마련이다. 그러나 한 명의 이름이 유독 자주 등장하면, 이 학생을 왕따시킬 위험이 매우 높다고 보면 된다. 그러면 이제 왕따를 시킬 한 명의 범행자가 필요하고, 학급의 나머지 학생들은 그를 지지해주는 역할을 맡게 될 것이다.

왕따를 막을 방법은 없을까? 억압하는 메커니즘을 발견해내고 개개인이 시민의 용기를 갖는 것이다. 즉, 방어하고, 분노해야 한다. 물론 용기만으로 충분하지 않다. 심지어 특별한 용의주도함도 필요하다. 왜냐하면 위험은 어둠의 3인조가 쓰고 있는 가면을 벗겼을 때, 왕따를 당한 사람이 집단에서 더 소외되는 결과를 초래할 수 있기 때문이다. 어둠의 3인조에 속하는 누군가가 제거하고 싶은 사람이 있을 때, 이 사람이 저항하게 만드는 것(대체로 조용하게 살고자 하는 다른 사람들의 시각에서 볼 때 실수를 범하는 것으로 보이는데)은 왕따라는 틀 안에서 확고하게 자리 잡은 전략이다. 그럼에도 불구하고 자신에게 가해진 고통을 그냥 참기만 하는 사람은 스스로에게 짐을 안겨줄 뿐만 아니라 결국 그렇게 만든 사회 시스템을 지원하는 결과가 된다.

어둠의 3인조에 의해 확정된 목표를 위한 기대의 조종력은 경우에 따라 극단적일 수 있으며, 심지어 역사적으로 기억에 남을 수도 한다. 만일 나폴레옹 보나파르트가 어둠의 3인조 테스트를 받는다면, 매우 높은 점수를 받을 것이다(인맥이 없는 젊은 코르시카 출신의 장교가 수년 만에 스스로 프랑스의 황제라는 자리에 오르는 데 성공했으니 그는 분명 타인을 조종하는 능력이 탁월했으리라 본다). 프랑스 병사들이 자신들의 황제와 장군들에게 보인 무조건적 충성은 그야말로 전설적이다. 심지어 프랑스 군대가 러시아 원정에서 완전히 붕괴했음에도 불구하고 나폴레옹의 명성은 흔들리지 않았다. 수십만 병사가 자신들이 가장 원하는 바의 목표를 위한 기대, 즉 고향에 돌아가서 평상시처럼 살고자 하는 희망을 황제의 목표를 위한 기대에 희생할 준비가 되어 있었던 게 분명하다. 여기에서 이렇게 반박할 사람도 있을 것이다. 조건 없이 강력하게 행동하는 프랑스 병사들은 수동성이라는 그림하고는 전혀 어울리지 않는다고 말이다. 계속 싸우겠다고 결정한 사람들도 역시 이들 병사들이지 않느냐고. 이처럼 극단적인 경우에 수동성은 자신의 목표를 위한 기대를 자발적으로 포기한 결과라 할 수 있다. 조종은 너무나 완벽했고, 그리하여 자신의 목표를 위한 기대는 나폴레옹의 낯선 목표를 위한 기대를 통해 완전히 형태를 잃어버렸던 것이다. 이러한 경우에 자신의 죽음은 더 이상 커다란 희생이 아닐 수 있다.

21

타인이 책임질 때의 단점

부모는 자식들을 책임진다: 다른 사람을 위한 책임이라는 교훈 • 21세기 고대 로마 가족 • 타율 책임은 단기적으로 불확실성과 스트레스를 줄여주지만 자신의 활동성을 마비시킨다 • 외부 요인 책임론—책임을 전가한다면 • 종속성은 장기적으로 볼 때 스트레스를 양산한다 • 시민의 질병 증가에 대한 책임은 과연 누구에게 있는가?

자아 결정(자율성)과 타인에 의한 결정(타율성) 사이의 긴장 관계를 충분히 설명했으니, 이로부터 책임이라는 것에 대한 질문이 나올 수밖에 없다. 즉, 그처럼 복잡하고 부분적으로 숨겨진 채 얽혀 있는 관계에서 과연 누가 언제 무엇 때문에 또는 누구를 위해 책임을 지는가? 우리는 실제로 책임이 있기 때문에 책임을 져야 하는가? 우리에게 어느 정도 짐을 지우는 책임도 있는가(우리가 알아차리지는 않지만)? 만일 누군가 우리로부터 책임을 빼앗아가버리면 무슨 일이 생길까? 그리고 자율성과 타율성 외에 자율 책임과 타율 책임이라는 것이 있을까? 이 마지막 질문에는 분명하게 "예"라고 대답할 수 있다. 실제로 타율 책임은 우리 모두에게 가장 오래된 그리고 가장 중요한 삶의 경험에 속한다.

타율 책임의 본보기는 위계질서로 이루어진 부모와 자식 간의 관계이기 때문이다. 부모는 자식을 부양할 뿐만 아니라 자식의 행동에 책임을 져야 한다. "부모는 자식을 책임진다." 이런 문구는 수많은 건설 현장에 붙어 있다. 부모의 책임은 물론 스스로 자신을 책임질 수 없는 자식들의 한정된 능력 때문이다. 우리 모두가 알고 있듯이 부모가 맡은 타율 책임의 목표는 자식들이 스스로 책임을 질 능력이 생길 때까지 부양하고 지원하고 보호하는 데 있다. 그렇게 되려면 사람을 주체로서 인지하고 자신의 행동과 삶에 대해 책임을 진다는 전제가 필요하다. 성인이라는 말 또는 스스로 책임을 진다는 말은 내가 무엇을 초래했으며 초래하지 않았는지를 인지하는 능력을 뜻한다. 18장 "도대체 자아란 무엇일까"에서 우리는, 이와 같은 능력이 우리의 **자아** 모델을 충족시킬 수 있다는 사실을 봤다. 손해나 불이익을 당하고 있다면, 이와 같은 불이익을 자초했는지 아니면 다른 사람에 의해 야기되었는지를 구분할 수 있어야 한다.

책임이라는 개념에는 가부장적 요소가 있다.[180] 즉, 아버지가 자신을 믿는 자들(아내, 하인, 자식들)에 대해 지는 책임은 과거 많은 문화권의 다양한 삶의 영역에서 본보기였다. 종교적이든(하느님 아버지), 정치적이든(국민의 아버지로서 지배자) 또는 사회적 본성이든(한 가족이나 회사의 우두머리로서의 아버지) 말이다. 가족이라는 단어는 라틴어 파물루스〔famulus(하인)〕에서 나온 말인데 이러한 가부장제의 원칙을 가리키고 있다. 가족은 하인, 아내와 자식 그리고 나아가, 지배자로서 가족의 아버지 전체를 포함하고 있다. 이와 같은 세계상은 고대 로마 사회에서 보편적으로 받아들여졌다. 가족의 우두머리는 사실 광범위한 권리를 가진 지배자였다. 이와 동시에 가장은 최고의 판사이자 자신에게 주어진 형벌권을 행사하는 집행자이기도 했다. 심지어 자식들에게 사형을 내릴 권한까지 있었다. 이와 같은 세계상은 오늘날의 가치관으로는 이해할 수 없을 것이다. 만일 고대 로마의 가족이 21세기의 독일로 시간 여행을 온다면, 엄청난 문화 충격을 받을 게 틀림없다. 로마의 가장은 우리 헌법 조항, 즉 모든 사람—자신의 아이들조차—을 동등하고 자유로운 개인으로 인정해주고 있는 조항을 대하면 매우 낯설게 여길 것이다. 그가 이해할 수 없는 이유는 고대 시대로부터 중세 시대를 거쳐, 계몽주의 시대 그리고 근대와 21세기에 이르기까지 2000년 이상의 시간적 차이가 있기 때문이다. 이렇듯 긴긴 세월 동안 서양 문화는 개인이 권력과 가족 부양이라는 전통적 관계로부터 벗어날 수 있었다. 모든 사람의 자유와 평등이 인정받고 조약으로 확보됨으로써, 가부장적 책임 의식이 생겨났다. 요약하면, 이런 과정에서 타율 책임은 제한되고 자율 책임이 훼손할 수 없는 인권으로 격상되었던 것이다.

개척자들은 바로 이마누엘 칸트(1724~1804)와 같은 철학자들이었다. 칸트는 자율 책임을 자신에 대한 의무로 이해했다. 또한 오늘날 자율 책임이라 할 때 이것은, 자신의 삶을 형성하고 설계하는 것, 목표를 스스로 정의 내리고 어떤 전략으로 이와 같은 목표를 실현시키고자 하는지를 매우 중요하게 여긴다. 우리는 자율 책임이라는 말을 스스로 결정을 내리고 스스로 자신을 보살피는 것으로 이해한다.[180] 달리 표현하자면, 자율 책임이란 우리가 성인이라는 의미이다. 계몽 시대의 철학자들은 사람들이 스스로 잘못해서 성년으로부터 하차하여 미성년에 머물고 있다고 말했다. 프랑스 혁명 시기에 시작된 해방 운동은 과거에 미성년으로 간주되었던 모든 사람들에게 자율 책임을 질 수 있는 성년과 자유를 인정해주는 것을 목표로 삼았다. 계몽주의는 모든 사람의 자유와 평등을 요구했다. 당시의 기본적인 생각은 사람은 누구나 인격을 근거로 해서 고유한 존엄성을 가지고 있다는 것이었다. 사람의 존엄성이 과거에는 사회적 지위와 연계되어 있었던 반면, 오늘날에는 모든 사람은 동일한 존엄성을 가지고 있다는 점에서 출발한다. 이로써 자율 책임을 물려받을 수 있는 전제 조건이 만들어졌다.

그럼에도 타율 책임은 사회 구조에서 결코 사라지지 않았다. 어린 시절과 부모가 보살펴주던 시절이 지나고도 계속해서 존재한다. 실제로 자율성과 타율성처럼 자율 책임과 타율 책임도 그 경계를 분명하게 인지하기가 쉽지 않다. 더 어려운 점은 타율 책임이란 것은 가면을 쓰고 나타나서 자신의 어두운 측면을 보여준다는 것이다. 어둠의 3인조는 오래전부터 타율 책임은 다른 사람을 통제하는 매우 유용한 도구일 수 있다는 사실을 잘 알고 있었다. 왜냐하면 우리가 어린 시절 겪었던, 부모가 자식을 안전하게 보호하고자 했던 타율 책임에 대한 인상을 매우 신뢰할 수 있기 때문이다. 그러니 이제 자율 책임과 타율 책임을 스트레스와 불확실성과 연관시켜서 보다 자세하게 살펴보기로 하자. 왜냐하면 책임 소재에 대한 의문은 불확실성을 초래하는 본질적 요소가 되기 때문이다. 또는 불확실성과 스트레스를 최소화하기 위해 효과적인 해결책이 될 수 있다. 우리는 스트레스와 불확실성은 통제권을 상실함으로써 동반하게 된다는 것을 알고 있다. 자율 책임이란 통제를 감당한다는 의미인 데 반해서, 책임을 떠맡거나 타인에게 책임을 이전하는 것은 항상 통제권의 포기를 수반한다. 자율 책임의 의미는 어디에 있을까? 걱정도 역시나 책임에 속한다. 성공에 대한 걱정, 무탈하게 잘 살아갈지에 대한 걱정, 있을 수 있는 위험과 위협에 대한 걱정이 있다. 걱정의 차원이라는 주제에 대해 여러 학문 분야가 관여해서 연구를 실행했는데, 이 과정에서 과학자들은 걱정을 현재에 미래와 연관을 짓는 것이라고 정의 내렸다.[181] 따라서 걱정이란

	자율 책임	타율 책임	전가한 타율 책임	부정하는 타율 책임
성공	나	타인	타인	나
손상	나	타인	나	나
불확실성/스트레스	+	-/++	++	++

표 4: 자율 책임, 타율 책임, 전가한 타율 책임과 부정하는 타율 책임의 경우 책임도 계산. 불확실성과 스트레스는 다양한 수준으로 생겨난다(+중간, ++큰, −작은). (1) 자율 책임의 경우 중간 정도의 불확실성이 나타나고(+), 확실한 국면과 불확실한 국면이 번갈아 등장한다. (2) 타율 책임의 경우 사람들은 단기적으로는 보다 안전하다고 느끼지만(−), 장기적으로는 책임을 떠맡은 상대에 대한 종속성이 생겨나고 이로써 보다 큰 불확실성이 나타난다(++). 왜냐하면 책임을 타인에게 넘겨준 당사자는 베이즈식 업데이트를 충분히 하지 않았기 때문이다. (3) 전가한 타율 책임의 경우 불확실성은 큰데(++), 통제권은 없으면서 그럼에도 불구하고 책임을 지고 있기 때문이다(손상에 대해). (4) 부정하는 타율 책임의 경우에 불확실성은 여전히 큰데(++), 통제권도 없지만 책임은 지기 때문이다(성공과 손상 둘 다).

미래에 있을 또는 있을 수 있는 어떤 것에 대해서 지금 생각을 하는 것이다. 미래에 대해서 현재 무엇을 걱정할까? 이 질문을 설정하고 연구팀은 세 가지 가능성을 제기했다.[181] 즉, 걱정은 자신에 대한 것, 다른 사람에 대한 것, 또는 환경에 대한 것일 수 있다. 자신에 대한 걱정으로는 직장이나 일자리, 건강 또는 행운에 대한 걱정일 수 있고, 전공 선택이나 배우자 선택에 대한 걱정일 수 있는데, 그야말로 개인이 맞닥뜨릴 수 있는 모든 것이다. 다른 사람에 대한 걱정은 영어로 케어(care)라는 말로 표현할 수 있다. 이것은 다른 사람들이 무탈하게 잘 살아갈지에 대한 걱정이다. 이런 걱정에는 전형적인 간호나 돌봄, 자식들에 대한 부모의 걱정뿐만 아니라 세계기아단체를 위해 돈을 기부하는 행동도 속한다. 마지막으로 환경에 대한 걱정은 환경이 계속 유지(지속 가능성이라는 표어)될 것인지를 걱정하는 것이지만, 단순하게 자신의 정원을 정성껏 돌보는 일도 이런 걱정에 속한다. 사람들이 걱정하는 환경은 어떤 환경일까? 그리고 어떻게 해야 하는 것일까? 기후는 환경에 속할까, 아니면 우리 집 발코니만 환경에 속할까?

걱정은 해결책을 모색하는 전략으로 이어질 때만 의미가 있다. 즉, 최적의 전략을 먼저 찾아야 하는 경우가 많다. 자율 책임의 장점은 사람은 행동의 원인이 자신이며 자신의 성공과 실패로부터 최고로 적절하게 배울 수 있다는 데 있다. 걱정이 늘어날수록, 스트레스 반응의 주인공인 노르아드레날린과 코르티솔에게 더 많은 의미가 부여된다. 스트레스 호르몬은 뇌에서 보다 신속하게 업데이트될 수 있게 하고, 예전의 기대를 던져버리고 새로운 것을 배울 준비 자세를 강화시켜준다. 이로써 걱정은 우리가 발전할 수 있고 이와 같은 방식으로 정보이론적 자유 에너지(달리 표현하면, 예측 오류)를 최소화할 수 있게 하는 기초가 된다. 간략하게 말해서, 더 향상된 예측을 할 수 있게 해준다.[3] 우리가 이 세상에서 최적으로 항해할 수 있는 법을 배우는 최적화 과정은 자율적으로 결정을 내리고 스스로 책임을 지고 행동하면, 그러니까 타인의 영향을 받지 않고 행동하면 아무런 방해 없이 잘 작동한다. 스스로 책임을 지고서 삶을 배운다는 것은 바람이 불지 않을 때 테니스를 배우는 것과 같다(18장 "도대체 자아란 무엇일까" 참조).

자신에 대해 걱정을 한다는 것은 물론 그다지 쾌적하거나 좋아하는 상태는 아니다. 걱정은 불안, 긴장과 공포와 같은 억압적인 느낌을 동반한다. 자기계발 분야에서 최고의 베스트셀러(데일 카네기의 저서)의 제목이 《걱정하지 말고—살아라!》인 것도 우연이 아니다. 자신의 전략으로 목표를 위한 기대를 달성하지 못하면, 걱정은 항상 스트레스가 될 수 있다. 그러면 사람들은 걱정과 스트레스를 벗어던져버리고 싶어 한다. 그리하여 책임을 벗어날 시도에 심혈을 기울이게 된다. 만일 우리 대신에 책임을 떠맡을 누군가가 있다면 말이다. 이런 일이 생기면, 그러면 어떻게 될까?

타율 책임은 사기성이 농후한 안전이라는 달콤한 독이 될 수 있는 것일까? 자신의 책임을 다른 사람에게 양도하는 게 무엇이 잘못되었다는 말일까? 자신에게 전혀 이득이 되지 않음에도 불구하고 도움의 손길을 내미는 친절한 동료들에게 양도하면? 아니면 우리 대신에 부담스럽기 짝이 없는 저축을 관리해주고 모든 것을 신경써주는 재정 컨설턴트는? 타인에게 책임을 넘겨주는 것을 반대하는 논거는 이미 언급했다. 그렇게 되면 우리는 자신이 아니라 타인에게 통제권을 넘겨주게 되는 탓이다. 그 대신에 우리는 적어도 단기적으로는 마음이 가벼워지고 불확실성도 줄어든다(표 4, 타율 책임 칸). 우리는 더 이상 힘든 결정을 내릴 필요도 없고, 머리를 쥐어짤 필요도 없으며 걱정할 필요도 없다. 이런 것을 타인에게 위임했으니 말이다. 책임을 맡은 조력자는 내게 행복이 보장되는 성공적인 전략을 약속한다. 때문에 타율 책임은 매우 인기가 있다(심지어 중독될 정도이다). 여기에서 알아야 할 게 있다. 즉 조력자에 대한 신뢰가 깊으면 깊을수록, 안도감 혹은 안전하다는 느낌은 더욱 높아진다. 하지만 타인에게 책임을 넘김으로써 지불해야 하는 대가는 오랜 시간이 지난 뒤에 분명하게 드러난다. 자율 책임을 장기적으로 전가함으로써 자신의 불확실성(불확실성 ++, 표 4, 타율 책임 칸)은 높아진다. 이 자리에서 다시 한번 강조해야 할 점은, 여기서 사용하는 안전과 불확실성이라는 개념은 객관적인 대상이 아니라 주관적 경험과 연관이 있다는 것이다. 책임을 벗어던지면 불확실성은 더욱 상승하게 되는데, 세상을 탐험하고 업데이트를 할 수 있는 활동성이 마비되는 까닭이다. 이것은 자율성을 감소시키는

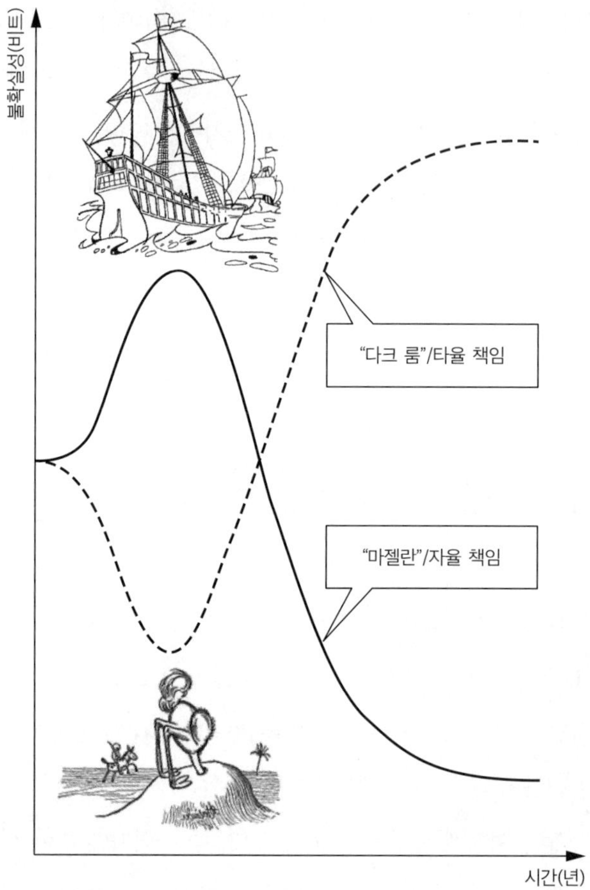

그림 31: 탐구적인 행동(마젤란) 또는 후퇴하는 태도(머리를 모래에 박기)의 시간 경과에 따른 불확실성의 변화. 불확실성은 이런 질문과 연관이 있다. 즉 "미래에 자신의 신체적·정신적·사회적 건재함을 보장하기 위해 가능한 전략 가운데 무엇을 선택해야 하는가?" 실선: 탐구적인 태도(마젤란의 경우처럼)는 알 수 없는 위험(지도와 바다의 지도인 해도에서 아직 알려지지 않은 지점들)을 앞에 두고 있기 때문에 단기적으로 불확실성이 증가하지만, 성공했을 때 장기적으로 훨씬 더 안전할 수 있다(정교하고 상세한 지도). 스스로 책임을 맡고 행동하는 경우의 불확실성도 비슷하게 보인다. 모든 책임을 떠안는 것은 처음에는 위험하고 불안하다. 하지만 자신이 직접 시도하고 오류도 범함으로써 자율 책임을 지는 사람들은 예측을 적중할 수 있을 최적의 것을 배우므로 장기적으로 더 안정적이 된다. 점선: 반대로 다크 룸이나 머리를 모래에 박는 전략처럼 후퇴하는 행동이나 기피하는 태도

는, 처음에는 안전하다는 느낌을 준다. 하지만 이런 태도가 지속되면 베이즈식 업데이트가 전혀 이루어지지 않으므로, 오랫동안 후퇴의 태도를 취하는 것은 불확실성을 증가시킬 뿐이다. 타인에게 책임을 떠넘기는 태도 역시 그와 비슷하다. 처음에는 안전한 느낌이 생기는데, 다른 사람에게 맡기는 전략이 성공적으로 보이는 까닭이다. 하지만 장기적으로 반드시 필요한 베이즈식 업데이트가 일어나지 않으므로 타인에게 종속되는 경향이 발생하고, 이때 불확실성은 더 증가한다.

데, 다시 말해 타인에게 종속되는 성향을 더욱 높이게 된다는 말이다(그림 31).

그와 같은 기회에 어둠의 3인조는 기꺼이 요청하지도 않은 도움을 제공한다("걱정하지 마! ―내가 너를 위해 해결해줄게!"). 이렇게 하여 사람들은 타인에게 예속되고 스스로는 전혀 배우지 않게 되는데, 세상이 어떤 상태인지에 대하여 중요한 업데이트를 할 수 있는 길이 잘려나갔기 때문이다. 예를 들어 이런 방식으로 사이비 종교나 이단의 성격을 지닌 단체들이 활동하는 것이다. 자신의 책임을 이런 단체에 넘겨주면, 반대급부로 지원을 해주고 걱정으로부터 자유롭게 해주고 그리고 결정을 할 때 도움을 제공한다. 끝으로 이단들은 8장에서 서술했던 다크 룸 현상의 하나일 뿐이다. 그러니까 사람이 일종의 거품처럼 존재하고 자신을 둘러싼 세상의 변화에 접촉하지 못하는 현상 말이다. 어둠의 3인조는 타인에게 자신이 책임지겠다는 제안(자신이 이득을 취하기 위해)을 할 수 있는 완벽한 순간을 알아차리는 육감을 발휘할 때가 많다. 많은 유명 인사들은 하필이면 자신들이 특별히 신뢰했던 사람에게 사기를 당한 경험이 있다. 예를 들어 2016년에 사망한 캐나다 가수 레너드 코헨을 언급해도 될 것 같다. 코헨은 1990년대 말, 오랫동안 절에 칩거하겠다는 결정을 내렸다. 그는 운영하던 사업을 오랜 기간 경영인으로 일해주었던 여성(잠시 아내이기도 했던)

켈리 린치에게 맡겼다. 그때까지 믿을 수 있었던 이 여성은 그와 같은 기회만을 기다린 것 같았다. 절이라는 다크 룸에서 세상 밖으로 다시 돌아온 코헨은 사기를 당했다는 사실을 알아차렸다. 법정은 배임 행위에 대하여 2004년 린치에게 940만 달러를 코헨에게 지불하라는 판결을 내렸다. 하지만 돈은 없었고 코헨은 파산했다. 그는 늙어서까지 생활비를 벌기 위해 공연을 다녀야 했다.

여기에서 나는 8장에서 묘사했던 다크 룸 문제로 다시 돌아가야겠다. 출발점은 다음과 같다. 즉, 베이즈식 뇌의 개념은 생명체는 기본적으로 깜짝 놀라 당황하거나 경악하지 않으려고 노력한다는 것에서부터 시작한다. 이런 구상에 있어서 비판할 부분은 생명체의 시스템은 경악을 막을 수 없는 것처럼 보인다는 데 있다. 우리는 어둡고, 변하지 않는 방을 찾아서 거기에 머물 수만은 없다. 이와 같은 모순은 다크 룸 문제로 표기된다.[30] 내가 추천하는 바의 해결책은 다음과 같다. 즉, 생명체의 핵심 목표를 위한 기대는 장기적으로 깜짝 놀람이나 경악을 피하는 데 있다. 단기적으로가 아니라 말이다. 이는 왜 매우 위험한 선택을 하는지 그 이유를 설명해주는데, 이런 위험에 대한 투자가 장기적으로 보면 경악을 평균적으로 줄여주는 탓이다(성공적인 탐험 여행). 그래서 생명체들은 탐험에 나서고 탐색한다고 볼 수 있다. 다크 룸을 찾는 행동은 단기적 부담을 내려놓게 할 수는 있으나, 경악을 장기적으로 줄일 생각이 있다면 비생산적이다. 물론 지속적으로 다크 룸에 머물기를 원치 않는다는 조건을 전제로 한다.

타인에게 전가하는 책임은 불확실성을 늘어나게 한다. 즉, 누가 원래 책임이 있으며 누구에게 책임을 위임하게 되는지, 간단하게 확정 지을 수 없을 때가 자주 있다. 책임과 이와 동반하는 비용과 손상을 외부로 이전하는 과정을 두고 사람들은 외부화(externalizing)라고 한다(표 4, 오른쪽에서 두 번째 칸). 성공과 이득은 내 것으로 만들고, 비용과 손상 그리고 위험은 밖으로 돌리려는 유혹은 매우 강하다. 기업들이 손해를 입힌 행동에 대한 책임을 외부로 전가함으로써, 이런 행동이 언론에 대서특필될 때가 많다. 즉, 아동 노동, 임금 덤핑, 독극물 쓰레기 수출, 비용이 많이 드는 환경보호규정(배출 가스 스캔들)의 무시 등등은 단지 몇 가지 예일 뿐이다. 책임을 타인에게 전가하는 이른바 외부화 현상은 이보다 더 깊숙이 들어가고, 우리가 추측하는 것보다 더 가까이에 있고 더 잘 알려져 있다. 위험 사회 또는 개인 건강관리라는 개념은 자율 책임에 대한 사람들의 느낌을 공격하고 부분적으로 훼손시켰다. 이는 특히 국민 보건 시설의 변화에서 보다 더 분명하게 나타난다. 그렇듯 오랫동안 치료를 위한 조치에 대한 결정은 오로지 의사의 손에 달려 있었으나, 이제는 환자에게 넘길 때가 많다.[182] 그사이 수술과 같은 거의 모든 의학적 치료에 앞서 환자가 이른바 동의서에 서명하는 게 추세로 자리 잡았다. 다시 말해, 외과 의사는 수술을 하고 실수를 하더라도 더 이상(또는 심각하지 않은) 책임이 없다는 의미가 된다. 분명하게 하면, 그렇게 행동하는 외과 의사는 성공(이와 연결된 의사로서의 보수)은 자신이 가지고, 실패한 책임은 환자에게 전가하는 것이다. 1980년대 초반에 등장한 자가 진단 및 처방은 개인이 넓은 영역에서 스스로 의료 결정을 내릴 수 있고 또 내려야 한다는 생각이 발전한 것과 관계가 있다.[183]

이와 같은 모든 발전은 정치적으로는 자신이 결정한 행동을 하기 위한 새로운 기회로 받아들여졌다. 왜냐하면 이와 같은 발전으로 우선 가능한 전략에서 이득이 동반되었기 때문이다. 환자들은 이제 후견인이 필요하지 않고, 대신에 정보를 바탕으로 스스로 어떤 가능한 전략을 선택할지를 결정할 수 있다. 이와 비슷하게 개인 투자가들 역시 복잡한 금융 상품에 투자할 가능성을 갖게 된다. 그러니까 투자 전문가들과 대화를 나눈 뒤에 책임을 지고 스스로 투자를 하면 되는 것이다.[184] 지금까지는 기관 투자나 매우 부유한 고객들에게만 제공되던 투자 가능성이 이제 개인 투자가들에게도 열린 것이다. 왜냐하면 복잡한 금융 상품은 작은 규모로 분산 투자를 할 수 있게 해주기 때문이다. 또한 다양한 전략으로부터 추가 이득을 얻을 수 있는 이유는 개인에게 활동의 여지가 많이 제공되는 까닭이다. 그러니까 개인이 일반적인 보험에 가입함으로써 다른 보험자들의 위험까지 떠안는 대신에 자신의 노령보험이나 건강에 대해서 광범위한 책임을 떠맡고 그로부터 자신만의 위험이 무엇인지 알게 됨으로써 이득을 얻게 된다.

하지만 우리가 부정적 측면보다 긍정적 측면을 신중하게 고려할지라도, 다음과 같은 결과에 도달하게 된다. 즉 의사, 금융 자문가, 전문가나 조정하는 관청의 책임이 점점 배후로 물러날 것이라는 결과 말이다. 그 대신 개인은 과거보다 책임을 더 강하게 지게 된다. 그 과정에서 자신이 아무런 영향력도 행사할 수 없거나(예를 들어 수술의 위험) 또는 필요한 전문지식(예를 들어, 자가 진단 및 처방, 투자 상품)이 없을 경우에도 말이다.

위험 사회에서 책임이 점점 개인에게 이전되자 점차 이런 질문을 마주하게 된다. "(전문가들이) 제안한 대안적 전략들(이런 전략들이 가져올 부정적 결과에 대해 전문가들은 법적으로 가능하면, 거절한다) 가운데, 내 행복을 확보하기 위해 나는 어떤 전략을 선택해야 할까?" 이런 질문에 개인이 대답하기란 쉽지 않으며, 그리하여 개인은 불확실과 스트레스를 유발하게 된다.

이처럼 타인에게 전가해버린 타율 책임이라는 모델에서 당사자는 언제라도 손상을 입을 수 있는 상태에 빠질 수 있다. 그러니까 당사자가 (윤리적으로 그리고 법적으로) 책임을 지게 될 수 있는 손상인데, 그가 심사숙고한 뒤에 행동했기 때문이다(위험성에 대해서 설명을 들었고 손해를 입을 수 있다고 의식했다는 것). 그와 정반대로 신뢰의 모델이 있을 수 있는데, 이 모델의 경우 당사자는 위험을 알지 못한 채 특정 시나리오를 원했다는 책임을 지게 된다. 물론 여기서 보다 더 정당하고 훨씬 더 감당하기 쉽게 책임을 분산시킬 수도 있다. 독일 뤼네부르크에 있는 로이파나 대학 소속의 여성 사회학자 안나 헨켈은 그 대신에 또 다른 모델을 제안했다. 이런 모델에서는 당사자와 전문가들(의사, 약사, 변호사, 금융 컨설턴트 등등)이 공동으로 결정을 내리고 책임 역시 공동으로 진다.[185] 이렇게 하면 당사자가 겪는 불확실성은 장기적으로 분명히 감소할 수 있다.

또한 수용하지 않고 부정하고 부인해버리는(disclaimed) 타율 책임도 있을까? 이것은 책임을 이전하는 형태 가운데 특히 터무니없는 형태이다. 이것은 존재하는 타율 책임을 무조건적으로 부정하고, 다른 사람, 대부분 취약 계층에게 책임을 떠넘긴다(예를 들어 그들의 건강, 교육, 직업과 관련해서. 표 4 오른쪽 칸).

우리 사회에서 어떤 사회적 힘이 불확실성, 유독한 스트레스 또는 가난을 불러일으키는지에 대해서는 이미 20장 "내 목표를 위한 기대의 조종"에서 살펴봤다. 즉, 불확실성과 유독한 스트레스는 심근경색(스웨덴에서 실시한 무작위 대조 시험, 13장)을 불러일으킨다.[91, 92] 가난은 비만뿐만 아니라 당뇨병(미국 여성들을 대상으로 거주지를 이전하는 방식으로 실시한 무작위 대조 시험, 17장)도 일으킨다.[131] 이처럼 스트레스, 불확실성과 가난으로 인한 전염병 같은 질병의 책임은 노동 정책과 보건 정책을 담당하는 세력들에게 있다. 예를 들어 대규모 불확실성 전략으로 운영되는 회사로부터 노동자들을 지켜주지 못한 세력들 말이다. 대신 이런 세력은 이른바 라이프 스타일을 자율적으로 변화시키는 것만이 유일한 해결 전략이라고 선동한다.

책임 전가의 특히 극단적인 본보기는 바로 흡연을 다루는 보건 정책이다. 흡연은 스트레스와 관련이 있다. 사회적 지원이 부족한 대학생의 시험 스트레스는 담배 소비를 50퍼센트가량 그리고 알코올은 20퍼센트가량 증가시킨다.[186] 니코틴 남용은(알코올 남용이나 대마초 남용과 마찬가지로) 스트레스와 연관된 불쾌한 감정(긴장감, 불안과 같은)을 완화시킬 목적으로 가장 흔히 사용하는 전략들 가운데 하나이다. 하지만 불확실성과 스트레스를 야기하는 보다 심오한 원인의 근원을 파헤치는(사회적 불평등을 완화하거나, 사회 심리적 스트레스를 완화하는 조치를 시행) 대신에, 국가의 보건 정책은 흡연 당사자들의 자율 책임에 중점을 둔다. 담뱃갑에 끔찍한 경고성 문구(흡연은 치명적입니다, 다른 사람들에게 해를 끼칩니다 등등)를 인쇄함으로써 건강을 해치는 행동(자신뿐 아니라 다른 사람에게도)에 대한 책임은 개인에게 전가된다. 이것은 원칙적으로 잘못되었으며, 피상적으로만 생각한 결과이다. 그러니까 흡연이란 지속적인 스트레스 상태와 동반해서 나타나는 현상일 뿐이며 스트레스는 심리사회적으로 보다 심오한 원인이 있다는 사실이 무시된 것이다. 달리 표현하면, 만성적 스트레스에 시달리는 사람에게 흡연을 금지하는 것은 원인이 되는 문제를 해결하지 않은 채, 스트레스를 완화시켜주는 가능성조차 허용하지 않는 행위일 뿐이다. 이와 같은 배경을 고려해보면 흡연을 경고하는 국가가 세금을 통해서 담배 판매로부터 어마어마한 이득을 챙기는 것은 참으로 야비하게 보인다.

이처럼 이른바 현대병◆에 대한 사회적 책임이 개인에게 전가되고 있

◆ 현대적인 요소를 통해 영향을 받거나 나타난 과체중, 2형 당뇨병, 심혈관질환 등의 총칭. 많은 저자들이 질병을 유발하는 가장 중요한 요소로 건강과 관련한 적절하지 못한 태도를 의심한다.

다. 그리고 자칭 해결의 단초라 주장하던 것의 효율성은 과대평가된 것으로 증명되고 있다. 좋은 지방(오메가3 지방산)을 더 많이 섭취하거나 열심히 운동을 해도, 이런 것들이 수명을 단 하루도 연장해주지 않기 때문이다. 이런 주제와 관련해서 장기간에 걸친 무작위 대조 시험 결과가 그런 사실을 증명해준다.[95, 187-190] 또한 기존의 피험자를 대상으로 한 대대적인 무작위 대조 시험 역시 건강한 영양 섭취가 비만을 막을 수 없으며 또는 칼로리와 탄수화물을 줄인 영양 공급이 심혈관질환 사망률을 줄여줄 수 없다는 사실을 보여주었다.[110, 191, 192] 자칭 해결의 단초라고 했던 것에 대해 과대평가가 나오게 된 근거는 이러하다. 지지자들이 대체로 관찰 연구(소위 황새 연구)를 통해서 논쟁을 펼치지만, 그런 방식은 근본적으로 방법상의 이유로 금지되어 있다(13장 참조). 그사이 과학적으로 허용된 연구는 다음과 같은 정반대의 결론을 내놓고 있다. 즉, 사회적 불평등을 생산해내는 자들은 심근경색으로 고통받고, 당뇨병이 발병하거나 비만해지는 사람들에 대한 책임이 있다고 말이다.[91, 92, 131] 사회의학자들은 이미 오래전부터 사회경제적 지위와 사망률의 밀접한 관계에 대해서 지적해왔다. 여기서 사회경제적 지위는 돈, 지식, 특권, 권력과 유용한 사회적 연대와 같은 일련의 자원을 말한다. 특정 시점에 어떤 개별 메커니즘이 더 중요한지와 무관하게 이러한 사회경제적 지위는 건강을 지켜준다.[193] 나아가 사회의학자들은 낮은 사회경제적 지위와 사회적 지원의 부족은 다양한 질병(심근경색, 뇌졸중, 우울증, 2형 당뇨병 등등)의 근본 원인이며, 이와 연계해서 사망률을 높인다고 주장한다.[194] 따라서 늘어나는 과학적 증거를 바탕으로 하면 개인의 건강은 자율 책임보다 타율 책임에 내맡겨져 있다.

원래의 타율 책임을 수용하지 않고 부정하려는 이러한 통찰력은 위험

사회에서 과도한 요구를 받는 사람들에게 엄청난 정신적 부담을 줄 수 있다. 이렇듯 책임을 계산하는 복잡한 맥락을 간파하고 누군가 우리의 책임을 가져가면(종속이나 통제권 상실) 끔찍한 경우에 어떤 일이 발생할지에 대해서 이해하는 사람은, 불확실성과 스트레스가 줄어드는 길로 가는 중요한 발걸음을 내디딘 것이다.

22 무엇이 불확실성을 줄이는 데 필요한 정보를 방해하는가

니르바나 카발 또는 대보초 청자고둥은 어떻게 인슐린으로 먹잇감의 뇌를 마비시킬까 • 정보는 어떻게 선별되고 차단되나 • 현실 도피주의와 정보의 파도 • 인터넷의 중립성 종말—인터넷은 더 많은 계층이 있는 사회를 만들까? • 황제의 옷과 금기의 힘 • 금기를 깬 사람 레오나르도 다빈치 • 둔화된 뇌: 알코올은 우리가 생각하는 것보다 더 위험할까?

솔트레이크시티에 있는 유타 대학의 생물학자들이 바다에 살고 있는 대보초 청자고동(conus geographus)을 분석했을 때, 깜짝 놀랄 발견을 하게 되었다.[195] 길이가 최대 16센티미터나 되는 이 청자고동은 차분하면서도 매우 효율적으로 사냥한다. 먹잇감이 다가오면 이 대보초 청자고동은 독성 물질을 물속으로 쏘는데, 물고기들은 이 독성 물질을 아가미로 받아들인다. 먹잇감 물고기는 특이한 죽음의 고통에 빠지는 것처럼 보인다. 바깥쪽으로 뒤집어진 고동의 거대한 입이 먹잇감 물고기를 붙잡아서 몸 안으로 넣는 것을 초연하게 또는 황홀경 상태에서 먹잇감이 허용하는 듯한 광경을 촬영한 필름[196]이 있다. 청자고동이 쏘는 독성 칵테일에는 니르바나 카발(Nirvana Cabal)이라는 성분이 포함되어 있다. 그런데 이 독이 생화학적으로 어떻게 작동하는지는 유타 대학의 생물학자들이 비밀을 풀

때까지 분명하지 않았다. 거미나 뱀이 먹잇감을 마비시키기 위해 사용하는 전형적인 신경 독소(신경세포들로부터 정보 전달을 차단함)와는 반대로, 대보초 청자고둥은 물고기 인슐린을 사용해서 먹잇감의 뇌 전체를 마비시킨다. 이것은 니르바나 카발을 구성하는 중요한 성분이다. 인슐린이 물고기의 순환계에 도달하면 물고기는 당뇨병 환자가 당 쇼크를 겪는 상황과 비슷한 상태에 빠진다. 인슐린은 순환하는 혈당이 완전히 신체에만 저장하게 되는 작용을 한다. 이와 반대로 뇌에는 몇 초 만에 에너지 공급이 차단된다. 물고기는 당뇨병 환자들이 정말 두려워하는 이른바 신경저혈당성 코마에 빠지게 되는 것이다. 이런 형태의 독성이 놀라운 점은, 뇌는 에너지가 없으면 어떤 정보도 더 이상 작업하지 못한다는 데 있다. 그렇듯 청자고둥은 방어도 행동도 취할 수 없는 물고기를 천천히 섭취하면 된다. 이 본보기는 2장에서 말한 물리의 기본 원칙을 명확하게 보여준다. 즉, 에너지가 없으면 어떤 정보도 획득하지 못하며 이 원칙은 신경계의 정보 작업에 무한정 적용할 수 있다는 원리이다. 고동이 물고기의 뇌에 공급되어야 할 에너지를 차단함으로써, 물고기가 정보를 작업하고 위험에 반응할 가능성을 빼앗아버린 것이다.

그런 종류의 정보 차단은 인간의 삶에서도 나타난다. 고동과 물고기처럼 철저하거나 치명적이지는 않더라도 말이다. 하지만 방법이 보다 섬세하고 결과가 덜 드라마틱하더라도, 원칙은 동일하다. 클로드 섀넌의 핵심적인 발언은 이러했다. "불확실성을 줄이기 위해서는 정보가 필요하다." 따라서 정보 흐름이 방해를 받거나 중단되어버리면 불확실성은 감소할 수 없다. 이것은 부분적으로는 에너지라는 자원의 영향력 또는 제한과 맞물려 있다.

정보를 차단하는 네 가지 커다란 영역을 자세히 살펴보기로 하자. 우리의 뇌가 매일 만나게 되는(또는 적어도 만나게 될 수 있는) 정보의 차단 말이다.

정보 선별. 여기서는 믿을 만한 정보를 제공할 수 있느냐 하는 것이 중요하다. 현재의 언론 정책에 대해 가하는 주요 비판들 가운데 하나는 이러하다. 즉, 선별을 통한 조종을 한다는 것. 그러니까 텔레비전, 라디오 또는 종이 신문들은 비밀스러운 목표에 이바지하는 정보들만 제공한다. 따라서 원하는 그림에 부합하지 않는 사실이나 사건, 의견은 억압하고 금지하는 것이다. 언뜻 음모론처럼 보이더라도 이것은 조금 더 자세하게 관찰해보면 매우 중요한 비판 사항을 포함하고 있다.

실제로 텔레비전, 라디오, 신문(온라인 포털 역시)은 가능한 전체 정보들 가운데 단 하나의 측면만을 소개한다. 과거에 편집자들은 정보를 보고, 평가하고, 그에 따라 선별했다. 이제 이런 질문을 할 수 있다. 편집자들이 직업 윤리적 기준에 따라서 행동하는지 그렇지 않으면 비밀스러운 일정표에 따르는 것인지 말이다. 언론 종사자들은 대체로 국가나 사업가들에 의해서 운영되는 언론 매체를 위해서 일한다는 게 사실이다. 따라서 언론은 독립적이지 않다는 뜻이다. 두 경우 모두에 언론인들이 예속될 가능성을 부정하는 것은 지극히 순진한 생각이다. 미국의 경제학자이자 언론분석가 에드워드 S. 허먼과 세계적으로 유명한 언어학자 놈 촘스키는 이와 같이 정보를 걸러서 보도하는 "필터"를 다음과 같이 서술했다.[197]

필터 1: 소유권자와 그들의 (재정적) 이익. 개인이 운영하는 언론 회사는 소유주가 편집국의 독립을 강조하더라도, 결국 이윤을 추구하는 회사이다. 하지만 이와 같은 독립성은 경제적 성공과 연결되어 있다. 보도 내용이 회사의 재정적 관심을 역주행하지 않는 동안 편집국의 독립성은 비교적 쉽게 방어할 수 있다. 그러나 만일 언론사의 재정 상태가 위험하고 비평적 보도가 판매를 방해할 정도라면, 이야기는 전혀 달라진다.

필터 2: 수입의 원천—광고가 내용을 만든다. 언론사가 재정을 광고 수입에 의존할수록, 광고를 의뢰하는 고객들이 신문의 형태와 내용에 막강한 영향력을 행사할 위험이 더욱 높아진다. 이것은 직접적인 영향력으로 볼 필요는 없다. 여성 잡지를 예로 들어보자. 이런 잡지가 얻는 가장 큰 광고 수입원은 화장품, 영양 및 패션 산업이다. 광고비를 계속 받기 위해 편집부에서는 이와 같은 업계와 관련된 내용을 되도록 많이 다룰 수밖에 없다. 비록 형편없는 잡지의 판매 부수가 오래된 편집부의 콘셉트가 더 이상 유효하지 않음을 암시하더라도 말이다. 미국에서는 지난 수년 동안 그런 현상이 극단적인 상황에까지 이르렀다. 많은 미국의 잡지들은 가능하면 판매 부수가 많다는 것을 보여주기 위해 정기 구독권을 독자들에게 거의 선물로 주다시피 했다. 판매 부수가 많을수록 광고를 원하는 고객들에게 잡지가 더 매력적으로 보일 수 있는 까닭이다. 이와 같은 사업 모델에도 걸림돌은 있다. 광고 사업을 더 넓게 확장하고 심지어 80만 부 이상을 찍는 잡지일지라도 갑자기 적자를 기록하는 바람에 하룻밤 사이에 문을 닫는 사태도 일어나니까 말이다.

필터 3: 출처—누가 소식을 선별하는가? 뉴스가 매우 비슷한 이유는 우선 가장 규모가 큰 언론의 정보 필터에 있다. 바로 통신사들이다. 이들은 신문, 텔레비전 방송국과 라디오 방송국의 모든 편집국에 뉴스의 원료라 할 수 있는 것을 제공한다. 이처럼 단일한 정보통에서 편집자들은 이제 선별을 할 수 있다. 자체의 통신(예를 들어 특파원)은 예외에 속한다.

그것은 우선 비용 때문이다. 게다가 금기시되고 있으나 점점 더 애용하는 '복사해서 붙이기(copy-and-paste)' 방식이 있다. 인터넷에서 자유롭게 돌아다니는 내용을 복사하는 것이다. 서로서로 베끼는 시도는 전통적인 언론사의 편집부뿐만 아니라 특히 시간과 화제의 강한 압박을 받는 온라인 뉴스 포털의 언론인들에게서 볼 수 있다. 복사하여 붙이기는 직업 윤리상 대표성이 없을 뿐 아니라 검증을 거치지 않아 믿을 수 없는 정보를 확산할 위험성마저 안고 있다. 출처가 없는 이런 정보들이 유행되는 경우가 드물지 않은데, 인터넷에서는 발신자와 그의 의제를 볼 수 없을 경우가 많기 때문이다. 이런 형태는 물론 다른 형태의 의도적 정보 조종에 대해서는 다음 장에서 더욱 자세하게 살펴볼 것이다.

필터 4: 이탈하면 벌을 받는다—대중의 비판이나 월급 삭감. 비판적 저널리즘은 항상 재정적 압박을 받고 있다. 인기 없는 통신사나 소식지는 광고비도 줄어들고 후원금 대상자에서 제외되는 벌을 받을 수도 있다. 구매자의 의견 또한 무시할 수 없는 역할을 한다. 잡지사 사장은 사업가로서, 어떻게 하면 잡지를 더 많이 팔 수 있을지를 자문할 것이다. 즉, 비판적이고 수준 높은 저널리즘의 내용을 담아야 할지 아니면 유명 인사들에 대해서 이런저런 수다를 떨며 현실 도피성 소식을 담아야 할지 말이다.

필터 5: 반(反)이데올로기. 이 필터의 경우 실제로 온전히 정치적 또는 선동적인 의제를 추구하는 것이 중요하다. 국제적인 라디오 방송국 보이스 오브 아메리카(Voice of America, VOA)는 아주 좋은 본보기인데, 이 방송국은 43개 언어로 전 세계에 방송한다. VOA는 제2차 세계대전 당시 나치 독일과 맞서 싸운 미국의 선전용 방송국으로 설립되었다. 냉전이 지속되는 동안 방송국은 무엇보다 소련과 다른 사회주의 국가에 사는 시민들을 주요 대상으로 삼았고, 그들에게 미국의 문화와 정치를 선전했다. 독일에서도 온전히 정치적 의제를 추구하는 언론사가 있었고 또 지금도 있다. 그리하여 악셀 슈프링어 출판사는 1990년대만 하더라도 자사에 채용하는 편집자들에게 다음과 같은 내용의 노동 계약서에 서명하게 했다.

> 편집자는 출판사에서 명시해둔 원칙, 과제 또는 잡지사의 목표를 준수한다. 여기에는 특히 다음과 같은 의무가 포함된다. 즉, 자유주의 법치국가인 독일이 서구 국가 공동체의 회원이라는 입장을 반드시 옹호하고 유럽 민족들의 통일 노력을 지원한다. 유대인과 독일인 사이의 화해를 도모한다. 여기에는 이스라엘 국민의 생활권을 지지하는 것도 포함된다. 모든 종류의 정치적 전체주의를 거부한다. 마지막으로, 자유 사회주의 시장경제를 수호한다.

이렇듯 정보를 선별하는 온갖 다양한 형태가 지닌 문제는 정보를 수신하는 우리를 일종의 다크 룸에 들어가게 될 위험에 빠뜨린다는 점이다. 정보의 선별이 편파적일수록, 그만큼 정보 거품에 빠질 위험성은 더욱더 높아지는 것이다. 그러니까 편파적인 뉴스는 점점 정보로서의 가치를 상실하게 되고, 세상에 대한 우리의 내적 모델을 업데이트할 때 유용한 정보가 될 수 없다. 그로 인한 불확실성은 현실을 도피하게 만드는데, 이런 현상을 '정보로부터의 도주'라고 부른다. 사람들은 두려움과 불확실성으로 인해 세계에서 일어나는 사건을 외면하고 보다 관망하기 쉬운 세계(소문이나 풍문을 주로 다루는 값싼 잡지, 스포츠 방송, 로맨스를 다룬 영화 등)로 도주하는 것이다. 이렇게 하면 단기적으로는 안전하게 보호받는 느낌(마치 부모가 불안한 뉴스를 아이에게 보여주지 않듯)이 들 수 있다. 하지만 장기적으로 봤을 때 그렇게 함으로써 우리의 불확실성은 점점 더 증가하게 된다. 정보를 업데이트할 수 없기 때문에 위험과 위협에 대하여 현실적으로 예측하기가 점점 어려워지는 까닭이다.

정보의 대가. 정보에 접근할 권리 같은 것이 있을까? 독일 교육계는 수십 년 전부터 기회의 평등이라는 주제를 두고 논쟁을 해왔다. 더 이상 존재하지 않는 기회의 평등을 다시금 확고하게 규명하기 위해서 말이다. 교육의 기회는 우리 사회에서 부모의 소득과 밀접하게 연관되어 있지만, 또한 부모의 교육 수준과 그들이 맺고 있는 사회적 관계와도 연관되어 있다. 이런 것들을 바꾸려는 모든 노력은 지금까지 큰 결실을 맺지 못하고 있다. 이와 같은 맥락에서 자주 피에르 부르디외의 자본이론을 소환한다. 이 이론에 따르면 경제 자본 외에도 문화 자본과 사회 자본이 있다.[198] 만일 어떤 사람이 문화 자본이 많은 가족 출신이라면(많은 책과 그림, 그리고 이런 것을 활용할 줄 아는 능력을 가진 가족), 집에 그런 자본이 없는 누군가에 비해서 어쨌거나 시간적으로 앞서 나가고 있다. 이와 같은 관찰 방식은 흔히 불평등 연구에서 자주 사용되기도 한다. 그런 종류의 불평등한 기회가 불러일으키는 실망감을 미국의 교육 정책 담당자들에게 전달하기는 힘든 것 같다. 미국에서는 교육의 질은 소득에 의해 결정된다는 것을 매우 당연하게 받아들인다. 공립학교는 교육의 기회 중에서 최소한을 제공할 수 있는 데 반해서, 부모들은 자식들을 사립학교와 사립대학에 보내고 고액의 비용을 투자한다. 이렇게 할 능력이 없는 사람은 빚을 지거나 또는 높은 교육 목표를 포기해야만 한다. 물론 아주 드문 기회이기는 하지만, 그에 상응하는 지원을 해주는 장학금을 받을 수 있기는 하다.

정보가 돈이 될 수 있는 재화라는 사실은 다른 예에서 분명하게 볼 수 있다. 예를 들어 어떤 사람이 캘리포니아에서 집을 찾고 있다면, 비용이 꽤 들어가는 데이터뱅크를 이용할 수 있다. 관심이 가는 집의 이웃 사람들을 폭넓게 분석한 자료를 제공하는 이런 데이터뱅크에는 이웃에 사는 인종의 분류, 소득, 종교나 가족 구성원에 대한 정보도 포함되어 있다. 또한 이웃들이 어떤 편견을 가지고 있으며 파산 절차에 들어가 있는지에 대한 정보도 나와 있다. 집을 구할 때의 불확실성을 줄이기 위해 매우 유용한 정보이다. 물론 이런 비용을 지불할 능력이 있는 사람에게는 그렇다. 이것은 단지 사소한 예에 불과하다.

이런 맥락에서 보다 크고 광범위한 논쟁이자 현재 격렬하게 논의하고 있는 노력이 있는데, 바로 정보망의 중립성을 제한하거나 완전히 없애버리려는 노력이다. 지금까지는 인터넷에서 누구나 동등하게 정보(기술적 조건에 의해서)에 접근할 수 있어야 했다. 그 누구도 특별 대우나 차별 대우를 받으면 안 되었다. 그런데 이제 몇몇 네트워크 운영자들이 이를 바꾸고자 한다. 이들은 지불 능력이 있는 고객들에게 고속으로(highspeed) 접속할 수 있도록 해주려고 한다. 그러면 이러한 고객들은 인터넷에서 일종의 VIP 지위를 얻게 되고 원하는 정보를 누구보다 먼저 접할 수 있게 된다. 회사들은 경쟁 업체보다 더 빠른 접속이 가능한 옵션을 구입할 수도 있다. 아직까지 이와 같은 문제에 대해 최종적인 결정이 내려지지는 않고 있다. 하지만 확실한 것은 정보망의 중립성이 사라지면 어쩔 수 없이 정보 사회에서도 여러 층의 시스템이 생겨날 수밖에 없다는 사실이다. 재정적 능력이 없거나 제한된 능력만 있는 사람은 가장 아래에 있는 단계에서만 정보를 얻게 된다. 그러면 이런 사람은 네트워크가 제공하는 정보로부터 차단되지는 않겠지만, 원하는 정보를 엄청 느린 속도로 얻거나 그나마도 힘들어질 것이다.

정보를 차단하는 금기. 이것은 주인의 면역계를 속이기 위해서 바이러스가 기꺼이 이용하는 속임수이다. 바이러스는 저항 세포 앞에서 자신을 숨기기 위해 생화학적 보호 외투를 입는다. 이와 같은 외투로 바이러스는 주인 세포의 외모를 띠게 된다. 이렇듯 위장한 외피는 바이러스에 대한 중요한 정보를 숨기고 면역계에는 바이러스가 어느 정도 금기라고 설명한다.

금기란 시대와 문화를 불문하고 뭔가를 건드리거나 바꾸면 안 되는 것이라고 설명하기 위해 항상 사용했던 도구이다. 금기라는 주제를 비판적으로 관찰하는 태도는 매우 위험할 수 있었다. 금기는 대부분 종교적이거나 문화적 혹은 사회적 배경을 갖고 있다. 하지만 보다 자세하게 금기를 관찰해보면, 권력을 가진 사람을 위험에 빠뜨릴 수 있는 정보를 감추는 것이 중요했음을 알 수 있다. 인류의 역사는 지식을 권력자에게만 허용하고자 다른 이들에게 금기시하고, 이런 금기를 지키지 않고 지식에 대한 갈증을 따른 사람들의 예로 가득하다. 금기를 깬 유명 인사 가운데 한 사람은 레오나르도 다빈치(1452~1519)이다. 다빈치는 무엇보다 인체 해부도의 대가였다. 이를 위해 그는 금지되었던 시체 해부에 도전했다. 이런 행동은 가톨릭교회의 눈에는 신이 창조했으며 죽음이라는 형벌을 받게 될 인간의 신체를 모독한 것으로 비쳤다. 교회 이데올로기는 과학을 통해 인간의 신체에 대한 마법이 풀리고 이와 더불어 육체와 정신이라는 지고한 종교적 의미가 사라지는 것을 걱정했다. 그러나 다빈치는 처벌을 피하는 데 연이어 성공했다. 특히 다빈치는 살아 있을 때 스케치를 공개하지 않았고 비밀스럽게 홀로 스케치를 보고 연구했기 때문이다.

그의 뒤를 이은 사람은 누구보다 천문학자 갈릴레오 갈릴레이(1564~1641)를 손꼽을 수 있다. 그는 천문 현상을 관찰함으로써 100년 전에 이미 확립되어 있던 이론인 코페르니쿠스의 세계상을 인정하고자 했다. 그러나 갈릴레이가 무너뜨린 금기는 다음과 같은 새로운 견해를 공공연하게 찬성하는 입장을 취하는 데 있었다. 그러니까 우리 행성계의 핵심은 지구가 아니라 태양이라는 입장 말이다. 이로써 갈릴레이는 인간과 지구를 신의 가장 고상한 창조물로서 중심에 두었던 교회의 종교적 세계상을 문제 삼은 셈이었다. 갈릴레이는 공공연하게 자신의 의도를 폐기해야만 했다. 실제로 교회의 두려움은 정당하다고 판명되어야 했다. 온갖 위협과 금지에도 불구하고 중세 시대의 종교적 금기는 계몽주의의 영향으로 더 이상 유지될 수 없었고, 이로 인해 교회의 권력은 막대한 희생을 치러야만 했다.

시간이 흐르면서 많은 금기가 권력과 의미를 상실했음에도 불구하고, 여전히 효력을 행사하고 생생하게 살아 있는 금기들도 있다. 미국의 철학자이자 인지과학자 대니얼 데닛은, 거짓과 일상의 지혜가 되어버린 신화는 경우에 따라 매우 오랫동안 살아남을 수 있다고 경고한다. 그 이유는 단지 이런 것들을 폭로하려면 금기를 깨야 하고 따라서 두려움을 느끼고 불편하게 받아들이게 되는 까닭이다.[199] 그렇듯 근거가 박약한 공통된 예측이 수년 혹은 수백 년 동안 지속될 수 있는데, 우리 모두는 그런 신화에 아무도 의문을 제기하지 않았고, 오히려 지키고 보존한 데에는 그럴 만한 이유가 있었을 것이라고 가정하기 때문이다. 금기와 기만 사이의 연관성은 〈임금님의 새 옷〉이라는 동화에서 잘 드러난다. 한스 크리스티안 안데르센은 이 동화에서 황제에게 세상에서 가장 아름다운 옷을 지어주겠다고 약속한 두 명의 사기꾼에 대해서 이야기한다. 이 사기꾼들은 자신들이 만든 옷은 황제의 관직에 앉히기에는 쓸모없는 인간들에게나 혹은 끔찍하게 멍청한 사람들에게는 보이지 않는다고 주장했다. 그리고 이들 사기꾼은 실제로 옷을 만들지 않고서도 옷은 투명해서 보이지 않는다고 믿게 만들었다. 황제가 새로운 "옷"을 입고 신하들 앞에 나타났으나, 신하들은 감히 옷을 볼 수 없다고 말할 수가 없었다. 그렇게 말하면 자신이 멍청한 인간으로 보일지 모른다는 두려움에서 말이다. 마침내 어린아이 한 명이 소리를 질렀다. "하지만 임금님은 아무것도 입지 않았잖아요!" 캐나다의 사회학자 어빙 고프먼(1922~1982)은 이에 관해 이렇게 언급했다. "많은 민속 동화들이 보여주듯 신비라는 것 뒤에 숨어 있는 비밀이 결코 신비가 아닌 경우가 많다. 진짜 문제는 대중이 이를 알아차리지 못하게 하는 것이다."[200]

만일 우리가 금기라는 전통적 보호 외투를 건드리지 않고 내버려둔다면, 우리가 왜 그렇게 행동하는지를 알아야 한다. 왜냐하면 우리의 외면(미봉책)이 장기적으로 더 비싼 대가를 치러야 할 수 있기 때문이다.[199] 금기를 근거로 제시하는 것은 어둠의 3인조가 사람들을 의도적으로 불안하게 만들고 이로써 조금 더 잘 조종하기 위해 사용하는 전통적 전략이다. 왜냐하면 금기를 통해 어둠의 3인조는 사람들이 정보를 이용해서 자신들의 불확실성을 줄이는 것을 방해하기 때문이다. 금기를 다룰 때 특히 문제가 되는 것은 과거의 역사를 뒤돌아보면 금기를 인식하고 명명하기가 쉽다는 특성이다. 하지만 금기가 현재에도 사회에 뿌리를 내리고 있다면, 금기인지 알아차리고 그것의 진실을 비판적으로 따지는 것은 그리 간단하지 않다.

뇌라는 중심부를 약화시키는 성분을 통한 정보 차단. 술을 마시거나 마약을 복용하는 것은 그야말로 마비로 이해할 수 있다. 술에 심하게 취했을 때 사용하는 "돌처럼 굳어버렸지" 같은 표현은 자기 마비가 알코올과 다른 마약들로부터 기대하는 효과임을 드러낸다. 마비되고자 하는 욕망은 스트레스와 불확실한 감정으로 인한 결과이다. 수많은 영화에서 볼 수 있듯, 주인공은 충격적인 소식을 듣거나 속을 헤집는 경험을 하고 난 뒤에는 술을 마시며, 그것도 아주 독한 술을 마시고는 한다. 그렇듯 알코올이란 스트레스를 줄여주고 긴장을 완화시켜주는 마약이라는 생각이 많은 문화에 뿌리를 내렸다. 사람들은 불확실하다고 느끼면 스트레스를 줄여주는 효과를 지닌 화학 성분을 자주 이용한다. 이런 행동의 배후에는 스트레스와 불확실로 인해 동반되는 감정을 차단하고자 하는 바람이 숨어 있다. 알코올 소비가 사회적 실패와 밀접하게 연관되어 있다는 것은 동물 실험에서도 검증되었다.

매우 지배적이고 공격적인 쥐와 이 쥐보다 서열이 낮은 쥐를 동일한 우리에 가두었다. 지배적인 쥐는 서열이 낮은 쥐에게 수차례 공격을 퍼부었다. 그러자 서열이 낮은 쥐에게서 코르티솔이 과다하게 분비되었다. 공격이 있은 뒤 이 두 마리의 쥐에게 술을 제공했다. 승리를 한 쥐는 도수가 높은 알코올을 쳐다보지도 않았지만, 반대로 공격당해서 스트레스를 많이 받은 쥐는 몇 달 동안 상당량의 알코올을 섭취했다.[201]

실제로 마약의 영향을 받을 때 이런 일은 사람의 뇌에서도 일어난다. 마약은 스트레스와 불확실성을 알리는 감정적 신호를 마비시킬 뿐이지, 이런 감정이 나오게 된 원인을 퇴치하거나 극복하게 하지는 않는다. 반대로 이런 성분은 뇌에서 정보 처리를 제한함으로써 뇌에서 일어나는 핵심적 과정을 방해한다. 즉, 정보를 처리해서 불확실성을 줄이는 과정 말이다. 스트레스를 받았을 때 우리를 엄습하는 불쾌한 불안은 상황을 적극적으로 처리해야 한다는 목표를 가지고 있다. 만일 우리가 이런 감정을 마비시키면 스스로 우리를 압박하는 문제를 적극적으로 해결할 기회를 잃어버리는 결과가 된다.

중심부를 약화시키는 성분들은 뇌의 다양한 영역에서 신경세포들 사이의 화학적 전송을 방해하고 이로써 정보 전달(초당 비트)을 느리게 하거나 차단함으로써, 우리의 뇌가 정보를 처리하는 일을 고의적으로 방해한다. 그와 같은 성분은 직접적으로 신경세포들 사이의 시냅스 전달을 중지시키거나, 또는 우선 스트레스 시스템을 억제하고 그리하여 간접적으로 뇌의 많은 부분에서 신속하게 시냅스로 전달하는 과정을 방해할 수 있다. 이러한 재료들은 전반적으로 우리가 흥분하는 수준과 각성을 약화시킨다. 이런 재료에는 무엇보다 다음과 같은 것이 있다. 알코올, 항우울제, 바비튜레이트(수면제), 벤조디아제핀(항불안), 대마초, 오피오이드(모르핀, 헤로인), 낮은 함량의 메틸페니데이트(약의 이름은 리탈린).

이와 같은 맥락에서 알코올에는 특별한 의미가 더 있다. 다른 "마비 수단"과 달리 술은 사회적으로 긍정적 평가를 받고 있으며 쉽게 손에 넣을 수 있다. 도수가 높은 알코올을 생산하는 업체는 자기 조절이 가능하다는 형태로 독한 알코올을 묘사하고 광고하는 데에 따른 책임을 지고 있다고 한다. 정신과 의사들과 내과의들은 물론 이 문제를 지극히 비판적으로 보고 있다. 즉, 알코올은 여가 때에 가장 많이 섭취하는 마약이자 세계에서 가장 자주 남용하는 마약이다. 알코올은 뇌와 인간의 조직에 속하는 다른 모든 기관에도 해를 입힌다. 알코올 소비는 중추신경계 중독 증상, 인지능력 장애, 운동 기관 협력의 어려움과 태도 변화라는 특징이 있다. 하지만 이와 같은 증상과 결과들은 보편적으로 지속적이거나 과도한 알코올 소비와 연관되어 있다. 물론 최근의 연구들은 그것보다 훨씬 더 강력하게 경고하고 있다.[202] 믿었던 바와 달리 이와 같은 새로운 증거는, 금주와 비교할 때 비교적 과하지 않는 알코올 소비(흔히 건강에 좋다고 권하는 저녁에 와인 한 잔 정도) 역시 기억 중추(소위 해마)의 수축과 같이 뇌를 손상시킬 수 있는 고도의 위험성을 동반한다는 사실을 보여준다. 과하지 않고 보통 정도로 알코올을 소비하는 사람들은 나이가 들었을 때 어휘상의 언어 능력이 상당 수준 감소할 수 있다. 여기서 언어 능력은 주어진 시간 안에 가능하면 다양한 개념을 명명하는 것이다. 테스트에 참가한 사람들 가운데 술을 전혀 마시지 않는 사람들은 보통 수준으로 술을 마시는 참가자들에 비해 훨씬 더 잘해냈다. 규칙적으로 술을 마시는 사람들이 가장 끔찍한 결과를 얻었다. 오해를 할 수도 있어서 언급하는데, 테스트를 하는 동안 모든 참여자들은 깨어 있는 상태였다.

게다가 알코올은 뇌의 에너지 신진대사에 새로이 발견된 매우 놀라운 작용을 하고 있다. 사람이 알코올(보다 정확하게 말하면 에탄올)을 소비하면, 간은 신속하게 이 에탄올을 아세테이트로 바꾸기 시작한다. 이어서 아세테이트는 혈액을 돌아다니는데 에너지원(포도당)의 대체 에너지로 뇌에 공급될 수 있다. 실제로 알코올이 몸 안으로 들어오면 뇌는 포도당의 이용을 감소시키고 대신 아세테이트를 더 많이 받아들이게 한다. 에탄올은 칼로리를 갖고 있지만, 신경세포가 에탄올에서 곧장 에너지를 얻어서 소비한다는 점은 새로운 사실이다.[203] 우리는 이미, 이기적인 뇌가 신체와 끊임없이 에너지원(보다 정확하게 말해서 포도당)을 두고 경쟁을 벌인다는 사실을 봤다. 알코올에서 에너지원이 솟아나오면 뇌에 에너지 공급이 충분하게 되어서, 뇌는 포도당을 두고 신체와 더 이상 격렬한 경쟁을 하지 않는다. 기본적으로 뇌는 자신의 스트레스 시스템(뇌-당김)을 활성화함으로써,

신체와 경쟁한다. 따라서 스트레스를 받은 사람의 뇌는 알코올로부터 에너지를 얻을 수 있기 때문에, 스트레스 시스템을 다시금 정지시켜버린다. 스트레스 시스템이 정지되면, 긴장·불안·두려움과 같은 불쾌한 감정이 상당히 완화되는 효과가 나타난다. 그렇듯 알코올은 마비제일 뿐 아니라, 동시에 뇌에 대체 에너지가 될 수 있는 것이다. 이처럼 이중의 기능을 함으로써 알코올은 뇌라는 중심부를 약화시키는 성분 가운데 특수한 위치를 점하고 있다.

1932년에 출간된 올더스 헉슬리의 미래 예견 소설 《멋진 신세계》에서 이상적인 국가에 사는 시민들은 "소마"라는 마약을 복용한다. 소마는 환각제로, 모두가 행복하고 지극히 만족하게 만들어준다. 물론 남녀 시민들은 자신이 소속되어 있는 계층에 부여된 과제들을 열심히 해치운다. 따라서 소마는 완벽한 행복을 선사하는데, 왜냐하면 구성원들로부터 비판적 생각은 물론 세계 질서에 대한 의문을 품고자 하는 욕구마저 앗아가버리기 때문이다.

23 거짓말쟁이, 사기꾼, 가스라이터

정보 신뢰도 • 택시 문제 • 불명확—정보가 없는 목격자 진술 • 거짓말쟁이의 신뢰도 • 사기꾼이 활동하기에 환상적인 세계 • 가스라이터의 기만적 책략 • 증거 기반 의학 • 정보원의 예측성

뇌는 정보를 받아들이는 것을 절대 거부할 수 없다. 우리는 들어서는 안 되는 대화도 우연히 엿듣는다. 하지만 이미 늦었다. 우리는 안 들을 수가 없기 때문에, 우리와 무관한 정보까지 받아들인다. 뇌는 정보를 이용해서 우리의 기대를 업데이트한다. 텔레비전 배경의 반짝거리는 그림도 우리의 시각을 마법처럼 끌어당긴다. 우리는 신경에 거슬려서 보고 싶지 않은 광고 같은 것을 쳐다보게 된다. 그럼에도 우리는 이 광고의 정보를 받아들이게 된다. 그 순간 우리는 너무 신경에 거슬려서, 광고한 제품을 절대 구입하지 않으리라 맹세할 수도 있다. 하지만 광고 메시지는 이미 우리의 내면에 들어가버린 지 오래다. 우리는 그 제품과 상표도 알고 있다. 비록 우리가 원치 않고 부담스럽기 짝이 없지만, 이 정보는 우리 뇌에서 목표를 위한 기대를 업데이트시키게 된다. 따라서 원치 않는 정보가 있

다는 말이다. 마찬가지로 우리가 거짓이라고 분류하는 그런 정보도 있다. 두 가지 간단한 예를 들어보자.

동물원 사육사가 바다사자에게 오후 4시 무렵에 먹이를 줄 것이라고 말했다. 하지만 그 시간에 그곳에 갔을 때, 이미 오후 3시에 먹이를 주었다는 것을 알게 되었다. 사육사와 마주친 내가 이렇게 말한다. "나에게 준 정보는 틀렸더라고요."

전시회장의 안내 센터에서 우연히 덴마크어로 된 인쇄물을 받았다. 이런 경우 나는 확실하게 알 수 있다. "나는 이 언어를 이해하지 못하므로 이 인쇄물에서 어떤 정보도 얻을 수 없다."

우리는 물론 여기에서 틀린 정보라는 것이 무엇인지 이해한다. 하지만 정보이론이라는 과학적 접근법은 완전히 새로운 시각을 제공한다. 사육 시간에 대한 거짓 정보는 정보이론이라는 의미에서 보면 맞지도 틀리지도 않다고 말이다. 섀넌의 정보라는 개념에서 보면 이러한 상황에서 어느 정도의 정보가 전달되었으며, 이때 맞다 혹은 틀리다와 같은 개념(즉 의사소통의 의미론적 측면)은 전혀 중요하지 않다.[4] 이런 개념의 정보이론적 의미에서는 이해할 수 없는 정보라는 것도 존재하지 않는다. 텍스트에는 항상 어느 정도의 정보가 텍스트를 이해하는가의 여부와 완전히 무관하게 숨어 있다.

이론적인 신경과학은 그야말로 클로드 섀넌의 의미로 정보라는 개념을 사용한다.[204] 정보라는 개념과 밀접한 연관을 맺고 있는 또 다른 광범위한 개념이 있는데, 바로 국제 뇌 연구 분야의 '뉴런의 계산(정보 처리)'이다. 하지만 여기에서 정보 처리란 도대체 무슨 의미일까? 간단하게 말해서, 정보의 모든 변환은 정보 처리로 볼 수 있는 데 반해 하나의 정보원으로부터 얻은 정보를 수신인에게 전달하는 것은 의사소통이다.[21]

따라서 일상에서 사용하는 정보 개념은 섀넌의 정보이론에서의 정보 개념과 차이가 난다는 것을 알 수 있다. 모든 것을 알고 있는 화자—괴테의 소설 《친화력》의 화자처럼 소설의 세계에서 모든 정보에 대하여 무한히 접근할 수 있고 옳거나 틀린 것을 분명하게 구분할 수 있는—는 우리가 살고 있는 세상에는 존재하지 않는다. 대신 베이즈식 뇌는 오로지 숨겨진 상태, 즉 히든 스테이트로 작업한다. 어떤 추측이 정확한지 아닌지는 직접적으로 알 수 없다. 들어온 정보가 신뢰할 수 있는지를 시험하려면 부차적인 노력이 필요하다. 만일 우리가 어떤 정보가 맞는지 틀린지를 기본적으로 알 수 없다면, 반복해서 업데이트함으로써 베이즈식으로 문제에 접근하는 것이 도움이 된다. 정보의 신뢰성을 검사하고 중요도를 분석하는 전통적인 상황들 가운데 하나는 바로 법정의 판결 과정을 들 수 있다. 피고인의 자백이 없으면 판사는 목격자 증언과 정황 증거들을 참고해야 한다. 목격자는 믿을 수 있는가와 같은 핵심 질문에 답하기 위해 재판부는 흔히 소견서를 참고한다. 실제로 어떻게 진행되는지 택시 문제로 살펴보기로 하자.

목격자는 범인이 훔친 택시로 달아나는 현장을 밤에 보았다. 택시를 허가한 통계를 바탕으로 판사는, 도시에서 운행하고 있는 택시의 85퍼센트가 파란색이고 나머지 15퍼센트는 녹색이라는 사실을 알고 있다. 목격자는 범인이 몰고 간 택시는 파란색이었다고 진술했다. 그러자 판사는 감정가에게 의뢰하여 목격자가 밤이라는 어두운 조건에서 녹색 택시와 파란색 택시를 어느 정도로 구분할

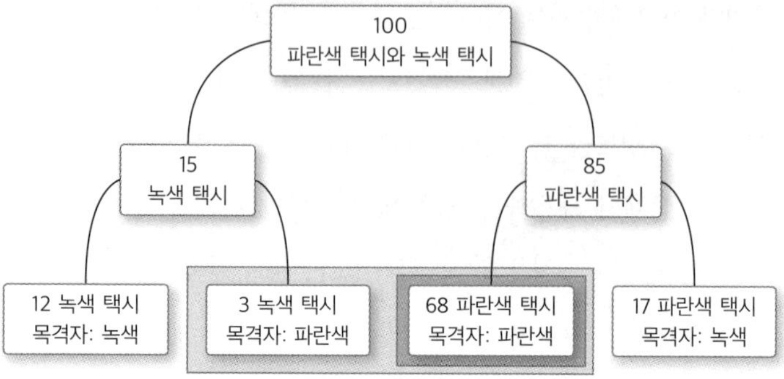

그림 32: 택시 문제: 목격자가 정확하게 식별할 때와 부정확하게 식별할 때의 분포. 이 예에서는 단순하게 100대의 택시로 계산한다. 시내에서 운행하는 택시의 85퍼센트가 파란색이고 15퍼센트는 녹색인 것은 잘 알고 있다. 게다가 목격자를 신뢰할 수 있는 확률은 80퍼센트라는 것도 알려져 있다. 다시 말해, 목격자가 정확하게 증언할 확률이 80퍼센트라는 말이다. 따라서 목격자는 자신의 진술 "택시는 파란색이었다"로 68대의 택시를 식별하며〔짙은 회색 상자〕, 이 진술은 총 68+3〔밝은 회색 상자〕의 경우가 된다는 것을 제시한다. 따라서 파란색 택시가 정말 범죄에 연루되었을 확률은, 68/71=0.96이다. 베이즈식으로 정리해보면, 목격자의 진술 전 사전확률이 0.85였다면, 목격자의 진술 후 사후확률(다시 말해 업데이트 이후의 확률)은 0.96이다(이 결과는 그림 33에서 계속 이용된다. 오른쪽에서 네 번째 막대).

수 있는지에 대한 소견을 요청했다. 감정 결과 목격자는 자동차의 색을 80퍼센트 정확하게 지목했으며, 20퍼센트는 그렇지 못했다. 범죄에 사용된 택시가 파란색일 확률은 어느 정도일까?

판사는 이 상황에서 다음과 같이 계산한다. 즉, 허가를 내준 통계에 따르면 도시에서 운행하는 모든 택시 가운데 85퍼센트가 파란색이고, 그리하여 범죄에 사용된 택시도 파란 택시일 사전확률은 역시 85퍼센트가 된다고 말이다. 도시에서 허가를 내준 모든 파란색 택시 중에서 목격자는 감정가에 따르면 택시의 색깔을 80퍼센트 정확하게 확인했다는 것이다.

택시 허가를 내준 통계로부터 얻은 사전 지식을 감정가의 결과와 조합해 보면, 목격자의 발언이 사실일 사후확률은 0.96이다. 그러니까 도주한 택시가 파란색일 경우가 바로 그렇다는 말이다(그림 32 참조). 이와 같은 경우 판사의 베이즈식 업데이트는, 범죄에 이용된 택시는 "상당히 높은 확률"(법원이 공식적으로 발표한 수치 0.96으로)[205]로 파란색이었다는 사실을 말해준다(그림 33, 오른쪽에서 네 번째 막대).

하지만 만일 80퍼센트짜리 목격자가 녹색 택시를 봤다고 말하고 이 내용을 기록에 남겼다면 어떻게 될까? 감정가의 소견서에 따르면 밤이라는 조건에서 목격자의 시력으로 봤던 택시가 맞을 확률은 동일하게 80퍼센트이다. 즉, "그것은 녹색 택시였습니다"라는 증언이 믿을 만하다는 뜻이다. 하지만 시내에서 운행하는 택시 가운데 15퍼센트만이 녹색이기 때문에, 판사는 자신의 뇌를 업데이트하면서 또 다른 새로운 사후확률을 계산할 것이다. 즉, 파란색 택시가 범죄에 사용되었을 확률은 목격자의 "녹색"이라는 증언 뒤에 이제 0.59에 달한다(그림 33, 오른쪽에서 세 번째 막대).

여기에서 만일 밤이라는 조건에서 시력을 테스트했을 때 목격자가 95퍼센트의 신뢰도를 보여주었다면, 몇 가지 흥미로운 계산과 관찰을 시도할 수 있다. 그러면 "택시는 파란색이었다"라는 목격자 진술의 사후확률은 0.99에 달하며, 이는 법적으로 "상당히 높은 확률"[205]임을 의미한다(그림 33, 왼쪽에서 두 번째 막대). 만일 우리의 목격자가 감정사의 소견서에 따라 신뢰도가 50퍼센트에 불과하다면, "파란색"이라는 진술 이후에 85퍼센트 사후확률이 85퍼센트 사전확률과 구분되지 않을 수도 있다(그림 33, 오른쪽에서 두 번째 막대). 이 경우 목격자의 진술은 판사가 한 발도 앞으로 나아가지 못하게 하므로, 아무런 정보도 얻지 못한 결과가 될 수 있다. 이로써 목격자의 증거 능력은 "불분명한" 것으로 분류되어야 한다. 목격

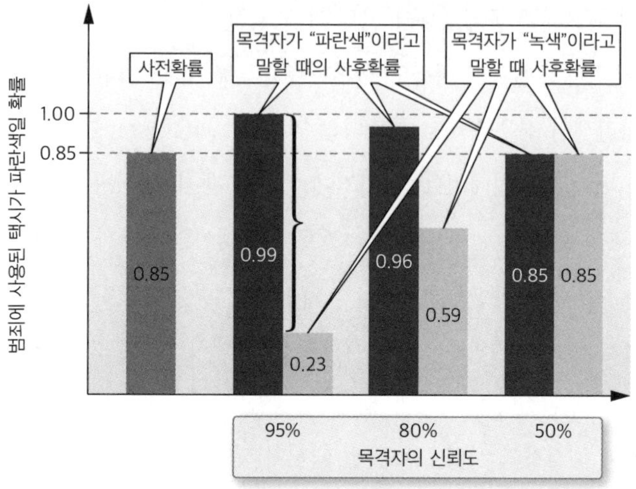

그림 33: 택시 문제: 목격자의 신뢰도에 따른 다양한 사후 분포. 범죄에 이용된 택시가 파란색일 확률(y축)은 목격자 진술이 있기 전 0.85였다. 그것은 판사에게, 파란색 택시가 범죄에 연루되었다는 사전확률(왼쪽 막대)이다. 이제 목격자들이 각자 진술을 하지만 판사는 다른 목격자들의 진술을 폭넓게 고려하지는 않는다. 첫 번째 목격자는 신뢰도가 95퍼센트, 두 번째 목격자는 80퍼센트, 세 번째 목격자는 50퍼센트이다. 다음의 계산은 우리가 이미 그림 32에서 했던 바와 원칙적으로 동일한 과정을 따른다. <u>95퍼센트 목격자:</u> 이 목격자가 "파란색"이라고 진술한 뒤에, 판사는 자신의 사전확률을 업데이트하고, 그리하여 파란색 택시가 연루되었을 확률은 0.99(어두운 회색 막대)가 된다. 만일 95퍼센트 목격자가 반대로 "녹색"이라고 했다면, 파란색 택시가 범죄에 사용되었을 사후확률은 고작 0.23이다(밝은 회색 막대). 95퍼센트 목격자의 진술 이후에 판사는 두 개의 업데이트(사후확률)를 할 수 있는데(어두운 회색-밝은 회색의 쌍으로 된 막대), 목격자가 "파란색" 또는 "녹색"이라고 진술하는 것에 따라서 말이다. 목격자를 신뢰할 수 있는 신뢰도가 높을수록, 두 가지 사후확률 사이의 간격이 더 벌어진다(중괄호). <u>80퍼센트 목격자:</u> 신뢰도가 80퍼센트인 목격자의 경우 "파란색"이라는 진술을 할 때 사후확률은 0.96이다(이 수치는 그림 32에서 이미 계산한 것이다). 80퍼센트 목격자의 경우 어두운 회색과 밝은 회색의 사후확률 사이의 간격은 이 사람보다 훨씬 더 많이 신뢰할 수 있는 95퍼센트 목격자에 비해서 눈에 띄게 적다. 이것은 80퍼센트라는 훨씬 낮은 신뢰성 때문이다. <u>50퍼센트 목격자:</u> 50퍼센트의 신뢰도가 있는 이 목격자의 절반은 택시의 색깔을 구분하지만 나머지 절반은 구분하지 못한다. 두 개의 사후확률(어두운 회색/밝은 회색)은 이 목격자에게서 서로 구

분이 되지 않으며, 사전확률도 구분되지 않는다. 이렇듯 신뢰할 수 없는 목격자의 진술은 아무런 정보를 제공하지 않는다.

자 진술은 아무런 정보도 제공하지 않는다.

이 예들은, 정확한 증거를 얻는 것이 얼마나 유용할 뿐 아니라 반드시 필요한지를 분명하게 보여준다. 목격자 진술의 진실성을 판사 한 사람이 판단할 수는 없다. 감정사의 소견서가 판사에게 증거의 정밀성을 예측할 수 있게 하고 이로써 사후확률을 계산해낼 수 있는 것이다. 베이즈식 견해에서 보면 감정사는 체계적인 시험을 통해서 목격자 진술의 이른바 가능성을 산출해낸다. 우리는 이미 당직 의사와 코마에 빠진 환자의 진단 얘기를 할 때 이 가능성에 대해서 알게 되었다. 당 수치가 질병의 진단에 얼마나 적합한지를 당직 의사의 가능성에서 보여주었듯이, 목격자의 가능성은 그의 진술이 얼마나 사실과 맞는지를 보여준다. 따라서 감정을 통해서 가능성을 산출해내고, 이러한 결과로부터 목격자 진술의 증거 능력이 나온다.

택시 문제가 등장하면, 증거의 정교함(즉 정보원의 신뢰성)을 예측하기란 그야말로 복잡해질 수 있다. 왜냐하면 어두컴컴한 상태에서 목격자가 볼 수 있는 시각적 능력을 검사하는 게 중요했기 때문이다. 하지만 목격자가 거짓말을 했다고 볼 이유는 하나도 없다. 그렇게 봤다면 우리는 혹시라도 목격자가 기만 작전을 펼쳐서 거기에 말려들 수도 있었을 것이다. 일반적으로 우리는 감정사에게 소견서를 요청할 수 없고 다른 사람을 어느 정도 기본적으로 신뢰하는 경향이 있기 때문에, 기만 전략은 무엇보다 우리의 선의를 공략하게 되는 것이다. 물론 우리가 앞으로 보게 되겠지만, 매우 다양한 전략을 동원해서 말이다.

전략 1: 거짓말쟁이. 거짓말은 기만 작전 가운데 가장 단순한 것이라고 볼 수 있다. 왜 그럴까? 거짓말쟁이는 진실과 허위를 그야말로 잘 알고 인정하기 때문이다. 만일 거짓말쟁이가 어떤 행위를 저질렀다면, "내가 그러지 않았어!"라고 말할 가능성이 상당히 높다. 하지만 일은 이보다 더 복잡해질 수 있다. 왜냐하면 거짓말쟁이가 대부분은 진실을 얘기하다가 결정적인 순간에만 거짓말을 할 가능성이 아주 많기 때문이다. 그것은 세련된 거짓말쟁이들이 가장 좋아하는 전략이기도 하다. 거의 항상(특히 쉽게 확인이 가능할 경우) 신뢰할 수 있는 사람이라면, 우리는 이런 사람에게서 들은 이야기가 거짓인지를 검사해보지 않고 믿을 가능성이 너무나 많기 때문이다. 이렇듯 이미 획득한 신뢰를 경험이 풍부한 거짓말쟁이는 위험한 순간에 진실에 관한 의견을 표할 때 의도적으로 사용한다. 물론 자신에게 장점으로 작용할 경우에 한해서 말이다. 비밀 정보기관은 자신의 정보원들에게 거짓말을 교육하고는 한다. 이때 기본이 되는 원칙은 가능하면 적게 거짓말을 하라는 것이다. 만일 정보원에게 실제로 두 명의 형제가 있다면, 정보 활동을 할 때도 두 명의 형제가 있는 것으로 해야만 한다. 정보원이 거짓말을 적게 할수록, 한 가지 거짓말을 더욱더 확실하게 밀어붙일 수 있는 까닭이다. 그러니까 여기에서 한 가지 거짓말이란, 자신이 누구라고 자백한 바의 그 인물이 아니라는 거짓말이다. 거짓말을 하는 전략은 물론 상당한 위험성을 내포하고 있다. 거짓말쟁이는 늘 위험해질 수 있고, 죄가 드러나고 또 신분이 폭로될 수 있다. 거짓말쟁이들은 다른 사람들로부터 매우 신뢰를 받는 환경에서 활동하기 때문에, 자신들의 신뢰성이 흔들리게 되는지의 여부에 따라 생존이 갈릴 수 있다.

전략 2: 사기꾼. 거짓말쟁이가 특정 사실은 인정하지만, 진짜 원인을 부인하는 것과 달리 사기꾼은 전혀 발생하지 않은 것들을 주장한다. 사기꾼은 전형적으로 자신만이 접근할 수 있는 규칙과 법을 가지고 완전히 새롭고도 환상적인 세계를 제시하고는 한다. 세계 역사는 사기꾼으로 가득 차 있다. 기적의 약을 개발했다는 중세의 돌팔이 의사나, 사망한 사람을 접촉해서 불러낸다는 19세기 심령술사는 몇몇 사례에 불과하다. 결국 개연성의 문제가 중요하다. 따라서 누군가 나의 할아버지와 얘기를 했다고 주장한다면, 이는 충분히 개연성이 있다(할아버지가 살아 있는 한). 의심스러우면 확인해보면 되는데, 간단하게 할아버지에게 실제로 대화를 나누었는지 물어보면 된다. 이것은 증거의 정밀함을 따져보는 것에 해당한다. 그런데 누군가 돌아가신 나의 할아버지와 대화를 나누었다고 주장하는 것은 전혀 다르다. 건전한 이성을 가진 사람은 그런 주장은 지극히 개연성이 없다고 생각한다. 그러나 심령술사는 강신술(降神術)과 자칭 귀신과 인간을 매개하는 능력을 바탕으로 사람들에게 선택을 제시한다. 즉, 믿거나 아니면 믿지 않거나 선택하라는 것이다. 그의 주장을 검사나 확인할 수 없기 때문이다. 회의론자는 이것을 사기라고 말할지도 모른다. 하지만 사랑했지만 이미 돌아가신 할아버지와 다시 한 번 접촉하기를 바라는 사람은 마음이 흔들리고 약해지면서 결국 자신이 믿고 싶은 것을 믿게 된다. 사기꾼은 바로 이것을 노린다. 사람들이 가장 자연스럽게 열망하는 명백한 증거를 갖고자 하는 노력을 포기하게끔 만들어버린다.

사기 행각이라는 강력한 징후는 살인 사건이 일어났을 때 형사가 가장 먼저 제기하는 질문에서 볼 수 있다. 즉, 이 범죄로 누가 이득을 보는가? 사기 행각은 비용이 많이 들고, 오로지 자신에게 유용하고 이득이 생길 경우에만 하게 된다. 그것이 돈이든 권력이든 영향력이든 인정이든 간에 말이다. 사기꾼이란 특정 지식이나 특정 능력을 소유하고 있는 것처럼 꾸미는 사람이다. 이들은 전형적으로 아무나 접근할 수 없는 요소에 의지한다. 이런 점이 우리를 당혹시켜서는 안 되는데, 왜냐하면 인간은 히든 스테이트를 다루는 데 세계 챔피언이기 때문이다. 결국 우리는 살아가면서 오로지 히든 스테이트만을 파악한다. 그럼에도 불구하고 사기꾼은 우리의 지각적 추론과 능동적 추론은 필요한 인식을 얻기에 충분하지 않으며, 오로지 사기꾼 자신만이 인식에 이를 수 있고 필요한 행동을 할 능력이 있다고 주장한다. 따라서 사기 행각은 내막을 아는 사람이나 전문가들만 알 수 있는 배타적 지식에 바탕을 둔다. 사기꾼은 희생자들을 의도적으로 불안하게 만들고 종속시켜서 조종하기 위해 자칭 유행하는 지식을 이용할 따름이다.

전략 3: 가스라이터. 할리우드에서 제작한 영화 〈가스등〉은 1944년에 나왔는데, 심리학에서 말하는 기만 전략의 정체를 알 수 있게 해준다. 즉, 바로 가스라이팅(상황 조작을 통해 희생자를 조종하여 결국 현실 감각과 자의식을 파괴하는 심리적 폭력—옮긴이)이다. 영화의 내용은 대략 이렇다. 젊은 여성 폴라는 가난한 피아니스트 그레고리와 결혼한다. 그레고리는 런던으로 가서 폴라가 상속받은 빈 집에서 살자고 제안한다. 도둑이 이 집에서 유명한 보석을 훔치려다가, 그만 엘퀴스트 아주머니를 살해하고 말았던 것이다. 하지만 보석을 너무 잘 숨겨두었고, 여전히 집에 있을 가능성이 많았다. 그레고리가 자신의 이익 때문에 폴라와 결혼해서 이 집으로 유인했다는 사실이 금세 분명해진다. 그는 바로 엘퀴스트를 살해한 살인자였다. 그런데 참으로 이상한 일들이 벌어졌다. 즉, 폴라는 브로치 하나를 찾을 수 없는가 하면, 벽에서 그림 하나가 사라졌고, 가스등은 무슨 연유인지 자꾸 깜박거린다. 폴라가 남편에게 이런 이야기를 하자, 남편은 너무 예민한 탓이며 모든 것이 상상한 것이라고 주장한다. 하녀로 고용한 낸시를 그레고리는 자기편으로 끌어들였다. 그녀 역시 폴라에게, 가스등이 깜박이는 것을 알아차리지 못했다고 주장한다. 그레고리는 쉬라고 하며 아내를 자꾸 아내의 방으로 보냈으나, 실제로는 방해받지 않고 집 안에서 보석을 찾아내기 위해서였다. 그레고리는 체계적으로 아내의 지각 능력을 문제 삼아서 거의 신경쇠약에 걸릴 지경으로 몰아간다. 마침내 무엇보다 낸시가 그레고리가 제시하는 진실을 인정했기 때문에 폴라는 자신의 지각(즉 감각적 인상들)과 기억을 의심하고 자신을 미쳤다고 간주하기에 이른다.

가스라이팅은 거짓말과 사기 행각의 혼합 형태라고 할 수 있다. 한편으로 실제로 일어난 일을 부인한다. 오래된 가스등의 불빛이 깜박거렸는데, 그레고리가 지붕 밑에 있던 다락방에서 보석을 찾고 있었기 때문이다. 그가 이곳에서 불을 켜면, 다른 전등에 유입되는 가스가 줄어든다. 그레고리가 아내에게 "가스램프는 깜박거리지 않아"라고 말하면, 이것은 거짓말이다. 실제로는 깜박거렸다. 다른 한편으로, 일어나지 않은 일이 일어났다고 주장한다. 즉, 벽에 걸어두었던 그림 하나가 사라졌는데, 그레고리는 폴라가 스스로 떼내었다고 주장했다. 하지만 폴라는 그렇게 한 기억이 없다. 그레고리는 폴라가 그렇게 하지 않았지만 "당신이 그림을 뗐잖아"라고 말함으로써 아내를 혼란에 빠뜨렸다.

가스라이팅은 정신의학의 관점에서 보면 정서적 학대를 가장 파렴치하고도 효과적으로 실행하는 형태이다. 2015년 영국 정부는 가스라이팅을 인정하기 위해 중범죄법을 개정했는데, 지금은 '강압이라는 수단으로 통제하는 방식'으로 정의하고 있다.[205] 가스라이팅의 경우 거짓말이라는 책략을 미혹(迷惑)이라는 책략(나쁜 길로 오도하는 미혹은 사기 행각과 비슷한 논리를 따른다)과 섞어두었다. 한편으로 일어난 일을 부정하고, 다른 한편으로 일어나지 않은 일이 일어났다고 주장한다. 이는 의도적으로 희생자에게서 불확실성, 혼란과 스트레스를 불러일으키고자 한 것이다. 어둠의 3인조는 가스라이팅이라는 책략을 자주 이용한다. 이들은 사회적 기대를 시종일관 짓밟고, 법을 무시하고 다른 사람을 착취할 뿐만 아니라, 전형적으로 확신에 찬 거짓말쟁이이자, 시종일관 자신의 잘못된 행동에 대해 논박을 제기하는 세련된 사람이기도 하다. 그리하여 어둠의 3인조에게 희생된 사람들은 자신들의 지각과 기억을 의심한다. 예를 들어 상대의 신체를 학대하는 부부의 경우 남편이 아내를 폭력적으로 대한 것을 부인함으로써, 아내를 혼란으로 몰고 간다. 학대하는 사람의 최종 목표는, 희생자를 자신의 결정과 정신적 건강에 의문을 품게 만들어서 결국 종속시키는 것이다. 희생자의 자존감을 지속적으로 파괴하는 책략은 학대를 하는 자가 희생자를 보살피는 것을 무시하는 데 있다. 계속해서 무시하기 위함인데, 그렇게 하면 희생자가 과거에 자신이 애정을 받고 있다고 생각했던 기준을 더 낮춰서 스스로 애정을 받을 만한 가치가 없다고 평가하기에 이른다.

가스라이팅은 어디에서든 일어날 수 있다. 가족 구성원 사이, 사업 파트너 사이, 상관과 부하 직원 사이나 또는 직장 동료들 사이에서도 일어난다. 독일의 사회학자 게오르크 지멜은 19세기 말에 3인조(trinity)라는 구상을 도입했는데, 세 명으로 구성된 그룹이라는 의미이다(지멜: "사회적인 것은 3에서 시작한다"). 1944년의 영화에서도 하녀로 고용된 낸시의 예는, 가스라이팅과 같은 것이 허용될 수 있는 기본 조건이 존재한다는 사실을

실제로 일어난 일을 부인함	일어나지 않은 일을 일어났다고 주장함
어머니는 어떤 말을 한 것을 부인한다. 어머니는 딸로부터 관심이나 존중을 받은 적이 없다고 반박한다. 실제로 어머니에 의해서 불붙었던 싸움은 딸의 탓이다. 딸이 어머니의 행동에 대해 언급하면 이를 부인하고 딸이 마침내 어머니에게 사과할 때까지 책임을 딸에게 전가한다.	어머니는 딸을 시켜 말하게 한다. 어머니는 딸이 더 이상 기억할 수 없는 것을 했다고 주장한다. 어머니는 딸이 너무 억제하거나 에로틱하게 굴고 있다고 핀잔을 준다. 어머니는 다른 사람들이 딸을 이기적이며 불손하게 여긴다고 말한다. 어머니는 딸이 특정 분야에 재능이 없다고 말한다.

표 5: 병적인 어머니-딸 관계에서 가스라이팅 행동 패턴.

분명하게 보여준다.[178] 예를 들어 우리는 다음에 소개할 패턴에서 병적인 어머니-딸 행동을 통해서 전형적인 가스라이팅 행동 패턴을 조사하고자 한다. 여기서도 역시, 예를 들어 아버지나 자매가 개입함으로써 기본 조건을 충족시켜야만 한다. 이것은 하나의 예일 따름이며, 본질적으로는 어머니에 대한 딸의 지각이 끊임없이 반박을 당하고 의문의 대상이 되는 것이 중요하다(표 5).

어떻게 거짓말, 사기 그리고 가스라이팅을 막을 수 있을까? 결국 모든 경우에 증거의 정밀함 또는 정확함이 중요할 수밖에 없다. 사람들은 정보의 출처를 신뢰할 수 있는지를 예측할 수 있고 예측하고자 해야 한다. 우리는 물론 그렇게 할 수 있지만, 과제를 해결하는 것은 지극히 힘들고 까다롭다. 한편으로 자신의 감각적 인상을 믿고 이를 바탕으로 증거를 정밀하게 하는 업데이트를 하는 것이 중요하다. 다른 말로 하면, 정보의 출처로부터 배우는 것으로 충분하지 않고, 우리는 출처가 제공하는 증거의 정밀함을 같이 배워야 한다. 법정에서 목격자의 진술이라는 증거의 정밀성을 확정 짓기 위해, 감정사가 얼마나 오랫동안 많은 비용을 들여가면서 작업하는지를 기억할 것이다. 우선 이런 노력을 기울일 필요성을 의식해야 한다. 그러니까 정보의 출처를 신뢰하기에 충분하지 않다는 의심이 들면 정밀한 증거를 얻기 위해 우리가 어떤 가능성을 갖고 있는지를 알아야 한다. 영화 〈가스등〉에서 폴라는 자신이 느끼는 감각적 인상들이 맞는지 말해달라고 낸시에게 부탁한다. 하지만 그녀가 예감하지 못했던 것은 낸시가 음모의 일부라는 사실이었다. 그 누구에게도 예속되지 않은 자유로운 의견이었다면 폴라에게 도움이 되었겠지만, 낸시는 그렇게 할 수 없었다. 폴라는 이미 가스라이팅을 이용하는 남편의 조종 책략에 상당 부분 연루되어 있어서 진지한 시도조차 하지 않은 것이다.

증거의 정밀함을 계산하는 것이 충분히 성공할 수 있다는 것은, 증거 기반 의학의 발전에서 볼 수 있다. 중세 시대의 돌팔이 의사에 대해 이미 언급했다. 실제로 의학이라는 긴긴 역사에는 그처럼 과학적으로 검증되지 않은 상태에서 사용했던 자칭 효력이 있다는 치료법들이 가득하다. 실제로 의학은 20세기까지만 하더라도 과거로부터 내려온 치료법, 대가들의 선입관적 의견과 의문스러운 전문 지식들의 집합체로 이루어져 있었다. 물론 모든 것이 틀린 건 아니었지만, 주장이나 사실의 증거가 되기에는 엉성했다. 근거중심의학(Evidence Based Medicine)의 철학적·인식론적 기원은 19세기 중반 이전으로 거슬러 올라감에도 불구하고, 근거중심의학은 1970년대 말에야 비로소 철저하게 이용되었다. 근거중심의학을 실천한 선구자들 가운데 한 사람은 미국계 캐나다인 의사 데이비드 L. 새킷(David L. Sackett)이다. 그는 근거중심의학은 개인적으로 임상에 의해 얻은 전문성을 체계적인 연구를 통해 나온 최상의 외부 임상 근거들과 조합한 것이라고 강조했다. 새킷은 개인적으로 임상에 의해 얻은 전문성을 개별 의사들이 자신들의 임상 경험과 실습을 통해서 획득한 능력과 판단력으로 이해한다. 높은 전문성은 많은 측면에서 반영되는데, 특히 보다 효율적이고 효과적인 진단을 내리고 환자 개개인의 문제, 권리와 선호하는 것을 보다 세심하고 공감하는 태도로 다룰 수 있다. 이로써 결국 병원은 환자를 치료할 방법을 결정할 수 있는 것이다. 새킷이 이해하는 최선의 외부 임상 근거란 중요한 임상 연구로서, 흔히 의학의 기초과학에서 나온 연구이며, 특히 진단 시험(임상의 연구를 포함해서)의 정밀함에 관한 연구, 예측하는 진술의 정밀함에 관한 연구 및 치료법, 재활법과 예방법의 효과와 안전의 정밀성에 대하여 환자를 중심으로 한 임상 연구를 말한다. 외부 임상 소견들은 이미 오늘날 인정받은 진단 테스트와 치료를 효력이 없다고 보고, 더 성능 좋고 자세하며 효과적이고 안전한 새로운 소견들로 대체한다. 좋은 의사들은 개인의 임상적 전문성뿐 아니라 최상의 외부 근거를 이용하며, 그때그때 혼자서만 해결하는 것으로는 충분하지 않다.[206]

만일 한 명의 의사가 임상적인 질문(예를 들어 스트레스가 사망률을 높일까?)과 관련해서 가치 있는 무작위 대조 시험을 발견한다면(이 경우 두 가지 스웨덴 연구가 있다[91, 92] 13장), 의사는 지금까지의 자신의 기대를 업데이트할 것이다. 만일 그 연구의 수준이 I이라면, 의사는 이 연구를 정교한 정보원으로 분류할 수 있다. 이러한 경우 의사는 업데이트 과정에서 자신의 사전확률을 포기하고, 자신의 사전확률과 분명하게 차이가 나는 사후확률(업데이트)을 통해 대체한다(그러면 스트레스가 사망률을 높일 확률이 올라간다). 대신 의사가 근거 수준 III에 상응하는 전문가 한 명과 얘기를 나눈다면, 정보원의 정확성이 떨어지기 때문에 사전확률과 사후확률 사이의 차이가 훨씬 적다.

이제 일상생활(의학적 질문을 도외시하고)을 살펴보면, 우리는 대체로 분

수준	근거의 종류
I	최소한 한 가지 가치 있는 무작위 대조 시험
II.1	관찰 연구 또는 사례 대조군 연구
II.2	시계열 분석 또는 무대조 연구의 드라마틱한 결과
III.	전문가 의견

표 6: 근거중심의학의 다양한 근거 수준.[207]

명한 근거를 얻을 수 있는 바의 무작위 대조 시험 같은 것을 손에 넣을 수 없다. 따라서 자신만의 실용적 전략을 개발할 수밖에 없다. 여기에서는 무엇보다 우리의 믿음과 정보원이 서로 어떤 관계에 있는지를 질문하는 것이 도움이 된다. 우리 모두는 판사의 택시 문제와 비슷한 문제를 늘 마주친다. 판사는 전문가에게 의뢰하여 비용이 드는 실험을 하게 함으로써 더 정확한 근거를 얻을 수 있었다. 그러니까 목격자가 밤이라는 시간적 조건에서 파란색 택시와 녹색 택시를 얼마나 잘 구분할 수 있는지를 시험했던 것이다. 이와 반대로 우리는 목격자(다시 말해 주변 사람)의 신뢰성을 가늠할 수 있을 때까지 오랫동안 경험을 모아야 한다. 이렇듯 주변 사람을 믿을 수 있다는 신뢰의 획득은 장기적일 수 있고 비용이 들지만 비교적 빨리 흔들린다("한번 거짓말하는 사람은 믿지 않는다"). 한 사람이, 정보의 원천에 대한 정밀한 증거가 있는지 아닌지(믿을 수 있는지 아니면 거짓말하는지)를 더 잘 감정할 수 있을수록, 정보원으로부터 얻은 정보를 더 잘 분류할 수 있다. 이와 같이 분류해두면 나중에 이 사람이 자신의 뇌를 업데이트할 때 영향을 미칠 수 있다. 즉, 보다 정확한 예측을 할 수 있는 능력을 향상시킬 수 있다는 말이다(그림 33 참조). 어떤 사람을 신뢰할 수 있는지 그리고 얼마만큼 신뢰할 수 있는지에 대한 우리의 평가는 앞서 봤던 판사와 통계를 이용한 감정사의 경우처럼 발생하지 않고, 인간적 경험과 직관을 통해 나온다. 우리가 알아차리기 전에 베이즈식 뇌 통계가 뇌의 배후에서 작동한다. 인지적 의사소통뿐 아니라 감정적 의사소통을 나누면서 정밀한 증거를 교환하는 것은 사람들 사이에 안정적 신뢰 관계를 쌓기 위해 반드시 필요한 전제 조건이다.

이와 동일한 것을 우리는 언론을 이용할 때 적용할 수 있다. 이때는 정보원을 알고 평가할 수 있는 것이 결정적으로 중요하다. 우리는 이미 앞장에서, 신문, 텔레비전 방송 또는 라디오 방송과 같은 언론들이 얼마나 독립적(혹은 종속적)인지에 대한 질문을 다루었다. 여기에서 독립성이란 존재할 수 없으며, 적어도 이런 출처는 우리가 평가할 수 있도록 하는 일관성을 보여주고 있다는 사실은 분명해졌다. 만일 우리가 어떤 신문사가 보수적이고 친정부적 성향을 띤다는 점을 안다면, 우리는 업데이트를 할 때 이 점을 고려할 수 있다. 이러한 평가로부터 정보의 신뢰성이 어느 정도 등장하고, 우리는 이런 정보의 배경을 비판적으로 탐구해야 할 과제를 안게 된다. 예를 들어 우리는 상황을 전반적으로 평가하기 위해, 가능하면 편향성을 띠지 않는 두어 가지의 출처를 더 찾아서 확인해볼 수 있다. 이렇게 하려면 수고를 들여야 하겠지만, 그래도 그렇게 할 만한 가치는 있다.

이와 같은 맥락에서 마지막으로 이른바 소셜 미디어라 할 수 있는 트위터, 페이스북 또는 인스타그램에 눈을 돌려보자. 이런 소셜 미디어에는 원칙적으로 두 가지 종류의 출처가 있다. 즉, 우리가 개인적으로 알고 있으며 기본적으로(우리의 경험을 바탕으로 해서) 신뢰할 수 있는 사람들이 있고, 다른 한편으로 우리가 개인적으로 알지 못하는 사람들이 있다. 바로 이 후자의 출처가 지극히 많은 문제를 던져준다. 즉, 그들이 퍼뜨리는 정보는 얼마나 신뢰할 수 있는가? 누가 그 배후에 숨어 있지는 않을까? 이 사람들은 진짜 존재하는 사람들일까, 그렇지 않으면 이른바 소셜봇(Social bot: 페이스북이나 트위터 같은 소셜 미디어에서 인간의 행동을 시뮬레이션하는 소프트웨어 프로그램—옮긴이)일까? 소셜봇은 언론에서 마치 진짜 사람인 것처럼 등장하지만, 의도적으로 대중의 의견에 영향을 줄 목적으로 세련되게 프로그래밍된 가상 계정이다. 비밀 정보기관, 대기업, 정치 단체들은 이와 같은 방법을 점점 더 자주 사용한다. 예를 들어 선거에 영향을 주기 위한 목적이 있다. 베이즈식 관점에서 보면 이와 같은 방식으로 정보를 제공하는 출처는 그다지 도움이 되지 않을뿐더러 정보가 완전히 빠져 있기도 하다. 우리는 출처를 알지 못하고 이들의 정보가 정확한지를 검사할 수도 없기 때문에, 이들이 퍼뜨리는 모든 정보는 가치가 없다. 그렇듯 소셜 미디어에서 목격자를 지정하더라도 법정에서 실시하는 모든 소견서는 이 목격자를 "증거 불충분"으로 분류할 것이고, 그 어떤 판사도 사회 연결망에서 나온 목격자의 진술을 중요한 것으로 고려하지 않을 것이다.

잡동사니를 치우고 쓰레기를 처리하기

24

쓰레기를 처리한다는 말은 도대체 무슨 뜻일까? • 인풋과 아웃풋 의문, 또는 자는 동안 의식하지 못하지만 왜 쉽게 체온이 내려갈까? • 자는 동안 뇌는 방해를 받아서는 안 된다 • 밤에 배운다는 것은, 과도한 것을 던져버린다는 의미이다 • 우리는 왜 꿈에서뿐 아니라 깨어 있을 때도 몽상가일까 • 쉽게 믿는 선장과 두 명의 동료 • 의문스러운 지식을 치워버리는 것이 왜 의미심장한 일일까 • 좋은 예측 모델: 정확하지만, 복잡하지 않은

사전에서 "폐기하다"라는 단어를 찾아보면, 다음과 같은 정보를 얻게 된다. "쓰레기, 폐기을 처리하다, 관공서 용어로 자주 사용. 1973년 최초로 두덴 정서법에 도입되었다." 따라서 이 단어는 완곡한 표현으로 사용되는, 비교적 새로운 전문어임을 알 수 있다. 쓰레기 처리는 공공연하게 긍정적이면서도 중립적인 것으로 묘사되어야만 했다. 실제로 이와 같은 단어의 창조에는 흥미로운 심리적 메시지가 숨어 있다. 왜냐하면 필요 없는 짐을 처리하는 것은 부담을 덜어주고 자유롭게 해주는 효과가 있기 때문이다. 쓰레기 또는 부담스러운 짐을 제거함으로써 짓누르는 걱정에서 벗어날 수 있다.

이로써 우리는 또다시 스트레스와 불확실성에 이르렀다. 우리는 10장 "학습의 재료들"에서 불확실성과 스트레스가 코르티솔의 수치를 높여,

깊은 잠을 자는 동안 전략을 기억에 저장하지 못하게 방해한다는 것을 보았다.[55] 만일 그렇지 않았더라면 불확실하고 스트레스를 받을 때 꺼내어 사용할 수 있었을 전략들이 결국 무용지물이 된다. 이 장에서는 이제 불확실성과 스트레스를 대체로 해결하는 데 성공한 보다 즐거운 경우를 살펴보기로 하자. 이미 작동이 잘되는 전략들은 코르티솔이 낮은 수준을 기록하는, 이른바 깊은 잠에 빠진 시간에 벌써 저장되었다. 이와 같은 작업을 완료하는 일은 스트레스를 다룰 때의 의무이기도 하다. 이제 다른 일이 기다린다. 즉, 이와 같은 성공적인 전략들을 세련되게 만드는 일인데, 과도한 전략을 버려야 하는 것이다.

이제 쓰레기를 처리하고 버리는 원칙을 우리의 뇌에도 적용할 수 있다. 인상을 지속적으로 수집하고, 이와 연관해서 업데이트도 함으로써, 우리가 배운 것들이 점점 쌓이게 된다. 이렇게 쌓여 있으면 무엇이 중요하고 중요하지 않은지 구분하기 힘들어진다. 매일 새로운 정보가 들어오기 때문에, 우리의 뇌는 매일 비용이 많이 드는 쓰레기 처리 프로그램을 활성화시키는 것이다. 꿈을 꾸는 국면에 들어갈 때마다 말이다.

> 나는 사막에서 사자 세 마리를 보았는데, 그중 한 마리가 웃고 있고, 그렇지만 나는 사자들이 두렵지 않다. 그런 뒤 나는 사자들로부터 도망을 쳐야 했는데, 왜냐하면 나무 위로 올라가고 싶기 때문이다. 하지만 이미 나무 위에는 프랑스어 교사인 내 사촌 자매가 있다, 등등.[208]

우리의 꿈이란 이처럼 기괴한 재료에서 나온다. 우리 모두는 이미 스스로 이런 질문을 해본 적이 있을 것이다. 꿈은 도대체 어떤 기능을 하는가? 하지만 여기서 꿈의 내용을 해석하고 꿈에 담겨 있는 메시지를 우리의 잠재의식에서 꺼내는 작업은 하지 않을 것이다. 베이즈식 뇌 작업 방식을 관찰해보면 오히려 수면과 꿈의 기능에 관한 질문이 훨씬 더 중요하다. 이와 관련해서 우리는 벌써 가장 먼저 깜짝 놀라게 될 사실을 앞에 두고 있다. 즉, 우리의 체험을 바탕으로 깨어 있는 상태를 의식 상태로, 잠을 무의식 상태로 서술하는 경향이 있는 반면, 수면 연구자들은 각성 상태는 물론 꿈도 의식적 체험이라고 말한다. 왜냐하면 깨어 있는 낮이나 꿈을 꾸는 밤에도 뇌는 세계에 대한 우리의 상상 혹은 기대(사전확률)를 의식으로 가져다주기 때문이다. 하지만 이와 같은 상상은 깨어 있을 때 새로운 감각적 인상을 통해서 반복적으로 업데이트하고 세상의 조건에 적응하는 데 반해서, 꿈꾸는 뇌는 외부의 영향 없이 자신만의 이미지로 작업한다. 바로 이것이야말로 어마어마하게 중요한 기능이다.

하버드 메디컬 스쿨에 근무하는 미국의 수면 연구가 존 A. 홉슨은 꿈꾸는 중에 체험한 신경계 관련 사건을 다음 세 가지 상태로 구분하여 설명한다.[209]

- 활성화
- 인풋-아웃풋-게이팅
- 조절

홉슨은 뇌가 에너지를 소비하는 수준을 표현하기 위해 활성화라는 표현을 사용한다. 인풋-아웃풋-게이팅(Input-Output-Gating)이란 한편으로 외부 세계로부터 감각적 정보(인풋)를 받아들이는 입구를 열고, 다른 한편으로 뇌(아웃풋)에서 근육에게 운동 명령을 내리는 것이다. 뇌의 조절은 주로 뇌간 뉴런을 통해서 이루어지며, 뇌간에서부터 뇌의 모든 영역으로 신경돌기가 보내진다. 이처럼 조절 기능이 있는 신경돌기의 끝부분에서 방출되는 전달 물질은 무엇보다 청반(9장 참조)에서 나오는 각성 효과가 있는 노르아드레날린이 있다. 깨어 있는 각성 상태는 물론이거니와 꿈을 꿀 때도 뇌는 매우 활성화(다시 말해, 에너지 소비가 많은 상태)되는 특징이 있다. 각성 상태와 꿈꾸는 상태라는 두 가지 상태는 인풋-아웃풋-게이팅과 조절에 의해 충분히 잘 구분될 수 있다. 이때 결정적으로 중요한 것은, 렘수면(눈동자가 빠르게 움직이는) 동안—꿈을 꾸는 국면—뇌가 활성화되는 반면 조절하는 게이팅 메커니즘을 통해서 감각적인 인풋이 차단된다는 사실이다. 이 국면에서 뇌는 자신의 상상에 방해받고 싶지 않아서 외부에서 들어오는 시각적, 청각적 그리고 다른 감각적 자극을 차단한다. 이런 점은 그 자체로 주목할 만하지만, 이러한 의식 상태는 더 흥미진진한 특징이 있다.

수면과 꿈 연구에서 가장 놀랍고도 생물학적으로 의미심장한 결과는 체온 조절과 수면 사이의 관계이다. 오로지 포유류와 조류만이 체온을 조절하고 유지할 수 있다. 그리고 포유류와 조류만이 수면 중에 뇌의 활성화(뇌의 에너지 소비가 매우 높은 현상)를 보여준다.[210] 그 외에도 포유류와 조류만이 비교적 매우 높은 의식을 보여준다. 이는 꿈을 꾸는 동안 진화상으로 볼 때 매우 독특한 뇌 생리학적 상태, 즉 각성 상태에서 노르아드레날린과 또 다른 물질들을 뇌 전체에 흘려보냈던 뇌간의 뉴런들이 렘수면에서[211] 휴식을 취하기 때문이다. 이와 같은 신경의 조절이 없으면 동물들과 우리 인간은 정밀한 감각적 인풋도 없을 것이고 특히 안정적이고도 충분한 체온을 유지할 수도 없다. 즉, 렘수면 중에 뇌는 더 이상 시각 정보를 받아들이지 않으며, 온도에 관한 작업도 하지 않는다. 이처럼 꿈을 꾸는 국면에서 다시 깨어나야만 비로소 체온이 내려갔다는 사실을 감지하게 된다. 때문에 우리는 겨울에 잠을 잘 때 따뜻한 이불을 덮고 자야만 한다. 또한 추울 때 몸을 따뜻하게 보호하지 않은 채 밖에서 밤을 보내는 것 역시 위험하다. 이 말은, 렘수면이란 포유류가 온도 조절을 하지 않는 유일한 상태라는 것을 의미한다.[212] 이처럼 위험한 생리학적 상태는 진화상 어떠한 결과를 가져왔을까?

이 질문에 대해 홉슨과 프리스턴은 간략하고도 상세한 대답을 내놓았다. 간략한 대답은, 쓰레기를 치우기 위해서이다. 뇌의 능력, 다시 말해 밤사이 세계에 대한 자신의 모델에서 과도한 것을 버리고 정교하고 세련되게 만드는 능력은[213] 그럴 만한 가치가 있다. 비록 동물들은 잠을 자는 시간에는 깨어 있는 시간보다 다칠 위험이 더 많음에도 불구하고 말이다. 세계에 대한 우리의 모델은 엄청나게 복잡하며, 이러한 복잡성을 대가답게 지배하는 것이 바로 뇌가 취하는 가장 효과적인 방법이다. 과학이라는 것이 존재한 이래, 연구자들이 항상 의문을 품은 게 있다. 즉, 우리는 왜 잠을 자며 왜 어느 정도의 시간이 지난 뒤에 지속적으로 깨어 있는 상태가 치명적인가 하는 의문이다. 오랫동안 이에 대한 답은 없고 사색과 공론만 펼쳐졌다. 하지만 현대에 이르러 신경과학 덕분에, 렘수면은 반드시 필요한 과정임이 드러났다. 그러니까 이러한 과정을 통해서 뇌는 세계에 대한 모델의 구조와 질서를 개편함으로써 복잡성을 줄일 수 있다는 것이다.[214]

이런 과정을 우리는 어떻게 생생하게 상상할 수 있을까? 사춘기로 넘어가는 과도기에 있는 아이의 뇌를 기억해보자(17장). 어린 시절 아이들의 뇌는 오로지 학습 모드에만 있다. 이들의 뇌는 새로운 정보를 단순하게 받아들일 뿐 아니라 마치 스펀지처럼 빨아들인다. 새로운 정보가 필요한 업데이트인지 아니면 필요 없는 업데이트가 될지는 상관이 없다.

이 국면에서 엄청난 복잡성이 등장하는데, 이는 반드시 경제적이지는 않다. 사춘기가 되면 뇌는 훗날 중요하지 않을 연결들은 제거하고 정확한 예측을 위해 반드시 필요한 연결은 고정시킨다. 이처럼 보유하거나 제거하는 과정은 머리에 있는 우리의 "하드디스크"에서만 작동하는 일종의 새로운 "소프트웨어"는 아니다. 오히려 뇌 생리학적으로 일어나는 총체적인 개조 작업으로, 뇌에 있는 수많은 신경 연결들을 버리고 또 보다 효율적인 신경 연결들을 보유하게 되는 것이다. 그와 같은 신경세포들의 연결을 리모델링하는 작업은 성인으로 성숙해가는 동안에만 대규모로 일어나는 것은 아니다. 우리의 뇌는 분명히 관찰할 수 있을 정도로 매일 밤 그런 일을 하는데, 바로 우리가 꿈을 꾸는 동안에 일어난다. 때문에 자면서 꿈을 꾸는 렘수면은 그 어떤 것으로 대체할 수 없다. 우리는 하루 종일 새로운 정보를 습득하고 많은 것을 학습한 뒤에 잠자리에 든다. 그러니 우리 뇌에서 일어나는 업데이트는 대체로 매우 복잡하다. 간단하게 모든 것을 저장하기에는 너무나 복잡한 것이다. 만일 저장하기만 한다면 뇌의 경제적 에너지 소비라는 차원에서 볼 때 뇌에게 불필요한 부담을 주기 때문이다. 따라서 밤에 뇌는 두 가지 국면으로 과제를 분류한다.

숙면을 취하는 국면. 건강한 수면을 취한다면 잠든 후 90분 동안 이 국면에 있게 된다. 이 국면에서 수면은 특히 깊고, 꿈도 꾸지 않으며, 깨어나기도 매우 힘들다. 이 시간대에—코르티솔의 수치도 낮다—낮에 얻은 정보들과 학습 내용들을 뇌 피질의 장기기억으로 전송한다(10장 "학습의 재료들" 참조).

꿈 또는 REM 국면. 이 국면에서는 뇌 피질 내에서 구조 개편이 일어난다. 따라서 필요한 내용인지 불필요한 내용인지에 대한 평가가 이루어지고, 오로지 학습한 내용 가운데 필요한 것만 보유하고, 나머지는 버린다. 이렇게 함으로써 세계에 대한 우리의 모델은 민첩하고 에너지 효율적이 된다.

숙면하는 동안 뇌가 소비하는 에너지는 대략 40퍼센트 줄어든다.[64] 이와 반대로 꿈을 꾸는 국면에서 뇌가 소비하는 에너지는 각성 상태에서 소비하는 수준에 이른다.[215] 만일 우리가 꿈을 꾸면, 뇌는 휴식을 취하는 게 아니라 매우 열심히 일을 하고 있는 것이다. 이렇듯 정신노동자인 뇌를 우리는 지극히 집중해서 중요한 과제를 해결하고자 하는 사람으로 상상해도 된다. 예를 들어 착륙을 준비하는 비행기 조종사 또는 수술대에서 있는 심장 전문 외과 의사 말이다. 이 사람이 만일 지속적으로 방해를 받는 일이 생긴다면, 그러니까 지금 해결하고자 하는 일과 전혀 상관없는 전화가 오거나, 시각적 자극이 있거나 소음이 있다면? 그러면 이 사람은 집중하는 데 방해를 받는다. 바로 잠을 자는 뇌가 밤에 하는 일이 그러하다. 기억을 형성하고 이어서 세계에 대한 복잡한 모델의 질서와 조직을 개편하는 시간에 외부로부터 새로운 자극은 전혀 불필요하다. 이런 외부 자극이 들어오면 그야말로 대대적으로 방해를 받기만 한다. 때문에 감각적인 인풋(그리고 대답)을 차단할 다른 대안이 없는 것이다. 때문에 우리는 밤에 아무것도 듣지도, 냄새 맡지도, 보지도 못하고, 깊은 잠에 빠지거나 꿈을 꾸면서 온도의 변화도 감지하지 못한다. 감각 정보가 들어오게 되는 인풋-게이트를 닫게 된다. 아웃풋-게이트도 마찬가지이다. 즉, 운동신경을 전담하는 뇌로부터 근육으로 전달되는 신경 연결들도 차단된다. 이렇게 함으로써 꿈속에서 움직이더라도 그에 상응하는 행동으로 반응하는 것을 막아준다. 요약해보면 수면은 뇌가 감각적 인상을 통해 그 어떤 업데이트도 허용하지 않게 하는 단 하나의 의식적 상태이다. 뇌가 이때 이미 수집해둔 정보를 다 해치우고 최적의 업데이트를 실행하는 일에 매진하는 까닭이다.

이렇듯 밤에 이루어지는 작업의 효과에 대해 우리는 아직 충분히 높게 평가하지 않고 있다. 즉, 이와 같은 방식으로 뇌는 세상에 대한 모델을 최소화하는 데 성공하는 것이다. 그렇듯 불필요한 것을 빼버린 모델을 가지고 우리는 다음 날 깨어나서 성공적이며 에너지 효율적으로 잘 살아갈 수 있다.

의식 연구라는 관점에서 볼 때 이와 같은 관찰은 기본적인 의문을 명백하게 해주고 있다. 즉, 지각은 어떻게 생겨나는가? 세계에 대한 우리의 상상과 기대를 감각적인 인상을 통해서 지속적으로 업데이트를 시키는데, 이것이 바로 지각적 추론이다. 그와 같은 지각이란, 우리가 보는 나무이고, 우리가 듣는 음악이며, 우리가 향기 맡는 장미이다. 하지만 이것은 오로지 깨어 있는 상태에만 해당한다. 꿈을 꾸는 동안에는 꿈의 그림들, 꿈속에서의 감정들 등등이 감각적 인상 없이 등장한다. 우리는 꿈속에서 상(像)(이것들은 우리의 머릿속에서만 존재함에도 불구하고)을, 마치 실제로 눈앞에서 일어나는 것처럼 본다. 분명 침대에 누워 있음에도 불구하고, 높은 곳에서 떨어지는 느낌을 진짜 느낄 수 있다. 요컨대 지각이란 문자 그대로(그리스어 phantastikos=정신적인 형상을 만들어낼 능력이 있는) 공상적이다. 우리가 꿈에서 환상적이고 공상적이라는 점은 꿈을 꾸어본 사람이라면 누구나 인정할 것이다. 하지만 당황스러운 점은 우리가 깨어 있는 상태에서도 공상가라는 것이다. 이미 3장에서 봤듯이 우리는 우리의 상상, 내면의 형상들이나 사전확률을 이용하여 하루를 살아간다. 각성 상태와 꿈을 꾸는 상태의 커다란 차이는 업데이트에 있다. 깨어 있는 낮 동안에는 외부 자극들과 이와 연관된 정보가 우리의 내면에 있는 형상을 통제한다. 그것들이 어느 정도 내면에 있는 상들을 속박한다. 이와 같은 상태에서 우리는 우리가 날거나 떨어지지 않을 것이라는 점을 잘 알고 있다. 왜냐하면 깨어 있는 우리의 뇌가 신체의 지각(움직임, 힘과 위치감각)을 업데이트하고 있기 때문이다. 하지만 꿈에서는 이와 같은 업데이트가 빠져 있고, 머릿속에 있는 그림이나 형상들이 사슬에서 풀려난다. 때문에 우리는 꿈에서 날거나 떨어진다고 믿는 것이다. 그리고 그것을 진짜처럼 느낀다.

어떻게 뇌는 수면 중에 외부의 자극을 차단할 수 있을까? 렘수면 동안에 꿈에 대한 의식을 보존해야만 하는, 진화상 막대한 압박감이 있었을 것이다. 자다가 잡아먹히거나 습격을 당할 위험이 있음에도 불구하고, 온도 조절을 포기해야 함에도 불구하고, 꿈속에서의 의식을 이용해서 세상에 대한 생성 모델이 능동적으로 유지되고, 질서를 갖추고 다듬어질 수 있기 때문이다. 개별 생명체에게 이와 같은 위험한 수면 태도는 치명적일 수 있다. 하지만 인간이라는 종 전체에게는 특히 이와 같은 뇌 생리학적 발전은 진화적 장점이 큰 것으로 증명되었다. 이렇게 말할 수 있다. 우리 인간이 현재의 우리가 된 것은 지금처럼 잠을 잤기 때문이라고.

여기서 또 한 가지, 즉 많은 것을 아는 것이 장점이라고 간주하는 사람은 오류를 범한 것일 수 있다는 사실이 분명해진다. 성공은 중요한 지식을 동원할 수 있는 것 외에도 가능하면 에너지 절약 방식을 사용하는 것이 중요하다. 만일 중요한 예측 요소들을 동원할 수 있다면, 우리가 알고 있는(즉 너무 많은 요소들) 모든 것을 고려하기보다 오히려 한정된 지식을 이용하는 것이 그야말로 장점이 될 수 있다. 한 가지 예를 통해서 보다 쉽게 이해해보도록 하자.

한자동맹(12세기 중반에서 17세기 중반 사이에 독일의 북쪽 지역에 있는 상인들이 맺은 연맹—옮긴이) 시대에 한 선장이 어떤 경로를 따라 항구에 정박해야 할지 결정해야 한다고 치자. 이 선장은 시간이 촉박한 상태에서, 위험하지만 빨리 갈 수 있는 북쪽 경로를 선택해야 할지 아니면 위험하지 않지만 오래 걸리는 남쪽 경로를 선택해야 할지 고민하고 있다. 항해 시간이 부족한 까닭에 북쪽 경로를 선택할 가능성이 더 많기는 하다. 그런데 이 경로를 선택해도 될까? 경험이 많은 선장은 항해 당일 북쪽 경로의 위험을 예측하기 위해 다양한 요소(소위 변수)를 고려한다. 조수간만은 항해에 영향을 주는 가장 중요하고도 강력한 요소이다. 조수간만에 따른 수위는 이 문제를 결정할 때 결정적 역할을 한다. 돌풍이 얼마나 빠를지도 역시 결정 과정에서 심각하게 고려해야 한다. 바람의 속도와 방향도 역시 중요하지만, 앞선 두 가지 요소에 비해서는 그렇게 중요하지 않다. 마지막 다섯 번째 요소로 기온을 고려하지만, 앞서 네 요소에 비하면 그렇게 중요하지 않다. 이와 같은 다섯 가지 요소를 바탕으로 경험 많은 선장은 이성적인 결정을 내려야 한다. 바다 요괴만 없다면 말이다.

바다 요괴라는 이미지는 북해와 발트해를 항해하던 시기에 유래했다. 뱃사람들의 상상의 세계에서 바다 요괴는 대체로 눈에 보이지 않는 배의 영혼으로, 이 영혼은 위험할 때 선장에게 경고를 해주었다고 한다. 경고를 해야 할 때 이 영혼은 시끄러운 소리를 내어서 알아차리게 했다는 것이다. 바다 요괴는 수병처럼 묘사되었으며, 망치와 호각을 지니고 있고, 선원들이 가지고 있던 상자로도 묘사될 때가 많았고, 빨간 머리카락에 녹색 치아로 그려졌다.

첫 번째 경우: 쉽게 믿는 선장. 몇 달씩 바다를 항해하면서 듣는 많은 이야기를 근거로 이 선장은, 바다 요괴가 가장 믿을 만한 예측이나 경고를 해준다고 확신하고 있다. 따라서 그에게 바다 요괴라는 변수는 경로를

결정할 때 아주 큰 영향을 준다. 오늘 갑판 위에 있는 모든 것이 고요하기 때문에, 쉽게 믿는 선장은 바다 요괴가 북쪽 경로를 권유한다고 봤다. 그렇지 않다면 바다 요괴가 한차례 야단법석을 떨면서 경고를 했을 것이다. 조수의 수위를 정확하게 조사해보지도 않은 채, 선장은 북쪽으로 항해하라는 명령을 내린다. 부정확한 예측은 종종 큰 재난으로 끝난다. 배가 얕은 곳으로 항해하다가 그만 침몰할 가능성도 있다. 베이즈식 입장에서 보면 쉽게 믿는 선장은 정확하지도 복잡하지도 않은 예측 모델을 가지고 있다. 다시 말해 너무 단순한 모델이다. 만일 배가 가라앉으면 바다 요괴가 배를 떠났다고 믿을 것이다.

두 번째 경우: 의심하는 선장. 이 선장 역시 바다 요괴가 보내는 경고를 믿는다. 하지만 첫 번째 경우처럼 그렇게 철저하게 믿지는 않는다. 그의 여러 가지 변수 목록에서 바다 요괴라는 변수는 8번째에 해당한다. 그러니까 변수의 영향력이 약함/의문스러움 단계에 있다(표 7). 따라서 선장은 1~8까지 고려하며, 이를 근거로 정확한 예측을 한다(하지만 5가지 요소로 하는 예측보다 더 낫지 않다, 17장 참조). 물론 8가지 요소를 가진 그의 모델은 더 많은 복잡성 비용이 든다. 그러니까 에너지 소비 측면에서 보면 5가지 요소를 가진 민첩한 모델에 비해서 비용이 더 많이 든다. 결과적으로 보면, 의심하는 선장은 경험이 풍부한 뱃사람으로서 바다 요괴를 고려하더라도 훌륭한 결정을 내릴 것이다. 물론 바다 요괴를 상상함으로써 선장의 뇌가 소비하는 에너지 비용이 올라간다. 위험한 바다 한가운데에서 신속하게 결정을 내려야 하는 것은 단점으로 돌아올 수 있다. 베이즈식 입장에서 보면 이렇듯 의심하는 선장은 세상에 대한 훌륭한 모델을 가지고 있으나 최적의 모델은 아니다.

세 번째 경우: 실용적인 선장. 이 선장은 배에 탄 모든 선원들과 마찬

순위	변수	변수의 영향력 강도
1	조수간만	강함
2	돌풍	강함
3	바람의 속도	중간
4	바람의 방향	중간
5	기온	약함
6	강우	약함
7	달의 위상	약함
8	바다 요괴	약함/의문스러움

표 7: 의심하는 선장과 실용적인 선장의 예측 요소(변수). 의심하는 선장은 어떤 경로로 배를 항해할 것인지를 결정하기 위해 여덟 가지 다양한 예측 요소(회색과 회색 영역)를 사용한다. 이와 반대로 실용적인 선장은 다섯 가지 가장 강력한 변수(흰색 영역)에 한정해서 결정을 내린다. 이로써 실용적인 선장은 복잡성 비용을 절약한다.

가지로 바다 요괴가 자신에게 경고할 수 있다고 간주하고, 그리하여 변수의 목록 순위에서 8번에 바다 요괴라는 변수를 둔다(표 7). 하지만 선장은 경험상 가장 중요한 요소들에 집중하는 것이 유익하다는 것을 알고 있다. 실용주의자는 다른 모든 것들을 시간과 에너지를 낭비하게 만드는 요소로 간주한다. 따라서 선장은 결정할 때 순위 1에서 5번까지(표 7, 흰색 영역) 변수만을 고려한다. 이런 요소만으로도 정확하게 예측하기에 충분하다. 따라서 이 선장은 세계에 대해서 민첩하고 날쌘 모델을 가진다. 사람들은 그와 같은 것을 베이즈 최적(Bayes optimal)이라고 부르기도 한다.[16] 그는 정확한 예측을(8개의 변수를 가진 선장보다 나쁘지 않은) 하지만, 이와 동시에 뇌의 복잡성 비용도 내려간다.[21]

선장의 예는, 세계에 대한 우리의 모델이 제시하는 설명과 특히 예측이 실제로 성공적이고 실속 있는지를 끊임없이 검사하는 일이 얼마나 중요한지를 다시 한번 분명하게 보여준다. 바다 요괴가 있는 모델은 여기에서 좋은 점수를 받을 수 없다. 바다 요괴는 구시대 뱃사람들이 믿었던 유령이니까 말이다. 다만 우리는 그것을 간단하게 무시해서는 안 된다. 결국 알고 보면 바다 요괴라는 것도 증명하기 어려운(또는 증명할 필요가 없는) 것일 뿐, 오늘날 어디에서나 만날 수 있으니까 말이다. 즉, 우리를 속여서 믿게 하려는 사기꾼, 거짓말쟁이, 가스라이터, 어둠의 3인조 또는 소셜 미디어에서 활동하는 선동가들의 형상을 띠고 있을 뿐이다. 어쨌건 의문시되는 현상을 설명할 수 있는 대안적 설명도 살펴보는 것이 유익하다. 범선의 경우 닻줄이 배에 묶여 있고, 두꺼운 널빤지가 서로 접촉하고, 나무가 "작업을 한다". 그러면 우리가 바다 요괴와 같은 새로운 존재를 파악하지 못하더라도, 수많은 소음을 설명할 수 있다.

과학이 그 부분에 대해서 중요한 자료를 제공할 수 있다. 하지만 유감스럽게도 그렇게 단순하지가 않다. 라이프치히 대학에서 일하는 철학자 토마스 바르텔보르트는 과학이론가로서 우리가 과학에 대한 상을 조금 더 정립할 필요가 있다고 지적한다. 우선, 과학은 전혀 단일하게 이루어지는 시도가 아니며, 두 번째로 과학적 지식, 일상의 지식 혹은 사이비지식 같은 가설 사이를 분명하게 구분해주는 기준도 없다.[12] 오히려 우리는 우수한 근거를 바탕으로 하는 진술과 우수하지 못한 근거를 바탕으로 하는 진술, 그리고 근거보다는 반대 근거를 더 많이 가지고 있는 진술에 이르기까지, 이들 사이를 지속적으로 왕래하는 경계선에 서 있을 뿐이다. 베이즈식 통계에서는, 오로지 한 가지 절대적 믿음(따라서 특정 진술에 대한 필수불가결한 믿음)이나 진술에 대한 단순한 수용을 중요하게 여기지 않고, 우리의 신뢰에도 개별적 기대로서 직감적으로 분명한 차이를 확정 지을 수 있는 것을 중요하게 여긴다. 2+2=4는 확실한 수학적 진술로 보이고,

그리하여 우리는 이 진술을 확실하다고 분류한다. 이때 우리는 과학적 가설에서, 그러니까 우리가 그사이 확실하다고 수용한 바의 과학적 가설에서, 상당히 확실한 가설부터 의심스러운 가설로 구분한다. 물리학의 단순한 맥락(자유 낙하의 법칙)은 특히 확실한 것으로 보인다. 의학적 진술, 예를 들어 복부 비만은 코르티솔의 영향을 받아서 늘어난다는 진술을 우리는 상당히 확실하다고 분류한다. 기후 변화의 정확한 영향력에 대한 주장은 당구공의 움직임에 대한 이론보다 어느 정도 소극적으로 평가한다. 힉스보손(영국의 물리학자 피터 힉스의 이름을 딴 소립자)을 언급함으로써 우리는 이론보다 가설에 한 걸음 더 다가가는데, 그럼에도 불구하고 많은 물리학자가 이런 이론을 수용하는 데 동의할 것이다.[12] 여기에서는 우리가 수용하는 진술의 다양성, 즉 진술의 스펙트럼이 있지만, 우리가 거부하는 진술의 영역에서도 다양성이 있다. 천문학과 동종 요법(호메오파티, 인체에 질병 증상과 유사한 증상을 유발시켜서 치료하는 대체 의학—옮긴이)은 특정 부류에게는 매우 인기가 있지만 대부분의 사람들은 그와 같은 아이디어를 절대적으로 거부한다. 역시 우리들 대부분은 바다 요괴라는 가설을 의심스러운 것으로 분류할 것이다.

의심스러운 영향(예를 들어 바다 요괴)을 주는 요소의 경우에, 결정을 내릴 때 복잡성 비용이 높기 때문에 이런 요소를 포기하는 것이 바람직하다는 사실을 우리는 확인했다. 실용적인 선장의 경우에서처럼(세 번째 경우) 말이다. 쉽게 믿는 선장의 경우 이 문제는 조금 더 심각해 보인다(첫 번째 경우). 그는 아마도 최후의 대재앙을 경험하기 이전에도 어마어마한 코르티솔 분비로 엄청난 불확실성과 격렬한 스트레스를 겪을 것으로 보인다. 최후의 대재앙은 점점 부정확한 예측을 함으로써 위험하고도 불확실한 상황을 맞닥뜨리는 재난을 말한다. 바라는 바는, 코르티솔 수치가 너무 높아져서 변화를 해야 하는 수밖에 없는 국면으로 접어들어서 선장이 바다 요괴라는 변수를 더 나은 예측 요소로 대체하는 것이다. 만일 쉽게 믿는 선장과 같은 사람들이 어둠의 3인조의 영향을 받게 되면, 3인조들은 목표를 위한 기대를 조종함으로써 이런 사람들을 충분히 마비시킬 수 있다. 그리하여 이런 사람들은 자신이 안전하다고 착각하고 코르티솔 수치도 더 이상 올라가지 않는다(20장). 그러면 쉽게 믿는 사람들은 수동적으로 행동하고, 변화할 수 있는 가능성은 사라져버린다. 외부의 도움의 손길만이 이들을 구할 수 있을 것이다.

하지만 불확실성도 적당하게 느끼고 스트레스도 적게 받는 사람은 두 번째 선장처럼 이미 세계에 대한 훌륭한 모델을 가지고 있기 때문에 쓸데없는 쓰레기들을 제거함으로써 제대로 쉴 수 있다. 의심하는 선장과 같은 사람은 바다 요괴와 같은 변수를 스스로 의심스럽다고 분류하고 있기에 이런 변수가 과연 자신의 세계상에 존재하는지 자문함으로써 최적의 해결책을 발견할 가능성이 있다. 만일 이와 같은 경우라면, 그다음 단계로 이 사람은 이렇듯 높은 복잡성 비용과 뇌의 에너지 소비에도 불구하고 계속 지니고 싶은지, 아니면 그런 변수를 경제적 이유에서 버릴 것인지를 스스로에게 물어볼 것이다. 스트레스는 뇌가 에너지를 많이 소비하게 되는 상태이므로, 이와 같은 의문은 장기적 관점에서 보면 부담을 덜어주고 완화시켜주는 효과를 낼 수 있다.

개인이 과도한 복잡성을 어떻게 다루는지 몇 가지 예를 들어보겠다.

25세의 간호보조원이 설명할 수 없는 피부 질환 때문에 20가지의 다양한 음식물(유당, 설탕, 글루텐, 초콜릿, 토마토, 셀러리, 견과류, 치즈 등등)을 삼간다. 그녀가 이렇듯 조심하는 방법이 너무 복잡하지 않은가?

양로원에서 생활하는 85세 노인이 매일 16가지 다양한 약을 복용한다. 각각의 진단마다 한두 가지 약이 딸려 있다. 이 환자를 담당하는 의사가 처방하는 약들은 너무 복잡하지 않은가?

38세 유치원 교사가 복부에 통증 또는 불편함을 호소한다. 그녀는 규칙적으로 두 명의 의사와 세 명의 다른 치료사를 찾아가고, 그들의 충고에 따라 부수적으로 5가지 다양한 식물로부터 직접 즙을 내서 복용하고 약국에서 처방을 받는다. 그녀가 자신의 병을 다루는 방법은 너무 복잡하지 않은가?

39세 총각이 여성과의 성공적인 만남을 위해 남녀 관계에 관해 충고해주는 코치에게서 충고를 듣고 그 밖에도 네 명의 다른 저자가 쓴 책을 구매한다. 이와 같은 충고 덕분에 여자 친구를 찾던 남자는 첫 번째 데이트를 할 때 지켜야 할 45가지 다양한 규칙을 마음속에 새긴다. 그의 전략이 너무 복잡하지 않은가?

개인이 특정 아이디어를 간단하게 버리는 일은 쉽지 않을 때가 많다. 만일 사회적 조건들이 쓸데없는 정보를 버리는 일을 힘들게 하거나 심지어 불가능하게 만든다면 두말할 필요도 없다. 그렇듯 동일한 그룹에 소속된 회원들은 바다 요괴와 비슷한 상상을 진짜라고 서로에게 확신을 심어줄 수 있다. 우리는 이미 어둠의 3인조가 그 같은 일을 하는 것을 봤다. 즉, 비열한 행위는 제3자가 거짓말을 사실이라고 인정함으로써 가장 잘 작동한다. 개인이 이와 같이 사주받은 특정 생각을 버리고자 하면 그룹에서 한목소리로 찬성하는 확증이 이 개인에게 의심을 불러일으킨다. 몇몇 사회 시스템은 심지어 바다 요괴 같은 상상에 대해 의문을 품거나, 그룹에서 탈퇴하고자 하는 시도에 대해 제재를 가하기도 한다.

25 확실성이라는 선한 천사

공감, 신뢰와 체감하는 확실성이라는 사이클 • 로베르토 로셀리니와 공동체 정신 • 어떻게 우리는 스스로 불확실성을 감소시킬 수 있을까? • 정치, 노동계, 과학과 언론은 어떻게 하면 우리의 불확실성을 줄일 수 있을까? • 피에르 부르디외와 베이즈식 뇌: 문화 자본의 부족이 불확실성을 생겨나게 한다 • 사회적 평등은 어떻게 주관적 확실성을 만들어낼까 • 안전하다고 느끼는 사람만이 신체적·정신적·사회적으로 건재할 수 있다.

우리는 언제 안전하다고 느낄까? 여기에서 안전(라틴어 securus 또는 sed cura에서 나온 말로 '걱정 없는'과 같은 말)이라는 단어는 대체할 수 없는 위험으로부터 자유로운 상태를 가리킨다. 우리가 위험이 없는 환경에 있다고 생각할 때 안전하다고 느낀다. 하지만 그런 상태는 도대체 어떤 상태일까? 여러 개의 문으로 닫혀 있거나 안전장치가 달려 있는 요새? 그게 아니라면 우리는 탁 트인 길 위에서 안전하다고 느끼는 것일까? 혹은 안전하게 느끼기 위해 더 많은 경찰이나 엄격한 법이 필요할까? 노동계는 또 어떤가? 우리의 일자리를 확고하게 지킬 수 있다고 확신하는가? 시골에 사는 게 덜 위험한가, 아니면 도시에 사는 게 덜 위험한가? 끝도 없이 질문을 할 수 있다. 하지만 이런 질문에 대한 대답은 다를 수 있다. 대답은 개인이 처한 상황에 따라 달라지지만, 또한 사회적 분위기와 방해 요소들에 따라서도 달라진다. 이런 질문 가운데 많은 것들이 공포를 유발하기 위해 정치적 도구로 사용될 수도 있다. 이로 말미암아 개인이 만족스러운 답을 찾는 게 더 어려워진다.

모든 사람이 확실성에 대한 욕구를 가지고 있음은 명백하다. 그리고 그로 인해 안정감이 생긴다. 이 책에서 사용한 확실성이라는 개념은 분명하게 주체에만 초점을 맞추고 있다. 즉, "미래에 자신의 신체적·정신적·사회적 건재함을 보장하기 위해 가능한 전략 가운데 무엇을 선택해야 하는가?" 이와 같은 질문에 결정적으로 중요한 것은, 사람들이 얼마나 안전한 상태에서 대답을 하는가이다. 삶에서 그다지 드라마틱한 일을 겪지 않은 사람은 끊임없이 불쾌하고 당황하고 경악해야만 했던 누군가에 비해서 훨씬 더 안전하며 확실하다는 느낌을 갖게 된다. 체감한 확실성은 실제로 스스로 체험한 것이고, 자신만의 원동력이자, 위험—가령 길에서 범죄를 당할 가능성—의 정도와 밀접하게 연관되어 있다. 물론 반드시 그렇지는 않다. 체감한 확실성과 통계상의 위험은 서로 매우 차이가 날 수 있다. 하지만 우리가 불확실한 현상을 보다 더 잘 이해하고자 하면 체감한 확실성이 결정적 역할을 한다. 체감한 확실성이 구체적으로 위험한 상태와 얼마나 밀접하게 연관되어 있는지와 무관하게 말이다. 이것은 기본적으로 주관적으로 감지한 스트레스와 동일한 원칙이다. 체감한 확실성은 우리의 베이즈식 뇌가 제공하는 최신의 세계상에 대해서 상당히 중요한 지표이다. 체감한 확실성이 주관적임에도 불구하고, 진공 상태에서 발생하는 것은 결코 아니다. 따라서 예를 들어 노인들이 폭력의 희생자가 될지 모른다는 공포심을 느끼면 비록 노인들은 폭력에 가장 적게 희생되는 그룹에 속한다는 사실을 범죄 통계가 증명해줌에도 불구하고, 그런 통계는 앞으로 당하게 될 위험 상태에 대해서 말해주는 게 별로 없다. 오히려 안전하다고 느끼는 마음을 방해하는 심리사회적 방해 영역이 있으리라는 사실을 지적할 뿐이다.

우리는 이제 책의 마지막 장에 이르렀고, 여기에서는 책에서 언급한 모든 주제가 모여야 한다. 즉, 확실성, 공감과 신뢰가 관심의 중심에 있고, 이것들은 아주 밀접한 사이클을 형성하고 있다(그림 34). 즉, 이 원 안에서 체감한 확실성이 공감의 전제 조건이다. 그리고 상호 간에 느끼는 공감이 다시금 신뢰의 전제 조건이 되고, 다른 사람에 대한 신뢰는 다시 우리가 다른 사람의 행동을 예측할 수 있고 그리하여 확실성을 느낄 수 있는(19장) 전제 조건이다. 이와 같은 순환은 계속 이어지고 긍정적 피드백을 형성한다. 우리는 동물과 인간은 안전하다고 느낄 때 곤경에 처한 다른 이를 공감하고 기꺼이 도와준다는 것을 봤다. 거꾸로 스트레스와 불확실성은 도움을 주지 않을 가능성을 높인다. 그 밖에도 우리는 공감은 사회의 접합제로서 신뢰가 형성될 수 있게 한다는 점도 봤다. 이와 반대로 공감이 없으면 신뢰도 없다. 그 외에 우리는 신뢰는 사람들이 안전하다고 느끼기 위한 전제 조건이 된다는 것도 봤다. 다른 사람을 신뢰할 수 있는 사람은 다른 사람의 행동을 예측하고 이로써 예기치 않게 놀라거나 불안해하지 않아도 된다. 이처럼 확실성, 공감과 신뢰로 이루어진 순환은 자기 강화적이어서 사회 시스템에서 자발적으로 생겨난다.[216] 이렇게 말할 수도 있다. 다른 사람에 대한 상호 공감과 신뢰는 우리가 확실하게 안전하다고 느끼는 기초가 된다고 말이다.

이탈리아 출신의 영화감독 로베르토 로셀리니가 1950년대에 전후 이탈리아에 대한 네오리얼리즘 영화를 찍었을 때, 드라마틱한 사회 변혁을 보여주고, 이런 변혁이 개인에게 어떤 영향을 줄 수 있는지를 보여주는 게 중요했다. 그는 사물을 다음과 같이 파악했던 것이다. “오늘날 사람들

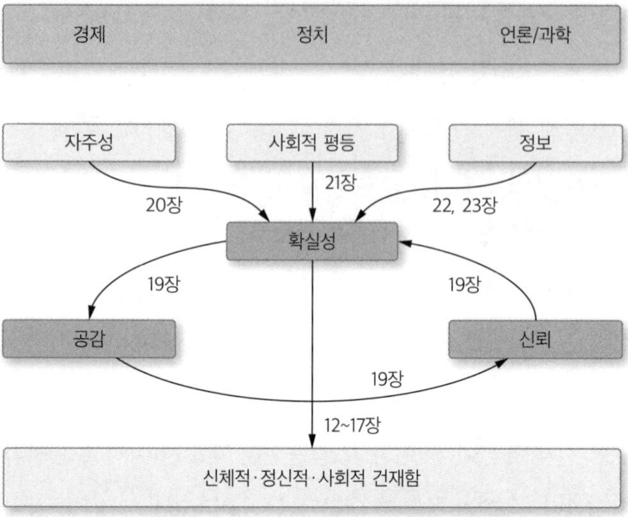

그림 34: 주관적 확실성에 대한 원인과 효과에 대한 개요. 원인: 확실성·공감·신뢰는 순환하고, 상호 지원하는 관계에 있다. 개인이 자주성과 믿을 만한 정보에 접근하게 되면 주관적 확실성이 상승한다. 또한 사회에서의 사회적 평등은 사람들의 주관적 확실성을 증가시킨다. 정치와 경제, 언론과 과학 같은 사회의 거시 시스템은 사람들의 자주성, 사회적 평등, 정보 전달의 신뢰성에 영향을 미친다. 효과: 장기적으로 확실하다고 느끼는 사람들만이 신체적, 정신적 그리고 사회적으로 건재하다는 체험을 한다.

은 사회에서 어떻게 사는지만 알고, 공동체에서 어떻게 사는지는 모른다. 사회의 정신은 법이지만, 공동체의 정신은 사랑이다." 로셀리니의 시적 관찰은 오늘날 확실성, 신뢰와 공감이라는 순환에 적용해봐도 놀라울 정도로 잘 들어맞는다. 그가 공동체의 사랑이라 명명한 것은 공감과 신뢰로부터 안전하다는 감정을 만들어내는 사회적 접합제와 다르지 않다. 이와 반대로 (익명의) 사회에서 살아가는 삶은 법과 법의 폭력적인 실행에 의지할 수밖에 없다. 따라서 사회에서 위협을 받고 있으며 그리하여 삶이 불안하다고 느끼는 사람은 해결책으로 보다 엄격한 법을 마련하려고 노력한다. 그런가 하면 공동체의 일부로 느끼는 사람은 오히려 더 많은 공감과 신뢰를 해결책으로 투입할 준비가 되어 있다. 하지만 이것은 방해물이 하나 있다. 즉, 공동체는 오로지 내적으로만 작용하고, 그리하여 경계를 만들고 외부에 대하여 증오심을 갖게 된다. 법은 종교나 인종의 차이를 초월하여 더 안전하게 해준다. 이제 사회와 공동체는 강제로 상대를 거부해서는 안 된다. 사회는 지극히 높은 공동체 의식을 보여줄 수 있다.

공동체라는 식물은 공감과 신뢰라는 토양에 뿌리를 내리고 무럭무럭 자람에도 불구하고, 외부로부터 들어오는 방해 요소에 민감하다. 이처럼 방해 요소는 실제로 파괴적인 결과를 가져올 수 있다. 만일 사람들이 뭔가 불확실하고 더 이상 안전하다고 느끼지 않으면 공감을 기본으로 하는 도움의 손길을 빠르게 거둬들일 것이고, 그러면 상호 간의 신뢰가 흔들리고, 결국 불확실과 불안을 부추기게 된다. 공감, 신뢰와 안전이라는 안정적 균형은 방해 요소로 인해 붕괴할 수 있으며, 그리하여 결국 공감 부족, 불신과 불확실이라는 악순환이 생겨나고 말 것이다.

사람들이 안전하다고 느끼는 감정에 긍정적 영향을 주는 요소는 자주성, 정보와 사회적 평등이다. 우리는 이 책을 읽는 동안, 자주성의 증가가 장기적으로 확실성을 도모할 수 있는 좋은 전제 조건이라는 사실을 경험했다(20, 21장. 마젤란의 탐험 여행). 그 밖에도 불확실성을 줄이기 위해 정보가 필요하다는 사실도 봤다. 달리 표현하면, 사람들이 스스로 확실하다고 느끼는 데 반드시 필요한 것이 믿을 수 있는 정보이다(22, 23장). 또한 사회적 평등은 상호 간의 신뢰를 지원해주고, 이는 또다시 안전을 체감하는 사람들이 늘어나게 해준다. 사회적 평등이 보다 잘 갖춰진 사회(예를 들어, 스웨덴, 덴마크, 노르웨이)에서는 시민의 60~70퍼센트가 주변의 다른 사람을 신뢰한다는 자료가 있다.[217] 포르투갈, 싱가포르, 미국처럼 사회적 평등이 잘 갖춰지지 않은 사회에서는 10~35퍼센트만이 그렇게 생각하므로 매우 낮은 수치이다.[217] 이와 같은 자료는 사회적 평등이 안전, 공감과 신뢰라는 사이클을 유지할 수 있는 전제 조건이라는 사실과 일치한다.

궁극적으로 이 책은 어떻게 하면 불확실성을 줄일 수 있는지를 배우는 것에 관한 것이다. 그리하여 나는 수십 년 전에 니클라스 루만의 주요 관심사였던 주제를 언급하고자 한다.[162] "확실성이라는 선한 천사"가 바로 그것이다. 여기에서는 두 가지 영역으로 구분을 했는데, 즉 타율 책임과 자율 책임이다(21장). 타율 책임에 대해서는 나중에 얘기하겠다. 우리는 스스로의 책임하에 정보의 신뢰성을 예측할 수 있다(23장). 우리는 또한 스스로 책임을 지고 우리의 자주성을 보살필 수 있다(20장). 자주란 말 그대로 자신의 문제인 것이다. 또한 자신의 자아를 보다 더 잘 아는 것이기도 한데, 바로 자기 인식이다. 나는 정확하게 얼마나 다양하고, 고차원적인 목표를 위한 기대를 갖고 있을까?

우리는 20장에서 이와 같은 목표를 위한 기대는 조종에 이용될 수 있다는 것을 봤다. 어둠의 3인조는 다른 사람들의 목표를 위한 기대를 자신에게 유리하게 조종하는 전략을 가지고 있다. 이것은 외부에서 우리의 목표를 위한 기대에 영향을 미칠 수 있는 어두운 측면이다. 하지만 밝고 긍정적인 측면도 있다. 불확실성과 스트레스를 체험한 사람은 이런 문제와 관련해서 심리 치료사의 도움을 구할 수 있다. 심리 치료사는 마치 촉매와 같은 작용을 한다. 상상하기 쉽게 표현하자면, 화학적 반응을 시작하지만 그 이후에는 영원히 연결되지는 않고 다시 제자리로 물러나는 역할이다. 심리 치료사들은 환자가 부담이 되는 목표를 위한 기대를 벗어던질 수 있게 도와준다. 즉, 모든 중요한 문제를 아버지가 좋아하는지 아닌지를 기준으로 결정하는 어떤 청년이 있다. 이런 목표를 위한 기대는 지금까지 그의 많은 가능한 전략, 예를 들어 결혼할 여자와 직업 선택에 제한을 주었고, 그리하여 청년은 불확실하다는 느낌과 더불어 스트레스를 받았다. 갑자기 삶의 조건이 바뀌자 그는 우울증에 빠졌고, 더 이상 잠을 잘 수 없었으며 인지 능력도 저하되는 피해를 입어야만 했다. 청년은 심리 치료사를 찾아가야겠다는 결정을 내렸다. 치료를 받고 그는 아버지와 관련해서 제한적이던 목표를 위한 기대를 포기하는 데 성공했다. 자아의 모델을 이렇게 수정하자 놀라울 정도로 평온해지는 효과가 나타났다. 청년은 다시금 쾌활해졌고 진심을 다해 살아가기 시작했다. 그처럼 심리 치료를 통해서 감지할 수 있는 효과가 생겨날 뿐만 아니라 측정할 수 있는 효과도 있다. 즉, 행동의학이나 정신분석학적 치료를 하고 난 환자들의 스트레스 검사에서 코르티솔 수치가 현저하게 감소했음을 증명해주는 연구 자료들이 있다.[218-220]

심리 치료는 무엇보다 자신의 자주성을 강화하거나 되찾는 데 도움이 된다. 불확실성이라는 주제로 실행했던(그리고 이 책에서 고려했던) 모든 중요한 연구는 개인의 자주성을 대체할 수 있는 것은 없다는 점을 분명하게 보여준다. 세상에서 더 안전하다고 느끼려면 이 세상과 세상의 변화를 읽어내고 더 잘 이해하는 것이 절대적으로 필요하다. 이 말은 우리가 아직 세상에 대해서 배워야 할 지식, 즉 정보이론가들이 자유 에너지라고 부르는 지식을 가능하면 줄여야 한다는 의미이다. 우리는 우리가 직접 체험할 수는 없는 세상을 살고 있다는 점을 받아들여야 한다. 오로지 간접적으로 우리의 기대를 통해 세상을 살고 있다. 물론 그 기대는 끊임없이 우리의 감각을 통해 수정된다. 현실에 대한 기대는 이와 같은 기대가 지속적으로 업데이트되어야만 현실을 충분히 묘사하고 반영할 수 있다. 우리의 뇌는 이처럼 지속적인 정보의 물결을 필요로 하는데 그래야만 우리가 안전하다고 느낄 수 있다. 그리고 이 정보는 믿을 수 있어야 하고 정확해야 한다. 정보의 신뢰성은 천박화, 미혹 또는 의도적 날조를 통해 감소한다(23장). 이런 것들은 현실에 대해 가지고 있는 우리의 상에 치명적인 작용을 할뿐더러 불확실성을 양산한다. 불확실한 삶은 드라마틱한 결과를 가져온다. 다시 말해, 유독한 스트레스를 받게 되는데, 이런 스트레스는 신경성 식욕부진증, 우울증, 약물 남용, 심각한 심혈관질환은 물론, 조기 사망할 위험을 높인다(12, 13, 17장). 습관화를 통해서 불확실성에 반응하는 사람은 상황을 조금 더 잘 견뎌낼 수 있지만 바뀌는 것은 아무것도 없고 결국 살이 찐다(14, 15, 16장). 믿을 수 있는 지각과 자주적인 행동이야말로 그와 같은 상태에 빠지지 않도록 해주는 수단이다.

불확실성을 감소시키는 일은 누구도 우리를 대신해서 해줄 수 없는 과제이다. 그럼에도 불구하고 그럴 수 있다고 주장하는 사람은(또는 우리의 부담을 덜어주기 위해 자신이 맡아주겠다고 제안하거나) 이로써 확실성을 획득할 수 있는 우리 자신의 능력을 약화시킨다(21장). 이러한 인식은 삶의 모든 영역에 응용할 수 있다. 즉, 우리의 사생활은 물론 직업 세계나 정치와 사회에서도 말이다. 이렇게 말할 수 있다. 불확실성을 줄이는 사람의 역할을 하는 우리는 모두 자아-주식회사라고. 하지만 각자가 혼자서 자신을 감당해야 한다는 말인가? 그것은 아니고, 반드시 그렇게 할 필요도 없다. 예를 들어 심리 치료사가 우리의 불확실성을 줄이는 것을 도와줄 수 있다. 하지만 환자의 일을 대신 떠맡음으로써가 아니라, 환자 스스로 활동적이 되도록 가능하게 함으로써 그렇게 한다. 하지만 우리가 우리의 자주성을 포기하고 친구든, 동료든, 상관이든, 구루나 코치 혹은 그 밖의 다른 "구세주"든 다른 사람에게 넘겨주면 우리는 세상으로 통하는 입구를 조금씩 상실하는 대가를 치러야 한다. 어쩌면 타인에게 우리의 자주성을 양도하는 일이 처음에는 마음을 가볍게 해줄 수도 있다. 그러나 이렇게 하면 어쩔 수 없이 타인에게 종속되고 또한 불확실해지는 길을 가게 될 뿐이다. 권위주의적이고 독재적이었던 독일 프로이센 제국은 바로 국민들에게 자주성을 교육하지 않음으로써 그런 체제를 유지할 수 있었던 게 아니던가? 외부에서 (결정하는) 확실성으로 말미암은 불확실성은 민주주의를 찬성하는 심리과학적 근거가 아니던가?

믿을 수 있는 지각과 자주적 행동은 개인의 불확실성을 줄일 수 있는 열쇠이다. 그러나 우리의 가능성은 항상 심리사회적이고 사회정치적 배경을 가지고 있다. 여기에서 우리가 내리는 결정의 수준은 적어도 다음과 같은 사실에 어느 정도 달려 있다. 즉 사회 구조가 믿을 수 있는 지각과 자주적 행동을 허락하는지 아니면 이보다 더 나은 상태가 되도록 촉진하는지에 말이다. 때문에 나는 이 책에서 정치, 경제, 과학과 언론을 향해서 몇 가지 발의가 담긴 짤막한 목록을 소개하면서 마무리 지으려 한다. 이 네 가지 사회정치적 권력은 교육, 예술과 종교 외에 사회의 틀을 형성하는데, 이 틀 안에서 개인의 지각과 행동이 완성된다. 여기에 불확실성이 만들어질 수 있는 많은 위험이 도사리고 있다. 하지만 또한 사람들이 스스로의 불확실성을 감소시키는 것이 가능하도록 해주는 커다란 기회이기도 하다.

불확실성과 노동계. 임시직 계약으로 경력과 인생 계획이 힘들어지면 불확실성이 발생한다. 투명성 부족은 노동자들이 결정과 지시를 이해하는 것을 힘들게 한다. 그리고 엄격한 규칙과 상관의 밀접 통제는 자발성과 책임감을 강력하게 제한해버린다(통제권 상실). 또한 결정과 과정에 대해서 더 이상 비판적 질문을 해서도 안 된다. 위에서 아래로의 의사소통이 충분하지 않고 회사의 미래 전망을 직원들이 명확하게 인식하지 못한다. 이와 같은(그리고 더 많은) 요소는 결국 직원들에게 불확실성을 안겨준다. 시스템이 허락하지 않기 때문에 직원들은 그런 불확실성을 감소시킬 수가 없다. 따라서 직원들에게는 세 가지 가능성만 있다. 우선, 불확실성(온갖 부정적 결과와 함께)을 견디거나, 자신들의 직업과 관련된 목표를 지금의 회사에서 달성하리라는 기대를 덜 갖거나(내면으로 이민을 떠나는 것과 비슷함), 마지막으로 사표를 내는 것이다. 이런 세 가지 해결책 중 어느 것도 직원들은 물론 회사에게도 좋은 해결책이 아니다.

불확실성과 언론. 검열과 선별이 지배하는 곳은 어디든 불확실성이 존재한다. 중요한 정보를 의도적으로 숨김으로써 세상에 대하여 예측하는 사람들의 능력을 방해하는 것이다.

현실 도피주의가 장려되면 역시 불확실성이 등장한다. 물론 각자는 자신의 정보를 직접 탐색할 권리가 있다. 하지만 여기서 문제는 만일 전반적인 언론 환경이 시장에서 인기가 있다는 이유로 흥미 위주의 뉴스를 더 중요한 뉴스로 선호할 때 일어난다. 그러면 중요한 정보를 접하기가 어려워진다. 그리고 중요하지 않은 것이 중요하고 중요한 것이 중요하지 않은 것 같은 인상을 준다. 미디어 소비자가 이와 같은 현실 도피주의를 추종하면 공공연한 사건과 관련해서 자신의 불확실성을 감소시킬 기회를 놓치게 된다. 또한 중요한 업데이트를 하지 않기 때문에 선동이나 조종에 이용당할 위험이 증가한다.

뉴스와 의견을 섞어버리면 또 다른 문제가 발생한다. 전통적인 저널리즘에서는 오랫동안 이 둘을 엄격하게 구분했지만, 현실에서는 이미 오래 전에 사라졌다. 미디어 소비자는 어디에서 애매한 주장만을 진술한 것이지 또는 어디에서 검증이 필요한 소식을 전하는지를 알아차리기가 점점 더 어렵다. 이 둘의 차이는 바로 더 이상 입증할 필요가 없는 증거의 정확성에 있다. 그렇듯 우리는 믿을 수 있는 증거를 바탕으로 하는 게 아니라 확증이 부족한 의견을 기반으로 판단을 내릴 위험에 노출되어 있다. 이는 우리의 불확실성만 늘어나게 만든다.

불분명한 출처도 역시 불확실하게 만든다. 신문, 라디오, 명망 있는 온라인 포털이나 텔레비전 방송국과 같은 전통 언론 매체는 출처로 충분히 인정할 수 있다는 장점이 있다. 이용자는 누가 발송인인지, 이 발송인이 뉴스의 전파를 넘어서는 목표를 추구하는지 아닌지를 분명하게 알 수 있다. 우리는 친정부 신문의 기사를 반정부 신문의 기사와 다르게 평가할 수 있다. 소셜 미디어(페이스북, 트위트 등)에서는 이런 문제가 이미 매우 심각한 수준에 이르렀다. 우리는 이런 매체에서 알고리즘을 통해 통제되는 진술(흔히 "뉴스"라는 형태로)을 접하게 되며, 이런 진술은 우리의 의견에 상응하기는 하지만 출처가 불분명하다. 이런 진술은 실제 사람이 아니라 소셜봇 그러니까 가상 계정에 의해 기계적으로 만들어진 경우도 드물지 않다. 대중의 생각을 의도적으로 조종하기 위해 "뉴스"와 또 다른 프로파간다를 바이러스처럼 퍼뜨리는 진술일 수 있다는 것이다.

전통 언론 매체는 지난 수년 동안 비판을 받았다. 무엇보다 영향력 행사, 부패, 사리사욕과 정부에 복종하는 혐의에 대해서 비난을 받았다. 이런 비판은 부분적으로는 부당하지만, 어쨌거나 신뢰를 잃음을 보여준다. 언론의 역할을 개인이 어떻게 하면 불확실성을 줄일 수 있는가 하는 관점에서 관찰한다면 디지털 정보가 넘쳐나는 시대에 그들에게 핵심적이고 대체할 수 없는 역할이 부여된다. 이제 개인이 디지털 정보를 평가하기란 불가능하게 되었다. 바로 이것이 전통적으로 언론인들의 과제였고 미래에도 그렇게 해야 한다. 즉, 모든 개인—전체로서의 사회도 역시—은 세계에 대한 믿을 만한 정보를 얻어야 한다. 하지만 어떻게? 모두가 이와 같은 정보를 인터넷이라는 자유로운 세상에서 직접 얻을 수 있을 것이라는 꿈은 대중의 의견을 자신들이 원하는 방향으로 조종하고자 하는 이른바 대기업, 정부와 비밀 정보기관들의 어마어마한 재정적·기술적 자원으로 인해 무너졌다. 우리 각자가 미래에 불확실성을 줄이는 데 필요한 정보를 획득할 수 있게 도와줄 수 있는 주인공은 책임감이 강하고 정직한 저널리즘밖에 없다.

불확실성과 학문. 독립성을 상실한 곳에서는 어디든 불확실성이 등장한다(20장). 의학에서든 아니면 연구 영역에서든 학자들은 연구를 의뢰하는 위임자들로부터 독립성이 보장되어야 한다. 이들 위임자들은 항상 그렇지는 않지만 대체로 민간 분야에 종사한다. 연구와 이로부터 나오는 결과는 흔히 경제적 배경을 가지고 있다. 이런 연구 결과는 예를 들어 식료품, 의약품, 화장품, 바디 케어 같은 제품을 시장에 출시할 때 이용되고는 한다. 그리하여 제품의 이용과 위험성에 대해서 연구를 의뢰한 사람들로부터 독립된 입장에서 연구 결과를 발표하는 것은 거의 불가능하다.

그사이 연구 분야에서는 과학적 수준에 대한 불투명성이 대세를 이루고 있다. 설득력이 별로 없는 연구와 새로운 과학적 인식이 흔히 동일하게 대중에게 전파되고 있다. 의학적 문제에 있어서도, 상업적 이득을 가져다주기에 비록 타당성이 별로 없는 연구들이지만 그 결과들이 대규모 회의장이나 언론에 뿌려지는 반면에, 그와는 정반대로 학계에서 수준 높고 우수하다고 발표된 연구는 거의 언급조차 되지 않는 것이 이례적인 일이 아니다. 이로 인해 비전문가인 일반인이 해결할 수 없는 왜곡과 모순이 늘 생겨나고 있다. 이러한 현상의 배후에 숨어 있는 의도를 무엇이라고 명확하게 식별할 수 없을 때가 많다. 하지만 오해를 일으키는 가장 흔한 원인과 해석의 오류는 연구를 어떤 방식으로 진행할지를 결정하는 연구 설계에서 찾아볼 수 있다. 과학적 증거에는 세 가지 수준이 있다(23장). 즉, 무작위 대조 시험(증거의 등급이 가장 높은 I등급)부터 대조를 하지 않는 관찰 연구를 거쳐, 전문가의 의견(증거의 등급이 III으로 가장 낮음)이 있다. 오로지 I등급 연구만이 원인과 효과를 역으로 추리해낼 수 있다. 이미 언급했듯이 그와 같은 이유로 이 책에서는 원인을 추론하는 모든 결론은 오로지 가장 높은 등급의 연구들을 바탕으로 했다. 바로 가장 수준이 높고 진술의 타당성이 있는 무작위 대조 시험이다.

과학 연구는 엄청난 비용이 발생한다. 이런 이유로 많은 연구 프로젝트가 비용을 지불하는 사람에게 종속될 수밖에 없다. 이와 같은 방식으로 대중에게 공개된 모든 결과를 비판적으로 바라볼 필요는 없다. 물론 그런 종속성 때문에 심각한 신뢰성 문제를 야기하는 것은 사실이다. 바로 그런 이유로 일부는 과학에 환멸을 느낄 수 있다. 또 다른 심각한 문제는 돈을 가진 사람이 과학적 질문을 제기한다는 사실이다. 보다 분명하게 말하면, 민간 부문의 재정을 투입하는 연구에서는 무엇보다 사회적 관심이나 인간적 관심이 아니라 경제적 관심에 기여할 수 있는 프로젝트가 주로 지원을 받는다. 바로 여기서 위험한 왜곡이 발생한다. 공평하게 생각해보면 우리는 과학이 이와 같은 문제를 혼자서는 해결할 수 없다는 것을 알아차려야 한다. 여기에서 정치가 보다 독립적인 연구를 할 수 있는 조건을 만들어줘야 한다. 그렇게 하는 것이 어느 모로 보나 매우 가치가 있다. 왜냐하면 과학적 인식은 불확실성을 감소시키는 데 탁월한 역할을 하기 때문이다. 만일 과학적 인식이 믿을 수 있는 것이라면 말이다.

불확실성과 사회. 사회적 불평등이 지배하는 곳이면 어디든 불확실성이 나타난다. 때문에 우리는 어떤 사회에서 살고 싶은지 스스로 질문을 제기해야만 한다. 권력과 영향력이 주를 이루는 사회에서 살고 싶은가? 아니면 사회적 평등을 위해 노력하는 사회에서? 이런 말이 정치적으로 들리는 사람에게는 다음과 같이 물어볼 수 있다. 즉, 모든 개인이 지각과 행동을 통해서 스스로 자신의 불확실성을 줄일 수 있는 사회에서 살고 싶은가? 만일 우리가 이 책에서 소개한 과학적 인식의 총체를 기초로 해서 정부에—누가 정부를 이끌든—목표를 위한 기대를 권고한다면, 다음과 같을 것이다.

> 모든 개인이 지각과 행동을 통해 불확실성을 자주적으로 감소시킬 수 있는 사회를 만드는 것이다.

그와 같은 사회에서는 최소한의 기준으로서 사람들의 기본적인 능력이 확보되어야 한다. 즉, 신체의 온전함(body integrity), 인지 능력, 다른 사람들과 관계 맺는 능력, 다른 사람들과 동일시하는 사회적 상호작용, 타인으로부터 존중받고 있다는 느낌(우정, 정의감, 차별받지 않도록 보호). 또한 타인의 삶이 아니라 자신의 삶을 사는 능력, 자신의 사회적 관계(정치적으로)에 영향력을 행사할 수 있는 능력(시민권, 언론의 자유, 집회의 자유, 국가의 자의적 조치로부터 보호받기).[221]

그렇게 하려면 어떤 전제가 필요한지는 이미 소개했다. 즉, 믿을 수 있는 정보를 얻을 수 있게 해주는 신뢰받는 언론, 공동체에 유익한 독립적이고 신뢰성 있는 연구, 직원들에게 투명하고 발전할 여지를 제공하는 노동계이다. 또한 이것은 자원을 공평하게 분배해야 한다는 의미이기도 하다. 이로써 우리는 다시금 사회적 평등 또는 불평등이라는 주제에 이르렀다. 사회적 불평등의 증가는 우리 시대에 정치사회 문제 가운데 가장 큰 논쟁거리가 되고 있다. 이것은 어느 정도 경제적, 재정적 권력에 의해 유발되었지만 오로지 정치적으로만 해결할 수 있는 문제일지도 모른다. 확실히 사회적 평등은 우리 손에 달려 있지도 않으며 우리 스스로 해결할 수 있는 문제도 아니다.

피에르 부르디외(1930~2002)는 20세기의 가장 영향력 있는 사회주의자에 속한다. 사회적 불평등에 관한 그의 안건들에서 부르디외는 자본을 구분했다. 우선, 돈으로 교환할 수 있고 자산권이라는 형태로 사회에서 인정받는 경제 자본이 있다. 두 번째로 문화 자본은 한편으로 내면화된 지식으로 구성되어 있고 문화자산, 그림, 책, 악기 또는 기계와 이런 물건들을 다룰 수 있는 능력으로 이루어져 있다. 다른 한편으로 특정 조건에서 경제 자본으로 교환될 수 있고 교육 수준을 말해주는 "학위"라는 형태로 고정시킬 수 있는 자본이다. 마지막으로 사회 자본은 특정 조건에서 역시 경제 자본으로 교환할 수 있는 사회 관계망 혹은 인맥이라 할 수 있다. 부르디외는 사회적 불평등이 돈과 재산의 문제일 뿐만 아니라 교육과 인간관계의 문제라는 사실을 보여주었다.[198] 그러나 더 중요한 것은 사회적 불평등은 다양한 태도를 통해서 재생산된다는 그의 인식이다. 다시 말해, 개인의 외모, 라이프 스타일, 언어, 옷과 취향을 통해서 사회적 불평등은 재생산된다는 말이다.[222] 따라서 독일을 포함하여 많은 선진국의 정치사회적 문제점은 불평등이 돈과 재산과 관련해서뿐 아니라 교육에 있어서도 매우 차이가 벌어지고 있다는 것이다.

부르디외의 작업을 기본으로 하고 이것을 베이즈식 뇌라는 개념과 연관시키면 경제 자본과 문화 자본이 사회의 다양한 계층의 권력과 불확실성에 미치는 영향과 관련해서 특히 흥미로운 결과가 나온다. 여기에서 중요한 사실은 한 계층에 자본이 축적되면 다른 계층의 불확실성이 증가한다는 점이다. 이는 권력에 관한 것일 뿐만 아니라 확실성에 관한 것이다. 그러니까 어떤 계층에서 심리적으로 확실한 상태에서 살아가면 다른 계층의 사람들은 불확실한 상태에서 살아가게 된다는 의미이다(그림 35 참조).

우리 개인이 직접 사회적 평등을 창출하지 못하기 때문에, 사회 시스템의 보다 높은 차원에 호소해야 한다. 때문에 여기에서는 정치를 향해 호소하는데, 그러니까 보다 넓은 차원의 사회적 평등을 이룩하고자 하는 의지를 보여달라고 호소한다. 사회적 불평등은 증가하고 있는데 왜냐하면 일부 부자들과 어둠의 3인조가 불공평하게 분배하고 반사회적으로 행동하며 규칙을 어기기 때문이다(19, 20장). 그러나 정치는 사회적 평등이 더 많이 이루어질 수 있도록 조치를 취할 수 있다. 스칸디나비아 국가들뿐 아니라 일본도 그것을 달성했다. 각각의 나라가 자신의 방식으로 말이다. 전 세계적인 통계는 다음과 같은 사실을 보여준다. 사회적 평등이 보다 잘 갖추어진 사회에서는 청소년들이 읽기 능력과 계산 능력이 더 뛰어나며, 학업을 중간에 포기하거나 직업 교육을 마치지 않아 비숙련 노동자가 되는 비율이 적으며, 십대들의 임신율도 낮다. 신생아 사망률도 낮으며, 범죄도 적고, 교도소에 들어가는 사람도 적고, 마약 중독자도 적다. 사람들은 더 오래 살고, 정신 질환을 앓는 사람(예를 들어 우울증)도 더 적고, 심혈관질환으로 사망하는 사람도 적고, 뚱뚱한 사람도 적다.[217, 223-225] 하지

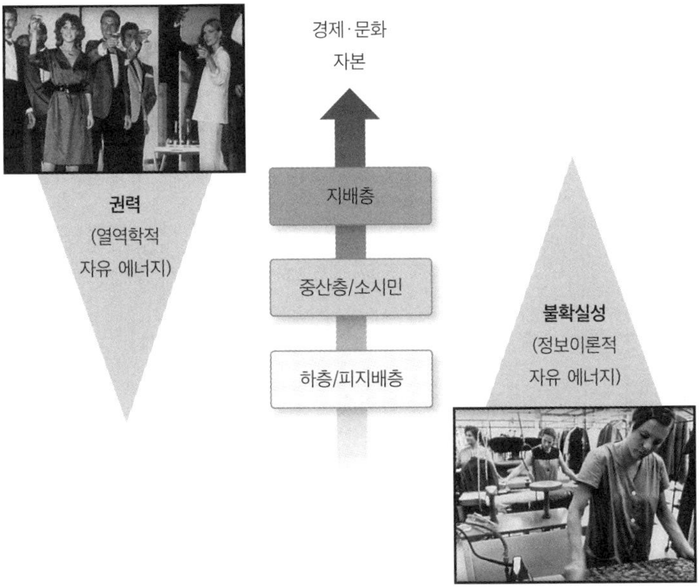

그림 35: 경제 및 문화 자본이 다양한 사회 계층의 권력과 불확실성에 미치는 영향력. 경제 자본의 축적은 기본적으로 노동으로, 즉 열역학적 자유 에너지로 변형될 수 있다. 이로써 경제 자본은 권력을 행사할 기초를 형성한다. 문화 자본의 축적은 세상에 대해서 학습할 수 있는 지식의 획득, 달리 말하면 정보이론적 자유 에너지의 축소이며, 이것은 불확실성이 줄어든다는 의미이다. 불확실성은 다음 질문에 얼마나 불확실하게 대답하느냐와 연관이 있다. 즉, 앞으로 신체적·정신적·사회적 건재함을 보장하기 위해 가능한 전략 가운데 무엇을 선택해야 하는가? 위계질서가 잡혀 있는 사회에서 경제 자본은 문화 자본과 마찬가지로 불평등하게 분배되기 때문에, 지배층에서는 권력이 증가하고 피지배층에서는 불확실성이 증가한다.

만 놀라운 점은 바로 이것이다. 즉, 사회적 평등이 보다 잘 갖춰진 사회에서 사는 사람들은 다른 사람들과 신뢰하는 관계를 맺는다는 것이다.[217]

따라서 우리는 사회적 불평등과 그에 따른 불확실성은 사람들의 물리적-신체적 차원, 정신적 그리고 사회적 차원에 깊이 반영되어 있음을 알 수 있다. 가난한 미국의 여성들에게 더 좋은 주거지로 이사할 기회를 주었던 MTO 프로젝트는 정치사회적 개입이 사회적 불평등에서 오는 신체적 증상들을 완화시키고 심리적 행복감을 상승시켜줄 수 있다는 사실을 보여주었다.[130, 131] 만일 그런 방식의 조치를 시행하지 않고 대신에 우리 사회에서 사회적 불평등이 지속적으로 증가하게 되면, 이 책에서 보여주었던 바의 의학적 증거들을 근거로 해서, 20년 안에 젊은 사람들뿐 아니라 비교적 나이 든 사람들도 다수가 우울하거나 수동적인 태도에 길들여질 것으로 예측된다. 그러면 우리 사회의 활력 자원 전체가 고갈되어버릴 수도 있다. 이와 반대로 사회정책적인 조치를 통해서 보다 더 평등한 사회를 만드는 데 성공하면 대부분의 사람들이 편안함을 느낄 수 있다. 편안함은 공감의 전제 조건이기 때문에, 보다 더 평등한 사회에 사는 사람들이 서로를 더 신뢰한다는 점은 결코 놀랄 일이 아니다. 이것이 바로 보다 공정한 사회가 모두에게 좋은 이유이다. 이런 사회는 공감, 신뢰와 확실성이라는 사이클이 안정적으로 자리 잡게 만들어주기 때문이다.

상자 1: 단순한 경우에 불확실성의 감소는 어떻게 계산하는가? 그림 2를 보면, 8장의 카드에서 정확한 카드를 예측할 불확실성은 3비트이다. 왜냐하면 제곱을 하면 $2^3=8$이기 때문이다. 다시 말해 그때마다 두 가지 답을 할 수 있는 3개의 질문에 의하면 총 8가지 가능성 가운데 하나를 찾아낼 수 있다. 주사위를 던지기 전에 주사위의 숫자를 제대로 예측할 수 있는 불확실성(6가지의 동일한 가능성)은 2.58비트(왜냐하면 $2^{2.58}=6$이기 때문)이다. 이것은 더 이상 예-아니오로 간단하게 답할 수 없다. 그럼에도 불구하고 우리는 대수 계산을 하면 제곱이 역전되기 때문에 간단한 공식을 이용해서 비트의 수를 계산기나 온라인 계산기로 계산해낼 수 있다.

$$-log_2\left(\frac{1}{6}\right)=2.58$$

만일 우리가 이 공식에서 6을 임의의 수 n으로 대체하면, 섀넌의 정보이론을 구성하는 기본 공식을 이해하는 데 있어 작지만 한 걸음을 내디딘 것이다. 불확실성(I)—비트로 계산—을 경감하기 위한 공식은 n에게 동일한 가능성을 부여한다.

$$I=-log_2\left(\frac{1}{n}\right) \qquad \text{공식 1}$$

여기에서 분수는

$$p=\frac{1}{n}$$

확률 p를 표시하며, n이라는 개연성에서 하나의 사건이 등장할 확률이 바로 p이다. 이제 역산을 하면서 끝을 내면 된다. 즉, 8장의 카드라는 예에서 우리는 방정식(I)n=8을 투입할 수 있다. 결과로 다시금 3비트를 얻는다.

상자 2: 섀넌의 보편적 불확실성 공식은 무엇을 이해하게 해주는가? 의사소통의 기본적인 문제는 한 지점(수신인)에서 정확하게 또는 대략적으로 다른 지점(발송인)에게 선택된 메시지를 재현하는 데 있다.[44] 메시지는 의미를 가질 때가 많다. 이와 같은 의사소통의 의미론적 측면을 섀넌은 자신의 정보이론과 관련된 관찰에서 제외한다.

알파벳 'e'가 독일어 텍스트에서 등장할 확률 p=0.174(표, 세 번째 칸)이다. 이 숫자를 공식 1에 대입하면(상자 1), e라는 알파벳이 등장할 때 우리의 불확실성은 2.52비트 감소하게 된다(네 번째 칸)는 계산을 얻을 수 있다.

알파벳	순위	상대적으로 빈번한	빈도 경악	가중치를 더한 경악	기대했던 경악
	i	P_i	$-log_2(P_i)$	$-P_i\ log_2(P_i)$	$-\sum_{1}^{27} P_i log_2(P_i)$
e	1	0.1740	2.52비트	0.438비트	4.06비트
...	...				
r	5	0.0700	3.83비트	0.268비트	
...	...				
m	14	0.0250	5.30비트	0.133비트	
...	...				
q	27	0.0002	12.30비트	0.002비트	

알파벳 q와 관련해서는 만일 이 알파벳이 다음번에 등장하면 불확실성을 12.3비트 줄일 수 있다고 계산할 수 있다. 다른 말로 하면, q라는 알파벳이 등장하는 것(12.3비트)에 비해서 e라는 알파벳이 등장할 때 우리는 상대적으로 덜 놀란다(2.52비트). 즉, 여기서 비트 수를 우리가 당황하는 척도로 볼 수 있다. 누군가 번개를 맞을 가능성은 지극히 낮고, 따라서 그런 사건이 일어나면 엄청나게 놀라게 된다. 소나기가 내릴 확률은 아주 높아서, 사람들은 소나기가 내리더라도 그리 놀라지 않는다. 독일어 알파벳에서 당황하게 되는 정도는 2.52비트에서 12.3비트 사이에 놓인다. 기대치 혹은 의미심장한 평균값은 그 사이 어느 지점에 있으며, 바로 이 평균값에서 개별 알파벳이 등장할

개연성을 고려한다. 이러한 기대치는 쉽게 계산할 수 있다(표 5, 여섯 번째 칸 참조). 독일어 알파벳에서는 4.6비트이다.

우리가 이런 계산을 이해할 수 있으면, 섀넌의 유명한 공식을 이해하기 위해 작은 걸음을 내디딘 것이다. 표의 오른쪽 칸에 27가지 알파벳이 등장할 때 기대하는 바의 경악의 정도를 계산하는 공식이 소개되어 있다. 보편적으로 표현하자면 섀넌의 불확실성(엔트로피)은 기대했던 놀람이다. 그에 해당하는 공식은 다음과 같다.

$$H = -\sum_{i=1}^{n} P_i log_2(P_i) \qquad \text{공식 2}$$

이 방적식은 정보이론의 핵심이다. 여기에서 H는 "섀넌의 불확실성"이고 P_i는 i번째 기호가 등장할 확률이다. 따라서 섀넌의 불확실성은 일종의 기대했던 바의 경악의 정도(비트로 표현)이다. 따라서 요점은 이러하다. 불확실성은 기대했던 바의 경악이다.

감사의 글

브루스 맥쿠엔(록펠러 대학, 뉴욕)과 칼 프리스턴(유니버스티 칼리지, 런던)에게 진심으로 감사드린다. 오랜 세월 이분들과의 학문적 협력이 없었다면 이 책은 나오지 못했을 것이다.

원고와 관련해서 논평을 해주고 폭넓은 질문을 해준 사비나 비트네벨과 브리타 쿠베라에게 진심으로 감사드린다.

무엇보다 나를 사회학의 기본으로 안내해주고 임상 뇌 연구와 스트레스 연구를 사회학으로 연결할 수 있게, 이른바 건설적 아이디어를 들려준 안나 헨켈(뤼네부르크 로이파나 대학)에게 고마움을 전하고 싶다.

이 책에 대하여 현명하고도 풍부한 논평을 해준 예전의 멘토 호르스트 로렌츠 펨에게도 고마움을 전한다.

그 외에 건설적인 비평을 해준 토비아스 슈필러(취리히)에게 감사를 전한다. 그와 함께 2014년 여름학기부터 작업하기 시작했고, 이때 독일학계장학재단(Studienstiftung des Deutschen Volkes)에서 후원한 "철학과 뇌 연구"라는 주제로 우리의 생각을 교환하기 시작했다.

독일학계장학대단이 2017년 후원했던 여름학기에서 "베이즈식 뇌"라는 주제를 다루었는데, 이때 함께 작업했던 브라운슈바이크 공과대학의 강사 디르크 랑에만과 장학금을 받고 적극적으로 참여했던 모든 사람들에게 감사드린다.

이 책을 집필할 때 좋은 결과가 나올 수 있도록 협력해준 세바스티안 융게에게도 진심을 다해 감사드린다.

그리고 이 책에서 다루는 질문에 대해서 매우 새롭고도 자극적인 시각을 펼쳤고 비판적인 입장을 보여주면서 끝까지 나와 동행해준 아내에게 무척이나 고맙다는 말을 전하고 싶다.

주

1. Selye H. What is stress? Metabolism 1956;5:525-30.
2. Peters A, McEwen BS. Stress habituation, body shape and cardiovascular mortality. Neurosci Biobehav Rev 2015;56:139-50.
3. Peters A, McEwen BS, Friston KJ. Uncertainty and stress: Why it causes diseases and how it is mastered by the brain. Prog Neurobiol 2017;156:164-88.
4. Shannon CE. A Mathematical Theory of Communication. The Bell System Technical Journal 1948;27:379/623-423/656.
5. Feynman RP. Feynman lectures on computation. Reading (Massachusetts): Addison-Wesley; 1996.
6. Szilárd L. Über die Entropieverminderung in einem thermodynamischen System bei Eingriffen intelligenter Wesen. Zeitschrift für Physik 1929;53.
7. Brillouin L. Maxwell's Demon Cannot Operate: Information and Entropy. I. Journal of Applied Physics 1951;22:334-7.
8. Landauer R. Irreversibility and heat generation in the computing process. IBM J Res Develop 1961;5:183-91.
9. Toyabe S, Sagawa T, Ueda M, Muneyuki E, Sano M. Experimental demonstration of information-to-energy conversation and validation of the generalized Jarzynski equalita. Nature Physics 2014;6:988-92.
10. Bérut A, Arakelyan A, Petrosyan A, Ciliberto S, Dillenschneider R, Lutz E.

Experimental verification of Landauer's principle linking information and thermodynamics. Nature 2012;483:187-9.

11. Bayes T, Price GR. An Essay towards solving a Problem in the Doctrine of Chances. Philosophical Transactions of the Royal Society 1763;53.
12. Bartelborth T. Die erkenntnistheoretischen Grundlagen induktiven Schließens: Universität Leipzig; 2012.
13. Deleuze G. Proust und die Zeichen: Merve Verlag Berlin; 1993.
14. Friston KJ. The history of the future of the Bayesian brain. Neuroimage 2012; 62:1230-3.
15. Deleuze G. Spinoza: practical philosophy. San Francisco: City Lights Books 1988.
16. Friston KJ. The free-energy principle: a unified brain theory? Nat Rev Neurosci 2010;11:127-38.
17. Hohwy J. The predictive mind. Oxford: Oxford University Press; 2013.
18. Clark A. Surfing uncertainty—Prediction, Action, and embodied mind. New York: Oxford University Press; 2016.
19. Hobson JA, Friston KJ. Consciousness, Dreams, and Inference. The Cartesian Theatre Revisited. Journal of Consciousness Studies 2013;21:6-32.
20. Proust M. Im Schatten junger Mädchenblüte. In: Keller L, ed. Auf der Suche nach der verlorenen Zeit. Frankfurt am Main: Suhrkamp Verlag; 2014:639.
21. Sengupta B, Stemmler MB, Friston KJ. Information and efficiency in the nervous system—synthesis. PLoS Comput Biol 2013;9:e1003157.
22. Friston KJ. A theory of cortical responses. Philos Trans R Soc Lond B Biol Sci 2005;360:815-36.
23. Buckley CL, Kim CS, McGregor S, Seth AK. The free energy principle for action and perception: A mathematical review. Journal of Mathematical Psychology 2017;81:55-79.
24. Friston KJ, Kilner J, Harrison L. A free energy principle for the brain. J Physiol Paris 2006;100:70-87.
25. Pezzulo G, Rigoli F, Friston KJ. Active Inference, homeostatic regulation and adaptive behavioural control. Prog Neurobiol 2015;134:17-35.

26. Seth AK. Interoceptive inference, emotion, and the embodied self. Trends Cogn Sci 2013;17:565-73.
27. Barrett LF, Simmons WK, Interoceptive predictions in the brain. Nat Rev Neurosci 2015;16:419-29.
28. The Man Who Lost His Body. https://www.dailymotion.com/video/x12647t.
29. Adams RA, Shipp S, Friston KJ. Predictions not commands: active inference in the motor system. Brain Struct Funct 2013;218:611-43.
30. Friston KJ, Thornton C, Clark A. Free-energy minimization and the darkroom problem. Front Psychol 2012;3:130.
31. Barrett LF. The theory of constructed emotion: an active inference account of interoception and categorization. Soc Cogn Affect Neurosci 2017;12:1-23.
32. Panagiotaropoulos TI, Deco G, Kapoor V, Logothetis NK. Neuronal discharges and gamma oscillations explicitly reflect visual consciousness in the lateral prefrontal cortex. Neuron 2012;74:924-35.
33. Shipp S, Adams RA, Friston KJ. Reflections on a granular architecture: predictive coding in the motor cortex. Trends Neurosci 2013;36:706-16.
34. Behrens TE, Woolrich MW, Walton ME, Rushworth ME. Learning the value of information in an uncertain world. Nat Neurosci 2007;10:1214-21.
35. Sarinopoulos I, Grupe DW, Mackiewicz KL, et al. Uncertainty during anticipation modulates neural responses to aversion in human insula and amygdala. Cereb Cortex 2010;20:929-40.
36. Karlsson MP, Tervo DG, Karpova AY. Network resets in medial prefrontal cortex mark the onset of behavioral uncertainty. Science 2012;338:135-9.
37. Liljeholm M, Wang S, Zhang J, O'Doherty JP. Neural correlates of the divergence of instrumental probability distributions. J Neurosci 2013;33:12519-27.
38. Paulus MP, Hozack N, Frank L, Brown GG. Error rate and outcome predictability affect neural activation in prefrontal cortex and anterior cingulate during decision-making. Neuroimage 2002;15:836-46.
39. Kullback S, Leibler RA. On information and sufficiency. Ann Math Stat 1951; 22:79.
40. Swanson LW. Cerebral hemisphere regulation of motivated behavior. Brain

Res 2000;886:113-64.

41. Aston-Jones G, Cohen JD. An integrative theory of locus coeruleus-norepinephrine function: adaptive gain and optimal performance. Annu Rev Neurosci 2005;28:403-50.

42. Berridge CW, Waterhouse BD. The locus coeruleus-noradrenergic system: modulation of behavioral state and state-dependent cognitive processes. Brain Res Brain Res Rev 2003;42:33-84.

43. Harris JJ, Jolivet R, Attwell D. Synaptic energy use and supply. Neuron 2012;75:762-77.

44. Levy WB, Baxter RA. Energy efficient neural codes. Neural Comput 1996;8:531-43.

45. Peters A, Schweiger U, Pellerin L, et al. The selfish brain: competition for energy resources. Neurosci Biobehav Rev 2004;28:143-80.

46. Krieger M. Über die Atrophie der menschlichen Organe bei Inanition. [On the atrophy of human organs in inanition]. Z Angew Anat Konstitutional 1921;7:87-134.

47. Peters A, Bosy-Westphal A, Kubera B, et al. Why doesn't the brain lose weight, when obese people diet? Obesity Facts 2011:https://doi.org/10.1159/000327676.

48. Reinmuth OM, Scheinberg P, Bourne B. Total Cerebral Blood Flow and Metabolism. Arch Neurol 1965;12:49-66.

49. Madsen PL, Hasselbalch SG, Hagemann LP, et al. Persistent resetting of the cerebral oxygen/glucose uptake ratio by brain activation: evidence obtained with the Kety-Schmidt technique. J. Cereb Blood Flow Metab 1995;15:485-91.

50. Weizsäcker CF. Die Einheit der Natur, München: Carl Hanser Verlag;1971.

51. Lyre H. Informationstheorie: eine philosophisch-naturwissenschaftliche Einführung. München: Wilhelm Fink Verlag; 2002.

52. Rapp C. Aristoteles—Das Problem des Substanz. In: Beckermann A, Perler D, eds. Klassiker der Philosophie heute. Stuttgart: Philipp Reclam jun.; 2004.

53. Peters A, Conrad M, Hubold C, Schweiger U, Fischer B, Fehm HL. The Principle of Homeostasis in the Hypothalamus-Pituitary-Adrenal System: New Insight form Positive Feedback. Am J Physiol Regul Integr Comp Physiol

2007;293:83-98.
54. McEwen BS. Protective and damaging effects of stress mediators. N Engl J Med 1998;338:171-9.
55. Peters A, Langemann D. LTP or LTD? Modeling the Influence of Stress on Synaptic Plasticity. eNeuro 2018:https://doi.org/10.1523/ENEURO.0242-17.2018.
56. de Kloet ER, Vreugdenhil E, Oitzl MS, Joëls M. Brain corticosteroid receptor balance in health and disease. Endocr Rev 1998;19:269-301.
57. McEwen BS, Weiss JM, Schwartz LS. Selective retention of corticosterone by limbic structures in rat brain. Nature 1968;220:911-2.
58. Arriza JL, Simerly RB, Swanson LW, Evans RM. The neuronal mineralocorticoid receptor as a mediator of glucocorticoid response. Neuron 1988;1:887-900.
59. Pavlides C, Kimura A, Magariños AM, McEwen BS. Type I adrenal steroid receptors prolong hippocampal long-term potentiation. Neuroreport 1994;5: 2673-7.
60. Fehm HL, Benkowitsch R, Kern W, Fehm-Wolfsdorf G, Pauschinger P, Born J. Influences of corticosteroids, dexamethasone and hydrocortisone on sleep in humans. Neuropsychobiology 1986;16:198-204.
61. Antonijevic I. HPA axis and sleep: identifying subtypes of major depression. Stress 2008;11:15-27.
62. McEwen BS, Morrison JH. The brain on stress: vulnerability and plasticity of the prefrontal cortex over the life course. Neuron 2013;79:16-29.
63. Peters A, Langemann D. Build-ups in the supply chain of the brain: on the neuroenergetic cause of obesity and type 2 diabetes mellitus. Front Neuro-energetics 2009;1:2:https://doi.org/10.3389/neuro.14.002.2009.
64. Boyle PJ, Scott JC, Krentz AJ, Nagy RJ, Comstock E, Hoffman C. Diminished brain glucose metabolism is a significant determinant for falling rates of systemic glucose utilization during sleep in normal humans. J Clin Invest 1994;93:529-35.
65. Hitze B, Hubold C, van Dyken R, et al. How the Selfish Brain Organizes its "Supply and Demand". Front Neuroenergetics 2010;2:https://doi.org/10.3389/fnene.2010.00007.

66. Kubera B, Hubold C, Zug S, et al. The brain's supply and demand in obesity. Front Neuroenergetics 2012;4:4:https://doi.org/10.3389/fnene.2012.00004.
67. Oltmanns KM, Melchert UH, Scholand-Engler HG, et al. Differential energetic response of brain vs. skeletal muscle upon glycemic variations in healthy humans. Am J Physiol Regul Integr Comp Physiol 2008;294:R12-R6.
68. Klement J, Hubold C, Cords H, et al. High-calorie glucose-rich food attenuates neuroglycopenic symptoms in patients with Addison's disease. J Clin Endocrinol Metab 2010;95:522-8.
69. Peters A. Selfish-Brain-Theorie. In: Biaselski K, Bischoff SC, Pilrich M, Weimann A, eds. Ernährungsmedizin—Nach dem Curriculum Ernährungsmedizin der Bundesärztekammer. Stuttgart, New York: Georg Thieme Verlag; 2018.
70. Peters A. Regulation der Nahrungsaufnahme, In: Biaselski K, Bischoff SC, Pilrich M, Weimann A, eds. Ernährungsmedizin—Nach dem Curriculum Ernährungsmedizin der Bundesärztekammer. Stuttgart, New York: Georg Thieme Verlag; 2018.
71. Ahrén B. Autonomic regulation of islet hormone secretion-implications for health and disease. Diabetologia 2000;43:393-410.
72. Billaudel B, Sutter BC. Immediate in-vivo effect of corticosterone on glucose-induced insulin secretion in the rat. Endocrinol 1982;95:315-20.
73. Woods SC, Porte D Jr. Neural control of the endocrine pancreas. Physiol Rev 1974;54:596-619.
74. Chan O, Lawson M, Zhu W, Beverly JL, Sherwin RS, ATP-sensitive K(+) channels regulate the release of GABA in the ventromedial hypothalamus during hypoglycemia. Diabetes 2007;56:1120-6.
75. Tong Q, Ye C, McCrimmon RJ, et al. Synaptic glutamate release by ventro-medial hypothalamic neurons is part of the neurocircuity that prevents hypoglycemia. Cell Metab 2007;5:383-93.
76. Frühwald-Schultes B, Kern W, Born J, Fehm HL, Peters A. Comparison of the inhibitory effect of insulin and hypoglycemia on insulin secretion in humans. Metabolism 2000;49:950-3.
77. Hasselbalch SG, Knudsen GM, Videbaek C, et al. No effect of insulin on

glucose blood-brain barrier transport and cerebral metabolism in humans. Diabetes 1999;48:1915-21.

78. Seaquist ER, Damberg GS, Tkac I, Gruetter R. The effect of insulin on in vivo cerebral glucose concentrations and rates of glucose transport/metabolism in humans. Diabetes 2001;50:2203-9.

79. Kubera B, Hubold C, Wischnath H, Zug S, Peters A. Rise of ketone bodies with psychosocial stress in normal weight men. Psychoneuroendocrinology 2014;45:43-8.

80. Kuo LE, Kitlinska JB, Tilan JU, et al. Neuropeptide Y acts directly in the periphery on fat tissue and mediates stress-induced obesity and metabolic syndrome. Nat Med 2007;13:803-11.

81. Jones A, Steeden JA, Pruessner JC, Deanfield JE, Taylor AM, Muthurangu V. Detailed assessment of the hemodynamic response to psychosocial stress using real-time MRI. J Magn ResonImaging 2011;33:448-54.

82. Hof B, van Doorne CW, Westerweel J, et al. Emperimental observation of nonlinear traveling waves in turbulent pipe flow. Science 2004;305:1594-8.

83. Darbyshire AG, Mullin T. Transition to turbulence in constant-mass-flux pipe flow. Journal of Fluid Mechanics 1995;289:83-114.

84. Falsetti HL, Carroll RJ, Swope RD, Chen CJ. Turbulent blood flow in the ascending arota of dogs, Cardiovasc Res 1983;17:427-36.

85. Hanai S, Yamaguchi T, Kikkawa S, Turbulence in the canine ascending aorta and the blood pressure. Biorheology 1991;28:107-16.

86. Kwak BR, Back M, Bochaton-Piallat ML, et al. Biomechanical factors in atherosclerosis: mechanisms and clinical implications. Eur Heart J 2014;35: 3013-20d.

87. Malek AM, Alper SL, Izumo S. Hemodynamic shear stress and its role in atherosclerosis. JAMA 1999;282:2035-42.

88. Chatzizisis YS, Coskun AU, Jonas M, Edelman ER, Feldman CL, Stone PH. Role of endothelial shear stress in the natural history of coronary atherosclerosis and vascular remodeling: molecular, cellular, and vascular behavior. J Am Coll Cardiol 2007;49:2379-93.

89. Taylor F, Huffman MD, Macedo AF, et al. Statins for the primary prevention of cardiovascular disease. Cochrane Database Syst Rev 2013;CD004816.
90. Stone PH, Saito S, Takahashi S, et al. Prediction of progression of coronary artery disease and clinical outcomes using vascular profiling of endothelial shear stress and arterial plaque characteristics: the PREDICTION Study. Circulation 2012;126:172-81.
91. Orth-Gomér K, Schneiderman N, Wang HX, Walldin C, Blom M, Jernberg T. Stress reduction prolongs life in women with coronary disease: the Stockholm Women's Intervention Trial for Coronary Heart Disease (SWITCHD). Circ Cardiovasc Qual Outcomes 2009;2:25-32.
92. Gulliksson M, Burell G, Vessby B, Lundin L, Toss H, Svardsudd K. Randomized controlled trial of cognitive behavioral therapy vs standard treatment to prevent recurrent cardiovascular events in patients with coronary heart disease: Secondary Prevention in Uppsala Primary Health Care project (SUPRIM). Arch Intern Med 2011;171:134-40.
93. Sabia S, Dugravot A, Kivimaki M, Brunner E, Shipley MJ, Singh-Manoux A. Effect of intensity and type of physical activity on mortality: results from the Whitehall II cohort study. Am J Public Health 2012;102:698-704.
94. Lee DC, Sui X, Artero EG, et al. Long-term effects of changes in cardiorespiratory fitness and body mass index on all-cause and cardiovascular disease mortality in men: the Aerobics Center Longitudinal Study. Circulation 2011;124:2483-90.
95. O'Connor CM, Whellan DJ, Lee KL, et al. Efficacy and safety of exercise training in patients with chronic heart failure: HF-ACTION randomized controlled trial. JAMA 2009;301:1439-50.
96. Carew TJ, Pinsker HM, Kandel ER. Long-term habituation of a defensive withdrawal reflex in aplysia. Science 1972;175:451-4.
97. Ramaswami M. Network plasticity in adaptive filtering and behavioral habituation. Neuron 2014;82:1216-29.
98. Wacongne C, Changeux JP, Dehaene S. A neuronal Modell of predictive coding accounting for the mismatch negativity. J Neurosci 2012;32:3665-78.

99. Kirschbaum C, Prussner JC, Stone AA, et al. Persistent high cortisol responses to repeated psychological stress in a subpopulation of healthy men. Psychosom Med 1995;57:468-74.
100. Hill MN, McLaughlin RJ, Pan B, et al. Recruitment of prefrontal cortical endocannabinoid signaling by glucocorticoids contributes to termination of the stress response. J Neurosci 2011;31:10506-15.
101. Hill MN, McLaughlin RJ, Bingham B, et al. Endogenous cannabinoid signaling is essential for stress adaptation. Proc Natl Acad Sci U S A 2010;107:9406-11.
102. Patel S, Hillard CJ. Adaptations in endocannabinoid signaling in response to repeated homotypic stress: a novel mechanism for stress habituation. Eur J Neurosci 2008;27:2821-9.
103. Carroll D, Ginty AT, Der G, Hunt K, Benzeval M, Phillips AC. Increased blood pressure reactions to acute mental stress are associated with 16-year cardiovascular disease mortality. Psychophysiology 2012;49:1444-8.
104. Everson SA, Lynch JW, Chesney MA, et al. Interaction of workplace demands and cardiovascular reactivity in progression of carotid atherosclerosis: population based study. BMJ 1997;314:553-8.
105. Hamer M, O'Donnell K, Lahiri A, Steptoe A. Salivary cortisol responses to mental stress are associated with coronary artery calcification in healthy men and women. Eur Heart J 2010;31:424-9.
106. Seldenrijk A, Hamer M, Lahiri A, Penninx BW, Steptoe A. Psychological distress, cortisol stress response and subclinical coronary calcification. Psychoneuroendocrinology 2012;37:48-55.
107. Peters A, Kubera B, Hubold C, Langemann D. The corpulent phenotype—how the brain maximizes survival in stressful environments. Front Neurosci 2013;7:47.
108. Seifert TS, Brassard P, Jorgensen TB, et al. Cerebral non-oxidative carbohydrate consumption in humans driven by adrenaline. J Physiol 2009;587:285-93.
109. Racotta R, Ramirez-Altamirano L, Velasco-Delgado E. Metabolic effects of chronic infusions of epinephrine and norepinephrine in rats. Am J Physiol

1986;250:E518-22.

110. Look-Ahead-Research-Group. Cardiovascular Effects of Intensive Lifestyle Intervention in Type 2 Diabetes. N Engl J Med 2013;369:145-54.

111. Brunstrom JM, Davison CJ, Mitchell GL. Dietary restraint and cognitive performance in children. Appetite 2005;45:235-41.

112. Green MW, Rogers PJ, Elliman NA. Dietary restraint and addictive behaviors: the generalizability of Tiffany's cue reactivity model. Int J Eat Disord 2000;27:419-27.

113. Kemps E, Tiggemann M, Marshall K. Relationship between dieting to lose weight and the functioning of the central executive. Appetite 2005;45:287-94.

114. Kemps E, Tiggemann M. Working memory performance and preoccupying thoughts in female dieters: evidence for a selective central executive impairment. Br J Clin Psychol 2005;44:357-66.

115. Tomiyama AJ, Mann T, Vinas D, Hunger JM, Dejager J, Taylor SE. Low calorie dieting increases cortisol. Psychosom Med 2010;72:357-64.

116. Langfort J, Pilis W, Zarzeczny R, Nazar K, Kaciuba-Uščilko H. Effect of low-carbohydrate-ketogenic diet on metabolic and hormonal responses to graded exercise in men. J Physiol Pharmacol 1996;47:361-71.

117. Villarreal DT, Fontana L, Weiss EP, et al. Bone mineral density response to caloric restriction-induced weight loss or exercise-induced weight loss: a randomized controlled trial. Arch Intern Med 2006;166:2502-10.

118. Jones A, McMillan MR, Jones RW, et al. Adiposity is associated with blunted cardiovascular, neuroendocrine and cognitive responses to acute mental stress. PLoS ONE 2012;7:e39143.

119. Christensen R, Kristensen PK, Bartels EM, Bliddal H, Astrup A. Efficacy and safety of the weight-loss drug rimonabant: a meta-analysis of randomised trials. Lancet 2007;370:1706-13.

120. Despres JP, Golay A, Sjostrom L, Group RiO-LS. Effects of rimonabant on metabolic risk factors in overweight patients with dyslipdemia. N Engl J Med 2005;353:2121-34.

121. Oliver G, Wardle J. Perceived effects of stress on food choice, Physiol

Behav 1999;66:511-5.

122. Serlachius A, Hamer M, Wardle J. Stress and weight change in university students in the United Kingdom. Physiol Behav 2007;92:548-53.

123. Kivimaki M, Head J, Ferrie JE, et al. Work stress, weight gain and weight loss: evidence for bidirectional effects of job strain on body mass index in the Whitehall II study. Int J Obes (Lond) 2006;30:982-7.

124. Lopez-Jimenez F, Wu Co, Tian X, et al. Weight change after myocardial infarction—The Enhancing Recovery in Coronary Heart Disease patients (ENRICHD) experience. Am Heart J 2008;155:478-84.

125. Kubera B, Leonhard C, Rößler A, Peters A. Stress-Related Changes in Body Form: Results from the Whitehall II Study. Obesity (Silver Spring) 2017;25: 1625-32.

126. Block JP, He Y, Zaslavsky AM, Ding L, Ayanian JZ. Psychosocial stress and change in weight among US adults. Am J Epidemiol 2009;170:181-92.

127. Paus T, Keshavan M, Giedd JN. Why do many psychiatric disorders emerge during adolescence? Nat Rev Neurosci 2008;9:947-57.

128. Kubera B, Bosy-Westphal A, Peters A, et al. Energy allocation between brain and body during ontogenetic development. Am J Hum Biol 2013;65: 672-81.

129. Kaufman D, Banerji MA, Shorman I, et al. Early-Life Stress and the Development of Obesity and Insulin Resistance in Juvenile Bonnet Macaques. Diabetes 2007;56:1382-6.

130. Ludwig J, Duncan GJ, Gennetian LA, et al. Neighborhood effects on the long-term well-being of low-income adults. Science 2012;337:1505-10.

131. Ludwig J, Sanbonmatsu L, Gennetian L, et al. Neighborhoods, obesity, and diabetes—a randomized social experiment. N Engl J Med 2011;365:1509-19.

132. Sikorski C, Luppa M, Brähler E, König HH, Riedel-Heller SG. Obese children, adults and senior citizens in the eyes of the general public: results of a representative study on stigma and causation of obesity. PLoS ONE 2012; 7:e46924.

133. Pinhas-Hamiel O, Modan-Moses D, Herman-Raz M, Reichman B. Obesity in

girls and penetrative sexual abuse in childhood. Acta Paediatr 2009;98:144-7.
134. Noll JG, Zeller MH, Trickett PK, Putnam FW. Obesity risk for female victims of childhood sexual abuse: a prospective study. Pediatrics 2007;120:e61-e7.
135. Thomas C, Hyppönen E, Power C. Obesity and type 2 diabetes risk in midadult life: the role of childhood adversity. Pediatrics 2008;121:e1240-e9.
136. Suglia SF, Duarte CS, Chambers EC, Boynton-Jarrett R. Cumulative social risk and obesity in early childhood. Pediatrics 2012;129:e1173-9.
137. Crowell JA. Cumulative adversity in early childhood is associated with increased BMI and behavioural problems. Evid Based Nurs 2015;18:48-9.
138. Pruessner JC, Baldwin MW, Dedovic K, et al. Self-esteem, locus of control, hippocampal volume, and cortisol regulation in young and old adulthood. Neuroimage 2005;28:815-26.
139. Epel ES, McEween B, Seeman T, et al. Stress and body shape: stress-induced cortisol secretion is consistently greater among women with central fat. Psychosom Med 2000;62:623-32.
140. Treasure J, Claudino AM, Zucker N. Eating disorders. Lancet 2010;375:583-93.
141. El Ghoch M, Calugi S, Lamburghini S, Dalle Grave R. Anorexia nervosa and body fat distribution: a systematic review. Nutrients 2014;6:3895-912.
142. Matsuzaki H, Daitoku H, Hatta M, Tanaka K, Fukamizu A. Insulin-induced phosphorylation of FKHR (Foxo1) targets to proteasomal degradation. Proc Natl Acad Sci U S A 2003;100:11285-90.
143. Het S, Vocks S, Wolf JM, Hammelstein P, Herpertz S, Wolf OT. Blunted neuroendocrine stress reactivity in young women with eating disorders. J Psychosom Res 2015;78:260-7.
144. Böhmig HE, Hoenecke C, Deeg H, et al. "Moralentwicklung und Moral-erziehung nach Lawrence Kohlberg" als Thema in der Lehrerausbildung—Ein Arbeitspapier. Berlin 1995.
145. Blanke O, Metzinger T. Full-body illusions and minimal phenomenal selfhood. Trends Cogn Sci 2009;13:7-13.
146. Limanowski J, Blankenburg F. Minimal self-models and the free energy principle. Front Hum Neurosci 2013;7:547.

147. Schopenhauer A. Die beiden Grundprobleme der Ethik, behandelt in zwei akademischen Preisschriften. Leipzig: F.A. Brockhaus; 1860.
148. Mason P. With a little help from our friends: how the brain processes empathy. Cerebrum 2014:14.
149. Harlow HF, Suomi SJ. Nature of love—simplified. Am Psychol 1970;25:161-8.
150. Bernhardt BC, Singer T. The neural basis of empathy. Annu Rev Neurosci 2012;35:1-23.
151. Anders S, de Jong R, Beck C, Haynes JD, Ethofer T. A neural link between affective understanding and interpersonal attraction. Proc Natl Acad Sci U S A 2016;113:E2248-57.
152. Smith KD, Keating JP, Stotland E. Altruism reconsidered: The effect of denying feedback on a victim's status to empathic witnesses. J Personaliy Soc Psychol 1989;57:641-50.
153. de Vignemont F, Singer T. The empathic brain: how, when and why? Trends Cogn Sci 2006;10:435-41.
154. Güth W, Kocher MG. More than thirty years of ultimatum bargaining experiments: Motives, variations, and a survey of the recent literature. J Econom Behavior & Organization 2014;108:396-409.
155. Henrich J, Boyd R, Bowles S, Fehr E, Gintis H, McElreath R. In Search of Homo Economicus: Behavioral Experiments in 15 Small-Scale Societies. Am Econon Rev 2001;91:73-8.
156. Proctor D, Williamson RA, de Waal FB, Brosnan SF. Chimpanzees play the ultimatum game. Proc Natl Acad Sci U S A 2013;110:2070-5.
157. Bratanova B, Loughnan S, Klein O, Wood R. The rich get richer, the poor get even: Perceived socioeconomic position influences micro-social distributions of wealth. Scand J Psychol 2016;57:243-9.
158. Destoop M, Schrijvers D, De GC, Sabbe B, De Bruijn ER. Better to give than to take? Interactive social decision-making in severe major depressive disorder. J Affect Disord 2012;137:98-105.
159. Kubera B, Klement J, Wagner C, et al. Differences in fairness and trust between lean and corpulent men. Int J Obes (Lond) 2016;40:1802-8.

160. Bechler C, Green L, Myerson J. Proportion offered in the Dictator and Ultimatum Games decreases with amount and social distance. Behav Processes 2015;115:149-55.

161. Piff PK, Stancato DM, Côté S, Mendoza-Denton R, Dacher K. Higher social class predicts increased unethical behavior. Proceedings of the National Academy of Sciences 2012;https://doi.org/10.1073/pnas.1118373109.

162. Luhmann N. Vertrauen. Stuttgart: F. Finke Verlag; 1968.

163. Compatibilism. In: Zalta EN, ed. Stanford Encyclopedia of Philosophy. Stanford: Stanford University; 2015.

164. Singer W. Unser Wille kann nicht frei sein. Der Spiegel 2003.

165. Strawson PF, Freedom and resentment. Proceedings of the British Academy 1962;48:187-211.

166. Nichols S. Experimental philosophy and the problem of free will. Science 2011;331:1401-3.

167. Nichols S, Knobe J. Moral Responsibility and Determinism: The Cognitive Science of Folk Intuitions. Noûs 2007;41:663-85.

168. Brosnan SF, De Waal FB. Monkeys reject unequal pay. Nature 2003;425:297-9.

169. Hume D. Eine Untersuchung über den menschlichen Verstand. Frankfurt am Main: Suhrkamp; 2014.

170. Gleitze B., Gemper BB, Reinhold G. Familie und Beruf in Japan. Berlin: Duncker & Humblot; 1981.

171. Maynard Smith J, Price GR. The logic of animal conflict. Nature 1973;246:15-8.

172. Sturge-Apple ML, Davies PT, Martin MJ, Cicchetti D, Hentges RF. An examination of the impact of harsh parenting contexts on children's adaptation within an evolutionary framework. Dev Psychol 2012;48:791-805.

173. Korte SM, Koolhaas JM, Wingfield JC, McEwen BS. The Darwinian concept of stress: benefits of allostasis and costs of allostatic load and the tradeoffs in health and disease. Neurosci Biobehav Rev 2005;29:3-38.

174. Paulhus DL, Williams KM, The Dark Triade of personality: Narcissism, Machiavellianism, and psychopathy. Journal of Research in Personality 2002;36:556-63.

175. Jakobwitz S, Egan V. The dark triad and normal personality traits. Personality and Individual Differences 2006;40:331-9.
176. Jonason PK, Li NP, Teicher EA. Who is James Bond?: The Dark Triad as an Agentic Social Style. Individual Differences Research 2010;8:111-20.
177. Mischel W, Shoda Y, Rodriguez MI. Delay of gratification in children. Science 1989;244:933-8.
178. Hirigoyen MF. Die Masken der Niedertracht—Seelische Gewalt im Alltag und wie man sich dagegen wehren kann. München: C. H. Beck Verlag; 1999.
179. Janason PK, Kavanagh P. The dark side of love: Love styles and the Dark Triad. Personality and Individual Differences 2010;49:606-10.
180. Moser S. Selbstverantwortung und Fremdbestimmung. Ein philosophisch-ethischer Zugang. In: Lesk S, Apflauer G, Selbstverantwortung als Prinzip: Positionen zur handlungsorientierten Perspektive. Wien 2013.
181. Henkel A, Karle I, Lindemann G, Micha W. Dimensionen der Sorge. Baden-Baden: Nomos; 2016.
182. Schmidt B. Verantwortung für Gesundheit: Formen, Funktionen und Folgen der Zurechnung. Soziale Systeme 2016;19:350-75.
183. Henkel A. Soziologie des Pharmazeutischen. Baden-Baden: Nomos;2011.
184. Højbjerg E. The limits of ignorance—financial literacy and the corporate responsibilization to the business of life. Soziale Systeme 2016;19:379-404.
185. Henkel A. Gesellschaftstheorie der Verantwortung. Funktion und Folgen eines Mechanismus der Reduktion soziale Komplexität. Soziale Systeme 2014;19:470-500.
186. Steptoe A, Wardle J, Pollard TM, Canaan L, Davies GJ. Stress, social support and health-related behavior: a study of smoking, alcohol consumption and physical exercise. J Psychosom Res 1996;41:171-80.
187. Bosch J, Gerstein HC, Dagenais GR, et al. n-3 fatty acids and cardiovascular outcomes in patients with dysglycemia. N Engl J Med 2012;367:309-18.
188. Svensson M, Schmidt EB, Jørgensen KA, Christensen JH, Group OS. N-3 fatty acids as secondary prevention against cardiovascular events in patients who undergo chronic hemodialysis: a randomized, placebo-controlled

intervention trial. Clin J Am Soc Nephrol 2006;1:780-6.
189. Li NN, Zhou Y, Qin XP, et al. Does intravenous fish oil benefit patients post-surgery? A meta-analysis of randomised controlled trials. Clin Nutr 2014;33:226-39.
190. Langlois PL, Hardy G, Manzanares W. Omega-3 polyunsaturated fatty acids in cardiac surgery patients: An updated systematic review and meta-analysis. Clin Nutr 2017;36:737-46.
191. Adab P, Pallan MJ, Lancashire ER, et al. Effectiveness of a childhood obesity prevention programme delivered through schools, targeting 6 and 7 year olds: cluster randomised controlled trial (WAVES study). BMJ 2018;360:k211.
192. Kipping RR, Howe LD, Jago R, et al. Effect of intervention aimed at increasing physical activity, reducing sedentary behaviour, and increasing fruit and vegetable consumption in children: active for Life Year 5 (AFLY5) school based cluster randomised controlled trial. BMJ 2014;348:g3256.
193. Link BG, Phelan J. Social conditions as fundamental causes of disease. J Health Soc Behav 1995;Spec No:80-94.
194. Phelan JC, Link BG, Tehranifar P. Social conditions as fundamental causes of health inequalities: theory, evidence, and policy implications. J Health Soc Behav 2010;51 Suppl:S28-40.
195. Safavi-Hemami H, Gajewiak J, Karanth S, et al. Specialized insulin is used for chemical warfare by fish-hunting cone snails. Proc Natl Acad Sci U S A 2015;112:1743-8.
196. Fitzpatrick R. https://www.youtube.com/watch?v=S_LjnwVxGLo. 2015.
197. Herman ES, Chomsky N. Manufacturing Consent. New York: Pantheon Books;2002.
198. Bourdieu P. Ökonomisches Kapital, kulturelles Kapital, soziales Kapital. In: Kreckel R, ed. Soziale Ungleichheiten. Göttingen: Schwartz 1983:183-98.
199. Dennett DC. Den Bann brechen: Religion als natürliches Phänomen. Frankfurt am Main: Suhrkamp Verlag; 2016.
200. Goffman E. Wir alle spielen Theater. München: Piper; 1969.
201. Norman KJ, Seiden JA, Klickstein JA, et al. Social stress and escalated drug

self-administration in mice I. Alcohol and corticosterone. Psychopharmacology (Berl) 2015;232:991-1001.

202. Topiwala A, Allan CL, Valkanova V, et al. Moderate alcohol consumption as risk factor for adverse brain outcomes and cognitive decline: longitudinal cohort study. BMJ 2017;357:j2353.

203. Jiang L, Gulanski BI, De Feyter HM, et al. Increased brain uptake and oxidation of acetate in heavy drinkers. J Clin Invest 2013;123:1605-14.

204. Doya K, Ishii S. A probability primer. In: Doya K, Pouget A, Rao RPN, eds. Bayesian Brain. Cambridge: MIT Press; 2001.

205. Köller N, Nissen K, Rieß M, Sadorf E. Probabilistische Schlussfolgerungen in Schriftgutachten. München: Bundeskriminalamt—Luchterhand; 2004.

206. Sackett DL, Rosenberg WM, Gray JA, Haynes RB, Richardson WS. Evidence based medicine: What it is and what it isn't. BMJ 1996;312:71-2.

207. The periodic health examination. Canadian Task Force on the Periodic Health Examination. Can Med Assoc J 1979;121:1193-254.

208. Freud S. Die Traumdeutung. Leipzig: F. Deuticke;1899.

209. Hobson JA. REM sleep and dreaming: towards a theory of protoconsciousness. Nat Rev Neurosci 2009;10:803-13.

210. Rechtschaffen A, Bergmann BM, Everson CA, Kushida CA, Gilliland MA. Sleep deprivation in the rat: X. Integration and discussion of the findings. Sleep 1989;12:68-87.

211. Hilakivi I. Biogenic amines in the regulation of wakefulness and sleep. Med Biol 1987;65:97-104.

212. Parmeggiani PL. REM sleep related increase in brain temperature: a physiologic problem. Arch Ital Biol 2007;145:13-21.

213. Hobson JA, Friston KJ. Waking and dreaming consciousness: neurobiological and functional considerations. Prog Neurobiol 2012;98:82-98.

214. Gilestro GF, Tononi G, Cirelli C. Widespread changes in synaptic markers as a function of sleep and wakefulness in Drosophila. Science 2009;324:109-12.

215. Maquet P, Dive D, Salmon E, et al. Cerebral glucose utilization during sleep-wake cycle in man determined by positron emission tomography and [18F]2-

fluoro-2-deoxy-D-glucose method. Brain Res 1990;513:136-43.

216. Iranzo J, Floria LM, Moreno Y, Sánchez A. Empathy emerges spontaneously in the ultimatum game: small groups and networks. PLoS ONE 2012;7:e43781.

217. Wilkinson R, Pickett K. The Spirit Level—Why Equality is Better for Everyone. London: Penguin Books Ltd; 2010.

218. Storch M, Gaab J, Küttel Y, Stüssi AC, Fend H. Psychoneuroendocrine effects of resource-activating stress management training. Health Psychol 2007;26:456-63.

219. Gaab J, Blättler N, Menzi T, Pabst B, Stoyer S, Ehlert U. Randomized controlled evaluation of the effects of cognitive-behavioral stress management on cortisol responses to acute stress in healthy subjects. Psychoneuroendocrinology 2003;28:767-79.

220. Hammerfald K, Eberle C, Grau M, et al. Persistent effects of cognitive-behavioral stress management on cortisol responses to acute stress in healthy subjects—a randomized controlled trial. Psychoneuroendocrinology 2006;31:333-9.

221. Nussbaum MC. Capabilities as Fundamental Entitlements: Sen and Social Justice. Femin Econom 2003;9:33-59.

222. Bourdieu P. Die feinen Unterschiede. Frankfurt am Main: Suhrkamp Verlag; 1987.

223. Brunner EJ, Marmot MG, Nanchahal K, et al. Social inequality in coronary risk: central obesity and the metabolic syndrome. Evidence from the Whitehall II study. Diabetologia 1997;40:1341-9.

224. Pickett KE, Kelly S, Brunner E, Lobstein T, Wilkinson RG, Wider income gaps, wider waistbands? An ecological study of obesity and income inequality. J Epidemiol Community Health 2005;59:670-4.

225. Kim D, Kawachi I, Hoorn SV, Ezzati M. Is inequality at the heart of it? Cross-country associations of income inequality with cardiovascular diseases and risk factors. Soc Sci Med 2008;66:1719-32.

찾아보기